中外哲學典籍大全

總主編　李鐵映　王偉光

中國哲學典籍卷

宋元明清哲學類

錢時著作三種（上）

融堂書解

融堂四書管見

蜀阜存稿

〔宋〕錢時　著
張高博　點校

中國社會科學出版社

圖書在版編目（CIP）數據

錢時著作三種：全二册／（宋）錢時著；張高博點校. —北京：中國社會科學出版社，2021. 4

（中外哲學典籍大全. 中國哲學典籍卷）

ISBN 978－7－5203－8154－3

Ⅰ. ①錢…　Ⅱ. ①錢…②張…　Ⅲ. ①中國歷史—商周時代②《尚書》—研究　Ⅳ. ①K221. 04

中國版本圖書館 CIP 數據核字（2021）第 051137 號

出 版 人　趙劍英
項目統籌　王　茵
責任編輯　孫　萍
特約編輯　徐沐熙
責任校對　李凱凱
責任印製　王　超

出　　版　中国社会科学出版社
社　　址　北京鼓樓西大街甲 158 號
郵　　編　100720
網　　址　http://www.csspw.cn
發 行 部　010－84083685
門 市 部　010－84029450
經　　銷　新華書店及其他書店

印　　刷　北京君昇印刷有限公司
裝　　訂　廊坊市廣陽區廣增裝訂廠
版　　次　2021 年 4 月第 1 版
印　　次　2021 年 4 月第 1 次印刷

開　　本　710×1000　1/16
印　　張　58. 25
字　　數　614 千字
定　　價　219. 00 元（全二册）

凡購買中國社會科學出版社圖書，如有質量問題請與本社營銷中心聯繫調換
電話：010－84083683

中外哲學典籍大全

總主編　李鐵映　王偉光

顧　問（按姓氏拼音排序）

陳筠泉　陳先達　陳晏清　黄心川　李景源　樓宇烈　汝　信　王樹人　邢賁思
楊春貴　曾繁仁　張家龍　張立文　張世英

學術委員會

主　任　王京清

委　員（按姓氏拼音排序）

陳　來　陳少明　陳學明　崔建民　豐子義　馮顏利　傅有德　郭齊勇　郭　湛
韓慶祥　韓　震　江　怡　李存山　李景林　劉大椿　馬　援　倪粱康　歐陽康
龐元正　曲永義　任　平　尚　杰　孫正聿　萬俊人　王　博　汪　暉　王柯平
王　鐳　王立勝　王南湜　謝地坤　徐俊忠　楊　耕　張汝倫　張一兵　張志强
張志偉　趙敦華　趙劍英　趙汀陽

總編輯委員會

綜合辦公室

「中國哲學典籍卷」

學術委員會

主　任　陳　來　趙汀陽　謝地坤　李存山　王　博

委　員（按姓氏拼音排序）

白　奚　陳壁生　陳　静　陳立勝　陳少明　陳衛平　陳　霞　丁四新　馮顔利

于春松　郭齊勇　郭曉東　景海峰　李景林　李四龍　劉成有　劉　豐　王中江

王立勝　吴　飛　吴根友　吴　震　向世陵　楊國榮　楊立華　張學智　張志强

鄭　開

項目負責人　張志强

提要撰稿主持人　劉　豐　趙金剛

提要英譯主持人　陳　霞

編輯委員會

主　任　張志强　趙劍英　顧　青

副主任　王海生　魏長寶　陳　霞　劉　豐

委　員（按姓氏拼音排序）

陳壁生　陳　静　干春松　任蜜林　吴　飛　王　正　楊立華　趙金剛

編輯部

主　任　王　茵

副主任　孫　萍

成　員（按姓氏拼音排序）

崔芝妹　顧世寶　韓國茹　郝玉明　李凱凱　宋燕鵬　王沛姬　吴麗平　楊　康

張　潜　趙　威

中外哲學典籍大全

總序

中外哲學典籍大全的編纂，是一項既有時代價值又有歷史意義的重大工程。

中華民族經過了近一百八十年的艱苦奮鬥，迎來了中國近代以來最好的發展時期，迎來了奮力實現中華民族偉大復興的時期。中華民族祇有總結古今中外的一切思想成就，才能並肩世界歷史發展的大勢。爲此，我們須編纂一部匯集中外古今哲學典籍的經典集成，爲中華民族的偉大復興、爲人類命運共同體的建設、爲人類社會的進步，提供哲學思想的精粹。

哲學是思想的花朵，文明的靈魂，精神的王冠。一個國家、民族，要興旺發達，擁有光明的未來，就必須擁有精深的理論思維，擁有自己的哲學。哲學是推動社會變革和發展的理論力量，是激發人的精神砥石。哲學解放思維，净化心靈，照亮前行的道路。偉大的時代需要精邃的哲學。

一 哲學是智慧之學

哲學是什麽？這既是一個古老的問題，又是哲學永恒的話題。追問哲學是什麽，本身就是「哲學」問題。從哲學成爲思維的那一天起，哲學家們就在不停追問中發展、豐富哲學的篇章，給出一個又一個答案。每個時代的哲學家對這個問題都有自己的詮釋。哲學是什麽，是懸疑在人類智慧面前的永恒之問，這正是哲學之爲哲學的基本特點。

哲學是全部世界的觀念形態，精神本質。人類面臨的共同問題，是哲學研究的根本對象。本體論、認識論、世界觀、人生觀、價值觀、實踐論、方法論等，仍是哲學的基本問題和生命力所在！哲學研究的是世界萬物的根本性、本質性問題。人們可以給哲學做出許多具體定義，但我們可以嘗試用「遮詮」的方式描述哲學的一些特點，從而使人們加深對何爲哲學的認識。

哲學不是玄虛之觀。哲學來自人類實踐，關乎人生。哲學對現實存在的一切追根究底、「打破砂鍋問到底」。它不僅是問「是什麽」（being），而且主要是追問「爲什麽」（why），特别是追問「爲什麽的爲什麽」。它關注整個宇宙，關注整個人類的命運，關注人生。它關心柴米油鹽醬醋茶和人的生命的關係，關心人工智能對人類社會的挑戰。哲學是對一切實踐經驗的理論升華，它關心具體現象背後的根據，關心人類如何會更好。

哲學是在根本層面上追問自然、社會和人本身，以徹底的態度反思已有的觀念和認識，從價值理想出發把握生活的目標和歷史的趨勢，展示了人類理性思維的高度，凝結了民族進步的智慧，寄託了人們熱愛光明、追求真善美的情懷。道不遠人，人能弘道。哲學是把握世界、洞悉未來的學問，是思想解放、自由的大門！

古希臘的哲學家們被稱爲「望天者」，亞里士多德在形而上學一书中説，「最初人們通過好奇—驚讚來做哲學」。如果説知識源於好奇的話，那麽産生哲學的好奇心，必須是大好奇心。這種「大好奇心」祇爲一件「大事因緣」而來，所謂大事，就是天地之間一切事物的「爲什麽」。哲學精神，是「家事、國事、天下事，事事要問」，是一種永遠追問的精神。

哲學不祇是思維。哲學將思維本身作爲自己的研究對象，對思想本身進行反思。哲學不是一般的知識體系，而是把知識概念作爲研究的對象，追問「什麽才是知識的真正來源和根據」。哲學的「非對象性」的思想方式，不是「純形式」的推論原則，而有其「非對象性」之對象。哲學之對象乃是不斷追求真理，是一個理論與實踐兼而有之的過程，是認識的精粹。哲學追求真理的過程本身就顯現了哲學的本質。天地之浩瀚，變化之奥妙，正是哲思的玄妙之處。

哲學不是宣示絶對性的教義教條，哲學反對一切形式的絶對。哲學解放束縛，意味著從一切思想教條中解放人類自身。哲學給了我們徹底反思過去的思想自由，給了我們深刻洞察未來的思想能力。哲學就是解放之學，是聖火和利劍。

哲學不是一般的知識。哲學追求「大智慧」。佛教講「轉識成智」，識與智相當於知識與哲學的關係。一般知識是依據於具體認識對象而來的、有所依有所待的「識」，而哲學則是超越於具體對象之上的「智」。

公元前六世紀，中國的老子説，「大方無隅，大器晚成，大音希聲，大象無形，道隱無名。夫唯道，善貸且成」。又説，「反者道之動，弱者道之用。天下萬物生於有，有生於無」。對道的追求就是對有之爲有、無形無名的探究，就是對天地何以如此的探究。這種追求，使得哲學具有了天地之大用，具有了超越有形有名之有限經驗的大智慧。這種大智慧、大用途，超越一切限制的籬笆，達到趨向無限的解放能力。

哲學不是經驗科學，但又與經驗有聯繫。哲學從其作爲學問誕生起，就包含於科學形態之中，是以科學形態出現的。哲學是以理性的方式、概念的方式、論证的方式來思考宇宙人生的根本問題。在亞里士多德那裏，凡是研究實體（ousia）的學問，都叫作「哲學」。而「第一實體」則是存在者中的「第一個」。研究第一實體的學問稱爲「神學」，也就是「形而上學」，這正是後世所謂「哲學」。一般意義上的科學正是從「哲學」最初的意義上贏得自己最原初的規定性的。哲學雖然不是經驗科學，却爲科學劃定了意義的範圍、指明了方向。哲學最後必定指向宇宙人生的根本問題，大科學家的工作在深層意義上總是具有哲學的意味，牛頓和愛因斯坦就是這樣的典範。

哲學不是自然科學，也不是文學藝術，但在自然科學的前頭，哲學的道路展現了；在文學藝術的山頂，哲學的天梯出現了。哲學不斷地激發人的探索和創造精神，使人在認識世界的過程中，不斷達到新境界，在改造世界中從必然王國到達自由王國。

哲學不斷從最根本的問題再次出發。哲學史在一定意義上就是不斷重構新的世界觀、認識人類自身的歷史。哲學的歷史呈現，正是對哲學的創造本性的最好說明。哲學史上每一位哲學家對根本問題的思考，都在爲哲學添加新思維、新向度，猶如爲天籟山上不斷增添一隻隻黄鸝翠鳥。

如果說哲學是哲學史的連續展現中所具有的統一性特徵，那麽這種「一」是在「多」個哲學的創造中實現的。如果說每一種哲學體系都追求一種體系性的「一」的話，那麽每種「一」的體系之間都存在着千絲相聯、多方組合的關係。這正是哲學史昭示於我們的哲學多樣性的意義。多樣性與統一性的依存關係，正是哲學尋求現象與本質、具體與普遍相統一的辯證之意義。

哲學的追求是人類精神的自然趨向，是精神自由的花朵。哲學是思想的自由，是自由的思想。

中國哲學，是中華民族五千年文明傳統中，最爲内在的、最爲深刻的、最爲持久的精神追求和價值觀表達。中國哲學已經化爲中國人的思維方式、生活態度、道德準則、人生追求、精神境界。中國人的科學技術、倫理道德，小家大國、中醫藥學、詩歌文學、繪畫書法、武術拳法、鄉規民俗，乃至日常生活也都浸潤着中國哲學的精神。華夏文化雖歷經磨難而能够透魄醒神，堅韌屹立，正是來自於中國哲學深邃的思維和創造力。

先秦時代，老子、孔子、莊子、孫子、韓非子等諸子之間的百家争鳴，就是哲學精神在中國的展現，是中國人思想解放的第一次大爆發。兩漢四百多年的思想和制度，是諸子百家思想在争鳴過程中大整合的結果。魏晋之際，玄學的發生，則是儒道冲破各自藩籬，彼此互動互補的結果，形成了儒家獨尊的態勢。隋唐三百年，佛教深入中國文化，又一次帶來了思想的大融合和大解放，禪宗的形成就是這一融合和解放的結果。兩宋三百多年，中國哲學迎來了第三次大解放。儒釋道三教之間的互潤互持日趨深入，朱熹的理學和陸象山的心學，就是這一思想潮流的哲學結晶。

與古希臘哲學强調沉思和理論建構不同，中國哲學的旨趣在於實踐人文關懷，它更關注實踐的義理性意義。中國哲學當中，知與行從未分離，中國哲學有着深厚的實踐觀點和生活觀點，倫理道德觀是中國人的貢獻。馬克思説，「全部社會生活在本質上是實踐的」，實踐的觀點、生活的觀點也正是馬克思主義認識論的基本觀點。這種哲學上的契合性，正是馬克思主義能够在中國扎根並不斷中國化的哲學原因。

「實事求是」是中國的一句古話。今天已成爲深遂的哲理，成爲中國人的思維方式和行爲基準。實事求是就是解放思想，解放思想就是實事求是。實事求是毛澤東思想的精髓，是改革開放的基石。只有解放思想才能實事求是。實事求是就是中國人始終堅持的哲學思想。實事求是就是依靠自己，走自己的道路，反對一切絶對觀念。所謂中國化就是一切從中國實際出發，一切理論必須符合中國實際。

二　哲學的多樣性

實踐是人的存在形式，是哲學之母。實踐是思維的動力、源泉、價值、標準。人們認識世界、探索規律的根本目的是改造世界，完善自己。哲學問題的提出和回答，都離不開實踐。馬克思有句名言：「哲學家們只是用不同的方式解釋世界，而問題在於改變世界！」理論只有成爲人的精神智慧，才能成爲改變世界的力量。

哲學關心人類命運。時代的哲學，必定關心時代的命運。對時代命運的關心就是對人類實踐和命運的關心。人在實踐中產生的一切都具有現實性。哲學的實踐性必定帶來哲學的現實性。哲學的現實性就是强調人在不斷回答實踐中各種問題時應該具有的態度。

哲學作爲一門科學是現實的。哲學是一門回答並解釋現實的學問，哲學是人們聯繫實際、面對現實的思想。可以説哲學是現實的最本質的理論，也是本質的最現實的理論。哲學始終追問現實的發展和變化。哲學存在於實踐中，也必定在現實中發展。哲學的現實性要求我們直面實踐本身。

哲學不是簡單跟在實踐後面，成爲當下實踐的「奴僕」，而是以特有的深邃方式，關注着實踐的發展，提升人的實踐水平，爲社會實踐提供理論支撑。從直接的、急功近利的要求出發來理解和從事哲學，無異於向哲學提出它本身不可能完成的任務。哲學是深沉的反思，厚重的智慧，事物的抽象，理論的把握。哲學是人類把握世界最深邃的理論思維。

哲學是立足人的學問，是人用於理解世界、把握世界、改造世界的智慧之學。「民之所好，好之，民之所惠，惠之。」哲學的目的是爲了人。用哲學理解外在的世界，理解人本身，也是爲了用哲學改造世界、改造人。哲學研究無禁區，無終無界，與宇宙同在，與人類同在。

存在是多樣的，發展是多樣的，這是客觀世界的必然。宇宙萬物本身是多樣的存在，多樣的變化。歷史表明，每一民族的文化都有其獨特的價值。文化的多樣性是自然律，是動力，是生命力。各民族文化之間的相互借鑒，補充浸染，共同推動著人類社會的發展和繁榮，這是規律。對象的多樣性、複雜性，決定了哲學的多樣性；即使對同一事物，人們也會産生不同的哲學認識，形成不同的哲學派别。哲學觀點、思潮、流派及其表現形式上的區别，來自於哲學的時代性、地域性和民族性的差异。世界哲學是不同民族的哲學的薈萃，如中國哲學、西方哲學、阿拉伯哲學等。多樣性構成了世界，百花齊放形成了花園。不同的民族會有不同風格的哲學。恰恰是哲學的民族性，使不同的哲學都可以在世界舞臺上演繹出各種「戲劇」。即使有類似的哲學觀點，在實踐中的表達和運用也會各有特色。

人類的實踐是多方面的，具有多樣性、發展性，大體可以分爲：改造自然界的實踐，改造人類社會的實踐，完善人本身的實踐，提升人的精神世界的精神活動。人是實踐中的人，實踐是人的生命的第一屬性。實踐的社會性决定了哲學的社會性，哲學不是脱離社會現實生活的某種遐想，而是社會現實生活的觀念形態，是文明進步的重要標誌，是人的發展水平的重要維度。哲學的發展狀况，反映着一個社會人的理性成熟程度，反映著這個社會的文明程度。

哲學史實質上是自然史、社會史、人的發展史和人類思維史的總結和概括。自然界是多樣的，社會是多樣的，人類思維是多樣的。所謂哲學的多樣性，就是哲學基本觀念、理論學說、方法的異同，是哲學思維方式上的多姿多彩。哲學的多樣性是哲學的常態，是哲學進步、發展和繁榮的標誌。哲學是人的哲學，哲學是人對事物的自覺，是人對外界和自我認識的學問，也是人把握世界和自我的學問。哲學的多樣性，是哲學的常態和必然，是哲學發展和繁榮的內在動力。一般是普遍性，特色也是普遍性。從單一性到多樣性，從簡單性到複雜性，是哲學思維的一大變革。用一種哲學話語和方法否定另一種哲學話語和方法，這本身就不是哲學的態度。

多樣性並不否定共同性、統一性、普遍性。物質和精神，存在和意識，一切事物都是在運動、變化中的，是哲學的基本問題，也是我們的基本哲學觀點！

當今的世界如此紛繁複雜，哲學多樣性就是世界多樣性的反映。哲學是以觀念形態表現出的現實世界。哲學的多樣性，就是文明多樣性和人類歷史發展多樣性的表達。多樣性是宇宙之道。

哲學的實踐性、多樣性，還體現在哲學的時代性上。哲學總是特定時代精神的精華，是一定歷史條件下人的反思活動的理論形態。在不同的時代，哲學具有不同的內容和形式，哲學的多樣性，也是歷史時代多樣性的表達。哲學的多樣性也會讓我們能够更科學地理解不同歷史時代，更爲内在地理解歷史發展的道理。多樣性是歷史之道。

哲學之所以能發揮解放思想的作用，在於它始終關注實踐，關注現實的發展；在於它始終關注著科學技術的進步。哲學本身没有絶對空間，没有自在的世界，只能是客觀世界的映象，觀念形態。没有了現實性，哲學就遠離人，就離開了存在。哲學的實踐性，説到底是在説明哲學本質上是人的哲學，是人的思維，是爲了人的科學！哲學的實踐性、多樣性告訴我們，哲學必須百花齊放、百家争鳴。哲學的發展首先要解放自己，解放哲學，就是實現思維、觀念及範式的變革。人類發展也必須多塗並進，交流互鑒，共同繁榮。采百花之粉，才能釀天下之蜜。

三 哲學與當代中國

中國自古以來就有思辨的傳統，中國思想史上的百家争鳴就是哲學繁榮的史象。哲學是歷史發展的號角。中國思想文化的每一次大躍升，都是哲學解放的結果。中國古代賢哲的思想傳承至今，他們的智慧已浸入中國人的精神境界和生命情懷。

中國共産黨人歷來重視哲學，毛澤東在一九三八年，在抗日戰争最困難的條件下，在延安研究哲學，創作了實踐論和矛盾論，推動了中國革命的思想解放，成爲中國人民的精神力量。

中華民族的偉大復興必將迎來中國哲學的新發展。當代中國必須有自己的哲學，當代中國的哲學必須要從根本上講清楚中國道路的哲學道理。中華民族的偉大復興必須要有哲學的思維，必須要有不斷深入的反思。發展的道路，就是哲思的道路，文化的自信，就是哲學思維的自信。哲學是引領者，可謂永恒的「北斗」，哲學是時代的「火焰」，是時代最精緻最深刻的「光芒」。從社會變革的意義上説，任何一次巨大的社會變革，總是以理論思維爲先導。理論的變革，總是以思想觀念的空前解放爲前提，而「吹響」人類思想解放第一聲「號角」的，往往就是代表時代精神精華的哲學。社會實踐對於哲學的需求可謂「迫不及待」，因爲哲學總是「吹響」這個新時代的「號角」。「吹響」中國改革開放之

「號角」的，正是「解放思想」「實踐是檢驗真理的唯一標準」「不改革死路一條」等哲學觀念。「吹響」新時代「號角」的是「中國夢」，「人民對美好生活的向往，就是我們奮鬥的目標」。發展是人類社會永恒的動力，變革是社會解放的永遠的課題，思想解放，解放思想是無盡的哲思。中國正走在理論和實踐的雙重探索之路上，搞探索没有哲學不成！

中國哲學的新發展，必須反映中國與世界最新的實踐成果，必須反映科學的最新成果，必須具有走向未來的思想力量。今天的中國人所面臨的歷史時代，是史無前例的。十三億人齊步邁向現代化，這是怎樣的一幅歷史畫卷！是何等壯麗、令人震撼！不僅中國歷史上亘古未有，在世界歷史上也從未有過。當今中國需要的哲學，是結合天道、地理、人德的哲學，是整合古今中西的哲學，只有這樣的哲學才是中華民族偉大復興的哲學。

當今中國需要的哲學，必須是適合中國的哲學。無論古今中外，再好的東西，也需要再吸收，再消化，必須要經過現代化和中國化，才能成爲今天中國自己的哲學。哲學是解放人的，哲學自身的發展也是一次思想解放，也是人的一个思維升華、羽化的過程。中國人的思想解放，總是隨著歷史不斷進行的。歷史有多長，思想解放的道路就有多長；發展進步是永恒的，思想解放也是永無止境的，思想解放就是哲學的解放。

習近平説，思想工作就是「引導人們更加全面客觀地認識當代中國、看待外部世界」。這就需要我們確立一種「知己知彼」的知識態度和理論立場，而哲學則是對文明價值核心最精練和最集中的深邃性表達，有助於我們認識中國、認識世界。立足中國、認識中國，需要我們審視我們走過的道路，立足中國、認識世界，需要我們觀察和借鑒世界歷史上的不同文化。中國「獨特的文化傳統」、中國「獨特的歷史命運」、中國「獨特的基本國情」，「決定了我們必然要走適合自己特點的發展道路」。一切現實的，存在的社會制度，其形態都是具體的，都是特色的，都必須是符合本國實際的。抽象的制度，普世的制度是不存在的。同時，我們要全面客觀地「看待外部世界」。研究古今中外的哲學，是中國認識世界、認識人類史，認識自己未來發展的必修課。今天中國的發展不僅要讀中國書，還要讀世界書。不僅要學習自然科學、社會科學的經典，更要學習哲學的經典。當前，中國正走在實現「中國夢」的「長征」路上，這也正是一條思想不斷解放的道路！要回答中國的問題，解釋中國的發展，首先需要哲學思維本身的解放。哲學的發展，就是哲學的解放，這是由哲學的實踐性、時代性所決定的。哲學無禁區、無疆界。哲學是關乎宇宙之精神，是關乎人類之思想。哲學將與宇宙、人類同在。

四　哲學典籍

中外哲學典籍大全的編纂，是要讓中國人能研究中外哲學經典，吸收人類精神思想的精華；是要提升我們的思維，讓中國人的思想更加理性、更加科學、更加智慧。

中國有盛世修典的傳統。中國古代有多部典籍類書（如「永樂大典」「四庫全書」等），在新時代編纂中外哲學典籍大全，是我們的歷史使命，是民族復興的重大思想工程。

只有學習和借鑒人類精神思想的成就，才能實現我們自己的發展，走向未來。中外哲學典籍大全的編纂，就是在思維層面上，在智慧境界中，繼承自己的精神文明，學習世界優秀文化。這是我們的必修課。

不同文化之間的交流、合作和友誼，必須達到哲學層面上的相互認同和借鑒。哲學之間的對話和傾聽，才是從心到心的交流。中外哲學典籍大全的編纂，就是在搭建心心相通的橋樑。

我們編纂這套哲學典籍大全，一是中國哲學，整理中國歷史上的思想典籍，濃縮中國思想史上的精華；二是外國哲學，主要是西方哲學，吸收外來，借鑒人類發展的優秀哲學成果；三是馬克思主義哲學，展示馬克思主義哲學中國化的成就；四是中國近現代以來的哲學成果，特别是馬克思主義在中國的發展。

編纂這部典籍大全，是哲學界早有的心願，也是哲學界的一份奉獻。中外哲學典籍大全總結的是書本上的思想，是先哲們的思維，是前人的足迹。我們希望把它們奉獻給後來人，使他們能够站在前人肩膀上，站在歷史岸邊看待自己。

中外哲學典籍大全的編纂，是以「知以藏往」的方式實現「神以知來」；中外哲學典籍大全的編纂，是通過對中外哲學歷史的「原始反終」，從人類共同面臨的根本大問題出發，在哲學生生不息的道路上，綵繪出人類文明進步的盛德大業！

發展的中國，既是一個政治、經濟大國，也是一個文化大國，也必將是一個哲學大國、思想王國。人類的精神文明成果是不分國界的，哲學的邊界是實踐，實踐的永恒性是哲學的永續綫性，打開胸懷擁抱人類文明成就，是一個民族和國家自强自立，始終佇立於人類文明潮頭的根本條件。

擁抱世界，擁抱未來，走向復興，構建中國人的世界觀、人生觀、價值觀、方法論，這是中國人的視野、情懷，也是中國哲學家的願望！

李鐵映

二〇一八年八月

「中國哲學典籍卷」

序

中國古無「哲學」之名，但如近代的王國維所說，「哲學爲中國固有之學」。「哲學」的譯名出自日本啓蒙學者西周，他在一八七四年出版的百一新論中說：「將論明天道人道，兼立教法的philosophy譯名爲哲學。」自「哲學」譯名的成立，「philosophy」或「哲學」就已有了東西方文化交融互鑒的性質。

「philosophy」在古希臘文化中的本義是「愛智」，而「哲學」的「哲」在中國古經書中的字義就是「智」或「大智」。孔子在臨終時慨嘆而歌：「泰山壞乎！梁柱摧乎！哲人萎乎！」（史記孔子世家）「哲人」在中國古經書中釋爲「賢智之人」，而在「哲學」譯名輸入中國後即可稱爲「哲學家」。

哲學是智慧之學，是關於宇宙和人生之根本問題的學問。對此，中西或中外哲學是共同的，因而哲學具有世界人類文化的普遍性。但是，正如世界各民族文化既有世界的普遍性，也有民族的特殊性，所以世界各民族哲學也具有不同的風格和特色。如果説「哲學」是個「共名」或「類稱」，那麽世界各民族哲學就是此類中不同的「特例」。這是哲學的普遍性與多樣性的統一。

在中國哲學中，關於宇宙的根本道理稱爲「天道」，關於人生的根本道理稱爲「人道」，中國哲學的一個貫穿始終的核心問題就是「究天人之際」。一般説來，天人關係問題是中外哲學普遍探索的問題，而中國哲學的「究天人之際」具有自身的特點。

亞里士多德曾説：「古今來人們開始哲學探索，都應起於對自然萬物的驚異……這類學術研究的開始，都在人生的必需品以及使人快樂安適的種種事物幾乎全都獲得了以後。」「這些知識最先出現於人們開始有閒暇的地方。」這是説的古希臘哲學的一個特點，是與當時古希臘的社會歷史發展階段及其貴族階層的生活方式相聯繫的。與此不同，中國哲學是産生於士人在社會大變動中的憂患意識，爲了求得社會的治理和人生的安頓，他們大多「席不暇暖」地周遊列國，宣傳自己的社會主張。這就決定了中國哲學在「究天人之際」

中首重「知人」，在先秦「百家争鳴」中的各主要流派都是「務爲治者也，直所從言之異路，有省不省耳」（史記太史公自序）。

中國哲學與其他民族哲學所不同者，還在於中國數千年文化一直生生不息而未嘗中斷，中國文化在世界歷史的「軸心時期」所實現的哲學突破也是采取了極温和的方式。這主要表現在孔子的「祖述堯舜，憲章文武」，删述六經，對中國上古的文化既有連續性的繼承，又經編纂和詮釋而有哲學思想的突破。因此，由孔子及其後學所編纂和詮釋的上古經書就以「先王之政典」的形式不僅保存下來，而且在此後中國文化的發展中居於統率的地位。

據近期出土的文獻資料，先秦儒家在戰國時期已有對「六經」的排列，「六經」作爲一個著作群受到儒家的高度重視。至漢武帝「罷黜百家，表章六經」，遂使「六經」以及儒家的經學確立了由國家意識形態認可的統率地位。漢書藝文志著録圖書，爲首的是「六藝略」，其次是「諸子略」「詩賦略」「兵書略」「數術略」和「方技略」，這就體現了以「六經」統率諸子學和其他學術。這種圖書分類經幾次調整，到了隋書經籍志乃正式形成「經、史、子、集」的四部分類，此後保持穩定而延續至清。

中國傳統文化有「四部」的圖書分類，也有對「義理之學」「考據之學」「辭章之學」和「經世之學」等的劃分，其中「義理之學」雖然近於「哲學」但並不等同。中國傳統文化没有形成「哲學」以及近現代教育學科體制的分科，但是中國傳統文化確實固有其深邃的哲學思想，它表達了中華民族的世界觀、人生觀，體現了中華民族的思維方式、行爲準則，凝聚了中華民族最深沉、最持久的價值追求。

清代學者戴震説：「天人之道，經之大訓萃焉。」（原善卷上）經書和經學中講「天人之道」的「大訓」，就是中國傳統的哲學；不僅如此，在圖書分類的「子、史、集」中也有講「天人之道」的「大訓」，這些也是中國傳統的哲學。「究天人之際」的哲學主題是在中國文化上下幾千年的發展中，伴隨著歷史的進程而不斷深化、轉陳出新、持續探索的。

中國哲學首重「知人」，在天人關係中是以「知人」爲中心，以「安民」或「爲治」爲宗旨的。在記載中國上古文化的尚書皋陶謨中，就有了「知人則哲，能官人；安民則惠，黎民懷之」的表述。在論語中，「樊遲問仁，子曰：『愛人。』問知（智），子曰：『知人。』」（論語顏淵）「仁者愛人」是孔子思想中的最高道德範疇，其源頭可上溯到中國文化自上古以來就形成的崇尚道德的優秀傳統。孔子説：「未能事人，焉能事鬼？」「未知生，焉知死？」（論語先進）「務民之義，敬鬼神而遠之，可謂知矣。」（論語雍也）「智者知人」，在孔子的思想中雖然保留了對「天」和鬼神的敬畏，但他的主要關注點是現世的人生，是「仁者愛人」「天下有道」的價值取向，由此確立了中國哲學以「知人」爲中心的思想範式。西方現代哲學家雅斯貝爾斯在大哲學家一書中把蘇格拉底、佛陀、孔子和耶穌作爲「思想範式的創造者」，而孔子思想的特點就是「要在世間建立一種人道的秩序」，「在現世的可能性之中」，孔子「希望建立一個新世界」。

中國上古時期把「天」或「上帝」作爲最高的信仰對象，這種信仰也有其宗教的特殊性。如梁啓超所説：「各國之尊天者，常崇之於萬有之外，而中國則常納之於人事之中，此吾中華所特長也。……其尊天也，目的不在天國而在世界，受用不在未來（來世）而在現在（現世）。是故人倫亦稱天倫，人道亦稱天道。記曰：『善言天者必有驗於人。』此所以雖近於宗教，而與他國之宗教自殊科也。」由於中國上古文化所信仰的「天」不是存在於與人世生活相隔絶的「彼岸世界」，而是與地相聯繫（中庸所謂「郊社之禮，所以事上帝也」，朱熹中庸章句注：「郊，祀天；社，祭地。不言后土者，省文也。」），具有道德的、以民爲本的特點（尚書所謂「皇天無親，惟德是輔」，「天視自我民視，天聽自我民聽」，「民之所欲，天必從之」），所以這種特殊的宗教性也長期地影響著中國哲學對天人關係的認識。相傳「人更三聖，世經三古」的易經，其本爲卜筮之書，但經孔子「觀其德義而已」之後，則成爲講天人關係的哲理之書。四庫全书總目易類序說：「聖人覺世牖民，大抵因事以寓教……易則寓於卜筮。故易之爲書，推天道以明人事者也。」不僅易經是如此，而且以後中國哲學的普遍架構就是「推天道以明人事」。

春秋末期，與孔子同時而比他年長的老子，原創性地提出了「有物混成，先天地生」（老子二十五章），天地並非固有的，在天地產生之前有「道」存在，「道」是產生天地萬物的總根源和總根據。「道」內在於天地萬物之中就是「德」，「孔德之容，惟道是從」（老子二十一章），「道」與「德」是統一的。老子說：「道生之，德畜之，物形之，勢成之。是以萬物莫不尊道而貴德。道之尊，德之貴，夫莫之命而常自然。」（老子五十一章）老子的價值主張是「自然無爲」，而「自然無爲」的天道根據就是「道生之，德畜之……是以萬物莫不尊道而貴德」。老子所講的「德」實即相當於「性」，孔子所罕言的「性與天道」，在老子哲學中就是講「道」與「德」的形而上學。實際上，老子哲學確立了中國哲學「性與天道合一」的思想，而他從「道」與「德」推出「自然無爲」的價值主張，這就成爲以後中國哲學「推天道以明人事」普遍架構的一個典範。雅斯貝爾斯在大哲學家一書中把老子列入「原創性形而上學家」，他說：「從世界歷史來看，老子的偉大是同中國的精神結合在一起的。」他評價孔、老關係時說：「雖然兩位大師放眼於相反的方向，但他們實際上立足於同一基礎之上。兩者間的統一在中國的偉大人物身上則一再得到體現……」這裏所謂「中國的精神」「立足於同一基礎之上」，就是説孔子和老子的哲學都是爲了解決現實生活中的問題，都是「務爲治者也」。

在老子哲學之後，中庸說：「天命之謂性」，「思知人，不可以不知天」。孟子說：「盡其心者知其性也，知其性則知天矣。」（孟子盡心上）此後的中國哲學家雖然對天道和人性有不同的認識，但大抵都是講人性源於天道，知天是爲了知人。一直到宋明理學家講「天者理也」，「性即理也」，「性與天道合一存乎誠」。作爲宋明理學之開山著作的周敦頤太極圖説，是從「無極而太極」講起，至「形既生矣，神發知矣，五性感動而善惡分，萬事出矣」，這就是從天道講到人事，而其歸結爲「聖人定之以中正仁義而主静，立人極焉」，這就是從天道、人性推出人事應該如何，「立人極」就是要確立人事的價值準則。可以説，中國哲學的「推天道以明人事」最終指向的是人生的價值觀，這也就是要「爲天地立心，爲生民立命，爲往聖繼絶學，爲萬世開太平」。在作爲中國哲學主流的儒家哲學中，價值觀又是與道德修養的工夫論和道德境界相聯繫。因此，天人合一、真善合一、知行合一成爲中國哲學的主要特點。

中國哲學經歷了不同的歷史發展階段，從先秦時期的諸子百家争鳴，到漢代以後的儒家經學獨尊，而實際上是儒道互補，至魏晋玄學乃是儒道互補的一個結晶；在南北朝時期逐漸形成儒、釋、道三教鼎立，從印度傳來的佛教逐漸適應中國文化的生態環境，至隋唐時期完成中國化的過程而成爲中國文化的一個有機組成部分；宋明理學則是吸收了佛、道二教的思想因素，返而歸於「六經」，又創建了論語孟子大學中庸的「四書」體系，建構了以「理、氣、心、性」爲核心範疇的新儒學。因此，中國哲學不僅具有自身的特點，而且具有不同發展階段和不同學派思想内容的豐富性。

一八四〇年之後，中國面臨着「數千年未有之變局」，中國文化進入了近現代轉型的時期。在甲午戰敗之後的一八九五年，「哲學」的譯名出現在黄遵憲的日本國志和鄭觀應的盛世危言（十四卷本）中。此後，「哲學」以一個學科的形式，以哲學的「獨立之精神，自由之思想」推動了中華民族的思想解放和改革開放，中、外哲學會聚於中國，中、外哲學的交流互鑒使中國哲學的發展呈現出新的形態，馬克思主義哲學在與中國的歷史文化傳統、中國具體的革命和建設實踐相結合的過程中不斷中國化而産生新的理論成果。中華民族的偉大復興必將迎來中國哲學的新發展，在此之際，編纂中外哲學典籍大全，中國哲學典籍第一次與外國哲學典籍會聚於此大全中，這是中國盛世修典史上的一個首創，對於今後中國哲學的發展、對於中華民族的偉大復興具有重要的意義。

李存山

二〇一八年八月

「中國哲學典籍卷」

出版前言

社會的發展需要哲學智慧的指引。在中國浩如煙海的文獻中，哲學典籍占據著重要地位，指引著中華民族在歷史的浪潮中前行。這些凝練著古聖先賢智慧的哲學典籍，在新時代仍然熠熠生輝。

收入我社「中國哲學典籍卷」的書目，是最新整理成果的首次發布，按照内容和年代分爲以下幾類：先秦子書類、兩漢魏晋隋唐哲學類、佛道教哲學類、宋元明清哲學類、近現代哲學類、經部（易類、書類、禮類、春秋類、孝經類）等，其中以經學類占多數。本次整理皆選取各書存世的善本爲底本，制訂校勘記撰寫的基本原則以確保校勘品質。全套書采用繁體竪排加專名綫的古籍版式，嚴守古籍整理出版規範，並請相關領域專家多次審稿，整理者反復修訂完善，旨在匯集保存中國哲學典籍文獻，同時也爲古籍研究者和愛好者提供研習的文本。

文化自信是一個國家、一個民族發展中更基本、更深沉、更持久的力量。對中國哲學典籍進行整理出版，是文化創新的題中應有之義。中國社會科學出版社秉持「傳文明薪火，發時代先聲」的發展理念，歷來重視中華優秀傳統文化的研究和出版。「中國哲學典籍卷」樣稿已在二〇一八年世界哲學大會、二〇一九年北京國際書展等重要圖書會展亮相，贏得了與會學者的高度讚賞和期待。

點校者、審稿專家、編校人員等爲叢書的出版付出了大量的時間與精力，在此一並致謝。由於水準有限，書中難免有一些不當之處，敬請讀者批評指正。

趙劍英

二〇二〇年八月

點校説明

一

錢時（一一七五至一二四四），字子是，嚴州淳安（今浙江省淳安县）人。十世祖元璀，即五代十國時期吴越國文穆王。七世祖隱之，徙居歙縣之汝溪。祖父犇，又遷至淳安之蜀阜。犇曾與兄長嵒率領鄉兵阻截金兀朮對宋高宗的追擊，並爲守衛一方安定立下戰功。[一]錢時生於孝宗淳熙二年，他「幼奇偉不羣，讀書不爲世儒之習，以易冠漕司，既而絶意科舉。」（宋史卷四百七楊簡傳附錢時）。至四十二歲，忽自警省，始大悟舊學之非。[二]又二年，拜慈湖楊簡爲師，深得敬愛。[三]此後，錢時思想逐漸成熟，於是回到故鄉，

著書授徒，受業者數百人。〔四〕

寧宗時，楊簡嘗薦之於朝，未及録用。理宗嘉熙元年（一二三七），錢時六十三歲，丞相喬行簡薦之，時以布衣召見拱辰殿，帝問以修身爲政、養兵恤民之要。時「條對，敷陳剴切，皆聖賢之精微。帝大悦，特賜進士出身，授秘閣校勘，修國史宏編」（蜀阜存稿卷首融堂先生行實）。後又辭求去，退居蜀阜玉屏街北山之岡，創融堂書院。卒於宋理宗淳祐四年，葬蜀阜。〔五〕著作有周易釋傳、尚書演義（又名融堂書解、尚書啟蒙）、學詩管見、春秋大旨、四書管見、兩漢筆記、國朝編年、蜀阜集、冠昏記、百行冠冕集等，今僅存融堂書解、四書管見、兩漢筆記、蜀阜存稿四種，前三種收入四庫全書。

錢時爲官日少，一生大部分時間都屏居鄉里。從文集中可以考知其活動範圍，主要在南宋兩浙西路之淳安、富陽、嘉興、吴縣，兩浙東路之會稽、慈溪，江南東路之歙縣、池州、鄱陽等地。江南與宋金交戰的前綫距離較遠，宋金之間又維持了相對和平，這爲錢時享受隱居生活提供了可能。現存詩文之中，不少都是表達隱居之樂的。他或遊歷吴越，登山玩水，或築室山中，賞花品竹，傳遞出怡然自適、與世無爭、蔑視名利的思想。

鄉居期間，錢時還注意收族振貧、提攜後進。他曾爲同族子弟延師設教，使得「既自今吾族無家貧不教之子，咸知孝悌忠信」（蜀阜存稿卷三廣塾規約序）。當鄉里後進前來請益，他常常藉助儒家經典發揮義理，因材施教。

錢時生于宋之叔世，外敵强大，内治腐敗，正如他的弟子吕人龍所言：「屯難蹇塞，外則强鄰虎噬，蕩揺我邊疆，内則贓吏蠶食，魚肉吾赤子。」（嘉靖淳安縣志卷十四新亭記）在這種情況下，知識分子不可能完全置身世外。錢時的文章中屢次透露出憂患意識。端平元年十二月，錢時六十歲，與友人遊靈岩山，登高北望，動關河故國之思。〔六〕這一年，南宋與蒙古人聯合滅亡金國，入洛一戰却未能收復失地，反而損失慘重。文中「讎虜就殄，侵疆未歸」疑即指此事。錢時察覺到國家命運到了緊要關頭，自己年事已高，所學不切於世用，既無力爲國家退敵，又無力救百姓於水火，不禁感到深深的羞愧。可以看出，錢時未曾忘却對現實政治和國家命運的關懷。〔七〕

二

宋元學案卷七十七槐堂諸儒學案序録云：「槐堂之學，莫盛于吾甬上，而江西反不逮……甬上之西，尚有嚴陵，亦一大支也。」其下王梓材注云：「金溪學派自吾鄉諸家慈湖、絜齋、廣平、定川而外，謝山序録盡歸槐堂諸儒學案。嚴陵一支，自錢融堂而盛。融堂爲慈湖高第，故併入慈湖。」〔八〕槐堂在今江西省金溪縣，是陸九淵的家鄉；甬上即今浙江省寧波市，學者以爲「甬上四先生」楊簡（慈湖）、袁燮（絜齋）、舒璘（廣平）、沈煥（定川）得象山學問之正傳。可以看出，宋元學案將象山後學分爲三系：槐堂諸儒、「甬上四先生」、嚴陵錢時。槐堂諸儒多爲屢進屢退者，於象山學術思想發明無多；對象山思想發明有力者正在「甬上四先生」以及嚴陵錢時。〔九〕

錢時理學思想中最重要的概念是「本心」。本心不是空洞無物的，其中具有「良知」，先天地存在仁義禮智等道德原則。本心能夠指導人在不同場合都做出恰當的行爲。〔十〕爲了保持本心不被遮蔽，可以採取的具體修養方法有絶意、主敬、辨志等。〔十一〕此外，在格物、人性、已發未發、知行關係等理學論題上，錢時亦有自己的理解。

在以往的研究中，錢時之學往往隱没在對四明學術的叙述中，其獨特之處没有得到揭示。實際上，楊簡的思想是象山後學中非常特殊的形態。〔十二〕錢時的思想一方面繼承楊簡，例如黜落「理」「氣」概念，以「本心」作爲本體論上的最高範疇，以主觀之「意」解釋惡的産生，繼而强調「絶意」的修養工夫。另一方面又與楊簡有所不同：楊簡認爲惡的産生皆是由於意念對本心的干擾，錢時則承認欲望的誘惑、氣習的蒙蔽等因素；楊簡的修養方法重在絶意明心，錢時亦不排斥「主敬」等其他方法；楊簡公然將佛家義理引入心學，錢時依舊對佛教進行激烈批判。〔十三〕其論「氣習」、論「主敬」，都帶有朱子學色彩，顯示出南宋後期「朱陸合會」的傾向。〔十四〕

對於南宋陸學來説，融堂繼承了象山、慈湖的主幹規模，又吸收朱子思想，對師説的極端之處進行了調整和糾偏。他還通過注釋經典、建構道統、講學授徒等方式，繼續擴大學派影響。〔十五〕宋元學案論象山後學而將錢時與槐堂、甬上並列，這一安排是不無道理的。

錢時注經之時，漢唐注疏影響尚存，不過不再是理學家關注的重點；朱熹一脈經注漸漸完善，成爲錢時面對和回應的主要對象。錢時説尚書針對蔡傳，説論語針對朱熹論語集注，説大學、孝經亦是對大學章句、孝經刊誤的一種回應。他試圖構建不同於朱學的經典注釋體系。

否認尚書存在僞篇，否認經文存在錯簡，否認經文内容有不合聖人之道處，肯定書序爲孔子作，表彰書序，是錢時對於尚書的基本觀點。〔十六〕錢時注解論語，在不涉及義理的日常詞彙上，幾乎全部襲用朱熹論語集注之説；在涉及義理的關鍵字詞上，則多棄朱注而不用，提出己説；至於每章之下發揮義理，則與朱熹迥然不同。〔十七〕錢時孝經學的基本觀點是：孝經爲孔子所作，推崇古文孝經，批判今文孝經，認爲宋人所見「古文孝經」即西漢時出自孔壁之書。〔十八〕錢時認爲古本大學並無缺失，將其分爲六章，不用朱熹等人的改本。〔十九〕

錢時長於易學，曾「以易冠漕司」，然而其易學著作周易釋傳已經亡佚。胡一桂周易本義啟蒙翼傳上篇「傳注」部分周易釋傳的解題稱：「其説謂：『伏羲、文王、周公之經既孔子爲之傳，後學何可容喙。敬於傳下略釋本旨，而曰周易釋傳焉。』按其書，文辭雖明而意義易淺略，不及象數，釋物理間有可采者。」〔二十〕可以推測，其書大致以簡明的語言解釋易傳，闡發易理。〔二十一〕

由上可知，錢時解經的一大特點是承認經典文本的絶對權威性。中唐以降，經學變古，疑經、改經相沿成風，同時代人動輒以一己之理念非毀聖經，錢時對此頗不以爲然。這一點上可以看出錢時爲學醇厚篤實的一面，無怪乎四庫館臣許其著爲「宋人經解中之特出者」。

論語管見「四科十哲」一章注：「一元之氣，渾浩流轉，萬物之形色於其間者，自各隨材而成就。」書解、管見二書，是藉助具體人物和事件展示「萬物隨材成就」的情形；周易釋傳一書，或即是對「一元之氣」本身的形而上學討論。這樣看來，錢時的學術亦是體用俱全，形上形下連爲一貫的。

融堂書解舊本久佚，其書是否曾經刊刻也不得而知。今本是四庫館臣從永樂大典中裒輯編次而成的，現存四庫全書諸閣本[二十二]、武英殿聚珍版本，後者文字質量優於前者。本次整理以聚珍本（現藏國家圖書館善本部）爲底本，校以文淵閣四庫全書本、今存永樂大典相關部分（包括益稷四條、盤庚中篇四條、泰誓上篇四條、武成五條）。底本原有四庫館臣所加按語二十餘條，今用單括號標出。底本卷首原有宋進書原劄狀，今移於附録。

融堂四書管見曾有南宋刊本，已經亡佚。現存明抄本、清抄本各一部，以及四庫全書諸閣本。[二十三]明抄本淵源宋刻，文字質量較高，清抄本錯訛較甚，四庫全書本與明抄本互有異同。本次整理以文淵阁四庫全書本爲底本，校以明抄本、清抄本、今存永樂大典相關部分（中庸第一至十一章，共十六條）。明抄本卷末録有南宋錢可則刊書跋，今移於附録。

錢時詩文集蜀阜集十八卷，千頃堂書目卷二十九著録，亦已散佚。明代工部尚書、淳安蜀阜人徐貫曾掇拾遺文，編爲蜀阜存稿刊行，然據蔡清蜀阜存稿序引文，徐刊本又與今本不同。今所見蜀阜存稿三卷，是徐貫後人徐楚等編纂的蜀阜徐氏家集十一種中收録的版本，國家圖書館古籍普查著録爲「明木活字本」。〔二十四〕本次整理即以此本爲底本，校以總集、方志中所見版本，並參考北京大學中文系所編全宋詩、四川大學古籍所所編全宋文中的校勘、輯佚成果。全宋詩自其他文獻中輯得詩十五首，全宋文自其他文獻中輯得文十篇，本次整理另從總集、方志中輯得詩文數篇。本次整理首先點校蜀阜存稿所收詩文，而將自他書中輯録的詩文作爲「蜀阜集補遺」附於存稿之後。宋元學案、宋元學案補遺所録兩篇講稿，收入附録；四書管見自序一篇，仍存原書之前，這三篇文章不再收入「補遺」。詩文中間原有少量夾注，今以小字標示。能夠確知其寫作年代的，繫年於標題之後。卷首原有吕人龍撰融堂先生行實一篇，今保留原貌。

現將上述三種錢時著作合訂爲一書。全書最後有附録數種，包括佚著、傳記、學案、遺跡、序跋評論、書目解題等内容。〔二十五〕以上三書已有淳安縣政協所編淳安古籍文獻叢書標點本，這個版本與古籍整理的學術規範有所差異，本次整理未作參考。

本次整理中標點、校勘、字體轉换方面的工作原則如下。標點方面，經文斷句（特別是尚書）歷來分歧較大，本次整理盡量按照錢時注文中的理解點斷。校勘方面，底本誤而校本不誤，或底本校本兩可，不作改動，僅出校記。確知屬於底本不誤而校本誤的情形，不出校記。蜀阜存稿底本錯訛較多，於文中改字，同時出校記。字體轉换方面，將少量異體字修改爲所謂的「正體字」，改動的原則是字義相同、字形相近。

本次整理得到北京大學中文系、哲學系多位老師的指導。北京大學的王翊、王精松、孫天也，山東大學的謝應敏等友人，在繁忙的學習生活中爲本書的整理提供了諸多幫助，在此一並致謝。由於整理者學殖尚淺，加之時間緊迫，本次整理一定還有未盡之處，甚至存在不少錯誤，懇請師友不吝教正。

張高博

二〇一九年二月

〔一〕關於始遷祖錢隱之與文穆王錢元瓘的關係，蜀阜存稿卷三廣塾規約序：「吾家自文穆三世而後，大理丞來新安。」錢時後人、明清之際的學者錢澄之撰田間文集，卷二十九先考敬修先生鏡水府君行略稱：「瓘別子曰儼，儼孫隱之以大理寺丞守新安，因家歙焉。」關於錢時與惠濟侯錢牄的關係，錢時弟子呂人龍所撰肯堂記：「惠濟侯再世孫曰融堂先生。」錢澄之田間詩集卷八贈淳安宗丈朝卿文卿二子：「至於文孫，用揚厥休。」自注：「侯孫融堂先生始克奏請。」錢隱之是錢元瓘之三世孫，錢時是錢牄之孫，這兩點是確定無疑的。至於錢牄與錢隱之的關係，存在三種説法：有五世孫説，如蜀阜存稿卷三厚德堂記：「大理丞來新安，至諸父六世矣。」田間文集卷二十八譜系考：「流光譜稱：隱之公以寺丞守新安，遂居歙之汝溪，是爲新安始祖。五世而有牄。」李紱陸子學譜：「慈湖爲錢子是誌其妣徐氏墓云：……其夫號筠坡翁，字晦仲，吴越文穆王九世孫。」有四世孫説，如先考敬修先生鏡水府君行略：「隱之以大理寺丞守新安，因家歙焉。後四世有孫曰嵒，曰牄，遷淳安。」又有三世孫説，如蜀阜存稿卷三錢母墓記：「是爲有宋大理寺丞錢公隱之母夫人墓……夫人四世孫牄，建炎間提鄉兵摧却兀朮于桐江之牛山。」諸説是非，今已難以詳考。錢牄兄弟的戰功，明代以降多種方志中均有記載。例如弘治徽州府志卷九人物三之勇義門：「嵒與弟牄並讀書尚氣概。宣和中，方臘甫平，餘黨尚熾，嵒兄弟起鄉兵勦平之。浙賊倪從慶寇淳安，一戰敗去。建炎三年秋，金兀朮入寇，將遡浙而西，嵒兄弟又率方庚等引兵逆戰桐廬，據牛山之險，虜衆敗走。功聞，並補承信郎。衢寇張花項犯歙，且逼嚴，又敗之，郡賴以安。後卒。紹定三年，歙人上其功，郡議實申省詔，並封侯，立祠于邑之乳溪。」

〔二〕關於錢時爲學領域和目標的轉變，融堂四書管見序載：「年踰四十，忽自警省，始大悟舊學之非。」蜀阜存稿卷三順堂記：「年四十有二始有微省。又二年拜慈湖先生，方知守中庸之妙。」這裏所謂「舊學」，是指泛覽百家，學習文章技法；所謂「大悟」或「微省」，是指轉向研習理學、師法往聖，以求明道。下面兩則材料可以證明。蜀阜存稿卷三送楊春伯序載時之自述：「少之日好爲古文章，諸子百家無所不讀，每讀輒以爲可學。如是者不知其幾年。其後遭罹閒關，困益甚，始大悔。噫，古聖垂訓，豈若是然耶？政使古人文章可學而能，而無一言之幾乎道，雖多，奚以爲也？」同卷錢融堂先生赴聘叙，亦言時「遂毀其少作，盡焚其舊所爲文，獨與古聖賢遠相酹酢於千載之上」。錢時理學思想的成熟當在四十四歲師事楊簡之後。在文集可以確知寫作年代的篇目中，最早流露出心學思想的是作於嘉定十二年的廣塾規約序，是年錢時恰好四十四歲。嘉定十年，陳淳至嚴州講學，曾指出嚴州陸學興盛的狀況：「大抵世上一派禪學，年來頗旺于江浙間，士大夫之有志者多墮其中，而嚴尤甚。」（北溪大全集卷二三與黄寺丞直卿）是年錢時四十二歲，陳淳並未把錢時作爲嚴州陸學的代表人物，亦可從側面説明彼時錢時之學尚未成熟。

〔三〕宋元学案補遺卷七十四慈湖學案補遺：「慈湖曰：某于子是至契。子是先已覺，惟閒有微礙。某剗其礙，遂清明無閒。無内外，無始終，無作止，日用光照，精神澄静。某深所敬愛。」（中華書局二〇〇六年版，第四二九五頁）

〔四〕吕人龍撰融堂先生行實，言其「推明道統之原，窮究天人之妙，盡發先賢之未發。性復恬淡，不樂仕進，隱居晦跡，著書立言，四方向慕，受業者數百人」。

〔五〕錢時的生平資料主要是宋史楊簡傳附傳、蜀阜存稿卷首融堂先生行實、蜀阜存稿所收錢融堂先生赴聘叙三篇文章，以及景定嚴州續志卷三、弘治徽州府志卷七、嘉靖淳安縣志卷十一、萬曆嚴州府志卷十五等方志資料。

〔六〕蜀阜存稿卷三山行記：「渺然北望，與天無際，動關河故國之思。三十年間，兵聯禍結，讎虜就殄，侵疆未歸。聖天子宵旰不遑，公卿大夫日勞於謀議，元戎進退，一的汎使，戰和之機，所以决成敗安危者，凜凜乎今日……山林朽賤，學不用世，無以擅王道，脱吾赤子於鋒鏑，以奠四方。每食天地間粟，愧欲汗流。」

〔七〕他又曾登齊山，作遊齊山記：「憑高放目，動關河故國之思……淮山滿眼，恨邈天涯，仕斯過斯，來遊於斯，必有酌新亭之酒，弔望諸陵而感慨者。」運用「新亭」之典，抒發國家分裂的悲慟。合溪夜歸呈諸大夫一詩「安得四海車書同，春風浩浩遊其中」之句，則直接表達對國家統一的期盼。

〔八〕黄宗羲等：宋元學案，中華書局一九八六年版，第二五七〇頁。

〔九〕據時自序，融堂四書管見成於紹定己丑（一二二九）。融堂書解的確切成書年代雖不可考，然書中屢稱「先師」，當成於楊簡没後，即一二二六年以後。結合上文考證，此時錢時的理學思想早已成熟。理學思想既是經典注釋的背景，又通過經典注釋表現出來。

〔十〕例如蜀阜存稿卷三則庵記：「孩提之童無不知愛其親者，此不學之良能，此不慮之良知，此萬古人人所同有之本心也。此心無體，變化無方，通於神明，光於四海，無所不通。見孺子將入井，則自惻隱者此也；見可羞可惡之事，則自羞惡者此也；宜辭自辭，宜遜自遜，是自知是，非自知非者此也。以此事君自忠，以此臨民自愛，兄弟自友，夫婦自别，朋友自信，豈外襲而取之哉？」

〔十一〕關於「絶意」，錢時屢屢强調「私意」的危害。論語管見公冶長：「本心本直，微起意即失之。」「私意」多從「我」上産生，因此「絶意」就意味着「勿我」和「克己」。孔子所言「克己」在錢時的解釋中變成了絶棄私意、回復本心的修養方法：「大凡意念雖各不同，未有不從我上起。有我則百邪交叢，無我則百念皆空，是故貴於克也。己克則心本無恙，天則不逾。」關於「主敬」，融堂書解堯典：「聖學工夫全在敬上。罔念作狂，克念作聖，敬不敬而已。」「辨志」是强調立志在爲學次第中的首要位置、對於回復本心的重要作用。論語管見里仁：「人之趨向，全在立志。苟志於仁，即念念在仁矣，自然無惡。」這裏的「仁」即「本心」之意。論語管見顔淵：「仁即人之本心。」論語管見衛靈公、中庸管見：「仁者，不失其本心之謂。」

〔十二〕關於楊簡的思想面貌，可以參看崔大華：南宋陸學，中國社會科學出版社一九八四年版；邢舒緒：陸九淵研究「心學的傳承」一節，人民出版社二〇〇八年版。

〔十三〕慈湖遺書卷二絶四記：「夫人皆有至靈至明、廣大聖智之性，不假外求，不由外得，自本自根，自神自明。微生意焉，故蔽之。有必焉，故蔽之。」（楊簡全集第七册，浙江大學出版社二〇一六年版，第一八五六頁）除「意」之外，錢時還提出「欲」「情」「氣」「物」等因素。融堂書解洪範：「習氣一正，本心自復。」古文孝經管見：「凡處父子而失其道者，欲念昏之，情僞奪之，血氣亂之，非其本性然也。」中庸管見：「天命者，天之與我之謂也。至善而無惡，至靈而不昧，所謂性也。順乎此性，斯之謂道，無所不在，無所不通，本何假於修哉。惟夫昏於意念，汩於情欲，動於血氣，蔽於物我，淪於習俗，而拂亂其所固有者焉，是故不可以不修也。」楊簡認爲佛家思想與儒家思想是互通的。慈湖遺書卷十九炳講師求訓：「孔子曰『心之精神是謂聖』，即達摩謂『從上諸佛惟以心傳心，即心是佛，除此心外，更無别佛。』」（楊簡全集第九册，第二二九〇頁）錢時從經濟、倫理、思想等各方面全面批判佛教。例如蜀阜存稿卷三神景寺記：「佛來中國，民之遊者始託以歸焉。侈其宫，衍其徒，非天雨而鬼輸，焉攸取？持券遠走，飛奇釣貨，强名曰化；眩惑愚氓，乾没而入，强名曰捨。」中庸管見釋篇題：「浮屠晚出，其禍尤大。三綱九法人道之所賴以立者，一切斷棄。鼓雄誕之説，以愚民幻衆，往往世俗安之若當然，而先王教法，生民日用之經，反視之以爲異矣。」

〔十四〕新安是朱熹的祖籍，自南宋時朱子之學即在該地産生影響。淳安與新安地理相鄰，易於接受朱子學説。錢時本人又曾赴新安講學。袁甫蒙齋集卷十一贈錢融堂詩序：「使淳安之師友，相從以至于歙，歙之官若士，相與慕而問辨講貫焉。二邦人士，藹然以道義爲榮。」這種學術環境促使錢時對朱學做出回應，從而影響錢時的理學和經學面貌。新安理學根柢朱子，又吸收陸子的思想，「朱陸合會」成爲元代新安理學的重要思想維度。在朱陸異同問題上，錢時憑藉自身思想的特質、地方學者的身份，進入了新安理學家的視野。鄭玉之父鄭千齡撰表融堂先生墓略，將錢時作爲朱陸合會中陸學一方的代表：「予既爲朱子立祠學宫，復表融堂先生之墓，所以息黨同伐異之論，而爲至當精一之歸。」另一位宗尚朱子的新安理學家胡炳文，亦用錢時「八忍」之説教育子女（參見本書附録）。日本學者石田和夫即將錢時作爲朱陸合會的代表人物。他引用中庸管見「於德性而知所尊，大本立矣；然而非道問學，則不知其所以尊也」之語，分析錢時的工夫論説：「這種『道問學』『尊德性』兼用的傾向，在知識論（格物論）方面與其説是遠離於陸學，不如説是接近於朱子學。」參見石田和夫：錢融堂について：陸学伝承の一形態，九州大學中國哲學論集，一九七六年（一），第五七至七一頁。

〔十五〕錢時構建的道統譜系是從堯、舜、禹到孔子，再到陸九淵、楊簡。例如蜀阜存稿卷二讀書燈：「聖教衰，异端熾，千古冥行士何事。人人有此大光明，埋没荒唐渺漫處。象山翁，天啓秘，嫡嗣慈湖更超詣。陋儒俗學破沉痾，暗室迷途逢寶炬。」在他的努力下，陸學在淳安臻於全盛。宋元學案卷七十四慈湖學案「洪本一先生贖」一條：「淳安自融堂爲慈湖高弟，而先生（引者按：指洪贖）之族祖夢炎亦登其門，故淳安之士，皆爲慈湖之學。」

〔十六〕錢時承認「文從字順」與「佶屈聱牙」兩種文體風格的存在，但並不認爲其中存在僞篇，而是認爲兩種風格的差異是寫作者不同導致的：「如大誥、康誥、酒誥、梓材、召誥、洛誥、多士、君奭、多方之文，獨聱牙與盤庚無異，若謂皆周公所作，則無逸、立政、微子、蔡仲之命等篇，又何其平易也。以此知大誥諸書乃史氏所記，當時秉筆者適爲此文體，故特不同耳。本朝歐、宋二公同修唐史，其立言斬斬不類，是烏足怪哉？」（融堂書解大誥）對於書序的態度，在汩作、九共九篇、槀飫之序後表述得最爲清晰：「愚痛念古書百篇，而不存者四十有二，今幸先聖之序，發明經旨，粲然具在。書雖亡而義猶未泯也。篇名湮没不著，而學者視之幾若贅疣，豈不甚可惜哉。愚故表而出之，以備百篇之義。」基於這種理解，他將小序百篇逐一進行疏解。即便書序與經文有明顯不合之處，錢時也努力進行彌合。關於融堂書解的經學研究，高雄師範大學經學研究所蔡根祥所著宋代尚書學案（花木蘭文化出版社二〇〇六年版）最爲詳盡。

〔十七〕根據朱熹書臨漳所刊四子後，四書章句集注首次刊刻於南宋紹熙元年（一一九〇）的漳州。至嘉定五年（一二一二），從國子司業劉爚之請，將論語集注、孟子集注立於官學。四書管見原序云：「間因講習，積而成編。後獲從慈湖先師遊，竟櫝藏，弗果出，迨今十有三載……紹定己丑四月二十日蜀阜錢時書。」可知本書「間因講習」開始寫作的時間是寧宗嘉定十年（一二一七），至本書成書之時已是紹定己丑（一二二九）。這説明錢時在教育子弟的過程中，已經開始使用當時立於官學的集注。論語管見的存在可爲四書章句集注（論語集注）的早期流傳和研究提供一點説明。

〔十八〕在體例上，孝經管見將今文之章名全部略去，僅標明章序。在内容上，孝經管見對今文多有批評。例如直接批評唐明皇刪改閨門一章：「唐明皇時，誣詆古文，謬謂『閨門』一章鄙俗不可行。嗚呼，豈唐之君臣所能知哉！」關於孝經管見的研究，可以參看舒大剛中國孝經學史（福建人民出版社二〇一三年版）。

〔十九〕他認爲古本大學第二章先言「誠意」與第一章的格致誠正次第並不矛盾。大學管見：「第一章，總論大學之道。『誠意』以後，下文詳矣。探本窮源，正在格物二字。學者於此反致疑焉。以愚見觀之，其説甚詳，其義甚明……右第二章，論誠意。先儒謂此章多錯簡。愚據舊文玩味，經旨自然通貫，本無差舛，謹發此義，願與同志者明之。」關於大學管見的研究，參見李紀祥兩宋以來大學改本之研究（臺灣學生書局一九八八年版）。

〔二十〕胡一桂：周易本義啟蒙翼傳，中華書局，二〇一九年版，第三七〇頁。

〔二十一〕考其詩文，亦可略窺其易學之一斑。如蒙養齋記中借蒙卦卦象論證童蒙養正的重要性。蜀阜存稿卷三蒙養齋記：「易曰：『蒙以養正，聖功也。』又曰：『山下出泉，蒙，君子以果行育德。』泉自山出，未有所之，泓涵潔清，略無微滓渾濁，此蒙之象也。於斯時而得所養，其功化何如哉。」卷二遊齊山倉使遺贈長歌和韻「昔來陽未復，倏忽今大壯」，以易學術語言説日常生活。同卷五日晨興説既濟象則記録其説易活動。

〔二十二〕此書文瀾閣本已佚，可能是在太平天國戰亂中散失。文瀾閣散失之書後來通過補抄基本配齊，且多有不同於原本的其他版本來源，堪爲校勘之一助。然而融堂書解卻未得補抄，可見晚清江南藏書家的收藏中確無此書，亦説明此書流傳甚少。「融堂書解」之目列於杭州出版社二〇一五年影印的文瀾閣四庫全書第五十六册，題下注「原缺」。

〔二十三〕明抄本十行十九字，藍格，卷首鈐有「山東海豐吴氏珍藏世澤圖書」「夕陽催就水窗詩」「黄葉村莊」以及「北京圖書館藏」諸印，卷末録南宋刻本跋文，且多避宋諱（例如「桓公」避欽宗諱作「威公」，「慎獨」避孝宗諱作「謹獨」等），接近宋本原貌。四庫全書著録叢書亦以此本抽换四庫本。清抄本八行二十一字，無界欄，卷首鈐有「鐵琴銅劍樓」之印，每頁内容起訖與四庫全書本基本相同，疑即所謂「傳抄閣本」。以上二本現皆藏國家圖書館。四庫全書本所據之底本，浙江採集遺書總録丙集著録爲「瓶花齋寫本」，四庫全書總目著録來源爲「浙江吴玉墀家藏本」。此書文瀾閣本爲癸亥（一九二三）年間據文津閣本補抄，没有校勘價值。

〔二十四〕曾棗莊在爲現存宋人别集版本目録所作的序言中，所舉首例即爲該書。他説：「例如錢時蜀阜集十八卷，除清初黄虞稷千頃堂書目曾予著録外，其後的公私藏書目録和現有的各圖書館藏書目録均不見著録。我所王智勇同志在中華書局圖書室偶然發現了蜀阜存稿三卷，雖較原集少十五卷，但還存詩二百三十三篇，文四十七篇。集前有融堂先生行實，比宋史錢時傳詳盡得多，對研究這位南宋理學家是不可多得的資料。」（按，本次整理使用的國家圖書館藏本，全宋文編纂者似未察。）然而，全宋文對該書的整理卻存在一些遺憾，例如在紫霄山行記「老氏，周柱下史，號知禮。雖學……」一句之後，遺漏了底本兩半葉的内容，而徑直接到其下一篇文章雲嶠書堂記「……書，堯、舜、禹、湯、文、武、周公、孔子傳心之要旨」一句，導致兩篇文章相混。本次整理希望修正全宋文的失誤。

〔二十五〕錢時易説佚文主要保存在元代董真卿所編周易會通之中。周易會通體例分爲音訓、集解、附録、纂注四部分，其中「纂注」是程頤周易程氏傳、朱熹周易本義以外的其他諸家易説，也是我們輯佚的來源。根據卷首「引用諸家姓氏」，「纂注」部分所引錢姓學者共有兩人：北宋錢藻與南宋錢時；引用「錢氏曰」共二十九條，其中兩條標明「錢氏藻曰」，二十七條僅標「錢氏曰」。這二十七條中，明代周易大全注明屬於「融堂錢氏」的有九條，有學者據此判斷能夠確認是錢時著作的僅僅是這九條，而將另外十八條全部捨棄（參見代天才錢融堂著述考，四川圖書館學報二〇一九年第一期）。本文認爲，周易會通二十七條僅標「錢氏曰」的引文都出自錢時。首先，考慮周易會通自身的體例。凡例介紹「纂注」部分的體例時説：「稱『某氏曰』『某氏曰』以相識別。其或世次有先後、或其説有多寡而同姓氏者，則不免旁注其名，而非有所輕重也。」可知凡有同姓氏者，皆旁注其名，以相識別。上文已經説明，引用錢姓學者時「旁注姓名」的是錢藻，那麽未注姓名的就是錢時。由於「錢氏曰」絶大部分都是錢時之説，出於行文簡明的考量，董真卿選擇標出錢藻之名。其次，考慮周易會通與胡一桂的關係。董真卿是胡一桂弟子，周易會通自序介紹「纂注」部分的體例時説：「諸家之説……可互相發明者，全用先師纂疏，各廣以聞見之所及，翼於語録之次，名曰纂註，而以『某氏曰』别之。」可知周易會通「纂注」的編纂是以其師胡一桂易本義附録纂疏爲基礎的。「纂注」收有胡一桂直接評論「錢氏曰」的言論。漸卦六四：「錢氏曰：桷謂木枝之小而可爲椽者。先儒謂鴻不木棲，鄉間歲暮則至，棲于高木之上，先儒殆未攷。雙湖先生曰：木桷皆取巽木，象鴻之漸進至此適當巽木之初也。錢氏説姑廣異義，俟考焉。」這裏「雙湖先生曰」的内容不見於第一版（即今本）易本義附録纂疏，而是出自胡氏若干年後增廣新編的第二版纂疏（今已亡佚，惟賴周易會通得以保存（參見謝輝元儒胡一桂兩注易本義考實）。這則材料建立起了周易會通「錢氏曰」與胡氏第二版纂疏之間的聯繫。胡一桂周易本義啟蒙翼傳序言有云：「愚不量淺陋，復爲本義附録纂疏以承先志。今重加增纂之餘，又成翼傳四篇。」所謂「重加增纂」，是指完成第一版纂疏之後繼續進行修訂，編爲第二版纂疏。可知翼傳的成書與第二版纂疏同時。那麽翼傳中羅列的材料無疑也是第二版纂疏使用的材料。翼傳卷中「傳注」一節，按照時間先後羅列歷代易學著作，實際上是一部易學專科目録。這份目録中，錢姓學者僅有錢時一人。總而言之，翼傳「傳注」列出的錢時周易釋傳，即第二版纂疏中收録的錢氏易説，也即周易會通中胡一桂評論的「錢氏曰」。在編寫第二版纂疏的過程中，胡氏除了利用自家收藏的易學著作，還廣泛走訪本地學者以搜集資料。翼傳卷中「傳注」部分有言：「歲在戊申，復謀之先同志鄱陽汪君（標）國表，得其手編諸家易解一鉅集。又自搜訪二十餘家，重加纂輯，毗於附録，用潰於成。」胡氏是徽州婺源人，與錢時家鄉地理位置相鄰，搜訪材料時極有可能得見錢時的周易釋傳。再次，明代學者明確知曉周易會通「錢氏曰」即錢時説。明代以周易會通爲藍本編纂的周易大全，引用「錢氏曰」凡十二條，其中兩條標明「錢氏藻曰」，九條標明「融堂錢氏曰」，一條僅標「錢氏曰」。而標明「錢氏藻曰」的兩條，恰恰是周易會通中的「錢氏藻曰」兩條。也就是説，周易大全的編纂者只要引用周易會通中的「錢氏曰」，都將其改爲「融堂錢氏曰」。

目録

融堂書解

融堂四書管見

蜀阜存稿

附録

書目解題

融堂書解

融堂書解卷一

宋　錢時　撰

虞書

堯典

堯，唐帝謚。堯初爲唐侯，後有天下，因號曰唐。典，常也。聖人脩身齊家治天下，無非生民日用之常，非有他道也。何謂常？民彝是也。父子有親，君臣有義，夫婦有别，長幼有序，朋友有信，謂之五典，即此常也。堯盡此常道，所以爲聖人。名書曰典，以明書之所紀皆常道也。

昔在帝堯，聰明文思，光宅天下，將遜于位，讓于虞舜，作堯典。

（案：書序舊爲一篇，注疏本分載每篇之首，而逸書之序亦爲案其先後，以次附載。蔡傳仍合爲一篇，總繫于後。錢氏書解，其篇目雖不可得見，繹其文義，首釋篇題，次解書序，然後分解經文，知其編次之法本于注疏。今仍載書序于篇首，其解逸書序者亦以次附載。）

無不聞曰聰，無不見曰明，自然有條理謂之文，無所不通達謂之思，「思曰睿，睿作聖」是也。所謂光者，即其本心也。宅，猶居宅，言天下皆居其中也。

曰若稽古：帝堯曰放勳。欽明文思安安。允恭克讓，光被四表，格于上下。

若稽，順考也。書作于後世，故曰「若稽古」。（案：「若稽古」三字，鄭康成以爲能順天而行之，與之同功。孔傳以爲順考古道而行之者，大旨略同。錢氏斷爲後世追溯之辭，自錢氏説行而舊解遂隱。）放勳，堯名也。明、文、思，已見序説。作書者首著一「欽」字，甚爲切要。聖學工夫全在敬上。罔念作狂，克念作聖，敬不敬而已。言能欽明文思而又曰安安，則應酬萬物，交錯萬事，略無動静之可言。終日如是，終年如是，終身如是，而未始須臾不安也。作書者無以形容而謂之安安，妙矣。不曰「四海」而曰「四表」，四表則無際畔；不曰「天地」而曰「上下」，上下則無限量。四表〔二〕上下，皆在此光明之中，範圍天地，其大無外也。作書者非聞道，非深知堯，安能如此形容。讀之使人敬歎。

克明俊德，以親九族。九族既睦，平章百姓。百姓昭明，協和萬邦，黎民於變時雍。

〔二〕「表」字文淵閣本作「被」。

俊德，馴德之士也。（案：史記堯本紀引書作「克明馴德」，錢氏之説本於史記。）克明，猶灼見也。堯惟灼見俊德而用之，故以之親九族則九族盡睦，以之章百姓則百姓昭明，以之和萬邦則黎民於變時雍也。既者，盡也。平章者，均平而表章之，旌别之謂也。後世不能化民成俗，皆由善惡混殽，無所别白之故，可勝歎哉。于是表章之，則是是非非如辨黑白，百姓皆昭然著明矣。萬邦之廣，風俗各不同，不有以協和之，則國異政，家殊俗，何由化洽。協，合也。黎，衆也。協和萬邦，則天下一家，皆在春風和氣中，黎民自然丕變，致時之雍和也。

乃命羲和，欽若昊天，曆象日月星辰，敬授人時。

羲和在顓頊帝時名重黎，在堯時名羲和，一也。「乃命」在「於變時雍」之後，見得齊家治國平天下，聖人急急不容少緩，直是治道無纖毫欠缺，方無愧于天下，方命羲和治曆明時。象者，象時之節令。曆者，所以書之而授之于人也。日月星辰乃天運自然之序，一毫人力無容于其間。堯命羲和，不過敬順其自然耳。此心之敬與天通一無二，聖人「先天而天弗違，後天而奉天時」者，無他，敬而已。若昊天以治曆，只是敬授人時耳。所以布曆亦只是此敬。

分命羲仲，宅嵎夷，曰暘谷。寅賓出日，平秩東作。日中星鳥，以殷仲春。厥民析，鳥獸孳尾。

前一節是總命羲和，此下四節是命四子分主其事也。（案：以羲仲爲四子，説本班固。）嵎夷，青州之地，正東方也。夏、秋、冬皆以方言，而春以地言，則知四方各有其地，以表東西南北之正，彼此可以互見。寅賓，敬導也。亦非旦旦有所賓導之儀也。時當興作，一念微懈，即乖日出之義。「平秩東作」者，所以敬導也。帝出乎震，春事自此而興，故即東作爲言，均平而秩叙之，使各適其平，各循其序也。嘗聞之良農云：春事之興，耕耨糞壤，以至布穀立苗，次第井井，各有日數，不容少緩，一失其候，即大耗減。以此一端推之，則「平秩」二字，聖人所以裁成天地之道、輔相天地之宜者在是。不得其平，不得其序，則與暴殄天物無異，豈細事哉。殷，正也。民之分析就農而言，故曰「厥民析」。先言「東作」而後言「析」者，平秩，羲仲之職也，析以就東，作民之事也。脩職于先，趨事于後，理當然也。鳥獸孳尾，昆蟲草木無一非聖人職分中事。

申命羲叔，宅南交，平秩南訛，敬致。日永星火，以正仲夏。厥民因，鳥獸希革。

南交，或謂南方交趾之地，恐非。且東曰暘，西曰昧，北曰幽，皆明著其義，而繼陳其職業。若南方交趾，則其義不明。或謂南方相見之時，陰陽之所交也，其義亦未足。前乎此則作于東，後乎此則成于西。南，離明之地，正居春秋之間，爲東作、西成之交會，故謂之南交。萬物皆于是而化育也，故謂之南訛。居南方則爲東西之交，時則宜平秩化育之事，敬以致其功也。春曰寅賓，秋曰寅餞，皆在平秩之先；夏言敬致，獨在平秩之後。蓋順日之出而平秩乎東作，順日之入而平秩乎西成，皆因天時之至而修人事也。

至于化育之功，則人力無容于其閒，不過均平秩叙其事，如當種則種、當耘則耘之類，敬以待化功之成而已，自修人事以待天時也。敬致之義大矣哉。「厥民因」者，因東作之事而踵成其役也。

分命和仲，宅西，曰昧谷。寅餞納日，平秩西成。宵中星虛，以殷仲秋。厥民夷，鳥獸毛毨。

日出而明，故曰暘谷，日入而暗，故曰昧谷，非真有此谷也。（案：嵎夷，史記作「郁夷」；昧谷，史記作「柳谷」，則似實有其地。然馬融以嵎夷爲海隅，鄭康成以西爲隴西之山，後儒求其地以當之，究不得確證，故錢氏定爲指日出日入而言也。）日之升如自谷而出，日之入如從谷而納也。寅餞亦非日之將没，真有所謂餞送之儀也。平秩西成，所以寅餞也。物至秋率成實，均平秩叙其事，使之刈穫收斂，不失其宜，此即隨時之義也。春從日出之方而言，秋從日入之方而言，秋之言「宵」，義當然也。夷，平也，秋成則民可息肩，平夷無事也。

申命和叔，宅朔方，曰幽都。平在朔易。日短星昴，以正仲冬。厥民隩，鳥獸氄毛。

三時皆「平秩」，而冬獨言「平在」，蓋用事之時，自發生至收成，宜順其序，故秩；時已無事，宜防其弊，故在。在，察也。和叔所當察者，當不止一端，姑以農事言之。方其服田，則稼器田所常用，至冬則無用矣。于此而不察，則委頓弊壞，將無以待來歲之用。仲冬「簡稼器、修稼政」之類，皆「平在」之謂也。曰秩、曰在，雖有不同，若其事之不可不均平則一也。一有不平，便有偏而不舉之處，即曠天職，即墮天工矣，故「秩」「在」皆曰「平」。堯命羲和，于春曰鳥，以象言；于夏曰火，以次言；于秋曰虚，于冬曰昴，以宿言，迭舉而互見也。紀事立言之法如此。

帝曰：「咨！汝羲暨和，期三百有六旬有六日，以閏月定四時成歲。」允釐百工，庶績咸熙。

前命羲和以中星正四時，可謂精密。然日之餘者無所歸，則節候差舛，中星不可得而正。故于是又總命以置閏之法也。釐，正也。熙，順理也。天下萬事，未有不因時而爲者。天時既正，方有以信百工而釐正之，庶績皆可順理也。堯典篇記羲和事居其半，或者以爲詳于天而略于人，是大不然。天人只是一事，聖人未嘗分裂。羲和治曆，首命以「敬授人時」，終命以「允釐百工，庶績咸熙」，豈二事哉。百工無非天職，庶績無非天工，作、訛、成、易之候，析、因、夷、隩之變，以至鳥獸羽毛之微，無一而非天也。一象之差，一候之錯，一事之謬，一民之失所，一物之不得其宜，即墮天工，即曠天職矣。易曰「範圍天地之化」，中庸曰「發育萬物」，豈後世星翁曆史所可知哉。

帝曰：「疇咨若時登庸？」放齊曰：「胤子朱啟明。」帝曰：「吁！嚚訟，可乎？」

時，是也。先師謂上古未有道之名，惟言時，不言道。言「順是者，我登用之」也。嚚訟，多事口説，好力争辯也。

帝曰：「疇咨若予采？」驩兜曰：「都！共工方鳩僝功。」帝曰：「吁！静言庸違，象恭滔天。」

愚每讀書至此，未嘗不歎堯以大聖人在上，其視邪正如辨黑白，而在廷之臣且未免以「嚚訟」爲「啓明」，以「静言庸違，象恭滔天」爲「僝功」。使當時不察，一信其言而用之，則治亂安危之機在反掌閒耳。後世知人之明如堯者蓋寡，而朋邪黨引、罔上干進者皆是也，可勝歎哉。

帝曰：「咨，四岳！湯湯洪水方割，蕩蕩懷山襄陵，浩浩滔天。下民其咨，有能俾乂？」僉曰：「於，鯀哉！」帝曰：「吁，咈哉！方命圮族。」岳曰：「异哉，試可，乃已。」帝曰：「往，欽哉！」九載，績用弗成。

洪水之勢，以其方爲民害，則統而言之曰「湯湯」；以其包没山陵，蕩然無有限隔，則曰「蕩蕩」；以其勢泛濫滔天，則曰「浩浩」。詳味上文一「方」字及下文一「其」字，則知民在堯春風和氣中，方被水害，亦未至于怨咨，此殆洪水之始歟。得其本心則謂之順，失其本心則謂之逆，順則爲吉，逆則爲凶。前章有所謂「欽若」，有所謂「若時」，有所謂「若予采」，諄諄然提一「若」字。後世論禹之行水，謂行其所無事。咈者，逆也，與無事正相反。方命圮族，乃咈逆之事也。人之一身，凡所云爲，孰非天命。先覺者，覺此者也；日用而不知者，不知此者也。故曰：「不知命，無以爲君子。」若小人，則不知天命而不畏也，方命是已。宗族，吾之同氣，謂之天屬，治國平天下之道必自此始。堯親九族，皋陶亦謂厚叙九族。圮，毁也。豈待相戕相賊，若夷狄、禽獸然，而後謂之圮哉？纔不親之，纔不厚叙之，即謂之圮矣。异，已也，猶言已矣乎。古者「三載考績，三考，黜陟幽明」，九載是三考也。此上凡舉薦者三，堯皆不然之，至此段末獨書「績用弗成」一語，以著帝堯知人之明，此史氏書法之妙。

帝曰：「咨，四岳！朕在位七十載，汝能庸命，巽朕位？」岳曰：「否德忝帝位。」曰：「明明揚側陋。」師錫帝曰：「有鰥在下，曰虞舜。」帝曰：「俞，予聞。如何？」岳曰：「瞽子，父頑，母嚚，象傲。克諧以孝，烝烝乂不格姦。」帝曰：「我其試哉。」女于時，觀厥刑于二女。釐降二女于嬀汭，嬪于虞。帝曰：「欽哉！」

堯十六歲自唐侯升爲天子，在位又七十載，是八十六矣。巽，順也。「庸命」與「方命」正相反。惟咈，故方命。能庸命，則足以順帝位矣。父則頑矣，母則嚚矣，其弟則又傲矣，一家之中都是乖戾，略無一點和氣。常情處此，殆不可一朝居。舜處其閒，能以孝道諧和之，薰烝不已，乖戾之氣化爲乂治。烝者，如甑之炊物也。

舜典

虞舜側微，堯聞之聰明，將使嗣位，歷試諸難，作舜典。

虞，氏也。舜，謚也。或者因「有鰥在下曰虞舜」之語，遂疑其爲名。先儒謂書作于後世，故變名書謚，此説是已。不然，則孔子序書，禹、湯、文、武皆稱謚，而于虞舜獨以名斥之，可乎？（案：此段當係「舜典」二字之解，永樂大典誤繫于舜典序之後，而轉于書序原解棄而不録，蓋編纂者之疏失也。今書序原解不可得見，姑仍其舊。）

曰若稽古：帝舜曰重華，協于帝，濬哲文明，温恭允塞，玄德升聞，乃命以位。

首言「協于帝」，則堯之德皆舜之德也。行德于下而升聞于上，見當時上下之相孚。「命以位」爲一篇之綱領。

慎徽五典，五典克從。納于百揆，百揆時叙。賓于四門，四門穆穆。納于大麓，烈風雷雨弗迷。

此節史氏凡兩書「納于」二字，見得投之所向，無所不可。

帝曰：「格，汝舜！詢事考言，乃言底可績，三載。汝陟帝位。」舜讓于德，弗嗣。正月上日，受終于文祖。

舜遜讓之後，其辭旨往復，必更有節奏。但既不可得而終辭，故史氏略之，即書受終之事，直是[一]付託得人，仰不愧，俯不怍，方無餘責，方無負于祖宗爾。

在璿璣玉衡，以齊七政。

謂之政者，天文之休咎，君政得失之符也。人君與天，一體無二，其所感召，如響應聲，古聖因名以政，見得一躔一度皆是自家切己事，非徒課星翁曆史一藝之疏密而已也。齊者，各得其躔度之正也。一有不齊，責將孰歸？舜攝位之初，以此爲第一段事，其旨微矣。不然，則七政在天，而所以齊之者斷斷在我，豈璿璣玉衡一器物之微所可辨哉。

肆類于上帝，禋于六宗，望于山川，徧于群神。

舜受終之後，都未他及，且先去察璣衡[二]，齊七政，然後方告天地鬼神。蓋上天之載，無聲無臭，其從違向背、吉凶禍福之機，獨于垂象可驗耳。聖人致察于此，正是盡恐懼修省之端。肆，遂也，其事不容緩也。類，先儒以爲非常祭，然周官有「類社稷則爲位」之文，是社稷亦有類祭也。皇矣詩「是類是禡」，

[一] 「是」字文淵閣本作「使」。
[二] 「璣衡」文淵閣本作「璿璣」。

注謂「師祭」，是出師亦有類祭也。豈皆非常之祭歟？六宗，三昭三穆。（案：此解本張髦之說。）精意以享，曰禋固善，豈享六宗之外皆非精意歟？類即禋，禋即望，望即徧，名不同耳，聖人有二心哉？周官謂「以禋禮祀昊天上帝」，是不獨六宗爲然也。

輯五瑞，既月乃日，覲四岳群牧，班瑞于群后。

止言群牧者，豈群牧來覲，而諸侯不皆至歟？觀「班瑞于群后」可見。若諸侯皆至，自當併言侯、牧，不應獨言群牧，而下文班瑞却言群后也。况五瑞，諸侯所執以見天子者，今未覲群牧，先輯五瑞，則是但斂而歸之上，非諸侯執之以至明矣。舜既致告天地鬼神，即斂五瑞，及群牧來覲之後乃始班之。蓋諸侯統屬于群牧，群牧來覲，舜所以訪問賢否及政治之得失者，必有權度矣，非苟然輯之，又苟然班之也。五等圭璧，君上所賜，舜既攝政，宜有以正大權之所自出。一輯一班，陽開陰闔，斂散予奪，制之自我，使天下聳然不敢自必，豈苟然也哉。

歲二月，東巡守，至于岱宗，柴。望秩于山川，肆覲東后。協時月，正日，同律、度、量、衡。修五禮、五玉、三帛、二生、一死贄。如五器，卒乃復。五月，南巡守，至于南岳，如岱禮。八月，西巡守，至于西岳，如初。十月一月，朔巡守，至于北岳，如西禮。歸，格于藝祖，用特。

觀「肆覲東后」之文，則上文群牧來覲之時，非是諸侯皆至，意義愈明。自此以後直至「歸格藝祖」，方是了畢。看得此番止是攝位後大率提點一過，若奏言試功，黜陟幽明，却是後來「五載一巡守」之事。觀「時月」曰「協」，「日」曰「正」，「律度量衡」曰「同」，「五禮」至「一死贄」曰「修」，都不他及，可概見矣。禮雖有定式，不修則恐其廢墜；贄雖有定制，不修則恐其僭差。故五等之禮，玉帛生死之贄，于是皆修明之也。後世禮廢，風俗日壞，皆上之人不能修之。事之始，則受終于文祖；事既畢，則歸格于藝祖。見得此事不是舜事，亦不是堯事，乃祖宗之事，始終敬此一事也。一歲之久，上自朝廷，下至方岳，享祀鬼神，覲見侯牧，以至曆象日月，禮樂法度，周旋上下，纖悉委曲，非徒應故事、爲文具而已。凡一事一物之微，皆吾祖宗之所在也。使舜一毫有歉于心，則臨之在上，質之在旁，蓋有凛然不能以終日者，何以歸格于廟也哉？

五載一巡守，群后四朝。敷奏以言，明試以功，車服以庸。

觀此一節，見得「歲二月東巡守」以下，是受終後當年有此一出甚明。此後所書，却是舜後來巡守定式，故自此方有奏言試功之事，受終之始未有此施行也。敷奏以言，若曰某田野如何而闢，某人民如何而育，某風俗所以教化者何，某法度所以修明者何，凡其職業，一一陳述。舜于是按其所言，試驗其功，功與言合，則車服以庸之，所以旌賞也。此正是考績黜陟之法。如何只説庸而不言黜？庸，用也。功不副言，則黜而不用，明矣。故觀「明試」二字，可見聖人在上，如青天白日，的的詣實，不容一毫詐妄。

肇十有二州，封十有二山，濬川。

此事當在水平之後。或謂鯀既殛死，禹始嗣興，今殛鯀之文在此事之下，遂疑十有二州非在後事。殊不知「肇十有二州」附巡守後，「四罪而天下咸服」附恤刑後，各以類從，非編年循次序也。若禹之治水在肇十有二州後，則禹貢不應獨別九州。若謂禹後獨併九州，則堯殂落時水平已久，曷爲有「咨十二牧」之文乎？況自言其「荒度土功」，亦繼之曰「州十有二師」，意愈明矣。封者，封殖之，禁采伐也。山言十有二而川不言者，山有定，而川之所經歷不止一州，故止曰「濬川」也。川流滔滔，何待疏濬，豈水平之後尚有未盡之功歟。

象以典刑，流宥五刑。鞭作官刑，扑作教刑，金作贖刑。眚災肆赦，怙終賊刑。「欽哉，欽哉，惟刑之恤哉！」

象者，所以示民也。若曰犯某罪者麗其法，昭然條理〔二〕，揭而示之，司寇垂刑象之法于象魏，使萬民觀刑象，挾日而斂之，即其遺意也。官刑、教刑不涉五刑，于五刑之外又別作鞭、扑之刑也。肆，遂也，刑降而有流，流降而有贖，贖降而又有赦，好生之德，恩被萬世。天下之事，惟恤與不恤而已。民，吾赤子也；其肢體，吾之肢體也。不幸而入于罪，哀矜惻怛，惟恐傷之，而忍不恤乎？然而有莫之恤，皆不敬

〔二〕「理」字文淵閣本作「列」。

之故也。敬則本心無蔽，物我一體，其于刑自然知恤。舜之刑全在一「恤」字上。欲知舜之恤，全在一「欽」字上。「欽哉，欽哉，惟刑之恤哉！」辭氣温厚，優游諷詠，使人哀矜之心油然而生，此民所以不犯有司歟。

流共工于幽州，放驩兜于崇山，竄三苗于三危，殛鯀于羽山：四罪而天下咸服。

據流四凶在賓四門之時，而史氏記之于此，蓋因叙舜制刑條目，特書此事，爲舜用刑之證歟。反覆詳玩，見得「象以典刑」在當時未必用也。何也？典刑降而後有流，是不傷其肌體，從輕之名也。四凶之罪如此，而止于流，則舜之用刑他可概見。史氏書此，所以示後世之意深矣。舜攝政二十八載，其所施設何啻一端，史之所記，自「五載一巡守」後，大旨只在賞罰，而其賞罰的施行處，又只在「明試以功」「四罪而天下咸服」二語。嗚呼，至哉！

二十有八載，帝乃殂落，百姓如喪考妣，三載，四海遏密八音。

愚觀「百姓如喪考妣」，不覺愴然感歎。元后作民父母，百年之間，蒙被聖化，則其依依慕戀，何異赤子之懷父母也。一旦失之，哀號痛裂，真懷所發，有不知其然而然者。此豈可以僞爲也哉。

月正元日，舜格于文祖。詢于四岳，闢四門，明四目，達四聰。

「月正元日」即正月上日，史變文耳。受終于廟，歸格于廟，及即位，又格于廟，無一事不出于祖宗者。

即位之初只以通下情爲第一事。

「咨，十有二牧！」曰：「食哉，惟時柔遠能邇，惇德允元，而難任人，蠻夷率服。」

舜受終之初，群牧來覲，今即位之初，群牧復來覲，所以重初政，與之更始也。

舜曰：「咨，四岳！有能奮庸，熙帝之載，使宅百揆，亮采惠疇？」僉曰：「伯禹作司空。」帝曰：「俞！咨禹，汝平水土，惟時懋哉！」禹拜稽首，讓于稷、契暨皋陶。帝曰：「俞！汝往哉！」

此以下是命九官以朝廷衆務也。舜居攝未稱帝，史氏于是特書「舜曰」二字，以明此後凡稱「帝曰」皆謂舜也。若語中所稱「帝」却是堯，如「熙帝之載」「惟帝時克」是也。愚觀此段，深見得百揆重大。周書云：唐虞建官，內有百揆四岳。是百揆爲最長，欲有謀焉，宜首及之。如何堯朝凡事只咨四岳，又直待得舜後方有「納于百揆」之事？是舜未歷試之先，未嘗命百揆也。舜此日亦只咨四岳，又却是即位後方謀百揆之人。是舜居攝以來，未嘗別命百揆也。豈舜二十八載之閒，只以百揆攝政，今既即位，故欲得人代以居百揆歟？熙，順理也。禹嘗代鯀爲崇伯，故稱伯禹。舜咨嗟稱贊汝〔二〕平水土矣，今居是任，不

〔二〕「汝」字文淵閣本作「禹」。

可不勉。時，是也，指百揆而言。

帝曰：「棄，黎民阻飢。汝后稷，播時百穀。」

棄，名稷，主稼穡之官也。雖居朝廷，亦分土爲諸侯，故稱「后」。阻飢者，民食艱阻而飢也。

帝曰：「契，百姓不親，五品不遜。汝作司徒，敬敷五教，在寬。」

自常情而觀，百姓不親，五品不遜，泰和之世，豈所宜有。聖人宜急急圖之，不容一日緩者。（案：此下原本有闕文。）

帝曰：「皋陶，蠻夷猾夏，寇賊姦宄。汝作士，五刑有服，五服三就；五流有宅，五宅三居，惟明克允。」

舜命皋陶，乃首言「蠻夷猾夏」，而後方及乎此，是明猾夏之罪爲尤重也。諸家之説往往紛紜。或謂古者兵刑不分，所以蠻夷猾夏屬于士官，是以猾夏爲侵擾中國也。若使〔一〕侵擾，則當如有苗之征，奉辭伐罪矣，豈五刑、五流所可治耶？或謂此蠻夷乃雜居九州，如島夷、萊夷之類，然舜之辭旨未嘗如此分別。或謂寇賊姦宄乃因蠻夷内侵，常法一曠，中國之人乘釁爲亂者。此等罪犯，盛世所不免，豈皆因蠻夷而後

〔一〕「使」字文淵閣本作「是」。

有之？況有虞之朝未嘗有此事變耶？是皆臆説，無足取者。愚讀至此，見得聖人深識遠慮，所以嚴夷夏之辨，謹之于未形。中國衣冠禮樂之地，三綱九法所以扶持人道于不壞者于是乎在，豈遐荒絶域之外不正之氣所可亂哉？上四句已備著用刑詳曲，復斷之曰「惟明克允」，蓋罪囚情僞，變態萬端，智照微昏，輕重失實，安能允當人心乎？此一「明」字如水鏡燭物，無所遁藏。不是此心洞然，無纖毫蔽礙，鮮有不臨事而亂者。臯陶邁種德，安有此累，舜猶未免申「惟明」之戒，後之君子庸可忽諸。

帝曰：「疇若予工？」僉曰：「垂哉。」帝曰：「俞！咨垂，汝共工。」垂拜稽首，讓于殳斨暨伯與。帝曰：「俞，往哉！汝諧。」

一器物之微，特工人之所爲耳。于舜何與，而曰「予工」？蓋制器尚象，自聖人出，其所制作，妙理存焉。今觀犧尊、象尊、玉爵、瑤爵，與凡聖世相傳之遺制，體格端重，名義淵永，無一物非托之以寓進業之深旨，不虚作也。然則百工之事，正聖人精神妙用，風俗之所樞機。其美其惡，其責在我，謂之「予工」，豈苟然哉。是故必貴于若也。或苦窳，或不中度，不得謂之若矣。汝諧，和諧其職業也。無一工之不諧，方可言若。

帝曰：「疇若予上下草木鳥獸？」僉曰：「益哉！」帝曰：「俞！咨益，汝作朕虞。」益拜稽首，讓于朱虎、熊羆。帝曰：「俞，往哉！汝諧。」

天地萬物與我渾然一體，聖人身任化育之責，凡一草一木、一鳥一獸即我也，非外物也，故曰「予上下草木鳥獸」。曾子謂斷一木，殺一禽，不以其時，非孝，知其爲非孝，則知所以爲若也。是故獺祭魚，然後漁人入澤梁；豺祭獸，然後田獵；鳩化爲鷹，然後設罻羅；草木零落，然後入山林。不麛不卵，不殺胎，不殀夭，不覆巢，皆「若」之謂也。周官虞〔一〕人有上山澤、中山澤、下山澤之異，益爲虞，其衆虞之長歟？汝諧者，欲諧和衆職，使無一物失所之謂也。

帝曰：「咨，四岳！有能典朕三禮？」僉曰：「伯夷。」帝曰：「俞！咨伯，汝作秩宗。夙夜惟寅，直哉惟清。」伯拜稽首，讓于夔、龍。帝曰：「俞，往，欽哉！」

周「大宗伯之職，掌建邦之天神、人鬼、地示之禮」，即此「三禮」是也。（案：錢氏引周官大宗伯以釋「三禮」，本于馬融。）吉、凶、軍、賓、嘉，皆屬大宗伯。鬼、神、示止是吉禮，如何總言其職，獨舉此三者？蓋禮莫大于天、地、宗廟，故曰：「明乎郊社之禮，禘嘗之義，治國其如視諸掌。」舉其大則餘可概見矣。秩宗，即大宗伯之職。典朕三禮，亦舉其大者言之歟。秩，序也。宗，猶主也。天秩有禮，無非自然之序，禮官爲禮之主，故謂之「秩宗」。舜命九官，惟百揆、秩宗獨咨四岳，又皆以「有能」爲問，豈此二事尤重歟。堯亦是洪水、巽位二事獨咨四岳，獨曰「有能」。僉舉禹而讓稷、契、皋陶，僉舉垂而

〔一〕「虞」字文淵閣本作「漁」。

讓殳斨、伯與，僉舉益而讓朱虎、熊羆，僉舉伯夷而讓夔、龍，舜皆俞之矣，而卒不許讓之他人者，雖所讓不妄，畢竟僉論首推，聖心允愜，他無以易此故也。愚觀堯朝舉薦者四而吁者三，九官之命總而俞之者八，凡所舉所讓乃無一不合帝意者。見得四凶未去，堯朝尚有小人；自誅四凶，虞廷皆君子矣。雖然，小人猶在，堯之所以爲大；小人盡去，舜之所以爲君。故曰「大哉堯」，又曰「君哉舜」歟。

帝曰：「夔，命汝典樂，教胄子。直而温，寬而栗，剛而無虐，簡而無傲，詩言志，歌永言，聲依永，律和聲。八音克諧，無相奪倫，神人以和。」夔曰：「於！予擊石拊石，百獸率舞。」

適子他日皆繼世有家有國有天下者，豈是細事，如何獨命典樂教之？蓋感人心，變化氣質，機用之妙，莫疾于樂。此聖人區處胄子，豈耳提面命、嘵嘵講説所可言哉。周「大司樂掌成均之法，以治建國之學政」。其以樂德教國子者，必中和、祗庸、孝友以爲主，教之樂語，教之樂舞，所以爲教之目，一一皆有節奏，皆有定式。雖世代詳略有不得而知，要其大略可見。若夫師道，則甚不易也。何謂師道？直、寬、剛、簡是也。直者，無所回曲之謂。欲明師道，豈可不直？然直則易于不温和，但峻直而不温和，則難親矣。寬者，優柔樂易之謂。欲行其教，豈可不寬？然寬則易于不莊栗，但寬而不莊栗，則易玩矣。震厲奮發，足以策偷而警惰，非剛不可也。或太剛，則未免反有戕賊之患，剛而無虐可也。静重端默，足以正浮而格躁，非簡不可也。或太簡，則未免反有高亢之患，簡而無傲可也。玩此四語，如五味相濟，五色相受，而師道備矣。故舜先明此事，方論及樂。師道欠缺，而徒欲以聲音感人，則無是理。詩者，樂之主也。作其樂則歌其詩，如王出入則奏王夏，尸出入則奏肆夏，牲出入則奏昭夏，射則奏騶虞之類也。舜至此不言胄子而言神人，此道之妙，無所不通，人此妙也，神此妙也。夔也固已洞達此妙，一觸其機，不覺慨歎曰：「於，何待八音之皆具也哉。雖一石之擊，一石之拊，而百獸且將率舞矣，又何止于神人。」嗚呼，妙矣！非真知天地萬物在此石一擊一拊之間，安能透發蹊逕，于舜言外發此妙旨。舜聞此旨，默然無語，如之何其不善。

帝曰：「龍，朕堲讒説殄行，震驚朕師。命汝作納言，夙夜出納朕命，惟允。」

異端邪説，讒毁正道，是謂讒説。其行怪僻，殄滅正行，是謂殄行。斯人者，譸張爲幻，足以驚世駭俗。細玩「震驚」等字，可見當時風俗醇美，其民生長教化中，所聞無非正言，所見無非正道，一有讒説殄行，便爲之震驚。後世異端邪説充斥彌滿，沈酣耳目，與之俱化，良由不知所疾。納言之官廢，風俗敗壞而至此極也。周禮「訓方氏掌誦四方之傳道，布訓四方而觀新物」，即納言之遺意也。直是不以夙夜爲閒，有聞即報，有命即宣，使之即時聞于上。聖人愛護風俗，不啻如拯溺救焚，于此可見。不特命之出爲朕命，其出其納，宣達上下，皆朕命也，皆不可不信也。

帝曰：「咨！汝二十有二人，欽哉！惟時亮天功。」三載考績。三考，黜陟幽明，庶績咸熙。分北三苗。

自常情而觀，自龍之「納言」至十二牧之「咨」，皆何與于天也？舜之命官，少者一二語，多者不過數語，各當其職，各〔一〕盡其妙，可謂至矣盡矣。到此忽道出「天功」二字，天非高高，凡我所爲，舉無一而非天者，則分職受任，發于事業，而謂之天功，豈空談哉。亮，明也。時，是也。此「明亮天功」，更無他説，惟敬此而已。分，别也。舜攝政初，竄三苗之君于三危矣，其餘黨之在故地者，往往未能盡化。于是别其善惡，各爲一處，如周化商民，旌别淑慝，殊厥井疆之義。舜在位凡五十載，其閒設施宜不一端。史官却只叙其即位之初命官之詳，與夫考課之法，直是「陟方乃死」，更不他及。于此可見舜五十年之規模，都定于命官一日之頃，自後只考課黜陟而已，無他事也。舜恭己，無爲而治，其是之謂歟。

舜生三十徵庸，三十在位，五十載陟方乃死。

陟方乃死，魂氣升于天之謂也。謂之「陟方」者，姑以明雖死而未嘗死，實無方之可陟也。此惟覺者知之。未覺不惟不知，亦不信。

〔一〕「各」字文淵閣本作「曲」。

帝釐下土方，設居方，別生分類，作汨作、九共九篇、槀飫。

釐，正也。帝既釐正下土，每方各設居方之官以主之。古者因生賜姓，別生者，別其所自出，使不紊其氏族也。士農工商，各有其類，分類者，分別其類，使各安其業也。此汨作、九共、槀飫之書所由作也。汨作，舊訓治興。書序本自爲一篇，至漢方析之，冠于每篇之首。汨作、九共、槀飫十一篇共此序，其書亡，故序次第附見于此。九共一、九共二、九共三、九共四、九共五、九共六、九共七、九共八、九共九

先儒謂古文丘、共字形相近，九共即九丘，九州各一篇，凡九篇。然則「帝釐下土」，其殆水平之後、未肇十二州之先歟？槀飫，舊訓勞賜。然書既不存，義亦難于强通也，謹録亡書之序，依舊次第附諸篇之末。愚痛念古書百篇，而不存者四十有二，今幸先聖之序發明經旨，粲然具在。書雖亡而義猶未泯也。篇名湮没不著，而學者視之幾若贅疣，豈不甚可惜哉。愚故表而出之，以備百篇之義。

融堂書解卷二

宋　錢時　撰

大禹謨

皋陶矢厥謨，禹成厥功，帝舜申之，作大禹、皋陶謨、益稷。

大禹謨、皋陶謨、益稷，其篇名次第自古以然也。孔子序書，獨何所見，首言「皋陶矢厥謨」，次言「禹成厥功」，特斷之以「帝舜申之」之一語。嗟夫，非聖人安能如此觀書，安能脱去篇章名字，獨出真見，斷定聖經，如此其的哉？皋陶篇曰：「允迪厥德，謨明弼諧。」是皋陶以謨爲己任也。益稷篇曰：「予何言，予思日孜孜。」是禹以功爲己任也。此三篇謨爲主，則皋陶謨宜居篇首，如何大禹亦以「謨」名，反次諸皋陶之上？蓋萬世永賴，維禹之功，而三篇之中，忠言嘉謨，不一而足。此書首明克艱之旨、惠吉逆凶之旨、善政養民之旨，帝屢稱贊之，以至總師之命獨斷斷于斯人。禹雖遜之皋陶，一則曰惟汝賢，二則曰惟汝賢，而先定之志終以不易，正以功謨俱顯，不容從于皋陶耳。不止言其功，而特名之曰「謨」，冠諸三篇之首，所以申之，此之謂歟。孔子深探此旨，不徇篇次名義，直書「皋陶矢厥謨，禹成厥功，帝舜申之」，以明大禹、皋陶謨、益稷之所由作。此一「申」字，如天地造化，摹寫不可形容之妙，豈後世依經解義所能及其萬一哉。矢，陳也。申，猶伸也。益稷篇特因禹有「暨益暨稷」之言，取以題號。書不爲二子而作也，故書序不及二子。

曰若稽古，大禹曰：「文命敷于四海，祗承于帝。」

此文命，禹之文命也，如何却説「祗承于帝」？孔子贊坤曰：「承天而時行。」坤之德即乾之德，坤之行即乾之行，此其所以承天也。明乎此，則知「祗承于帝」之妙矣。此祗承之心無始終，無作止，無古今。所謂「克艱」者，祗承也。所謂「安汝止」者，祗承也。無一日一時、一事一物之不祗承也。文命之敷，此之謂也。禹「祗承于帝」，即舜「重華協于帝」，但「祗承」比「重華」差有輕重，此帝王之閒也。玩味而自得之。

曰：「后克艱厥后，臣克艱厥臣，政乃乂，黎民敏德。」

「克艱」二字，正是聖學切的工夫。克艱則無須臾而不兢業，自始學以至爲賢爲聖，皆克艱之積也。不克艱，則無往而不放逸。自意念微動以至積惡而不可掩，罪大而不可解，爲四凶，爲桀紂，皆不能克艱之積也。吁，可畏哉！

帝曰：「俞，允若兹。嘉言罔攸伏，野無遺賢，萬邦咸寧。稽于衆，舍己從人。不虐無告，不廢困窮，惟帝時克。」

克艱則無我，自然博詢衆謀，不徇乎己。能舍己見，樂從乎人，如是則人之善即我之善矣。嘉言安得而伏于下，賢者安得而遺于野乎？克艱則物我一體，恩及無告，自然不虐，困窮有養，自然不廢。如是則天地之間無一物之失其所矣，萬邦安得而不咸寧乎？「嘉言罔攸伏，野無遺賢」者，「稽于衆，舍己從人」之符也。「萬邦咸寧」者，「不虐無告，不廢困窮」之應也。惟帝時克，此不是舜姑爲此謙辭，見得克艱工夫直是不易。

益曰：「都！帝德廣運，乃聖乃神，乃武乃文。皇天眷命，奄有四海，爲天下君。」

益聞舜論上節克艱功用，惟堯能之，于是不覺發歎，稱贊舜之盛德如此，得天如此，得天下如此，皆克艱之功用，不獨堯能然也。無所不通曰聖，變化不測曰神，剛健不撓曰武，條理可觀曰文。禹只道「克艱」二字，舜便推廣此旨，歸美于堯；益便接此語脈，發明廣運之妙，歸美于舜。不是當時克艱工夫日用純熟，了無凝滯，安能六通四闢，如是其妙哉。自此以下凡數節，更相發揮，衮衮不斷，如珠聯星緯，讀之使人敬歎。自舜即位後，凡群臣所稱帝皆是指舜。若舜所稱帝却是堯，「惟帝時克」是也。

禹曰：「惠迪吉，從逆凶，惟影響。」

惠迪，順行也。禹聞益贊帝，復接其語脉而發揮之。何謂順？克艱是也。何謂逆？不克艱是也。舜之盛德如此，得天如此，得天下如此，固克艱之功用也。或者兢業微懈，不順而逆，則凶咎之來，捷如影響。此禹所以兼吉凶兩端，申明克艱之旨，廣益之所未備，拳拳爲帝舜告也。

益曰：「吁，戒哉！儆戒無虞，罔失法度，罔游于逸，罔淫于樂。任賢勿貳，去邪勿疑，疑謀勿成，百志惟熙。罔違道以干百姓之譽，罔咈百姓以從己之欲。無怠無荒，四夷來王。」

禹聞益盛稱帝德，而有惠吉逆凶之戒。益一聞之，爲之驚歎，曰：「吁，戒哉！」吁者，不可之辭，指言從欲之不可，當以爲戒也。其閒無非發明克艱之旨，以究不可從逆之意。儆戒，即克艱也。下復詳言儆戒之目：罔失法度，罔遊，罔淫，勿貳，勿疑，勿成，是謂克艱。不然，是從逆也。任賢而貳則不專，君子之跡危矣；去邪而疑必不斷，小人之計行矣。舜大聖人，法度之失，逸樂之過，斷無此事。至如九官之命，正是「不貳」；四凶之誅，正是「不疑」；罪疑惟輕，功疑惟重，正是「勿成」。而伯益告戒之辭，不啻若伊、周之于太甲、成王者，何至如是？嗟夫，此虞廷之盛，所以貴于克艱者歟。熙亦有廣明之義，百志惟熙，可謂甚善。到此復陳干譽從欲之戒，恐又有此二病，所以極言之。譽者，道之符也，有道自然有譽。違道，如姑息而害仁、好施而不知義之類是也。去此二病，可謂瑩然無瑕。然猶未也，一念怠荒，百病叢起，凜乎其難保也。益到此復申之以無怠無荒，蓋如前所陳尚有事之可指。若無怠無荒，則應事時如此，不應事時亦如此，動静晝夜如此，無時而不克艱也。此來王之機，即黎民敏德之機，即萬邦咸寧之機，即皇天眷命之機，即吉凶影響之機。伯益此章言「罔」者五，言「勿」者三，言「無」者二，命辭深切，立語嚴厲，讀之使人毛骨森竦。在舜猶有此戒，後世君天下者聞之，可不懼歟。

禹曰：「於，帝念哉！德惟善政，政在養民。火、水、金、木、土、穀，惟修。正德、利用、厚生，惟和。九功惟叙，九叙惟歌。戒之用休，董之用威，勸之以九歌，俾勿壞。」

觀于「政在養民」一語，而知當日爲治之本也。大禹謨一篇，君臣告戒，可謂至矣，而上下之所以爲治者，不外乎養民也。能養民而後可謂之善政。此惟禹八年于外，親知民閒之疾苦者，始克舉以相告也。水、火、金、木、土、穀，皆民生所不可闕者，修之只在君上。當日庶績咸熙，如平水土之官、播穀之官、共工之官，皆見于書，當必有司火、司金，如所謂火工、金工者。五官分司其職，而歸重于穀，以重民本，纔可謂之「惟修」。正德、利用、厚生，皆行治之事也。觀「惟和」二字，分明有從容不迫意思，即是行所無事也。九功之叙，則又有條理整齊處，不是一味寬和。此三項互相呼應，極有次第，缺一不可。此禹從閱歷過來，發明爲政之要。

帝曰：「俞！地平天成，六府三事允治，萬世永賴，時乃功。」

帝于是又推原九功之所以得叙，實在地平天成之後，而歸功于禹。是又言臣之所以克艱也。前言克艱功用，雖無所不備，猶是言一時事，而此則又言其功用及于萬世，嗚呼，盡之矣！

帝曰：「格汝禹！朕宅帝位，三十有三載，耄期倦于勤。汝惟不怠，總朕師。」

禹之德，舜所熟知。今欲禪讓，令總我衆，略無他語，止言其不怠。夫舜老而倦，筋力不逮故也。禹之不怠，正是禹平日工夫。觀其告君，有曰「克艱」、曰「安汝止」，微不安即怠也，微不克艱即怠也。

禹曰：「朕德罔克，民不依。皋陶邁種德，德乃降，黎民懷之。帝念哉。念茲在茲，釋茲在茲，名言茲在茲，允出茲在茲。惟帝念功。」

邁，遠也。種，如苗之種。皋陶曰「兢兢業業」，是其種德之法也。曰「慎厥身，脩思永」，是又其邁種德之妙旨也。皋陶，士官也，惟種此德，故其降及于民者，亦無非此德。雖刀鋸斧鉞之施，皆皋陶種德之地也。民之懷之，豈是偶然。以此見得禹不是姑爲此讓，直是深知皋陶，直是尊敬皋陶。舜即位之初，命宅百揆，既讓于稷、契、皋陶矣，至今禪讓帝位，其他皆不及，又獨拳拳乎皋陶一人。雖不知稷、契在與不在，然禹之所尊敬而推讓之者，舉一世莫有過于斯人者矣。語至此，又申言曰「帝念哉」，言不可等閒聽過，當深念之哉。今一念及此，只在斯人；釋而不念，亦只在斯人。指名而言，只在斯人；允出於心，亦只在斯人。于是又申之曰「惟帝念功」。不言德而言功，功即德也。

帝曰：「臯陶，惟兹臣庶，罔或干予正。汝作士，明于五刑，以弼五教，期于予治。刑期于無刑，民協于中，時乃功。懋哉！」

此段前面「罔或干予正」與後面「民協于中」相應，不可不細玩。以其無邪謂之正，以其無偏謂之中，皆道之異名，非有二也。正曰「予正」者，天下之心，舜一人之心也。其心正，即舜之正；其念不正，即是由舜之不正。明即「惟明克允」之明，即「乃明于刑之中」之明，灼見是非曲直，灼見情僞輕重，水鏡澄然，物無遁藏，而五刑之用，有以大服乎人心，爲惡者知懼，爲善者知勸，自然樂趨于善，而不忍自棄于爲惡。謂弼教合于中，方是弼教成功處。

臯陶曰：「帝德罔愆。臨下以簡，御衆以寬。罰弗及嗣，賞延于世。宥過無大，刑故無小。罪疑惟輕，功疑惟重。與其殺不辜，寧失不經。好生之德，洽于民心，兹用不犯于有司。」

曰簡曰寬，即罔愆之德也。自此以下，無非簡寬之用，即所謂好生之德也。

帝曰：「俾予從欲以治，四方風動，惟乃之休。」

九官十二牧，孰非與帝共治者，而「俾予從欲以治」，如何獨歸之臯陶？大凡天下好事，不可有所梗，若

「蠻夷猾夏，寇賊姦宄」之爲撓，而明刑弼教者無其人，民未協中，臣庶未免干正，則所以梗吾治者多矣，謂之從欲可乎？惟是臯陶料理此事，翕然向化，無一人來作梗，所以使我得從欲以治，四方皆爲之風動也。「風動」二字甚精神。前言功，而此言休，休雖訓美，而有不可名狀之妙。若只作美字看，便不精神。

此字正指風動而言。

帝曰：「來，禹！洚水儆予，成允成功，惟汝賢。克勤于邦，克儉于家，不自滿假，惟汝賢。汝惟不矜，天下莫與汝爭能；汝惟不伐，天下莫與汝爭功。予懋乃德，嘉乃丕績。天之曆數在汝躬，汝終陟元后。

儆，猶戒也。不言災而言儆，見得聖人所適，無非恐懼修省之地，進德修業之機也。矜者，驕色滿假之狀也。伐者，誇辭，滿假之言也。不自滿假，所以不矜不伐。大抵有我即有敵，無我敵不立。不矜不伐，無我也。

人心惟危，道心惟微，惟精惟一，允執厥中。

動乎意入于人僞，謂之人心。動乎意者爲人心，則知本心之即道也，謂之道心。

無稽之言勿聽，弗詢之謀勿庸。

勿聽勿庸，防閑極密。後世有旁寄聰明者，其鑒于兹。

可愛非君？可畏非民？衆非元后何戴？后非衆罔與守邦。欽哉！慎乃有位，敬脩其可願。四海困窮，天禄永終。惟口出好興戎，朕言不再。」

衆非元后，何所歸戴乎？此其所以可愛也。后非衆，誰與守邦乎？此其所以可畏也。慎乃有位，慎之如何？敬修其可願而已。人莫不各有所願，但有可不可之别耳。「惟口出好興戎，朕言不再」，今我之言已出于口矣，所以關係于事體者不輕矣，豈復再有言乎。

禹曰：「枚卜功臣，惟吉之從。」帝曰：「禹！官占，惟先蔽志，昆命于元龜。朕志先定，詢謀僉同，鬼神其依，龜筮協從，卜不習吉。」禹拜稽首固辭。帝曰：「毋，惟汝諧。」

若更卜之，内自變亂其初志，外咈衆心，幽不聽命于鬼神，而欲再卜，安有重吉之理？舜命殳、益，皆言「往哉，汝諧」，獨于此確然説一「惟」字，蓋人君爲天地人物之主，舉天地閒有纖毫未盡分處，即是未諧，此非一職一事之比也。

正月朔旦，受命于神宗，率百官，若帝之初。

若帝之初，與舜典是一般授受。

帝曰：「咨禹！惟時有苗弗率，汝徂征。」禹乃會群后，誓于師曰：「濟濟有衆，咸聽朕命。蠢茲有苗，昏迷不恭。侮慢自賢，反道敗德。君子在野，小人在位。民棄不保，天降之咎。肆予以爾衆士，奉辭伐罪，爾尚一乃心力，其克有勳。」三旬，苗民逆命。

有苗者，左洞庭，右彭蠡，負固不服之國也。舜攝政之初，固嘗竄之矣，即位之後，又嘗分之矣。五六十年之閒，德化浹洽，四方風動，而有苗尚爾弗率，其頑如此哉。舜歷年許久，不聞有此施行，如何禹一攝政，便有徂征之命？以道里計，是荒服也，若稍稍帖息，聖人猶不應遽動干戈。必是禹攝政後，有苗無知，陸梁不服，抗逆朝廷，上干天討，事有不可得而已者。所謂「弗率」「不恭」「侮慢」，其是之謂歟。首提「昏迷不恭」一語，所以指其病根。「三旬，苗民逆命」，觀于此語，得見其黨與浸盛，非異時可竄可分之比。又見得徂征之師止是震之以天威，使其知懼自服，非逞兵直前，必欲剿絕之也。

益贊于禹曰：「惟德動天，無遠弗屆。滿招損，謙受益，時乃天道。帝初于歷山，往于田，日號泣于旻天。于父母，負罪引慝。祗載見瞽瞍，夔夔齋慄，瞽亦允若。至誠感神，矧茲有苗？」禹拜昌言曰：「俞！」班師振旅。帝乃誕敷文德，舞干羽于兩階。七旬，有苗格。

徂征之命，乃聖人生全有苗之道，非黷武也。苗頑弗悟，尚爾抗逆，若勇往直前，奮于一怒，必至于屠戮而後已。此豈聖人之本心？禹方徘徊未決，益從而贊之，所以深契其心，亟下昌言之拜也。今苗民逆命，不自反而進兵，是滿也。滿者損之招也，不若謙以自反，斂兵而退。苗雖頑，亦人爾，安有不感動于德者乎？舜、禹，大聖人，其所舉動無非盛德，今日之征即盛德也。苗民知其爲兵，而不知其爲德，所以逆爾。故益之贊禹，主在休兵，非不足于舜、禹之修德也。禹聞益言，班師振旅，帝亦不以爲異，遂敷文德，從善之速如此。

臯陶謨

曰若稽古，臯陶曰：「允迪厥德，謨明弼諧。」禹曰：「俞！如何？」臯陶曰：「都！慎厥身，脩思永。惇叙九族，庶明勵翼，邇可遠在兹。」禹拜昌言曰：「俞！」

觀篇末臯陶語纔竟，帝即呼曰「來，禹，汝亦昌言」。又觀孔子序書，謂「臯陶矢厥謨，禹成厥功，帝舜申之」，則是臯陶陳謨于舜之前，無可疑者。然此書終篇是與禹對答，若臯陶正以告舜，舜不應略無一語。又況臯陶一説知人安民，禹遽曰「吁，咸若時，惟帝其難之」，其辭旨謂兩盡乎此，雖舜亦以爲難，豈他人所可及。若臯陶正以告舜，禹不應有是言也。然則臯陶之謨雖在舜之前，其實乃是與禹言之歟。此書後世爲臯陶陳謨而作，故亦云「若稽古」。允，信也。迪，行也，實履之謂也。苟實履矣，則發而爲謀謨，皆此德之華也，自然昌明；推而爲輔弼，皆此德之用也，自然諧和。

皋陶曰：「都！在知人，在安民。」禹曰：「吁！咸若時，惟帝其難之。知人則哲，能官人。安民則惠，黎民懷之。能哲而惠，何憂乎驩兜？何遷乎有苗？何畏乎巧言令色孔壬？」

能哲而惠，雖有驩兜變亂是非，何用憂乎？雖有苗民賊虐百姓，何必遷乎？雖有巧言令色孔壬如共工之徒，何足畏乎？然而舜必放、必竄、必流者，以知人安民爲難故也。或曰：信如斯説，則是舜于哲惠有所未足，而禹之言殆若貶舜者。是不然。舜之所以去四凶，正是知人，正是安民。所謂難者，不敢以爲易耳，非不足于哲惠也。皋陶首言「允迪厥德，謨明弼諧」，禹俞之。次言「慎厥身，修思永，惇叙九族」，以至「邇可遠在兹」，禹又拜而俞之。及聞知人安民之語，則遽曰吁，乃有不可之意。謨之明，弼之諧，即惇叙九族，即知人安民，六通四闢，無非「允迪厥德」之妙用。大禹豈不洞達此妙，何故然之于前，而獨疑之于後也？蓋古人論學，句句皆是心事，的的皆是實履。言契于心，隨即稱賞，纔自揆有難能處，便不敢容易承當，未免吁、俞之異。若只作空言聽過，必無此疑，于此可見禹平日克艱工夫。

皋陶曰：「都！亦行有九德。亦言其人有德，乃言曰，載采采。」禹曰：「何？」皋陶曰：「寬而栗，柔而立，愿而恭，亂而敬，擾而毅，直而温，簡而廉，剛而塞，彊而義。彰厥有常，吉哉。日宣三德，夙夜浚明有家。日嚴祗敬六德，亮采有邦。翕受敷施，九德咸事。俊乂在官，百僚師師，百工惟時。撫于五辰，庶績其凝。

禹既以知人安民爲難，皋陶復自歎美曰都，于是大敷明知人安民之道，推極底蘊，爲禹言之，特未可徒以爲難而已也。自「亦行有德」而下，是言知人；自「無教逸欲有邦」而下，是言安民。易曰：「君子以成德爲行，日可見之行也。」大凡德有九品，亦必有實行之可見，徒曰有德而無實行，何足以爲德哉？是故德雖難知，而行則易考。載，行也。采采，猶事事也。今也亦言其人之有德乎，乃是言其行某事某事也。行事即行也。觀人之法莫要于此。皋陶既序九德，便繼之「彰厥有常，吉哉」，此語尤緊切。彰者，舉揚之也，舉揚九德之有常者而用之，則無不吉矣。能日日宣達其德而不懈，是日見于用也，是有常也。能日日嚴于祗敬其德而不怠，有德而祗敬，不放逸矣。又嚴以自律，是無時而不祗敬也，是有常也。姑舉此三者以例其餘，非謂官止于諸侯卿大夫，亦非謂必皆備三德六德而後可用也。故下文即曰「翕受敷施，九德咸事」。

「無教逸欲有邦。兢兢業業，一日二日萬幾。無曠庶官，天工人其代之。天叙有典，勑我五典五惇哉！天秩有禮，自我五禮有庸哉！同寅協恭和衷哉！天命有德，五服五章哉！天討有罪，五刑五用哉！政事懋哉懋哉！天聰明，自我民聰明；天明畏，自我民明威。達于上下，敬哉有土！」皋陶曰：「朕言惠可底行？」禹曰：「俞，乃言底可績。」皋陶曰：「予未有知，思曰贊贊襄哉。」

「庶績其凝」既結盡知人一段文義，自此以下却是發揮安民之道也。安民之道大概有二，一則無逸欲以教有邦，二則無曠庶官以代天工。臯陶論安民，第一事在「無教逸欲有邦」，而所謂無逸欲，工夫只在兢兢業業，又直指一日二日萬幾，以明示用力之地，有凜然不可斯須少懈之意。人之思慮，流動不停，善惡兩端，倏然變化。萌于眇忽，發于微茫，一日二日，其幾有萬。兢業不繼，則叢然朋興，如風馭飇輪，瞬息千里，無非在逸欲路上馳騁。吁，可畏哉！五禮獨曰「有庸」，看得五典各貴有辨，故謂之五惇，與下文五章、五用同。若五禮則無待乎辨，但要行之有常耳。禮者，防僞而教，中人情而爲之節文者也。一有不常，情僞奔放，滔滔熖熖，誰其禦之。典禮之後，斷之以「同寅協恭和衷哉」，正是指明典禮之本實用力處。此庶官之代天工，所以不可曠也。自「天叙有典」而下，每于句尾係一「哉」字，有嗟歎諷詠、不可不如此之意。其所以不可不如此者何？「天聰明自我民聰明，天明畏自我民明威」故也。「敬哉有土」，此一「敬」字正與「同寅協恭」「懋哉懋哉」相應。（案：錢氏所解自「無教逸欲有邦」至「敬哉有土」而止，于「臯陶曰朕言惠可底行」以下至〔二〕而不釋，疑永樂大典原本有闕文。）

〔二〕「至」字文淵閣本作「置」。

益稷

帝曰：「來，禹！汝亦昌言。」禹拜曰：「都，帝！予何言？予思日孜孜。」

孜孜，不已也。孔子曰：「爲之不厭。」又曰：「發憤忘食，樂以忘憂，不知老之將至。」老將至而不知，矧可得而有言？故又曰：「天何言哉。」或曰：禹前乎此陳「克艱」之謨，不一言而足，「克艱」即「孜孜」，曷爲而又有言？後乎此陳「安汝止」之旨，亦不一言而足，「安汝止」即「孜孜」也，曷爲而又有言？噫，禹未始有言也，雖然，不可得而言也，如之何而又可思也？起意而思，乃支乃離。不識不知，雖思非思，夫是之謂孜孜。

皋陶曰：「吁！如何？」禹曰：「洪水滔天，浩浩懷山襄陵，下民昏墊。予乘四載，隨山刊木。暨益奏庶鮮食。予決九川距四海，濬畎澮距川。暨稷播奏庶艱食、鮮食。懋遷有無化居。烝民乃粒，萬邦作乂。」皋陶曰：「俞！師汝昌言。」

皋陶聞「予何言」之對，意謂禹亦當陳謨，故吁之，然未究「孜孜」之旨，故復發「如何」之問也。愚觀禹答皋陶之問，自言所以孜孜者，只説治水一事，不覺使人起敬起歎。聖人純一不已之功，其用處乃如此。或曰：禹之治水，在舜攝政之初，今幾年矣，日思孜孜，正是言日用事，如何獨舉此舊事以爲言？嗚呼，是愈使人起敬而起歎也。方治水之時，禹之孜孜猶〔二〕是也；既治水之後，禹之孜孜猶是也。不言我今日之事如何，而獨舉以異時之所以治水者，此正明示孜孜之妙始終一念，無古無今，所謂窮天地、亘萬世而不變者也。皋陶聖學工夫，洞達此旨，一聞禹言〔三〕，不覺稱贊，既俞之，且師之，曰「師汝昌言」。禹曰「予何言」，而皋陶乃謂之昌言，此其所以爲昌言也。衆聖對答，神機妙用，如風雨雷電，出没變化，嗚呼，何其盛哉！

禹曰：「都，帝！慎乃在位。」帝曰：「俞！」禹曰：「安汝止，惟幾惟康。其弼直，惟動丕應。徯志以昭受上帝，天其申命用休。」

舜命禹總朕師，曰「慎乃有位，敬修其可願」。敬修其可願，所以慎也。禹之告舜，亦曰「慎乃在位」，而繼之以「安汝止」，與舜之旨正同。見得此一「慎」字乃虞廷日用工夫，故舜、禹更相教告，不外此旨。帝既聞其言而俞之矣，禹于是復申明之，「安汝止」而下，言所以「慎乃在位」者如此也。安汝止者，不動乎意。幾者，微萌動之初也。不動乎意，罔念不作，變化縱横，全體全妙，平平蕩蕩，自然安和，故曰惟康。我之日用如此，是以輔弼之臣亦皆直而不回，匡救闕失。

帝曰：「吁！臣哉鄰哉！鄰哉臣哉！」禹曰：「俞！」帝曰：「臣作朕股肱耳目：予

〔二〕「猶」字永樂大典卷二〇四二六作「由」，下文「禹之孜孜猶是也」同。
〔三〕「言」字永樂大典卷二〇四二六作「語」。

欲左右有民，汝翼。予欲宣力四方，汝爲。予欲觀古人之象，日、月、星辰、山、龍、華蟲作會，宗彝、藻、火、粉、米、黼、黻、絺、繡，以五采彰施于五色作服，汝明。予欲聞六律、五聲、八音，在治忽，以出納五言，汝聽。

禹言「慎乃在位」如上文所陳，可謂甚善，帝〔一〕「吁」乃有不然之意，何也？蓋帝之所謂慎在位，有賴于臣者爲重故也。「臣哉鄰哉」二語〔二〕，猶言吾之臣哉乃吾之鄰哉，吾之鄰哉其吾之臣哉。鄰猶近也，君與臣蓋一體也。君，元首也。臣，則股肱耳目也。下文言「予欲」者〔三〕，而繼之以「汝翼」「汝爲」「汝明」「汝聽」，正以發明股肱耳目之用也，語益深切。

「予違，汝弼。汝無面從，退有後言。欽四鄰。庶頑讒説，若不在時，侯以明之，撻以記之，書用識哉，欲并生哉。工以納言，時而颺之。格則承之庸之，否則威之。」

舜既以「汝翼」「汝爲」「汝明」「汝聽」委託于禹，凡經綸天下之大經大法，大略已具，于是復責之以「汝弼」，是又全以此身付之，使正救也。雖然，我之責望固在汝，汝亦豈能獨辨天下事？四鄰，左右前

〔一〕「帝」下永樂大典卷二〇四二八有「曰」字。
〔二〕「二語」永樂大典卷二〇四二八作「鄰哉臣哉」。
〔三〕「者」下永樂大典卷二〇四二八有「四」字。

後之臣也。須要敬禮四鄰，與之協心共濟可也。舜既一一訓飭，于其末也獨拳拳乎庶頑讒説，此乃申明「出納五言」未盡之旨。龍作納言，出納朕命，正是理會此事。時，是也，道也。

禹曰：「俞哉，帝！光天之下，至于海隅蒼生，萬邦黎獻，共惟帝臣。惟帝時舉，敷納以言，明庶以功，車服以庸。誰敢不讓，敢不敬應？帝不時，敷同日奏，罔功。無若丹朱傲，惟慢遊是好，敖虐是作，罔晝夜頟頟。罔水行舟，朋淫于家，用殄厥世。予創若時。娶于塗山，辛壬癸甲。啟呱呱而泣，予弗子，惟荒度土功。弼成五服，至于五千，州十有二師，外薄四海，咸建五長。各迪有功，苗頑，弗即工。帝其念哉！」

自「禹曰都」以至于終篇，語脉聯貫。「慎乃在位」是此段主意。禹之言主在「安汝止」一句，舜之言專以「臣作朕股肱耳目」責望于禹一人。後面更倡互答，衮衮不斷，其大旨只是發揮此兩端。俞者，然也。哉者，疑辭，未以爲然也。禹意謂聖德光明，則天下之賢皆爲吾用，天下之心自無不服，不可但責之于我一人也。如其不然，則普同日奏無功耳。敷同，猶普同也。于是復接此語脈，極言丹朱之傲，以明汝止之不可不安。自辛至甲僅四日，五服不是禹創爲，舊來規模恐或未備，水土之後，因弼而成之，故曰「弼成五服」。獨苗民之頑弗肯就職，帝拳拳于庶頑讒説，故云然歟。禹言予創丹朱之傲，所以至于「各迪有功」，此語正與「日奏罔功」相應。「帝其念哉」，帝不可不念我所陳之旨也。

帝曰：「迪朕德，時乃功惟叙。皋陶方祗厥叙，方施象刑惟明。」

禹首陳「帝光天之下」，又戒以「無若丹朱傲」，又自謂我創乎此，而至内外之各迪有功，其所主固在安汝止耳。舜于是因其言而歸美之，復申明己之本意，謂德固在我也，所以迪行我之德于天下者誰乎？是汝之功，秩然而有叙也。皋陶方且祗敬其叙，方且施布象刑，明示天下，以保其叙于勿壞，然則我之所倚賴者，豈不專在汝乎？惟叙，即「九功惟叙」之叙。祗厥叙而明象刑，「董之用威」之謂也。或謂舜下二語是爲「苗頑弗即工」而發，然象刑惟明，正所以祗厥叙，則凡不修六府，不和三事，如「庶頑讒説」，如「苗頑弗即工」之徒，皆在其中，殆不必太泥耳。

夔曰：「戛擊鳴球、搏拊琴瑟以詠。」祖考來格，虞賓在位，群后德讓。下管、鼗鼓，合止柷敔，笙、鏞以閒，鳥獸蹌蹌。簫韶九成，鳳皇來儀。夔曰：「於！予擊石拊石，百獸率舞，庶尹允諧。」

夔因舜歸功于禹，不答安汝止之説，而拳拳乎皋之象刑，于是就其本職，極言感通之妙，以發明禹之本旨。夫鬼神至幽也，丹朱之〔一〕傲也，今鳴球之戛擊，琴瑟之搏拊，詠之以聲歌，而祖考且來格，虞賓且

〔一〕「之」字文淵閣本作「至」。

與諸侯以德而相讓，此何爲者乎？羽毛之屬，蠢然有生于天地閒，非可以言語通也，非可以情義動也。今堂下之樂有管、有鼗鼓、有柷敔以合止，有笙鏞以閒作，而鳥獸且至于蹌蹌，此何爲者乎？鳳凰，靈鳥，非有道之世不出，至不易感也。簫韶九奏，樂既大備，而鳳凰且至于來儀，此何爲者乎？嗚呼，舜之樂，舜之所以爲舜也。「樂云樂云，鐘鼓云乎哉？」禹論「帝光天之下」，而極于誰敢不應；創丹朱之傲，而終于「各迪有功」，正是此妙。舜自有感通之妙，見于樂者如此，如何不答安汝止之旨，而但責之于股肱耳目也？鬼神可通，鳥獸可感，桀傲可使讓，則夫「庶頑讒説」「苗頑弗即工」之徒，固一人耳，又何以象刑爲也？夔就樂上發此妙用，正破的，亦安得不爲之感動，而有味乎禹之言哉？「來格」、「德讓」，係之「戛擊搏拊以詠」之後者，蓋堂上之樂先作。來格者，降神之初，德讓者，始之讓位之時也。蹌蹌之應在衆音俱作之後，故係之堂下樂之下，非是兩處分別，各有所主也。「鳳凰來儀」在「九成」之後。或謂此「夔曰：於！予擊石拊石，百獸率舞」，即舜典中語，錯簡重出于此。詳其文義，誠有此理，然未敢輕議也。極其感應之妙，至于庶官無不信和。禹謂「帝不時，敷同日奏，罔功」，豈虛語哉。

帝庸作歌，曰：「勑天之命，惟時惟幾。」乃歌曰：「股肱喜哉，元首起哉，百工熙哉！」皋陶拜手稽首，颺言曰：「念哉！率作興事，慎乃憲，欽哉！屢省乃成，欽哉！」乃賡載歌曰：「元首明哉，股肱良哉，庶事康哉！」又歌曰：「元首叢脞哉，股肱惰哉，萬事墮哉！」帝拜曰：「俞，往欽哉！」

帝因夔之言，有感于禹之旨，是用作歌，故曰「帝庸作歌」。庸，用也，有所因之辭也。勑者，致謹之謂也。自吾之起居動作，食息語默，以至萬變萬務，無一非天之命者，不可不謹也。謹之如何？惟時惟幾而已。時，是也，道也，即天命也。幾者，幾微萌動之初也。禹之所謂「安汝止，惟幾惟康」，正此之謂也。舜雖以答「安汝止」之旨，猶未忘「臣作朕股肱耳目」之初意，乃歌而謂時、幾工夫固當致謹，亦須股肱之臣欣然協贊，爲之君者乃始振起而無怠荒，百工之事莫不順理耳。皋陶言帝不可不念我之所陳也。大抵人臣之興事造業，皆由人君倡率而作成之，所以人人自奮，不敢廢弛，率先之道，在謹乃憲也。成者，凡今日已成之功也。自一身而至于天下國家，須是時時覺察，方謂之謹乃憲。皋陶賡歌凡兩章，都從元首說起，正是翻舜「股肱喜而元首起」之說，兩歌反覆，而大禹安汝止之旨，與夫帝舜股肱耳目之說，較然著明矣。既拜，而又俞之曰「往欽哉」，言自今以往敢不敬哉，所以深領其言而佩服之也。前面多少議論，沛然領于一拜，諸臣發揮許大功用，都收拾在一「欽[一]」字上。雖然，舜大聖人，「惟精惟一，允執厥中」乃三聖相傳之要旨，「安汝止」一語正是日用工夫，何煩大禹諄諄啟告，又何煩二三大臣

[一]「欽」字文淵閣本作「叙」。

費辭而後喻哉？禹之所以忠愛其君者切，故拳拳乎安汝止之言；舜之所以委任其臣者深，不敢有一毫自是之意，故拳拳乎股肱耳目之諭。及至一聞夔語而遂歌，一聞皋陶歌而遂拜，如太空雲氣，略無倚薄，鑑中萬象，參錯縱横。嗚呼，此其所以爲有虞之盛也歟。

融堂書解卷三

宋　錢時　撰

夏書

禹貢

禹別九州，隨山濬川，任土作貢。

禹之治水，實在堯朝，何謂夏書？此書所載，田賦貢篚無所不具，如何獨謂之「貢」？蓋「貢」者，夏后氏取民之總目，五十而貢是也。雖其制度定于堯朝，自禹有天下之後，此書實一代疆理貢賦之祖，藏諸故府，世守而不變者。書之名篇在夏后之世，故總謂之「貢」，而定曰夏書也。九州封域舊矣，洪水泛濫，界分不明，不是先分別其界分，茫然如何下手？濟河兖州、海岱青州之類，所以別之也。九州既別，水方有規模。隨山濬川，猶言隨其山而濬其川。大抵水隨山行，山礙則水壅。洪水爲患，若在在通流，自應日殺一日，如何歷年許久？只緣爲山阻礙，壅而不决，是以泛濫而無所歸耳。禹不治水于水，而治水于山，此最是禹治水精神要領處。山無所礙，則水無所壅，自然之勢也。故叙九州之後，先言導山，後言導水。若不爲治水而設，則山何用導哉？此正隨山濬川功用之妙，惟吾夫子知之。任土作貢者，任其土地出産而爲貢，不强其所無也。孔子序書，必曰「作某篇」，此獨變文而不言者，何也？詳觀此書，實成于禹之手，夏后氏之世特定此名耳，非後世史氏記録而作者之比也，故不言「作禹貢」。

禹敷土，隨山刊木，奠高山大川。

先儒謂首尾數語是史氏之文，自「冀州」至「訖于四海」皆禹所自記，今以「祗台德先，不距朕行」觀之，則此書非史氏所作甚明。

冀州既載，壺口治梁及岐。既修太原，至于岳陽。覃懷底績，至于衡漳。厥土惟白壤，厥賦惟上上錯，厥田惟中中。恒、衛既從，大陸既作。島夷皮服，夾右碣石，入于河。

先儒謂九州相次，記諸山川，是言禹治水次第由冀而兖，由兖而青，循序治之。愚謂不然。此乃平水土之後定貢賦之等，故每州先言水患之所以平，以明貢賦之所由定，非施功次第如此也。何以明之？以逐州山川每每書一「既」字而知之。如「既載」「既脩」「既從」「既作」之類，九州皆然。既者，已然之辭也。若後面重叙導山導水之詳，却是治水次第，正是用功時事，逐州所載乃是成功後事，的然無疑。見得此書非爲記治水而作，乃爲制貢賦而作，獨名之曰禹貢，其以是夫？錯，雜也。「錯」字在「上上」之下者，歲或不登，則雜出第二等賦也。觀此一字，權衡輕重活法，深見聖人忠厚之意。餘州土曠民稀，田雖美而人事未必皆至，王畿之内，民物阜繁，耕種之多，培殖之力，非餘州可比，且又非盡出于田者，故賦獨上上，而其文屬于「厥土」之下。賦則治州者得以專之，貢則各州以其土産貢于京師以爲服食器用，王畿則無事于貢矣。恒、衛既順水道，則大陸可耕種矣，故曰「既作」。然而獨記之定賦之下者，先儒謂大陸卑下，成功在冀州辨土定賦之後，故因其實而記之。此説未安。書言「既從」「既作」，則是已成功矣，獨不可定其賦而併記之歟？所以特記之于定賦之外者，卑下之地與沃壤不同，且謂之「既作」，以明前此未嘗作，如今新墾之地，新阡之田，故免其賦耳。島夷皮服，先儒謂海島之夷以皮物〔一〕爲貢，看得冀之「島夷皮服」、揚之「島夷卉服」，特禹徧歷山川，因記其土俗如此，不必太泥也。若「島夷卉服」書在「厥貢」之下，乃是爲「厥篚織貝」張本，非島夷自貢明矣。「夾右碣石，入于河」者，每州必有通京師之運道，冀州畿内，與餘州不同，運道皆不必書，獨自北而來東，從海頭入河者，乃自碣石之南轉而西遡，故曰「夾右碣石」，非謂畿内皆由此道也。

〔一〕「物」字文淵閣本作「服」。

濟、河惟兖州：九河既道，雷夏既澤，灉、沮會同，桑土既蠶，是降丘宅土。厥土黑墳，厥草惟繇，厥木惟條。厥田惟中下，厥賦貞作。十有三載乃同。厥貢漆絲，厥篚織文。浮于濟、漯，達于河。

兖居兩河之下流，被害特甚，桑土可蠶則書之，是明他州雖被水，而未必皆不可蠶也。降邱宅土則書之，是明他州雖被水，而未必皆避于邱也。十有三載乃同，非定賦之時先爲十三年之約也。十三年後，人力所施方成次第，方可定其正賦耳。浮于濟、漯者，二水不必相通，汎此二水皆可入河。此兖州之貢道也。

海、岱惟青州：嵎夷既略，濰、淄其道。厥土白墳，海濱廣斥。厥田惟上下，厥賦中上。厥貢鹽、絺，海物惟錯，岱畎絲、枲、鉛、松、怪石。萊夷作牧。厥篚檿絲。浮于汶，達于濟。

青州承兖州之後，用功較易，故曰「既略」。曰「其道」，所謂因其勢而順道之也。萊夷作牧，先儒謂是畜牧之地。蓋井田之制不盡地力，又不遺地利，既畫井以分疆，其隙地則以爲畜牧之地。觀周官校人之制，知三代盛時不獨授田有制，其馬政之脩亦規畫盡善。

海、岱及淮惟徐州：淮、沂其乂，蒙、羽其藝，大野既豬，東原底平。厥土赤埴墳。草木漸包。厥田惟上中，厥賦中中。厥貢惟土五色，羽畎夏翟，嶧陽孤桐，泗濱浮磬，淮夷蠙珠暨魚。厥篚玄纖縞。浮于淮、泗，達于河。

嶧陽孤桐者，琴瑟之材，桐爲之，必生于爽明之地，老于風日之中，而不受陰濕之氣者。其聲清暢，今製琴尤宜雷木，正是此義。嶧山所産必愈于他處，又向陽而孤生，無林木蔭蔽，所以最良也。

淮、海惟揚州：彭蠡既豬，陽鳥攸居，三江既入，震澤底定。篠、簜既敷，厥草惟夭，厥木惟喬。厥土惟塗泥。厥田惟下下，厥賦下上上錯。厥貢惟金三品、瑤、琨、篠、簜、齒、革、羽、毛惟木，島夷卉服。厥篚織貝，厥包橘、柚，錫貢。沿于江、海，達于淮、泗。

震澤底定者，平定不泛溢漂蕩之也。三江既流洩入海，而震澤平定矣。篠簜則既敷矣，草木則夭喬矣，此貢賦之所以可定也。地不滿東南，最卑下而多沮洳，故荆、揚皆曰塗泥。

荆及衡陽惟荆州：江、漢朝宗于海，九江孔殷，沱、潛既道，雲土夢作乂。厥土惟塗泥。厥田惟下中，厥賦上下。厥貢羽、毛、齒、革，惟金三品、杶、榦、栝、柏，礪、砥、砮、丹，惟箘、簵、楛，三邦底貢厥名。包匭菁茅，厥篚玄、纁、璣組，九江納錫大龜。浮于江、沱、潛、漢，逾于洛，至于南河。

江、漢入海，尚在揚州，曷爲于荆州遽言「朝宗于海」耶？愚觀九州記水，每于其成功處書之。九河未疏，則河患未平，河患雖不止于兗，而九河之疏實在兗，故止于兗州書曰「九河既道」，雍、冀皆不書也。

徐州書淮，亦是此例。使江、漢下流未有所歸，則朝宗之勢安能遽順？于荆州書曰「江、漢朝宗于海」，是明二水于荆州境内已順流東下，徑趨于海，不復爲患，其成功在荆州故也。

荆、河惟豫州：伊、洛、瀍、澗既入于河，滎波既豬，導菏澤，被孟豬。厥土惟壤，下土墳壚。厥田惟中上，厥賦錯上中。厥貢漆、枲、絺、紵，厥篚纖、纊，錫貢磬錯。浮于洛，達于河。

九州所叙山川，俱言其已成之功，如所謂「既入」「既豬」之類，未聞有言如何用功者，而此荷澤獨曰「導」，何也？蓋菏澤之水本不入孟豬，今散其水而被于孟豬者，乃一時權宜，以殺其勢，非水之正道，故于此獨變例書一「導」字。及「被」字亦與其他書法不同，非是方如此用功也。若行故道，則菏澤之下當云「既入孟豬」，安得復加一「導」字，而又謂之「被」哉。

華陽、黑水惟梁州：岷、嶓既藝，沱、潛既道，蔡蒙旅平，和夷厎績。厥土青黎，厥田惟下上，厥賦下中三錯。厥貢璆、鐵、銀、鏤、砮、磬、熊、羆、狐、貍、織皮。西傾因桓是來，浮于潛，逾于沔，入于渭，亂于河。

旅平，先儒皆謂旅祭，愚見頗爲未安。要之只是洪水時二山之閒無路可通，水患既退，行旅往來皆安平無險阻耳，不必曲爲穿鑿也。沱、潛，特江、漢之别流，梁州兩言沱、潛而略不及江、漢，則知江、漢爲患至荆州而平，特于荆州書曰「江、漢朝宗于海」，則梁居上流，揚居下流，其不復爲患，不言可知。愚謂于其成功處書之，殆不誣矣。荆書「沱、潛既道」，梁又書「沱、潛既道」，沱、潛雖出于江、漢，其在兩州各是一派，則梁州既復故道，不應荆州再書。況江、漢兩大江獨一書于荆，而記其別流乃如是之重複乎？磬，石磬也，謂之磬，則是已成器而後貢。惟本土人製之尤工，故磬及浮磬皆貢其已成者。若玉磬則有玉人治之，所以止貢璆，而豫又「錫貢磬錯」也。上六物皆梁州出産。若熊、羆、狐、貍四獸之織皮，乃出于西戎，自西傾因桓水而來入于蜀者，故亦貢之。

黑水、西河惟雍州：弱水既西，涇屬渭汭，漆、沮既從，灃水攸同。荆、岐既旅，終南、惇物，至于鳥鼠。原隰底績，至于豬野。三危既宅，三苗丕叙。厥土惟黄壤，厥田惟上上，厥賦中下。厥貢惟球、琳、琅玕。浮于積石，至于龍門西河，會于渭汭。織皮：崐崘、析支、渠搜，西戎即叙。

弱水，其力不勝芥，然可以皮船渡水之異者也。既西者，其水本西流，洪水泛濫，未免混入中國，失其故道。自「導弱水，至于合黎，餘波入于流沙」，則既復而西矣，故曰既西。地不滿東南，故水無不東流者，弱水獨西，非强决而使之西，乃其地勢迆邐就下，流入西海故也。既旅，先儒亦謂旅祭，愚見已略具于「旅平」之下矣。且禹一面治水，不應急急且理會祭山。縱禮不可廢，雖天子望祭，亦當徧及山川，何獨祭山而不及川？又何獨書梁之蔡、蒙，雍之荆、岐，而他州皆不書乎？此必不然。其所以獨明言于二州者，蓋九州惟梁、雍山最多最險，考諸載籍，入關有函谷之險，入蜀有蠶叢、蛇退、劍門、棧閣之險，如此名字，不可勝數。當洪水時，其阻絶不通可想矣，今水平而行旅可以往來，在二州尤爲利害，所以特書也。專言山，則平夷之路可知，梁舉蔡、蒙，雍舉荆、岐，則二州境界可以概見，非謂止此四山也。或曰：九山刊旅，亦謂之行旅乎？曰：觀此則愚之説愈明也。洪水横流，泛濫于中國，草木暢茂。刊者，刊去林木也，而行旅可通，故曰刊旅。九山是言九州之山冐大概皆然，而梁、雍尤爲險阻，所以特書之，而餘州皆不復明言也。丕叙，大有次叙也。三苗、凶渠竄于此地，想水未平時亦甚隉杌不安，今三危可居，其種帖息，無復反側之患，特書曰「丕叙」，情狀可見。崐崘、析支、渠搜，皆西戎也，以織皮爲衣，故首言「織皮」以著其土俗，是織皮出于西戎明矣。然梁州貢之，而雍州不及貢，何也？蓋此物之入梁州，乃是從西傾因桓水而來，西傾在臨洮，正雍州西南，與梁州接境，得非西戎水道通梁爲便，而此物不入于雍故歟？梁州書織皮之貢，特云「西傾因桓是來」，殆不爲無意也。見得西戎諸國當弱水未西、黑水未南之時，皆墊溺不聊生。自禹導此二水，各有所歸，而西戎亦免水患，各就次叙。即叙，猶言不失所也，與丕叙不同。

導岍及岐，至于荆山，逾于河；壺口、雷首，至于太岳；底柱、析城，至于王屋；太

行、恒山，至于碣石，入于海。西傾、朱圉、鳥鼠，至于太華；熊耳、外方、桐柏，至于陪尾。導嶓冢，至于荆山；内方至于大别；岷山之陽，至于衡山，過九江，至于敷淺原。

「導岍及岐，至于荆山」，于雍州則曰「荆岐既旅」；「導弱水，至于合黎，餘波入于流沙」，于雍州則曰「弱水既西」；「導河自積石」以至「北播爲九河，同爲逆河」，而後「入于海」，于兗州止書曰「九河既道」；如導漢于嶓冢，導江于岷山，以至兩江合流，會于彭蠡，而後入于海，于荆州止書曰「江、漢朝宗于海」。以此例推之，雖其山川名字彼此互見，間有不同，而大旨所歸斷不易。此山本無用導，導山即所以導水。「導岍及岐」一條，與「導河」「導沇」相表裏；「西傾、朱圉、鳥鼠」一條，與「導淮」「導洛」「導渭」相表裏；「導嶓冢」一條，與「導漾」相表裏；「岷山之陽」一條，與「導江」相表裏。但弱水西，黑水南，不入中國，則與「導山」條下不相干涉耳。愚嘗謂禹不治水于水而治水于山，正此之謂。若不先開導衆山而使無壅礙，則雖欲導其源，真所謂決水于不流之澤，可乎？或曰：相表裏之説誠然，導山者四條，皆爲導以下七水而設乎？曰：不然。其尤大者此七水耳。凡經中所載諸水所以從横脈絡乎其中者，皆導山功績所及之地。而其源流指歸之大概，則實與此七水相表裏，不可誣也。愚于是又知東南之山爲水障礙者絶少。何以言之？「導岍」一條，至于碣石，獨横亘東西，若西傾則止于安州之陪尾，嶓則止于漢陽之大别，岷則止于江州之敷淺原，非此三山之脉止于此也。其下固不勝其多山，特不爲水之障礙，是以不煩疏鑿，而導山之功隨此而止耳。後世三條四列之説，殆未深究此義哉。

導弱水，至于合黎，餘波入于流沙。導黑水，至于三危，入于南海。導河積石，至于龍門，南至于華陰，東至于底柱，又東至于孟津，東過洛汭，至于大伾；北過降水，至于大陸，又北播爲九河，同爲逆河，入于海。嶓冢導漾，東流爲漢，又東爲滄浪之水，過三澨，至于大别，南入于江；東匯澤爲彭蠡，東爲北江，入于海。岷山導江，東别爲沱，又東至于澧，過九江，至于東陵，東迆北會于匯，東爲中江，入于海。導沇水，東流爲濟，入于河，溢爲滎，東出于陶丘北，又東至于菏，又東北會于汶，又北東入于海。導淮自桐柏，東會于泗、沂，東入于海。導渭自鳥鼠同穴，東會于澧，又東會于涇，又東過漆沮，入于河。導洛自熊耳，東北會于澗、瀍，又東會于伊，又東北入于河。

既導山，則水皆流通，無有壅礙。此下方是從水源導之也。自「導河」而下七水，與導山相表裏，固皆鑿鑿有證。然弱水、黑水與導山不相干涉，獨首及之者，何也？愚觀此深見禹治水規模。此二水本不入中國，洪水之時未免混流，不是先區處此二水，使由故道，則流派不分，如何用力？况已導山是水之東流者，其大勢已有所歸矣，弱水之西，黑水之南，豈可不先正乎？導河積石者，蓋禹施功自積石始也，自積石至龍門始壅礙爲患，鑿而闢之，而後有以受河水之流。導河至此，故首書之。凡言「爲」者，明非别水，即此一水，因地而異名也。漾出嶓冢，「導漾」與「導河積石」書法不同，水始出爲漾，東流爲沔，至漢中爲漢，故曰「東流爲漢」。又東則名爲滄浪之水，自彭蠡東去則爲北江，以入于海。且江、漢既合流，又會于彭蠡，自彭蠡而下混然入海，非有二江也，曷爲有北江、中江之名乎？蓋江、淮、河、漢，水之尤大者，與渭、洛之入河不同。渭、洛入河，而渭、洛之名遂泯。此言導漢，與下文導江，是各記兩江之始末。兩江雖合爲一，而每一條下各記入海，以要其水之所歸，所以不得不著北江、中江之名以别之。然謂之「爲北江」「爲中江」，亦必是古有此名。愚至此深知禹所以表北江、中江之名者，專爲記江、漢兩大江之始末而設。不然，則其他水固有自南而入彭蠡者，曷爲不著其名而謂之「南江」乎？正以其源流事體非江、漢之比，所以無此稱謂。後世不究聖經大旨，苟徇中、北之名，創爲南江之説，附會而謂之「三江」；或者又求其説而不通，遂謂三江雖合而水不相入，禹蓋以水味别之，而三泠之説興焉。嗚呼，陋矣！自彭蠡而東名爲中江，中江者，岷江之正派也。漢水自北而入北江，故因名此正派爲中江，其實共爲一江以入海，欲明兩江之始末，故各書「入于海」以記之。沇水出王屋山，而但曰「導沇水」者，或謂其上有伏流水，非始于王屋故也，書法與「導弱水」「導黑水」同。導山導水次第亦各不同，又不可不考。山則自西而南凡四條，循序而導之。至于水則自弱、黑之外，其横貫東西、源流尤深長闊大者，河爲先，江次之，所以導之獨先于諸水。看得河居最北，江居最南，方横流時，二者衆水之渠魁也。二水有歸，則衆水方可相次平定。此又禹治水之要領。是故濟水雖入海，而出于河者也，獨淮在其間，别是一流，而于河亦不爲不相干涉。至于渭、洛，則皆徑入于河，所以治之井井有次第，而渭、洛又獨居衆水之後歟。

九州攸同，四隩既宅；九山刊旅，九川滌源，九澤既陂。四海會同，六府孔脩。庶土交正，底慎財賦，咸則三壤，成賦中邦。錫土姓，祗台德先，不距朕行。

上文既歷叙導山導水用功次序，此下却是言成功以後任土作貢，即九州之所叙者是已。其散見于九州者，節目之詳；而總括于此者，乃九州之提綱也。「四隩既宅」而下，正與「既載」「既脩」之類相應；「庶土交正」而下，正與「厥土」「厥田」「厥賦」之類相應。愚因每州書一「既」字，而知其爲成功後事，于此證驗甚明。隩，先儒謂僻遠之義也。刊，刊木也。林木既除，可行旅也。今水土既平，居者行者皆無患，故特書之。連書「四隩既宅」「九山刊旅」二事，正言僻遠之地皆已可居，險阻之路皆已可行。僻遠險阻可居可行，則平土之可居，坦途之可行，不待言而喻矣。四海會同，皆會同朝王。然則洪水之時，會同之禮廢乎？舜攝政之初，水猶未平，輯五瑞，覲群牧，巡四岳，覲群后，又五載一巡守，群后四朝，初未嘗廢禮也。得非洪水泛濫于中國，諸侯有不能皆至者，發禁施政之事亦固有闕歟？抑亦水平之後，定賦法，錫土姓，故有此會同之禮歟？下文即言六府孔脩，非會同而後脩也，亦因會同而知六府之大脩耳。六府大脩，賦乃可定。「庶土交正」，所以咸則三壤；「底慎財賦」，所以成賦中邦；「祗台德先，不距朕行」，所以結上文一段之意，乃一書造化功用之本，不可不細玩也。此敬德之心，即克艱之心。且如治水積時累歲，不勝其久，勞民動衆，不勝其多，豈小小功役也哉？若非此德之用，安保其不我距？行者，德之見于行事者也。是故以之平水土，此德也；以之會諸侯，此德也；以之交正、底慎、咸則、成賦、錫土姓，無非此德也。

五百里甸服：百里賦納總，二百里納銍，三百里納秸服，四百里粟，五百里米。五百里侯服：百里采，二百里男邦，三百里諸侯。五百里綏服：三百里揆文教，二百里奮武衛。五百里要服：三百里夷，二百里蔡。五百里荒服：三百里蠻，二百里流。

建侯立屏，無非宣布朝廷之文教。然事變不一，有非可專于文教者，則當權宜揆度而行之。古者伍兩軍師之制，寓于比閭族黨之中，蒐苗獮狩，時時教習，雖王畿未嘗無武衛也，何獨自二百里爲然？奮者，特奮勵振刷之，視内地爲加嚴，使之常有警備，不可犯耳。

東漸于海，西被于流沙，朔、南暨聲教，訖于四海。禹錫玄圭，告厥成功。

此四語指定四方界分，正是明上文五服之旨，事體于此方坦然昭明。夫五服方五千里，自東河至西河千里，是甸服也；自南河至江千里，自江至衡山千里，荆州南至衡陽，正合二千五百里之數。侯、綏、要、荒，夫復何疑。若冀之北至恒山，已迫邊境，必欲以五服爲限，則侯服當在異域矣，固萬無此理。自東河至東海千里，自西河至流沙千里，僅得侯、綏二服，必欲限要、荒于東海之中、流沙之外，又可得乎？大概當時只據九州封域，以地之最遠者爲準，而畫爲五服之制，其廣處自廣，狹處自狹，安得執五服以爲限，而求足于地也？禹既歷叙五服，復申明之曰「東漸于海，西被于流沙，朔、南暨聲教，訖于四海」，正是叙述當時疆理活法，言五服之制雖是如此，其實九州界分，東方止漸于海，西方止被于流沙，朔方、南方止及于聲教所及之地。訖，盡也，盡四海之内五服行焉。見得不是四方各爲二千五百里之限甚明。先儒不究此旨，往往執五服之死法，求地于四方。且要、荒非九州外，初無可疑，東、西、北地皆不足，獨荆居南方，正滿五服之制，此其實證也。玄圭，玄玉之圭也。禮，天子之玉用全。玄，純天色，蓋天子之寶圭也。禹雖有萬世永賴之功，亦安得僭用之？臣而可僭天子之圭，則魯之郊禘，孔子不得而非之矣。然禹于此止曰錫玄圭、告成功，其殆使之攝禮以告天歟？

融堂書解卷四

宋　錢時　撰

甘誓

啓與有扈戰于甘之野，作甘誓。

史記曰：有扈氏，禹之後。啓立，有扈氏不服，故伐之。觀大戰之情狀，必有素謀，必有憑恃，必有黨與，必非倉卒苟爲抗逆之計。孔子序書，書「戰」而不書「大」，所以微寓意于君臣之大分。不曰有扈何罪，不曰夏王，不曰征，而獨曰「啓與有扈戰于甘之野」，春秋責賢者備，其旨深矣。若有扈之罪，則固不待言也。

大戰于甘，乃召六卿。王曰：「嗟！六事之人，予誓告汝。有扈氏威侮五行，怠棄三正。天用勦絶其命，今予惟恭行天之罰。

先書「大戰于甘」，而後書「乃召六卿」者，非大戰而後始誓師也。看得啓之戰，初亦易之，謂臨之以兵，必可讋服，且因以弭四方反側之謀耳。不意其陸梁如此也。師薄城下，傲然抗逆，略無君臣之分，且將出而與我大合戰，啓于是始不敢輕視，始召六卿來前而嚴飭之，故曰「乃召六卿」。若未逆命而班師，敷文德而舞干羽，則無此大戰矣。自古世代革易，取五行迭王，如木德王、火德王之類。夏水德，月建寅，威侮而怠棄之，是不用夏之正朔也。

「左不攻于左，汝不恭命；右不攻于右，汝不恭命；御非其馬之正，汝不恭命。用命，賞于祖；不用命，戮于社，予則孥戮汝。」

命，謂天命，即出師之律也。

五子之歌

太康失邦，昆弟五人須于洛汭，作五子之歌。

五子皆太康弟，謂之「昆弟」者，指此五人而言也。

太康尸位，以逸豫滅厥德，黎民咸貳。乃盤遊無度，畋于有洛之表，十旬弗反。有窮后羿因民弗忍，距于河。厥弟五人御其母以從，徯于洛之汭。五子咸怨，述大禹之戒以作歌。

禹之明德遠矣，再傳而黎民咸貳，何也？禹以憂勤啓祚，太康以逸豫喪邦，其事相反。此五子所以述大禹之戒也。

其一曰：皇祖有訓：民可近，不可下。民惟邦本，本固邦寧。予視天下，愚夫愚婦，一能勝予。一人三失，怨豈在明？不見是圖。予臨兆民，懔乎若朽索之馭六馬。爲人上者，奈何不敬！

「予視」而下十句凡兩節，前後相應，皆是言我之不可忽者如此。「一人三失，怨豈在明？」觀此二語，使人悚懼。常人千失萬過，漫不知省。禹以三失爲大戒，垂訓後昆，可見聖人脩身，瑩然玉潔，略無微瑕之可指。孔子曰：「禹，吾無閒然矣。」信夫！禹于是復申言曰：「予臨兆民，懔乎若朽索之馭六馬。」此與上文相應。視一愚夫愚婦且足以勝予，況臨兆民，當如之何？故又曰：「爲人上者，奈何不敬！」此一「敬」字，正是「不見是圖」實用工夫處。此章言有國家之本在民，而臨民之本在敬。

其二曰：訓有之：内作色荒，外作禽荒。甘酒嗜音，峻宇彫墻。有一于此，未或不亡。

此章又舉皇祖之訓，言所以喪天下之禍根也。

其三曰：惟彼陶唐，有此冀方。今失厥道，亂其紀綱，乃底滅亡。

上二章述皇祖之訓，開陳所以保天下與夫喪天下之兩端。此下方指太康敗亡之禍也。堯都冀，故曰「有此冀方」。羿既距河，則自河而北已非我有，故只指冀方爲言。堯傳之舜，舜傳之禹，是冀方非禹之冀方，乃舜之冀方；非舜之冀方，乃陶唐氏之冀方也，豈太康之私物乎？道者，三聖相傳之道也。紀綱者，所以維持天下之大經大法，即此道之妙用也。今太康失三聖相傳之道，亂三聖相傳之紀綱，而滅亡三聖相傳之都邑，惜哉，何所逃其罪也哉？此章首以陶唐氏爲言，源流深遠。

其四曰：明明我祖，萬邦之君。有典有則，貽厥子孫。關石和鈞，王府則有。荒墜厥緒，覆宗絶祀。

上章謂太康滅亡冀方，乃滅亡帝堯揖遜之都邑，已是深切。此章又自其家而言，謂禹垂法後昆，無所不備，而太康荒墜之，以至覆宗絶祀，尤更深切也。禹以明明之德，著而爲典，無非大經；作而爲則，無非大法；以至定爲制度，無非大公至正之用。是故有典則遺其子孫，實家傳之成規。關石和鈞，制在王府，可世守而不變，一世遵之，則一世宗社生靈之福，百世遵之，則百世宗社生靈之福。太康不能遵承，荒墜其緒，而至于覆宗絶祀，豈不甚可痛哉。太康既廢，仲康繼立，夏之宗祀未嘗覆絶，而此歌云然者，蓋作歌時羿方據河之北以距太康，是都邑皆爲盜區，而未有立仲康之事也，故直以「覆宗絶祀」言之。

其五曰：嗚呼！曷歸？予懷之悲。萬姓仇予，予將疇依？鬱陶乎予心，顔厚有忸怩。弗慎厥德，雖悔可追？

二章言滅亡冀方，四章言覆宗絶祀，至此末章，又切身而言。其閒稱「予」者屢屢，悲傷悔罪，若出于太康之口者，蓋切代太康爲哀痛之辭，以盡無可奈何之情狀也。歌凡五章，五子所作，而詞旨相續，淺深次第若成于一手者。玩詠三復，可敬可歎。

胤征

羲和湎淫，廢時亂日。胤往征之，作胤征。

孔子序書，獨曰「胤征之」，不書王命，何哉？明非王命也。蓋羲和世爲大臣，羿一旦因民弗忍，直據都邑，距太康于外而立仲康，遂專國政。觀後來篡逆之事，則其包藏禍心必非一日。羲和遐棄厥司，徑往封邑，日從事于酒，殆不止爲酣飲而已。若止是酣飲，執而罪之，甚易辨者，安用張皇征討，而有「殲厥渠魁，脅從罔治」之誓耶？竊謂羲和不平于羿，當時必有相與共起而謀之者，惜乎羲和忠君之志未明，而失職之罪先著，羿遂得以爲之辭焉。然則胤之往征也，實羿命之，非仲康之命也。故孔子首書「湎淫」，以正羲和失職之罪；不書王命，以著賊羿無君之惡。春秋作而亂臣賊子懼，可于是乎見之矣。

惟仲康肇位四海，胤侯命掌六師。羲和廢厥職，酒荒于厥邑，胤后承王命徂征。

此下乃作書者叙胤侯出征之大意也。太康失邦，仲康嗣立，始復帝位以有天下，乃命胤侯爲大司馬，掌六師。胤侯出征，仲康之五年也，曷爲于此書肇位之事乎？蓋追記胤侯入掌兵柄之始，以明今日出征來歷也。羿既立仲康，即以兵柄付之胤侯，此其爲謀深矣。羲和廢厥職，酒荒于厥邑，斷以大義，固無所逃罪。然張皇六師，如討抗逆之强國，他無可數之罪，而專以荒酒爲辭，則當時情狀亦可想見。此言「胤后承王命徂征」，孔子作序，后與王命俱削不書，而獨曰「胤往征之」，小人姦謀詭態，如揭覆藏于青天白日之下，安所逃遁哉。

告于衆曰：「嗟予有衆，聖有謨訓，明徵定保。先王克謹天戒，臣人克有常憲。百官脩輔，厥后惟明明。每歲孟春，遒人以木鐸徇于路，官師相規，工執藝事以諫。其或不恭，邦有常刑。

「告于衆曰」而下，胤誓師之辭也。其辭三節，自「聖有謨訓」至「邦有常刑」是第一節，首言先王之事，以證羲和之罪也。徵即「庶徵」之徵，在君之德有脩廢，則在天之徵有休咎。徵者，君德之證也。往聖詔後，有謨有訓，貴在明庶徵之應，以定保守之道。若庶徵不明，君心無所警懼，自非上智之主，安能乾乾兢業，保守而無失哉？自「先王克謹」而下，乃因明徵而定保守之實也。天戒即咎徵也。凡災異之至，皆天之所以警戒人君者，是故我先王則能致謹于天戒，恐懼脩省，無敢怠荒。臣人亦因天戒能有其常法，不敢隳墜。然又不特守常法而已，以至百官之衆皆盡脩輔之義。脩者，彌縫其君之缺失。輔者，翼贊之使無偏邪。此君心所以不放逸，不昏惑，進于明明之盛也。然又未也。每歲孟春，遒人以木鐸徇行于路，曰：「爾官衆當更相規正也，爾百工各執爾藝以諫于上也。其或不恭言，不遵所徇，則邦有常刑。」先王之世事體如此。今爾羲和姑無望其脩輔，姑無望其規諫，明徵之職正在于汝，將安所逃其實乎？

「惟時羲和，顛覆厥德，沈亂于酒，畔官離次，俶擾天紀，遐棄厥司。乃季秋月朔，辰弗集于房。瞽奏鼓，嗇夫馳，庶人走。羲和尸厥官，罔聞知。昏迷于天象，以干先王之誅。

上節既明先王典刑如此，此節却數羲和之罪所以干先王之誅也。先儒謂羲和夏之忠臣，胤誓師乃文致之辭。愚謂此却是道其實，不得謂之文致也，但謀羿一節，胤隱諱而不敢名言耳。看得羲和只是忿悶不平于羿，其心鞅鞅，如狂如眩，故遂決然舍去，欲起而圖之，沈縱于酒，不復顧念。當時亦有一等忠義之士，慷慨激烈，相與合謀舉事。事弗成而迹先露，以至于敗。此則羲和疏脱迷繆之咎，非忠于爲夏謀者也。何者？羿之惡逆，天下之公忿也。羲和爲國大臣，從容圖回，豈無其道。陳平日縱酒，無一言，卒能交歡絳侯以誅諸呂，定劉氏，此固不足多也。且安有天子在上，身爲大臣，有官守，有言責，委而去之，略無所忌，惟務沈湎，私植黨與，昭昭然有謀動干戈之跡，而不及于禍者？且自古輕慮淺謀，欲除〔二〕君側之惡人，以至爲身速死、爲國速亂者多矣，謂之忠可乎？孔子序書，首正羲和之罪，略無一字假借，與胤

〔二〕「除」字文淵閣本作「誅」。

侯專征兩不相掩，此真萬世之公論，不可易也。

「政典曰：『先時者殺無赦，不及時者殺無赦。』今予以爾有衆，奉將天罰。爾衆士同力王室，尚弼予，欽承天子威命。火炎崐岡，玉石俱焚，天吏逸德，烈于猛火。殲厥渠魁，脅從罔治，舊染污俗，咸與惟新。嗚呼！威克厥愛，允濟；愛克厥威，允罔功。其爾衆士懋戒哉！」

此第三節，乃號令軍師之辭也。上兩節明先王之法，數羲和之罪，辭明義正，凜然略無漏露。至此則其情狀有不可得而掩蔽矣。政典，即夏之司馬法，周官「曰政典」是也。觀上節所陳，羲和不過一沈酣荒酒之徒，何有于渠魁？何有于脅從？有渠魁、脅從之可指，則是羲和謀動干戈，事狀已大張露。夫以大臣而謀動干戈于私邑，若圖不軌，其罪豈不重于湎淫？胤侯數其罪，乃無一語及之，情狀可見矣。大率誓師，往往于戒飭之末方言賞罰，而此獨首明必殺無赦之罪，蓋是役也，乃是以叛逆而伐忠義。當時六軍之衆，皆無人心則已，儻有人心，何忍加誅。胤亦知犯順興師，人不我服，只得先壓之以威，而後方與之言。一則曰天罰，二則曰王室，三則曰君命，大凡欺天者好指天爲誓，無君者必尊君爲辭，小人之常態也。況胤所謂「脅從」，乃無非忠義之士。一旦挾私而殺之，于心固有不安焉。特曰「罔治」，以示寬大，亦其勢不得不然耳。及于篇末復發嗚呼之歎，曰：「威克厥愛，允濟；愛克厥威，允罔功。其爾衆士懋戒哉！」

且征討所以伸威也，曷爲以愛爲言？若凶徒逆儔，犯天下之公忿，王師所向，人人效死，何愛之有哉？蓋羲和之兵，與胤今日驅之而出征者，本是一家，初無怨咎，譬如骨肉情義。一旦迫于逆賊，使之自相屠戮，當此之時，威勝耶？愛勝耶？此胤所以深懼。人心或奪于愛，不能有濟，而直迫之使用威，以遏絶其尊君親上之至情，以遂其叛逆之姦謀也。嗚呼，可憐矣哉！使羲和討賊有方，名正言順，豈不足以遏横流之禍。惜也，迷繆不審，先投虎口，適以稔其惡，以成他日之簒逆。羲和至是，亦無所逃其罪矣。

自契至于成湯八遷。湯始居亳，從先王居，作帝告、釐沃。

此帝告、釐沃二書之序也。帝告實商書之首，後世以湯誓爲第一，失其次矣。今書雖亡，只當以序爲正。（案：帝告、釐沃、湯征、汝鳩、汝方五篇，陸德明釋文云：「舊解是夏書，馬、鄭之徒以爲商書，兩義俱通。」孔穎達正義謂經亡序存，文無所託，不可以無經之序爲卷之首，故附此卷之末。惟鄭康成所注尚書大傳以帝告冠湯誓之前，錢氏蓋因其例，故云：「書雖亡，只當以序爲正。」第永樂大典不著卷目，今仍依注疏，附夏書後。）

契父帝告居亳，帝舜始封契于商，故商頌云「帝立子生商」，是契居商也。至成湯十四世八遷。世本云：「昭明居砥石。」左傳云：「相土居商丘。」而漢孔氏又云：「湯自商丘遷亳。」漢去古未遠，此説當有所據。然以事理考之，自契至相土纔三世，不應相土之後直至成湯方遷，必是累世數遷，復有居商丘者，故成湯自商丘遷亳也。據經傳所見如此，其他不可得而考矣。先王，帝嚳也。自契以來屢遷，及是成湯遷帝嚳舊都，故曰「湯始居亳，從先王居」也。或曰：帝告即帝嚳。湯，謚也，名天乙。「釐沃」二字，先儒謂釐，治也；沃，沃土也。以字義觀之，遷亳而謂之治沃土，語似有理，然書既亡，亦難盡考矣。

湯征諸侯，葛伯不祀，湯始征之，作湯征。

時湯爲方伯，故得專征。仲虺作誥，止曰「葛伯仇餉，初征自葛」，孟子亦曰「爲其殺是童子而征之」，而夫子序書，獨書曰「葛伯不祀」。嗚呼，至哉！惟聖知聖，湯之心，非吾夫子，孰能發之？堯、舜之道，孝弟而已，所以承祭祀、事鬼神、齊家、治國、平天下者，無非此孝弟也。君國子民而爲宗廟社稷之主，荒淫怠慢至于祀廢而不講，是不知有山川鬼神，且不知有祖先矣。人而不知有祖先，不知有山川鬼神，是與禽獸無異，况有國有家者乎。葛伯不祀，湯遺之牛羊，又使亳衆往爲之耕，直至殺童子、奪其餉，乃始征之。葛伯之征雖發于仇餉，而事始于不祀。禮，山川神祇有不舉者爲不敬，不敬者，君削以地；宗廟有不順者爲不孝，不孝者，君絀以爵。湯征諸侯，而首懲一不孝不敬之人，此肇脩人紀、表正萬邦第一著事。夫子略其殺童子之罪，而專以不祀書之，嗚呼，此湯之心也，非聖人，其孰能與此哉？

伊尹去亳適夏，既醜有夏，復歸于亳，入自北門，乃遇汝鳩、汝方，作汝鳩、汝方。

孟子曰：「五就湯、五就桀者，伊尹也。」此二書其作于末後之一反歟？鳩、方，湯之二賢臣也。尹方入北門，忽見此二賢，各陳叙其所以復歸之故。史氏紀之而成二書。惜乎其不存也。書雖不存，而夫子之序大略可考，曰「既醜有夏，復歸于亳」，即此二書之大旨，必是具言夏之所以可醜者如何，而相湯伐桀之論，定于此一「醜」字矣。鳩、方二人若是同時相見，叙述其事似不必各爲一書。必是各有陳述，邂逅二人亦不必同時也。鳩、方名上各加「汝」字，如「汝舜」「汝禹」之類，蓋伊尹呼而語之。

融堂書解卷五

宋 錢時 撰

商書

湯誓

伊尹相湯伐桀，升自陑，遂與桀戰于鳴條之野，作湯誓。

觀此書止是湯諭其衆庶而誓之，初無「伊尹相湯伐桀」之文，亦初未有「升自陑」「戰鳴條」之事，而序云爾者，此夫子特書伐桀之始末，所以深明乎湯之心也。蓋當時天下雖被桀壞得如此狼狽，然其事體全繫乎伊尹一人之去留。觀湯薦尹于桀，初何心于伐桀也。尹去亳適夏，亦何心于醜夏也。使桀一旦感悟，得伊尹而用之，則湯與尹固桀之聖臣也。一聖臣居中以輔成君德，一聖臣居方伯連帥以討伐不義之諸侯，則天下即日可以丕變，豈不大幸，豈非兩聖人之本心哉。夫何五就而不能用，終使伊尹醜夏而歸，而伐桀之謀遂定。夫子是以深明伐桀非湯之心也，伊尹實相之也，特書曰「伊尹相湯伐桀」，非罪伊尹也，明桀不能用伊尹，不得已而後有「相湯」之事也。既醜有夏，復歸于亳，與此序屬辭比事而觀，事理甚明。陑在河曲之南，鳴條在安邑之西，自陑而升以向安邑，此湯行師之道也，與武王師渡孟津同。

王曰：「格爾衆庶，悉聽朕言。非台小子敢行稱亂，有夏多罪，天命殛之。

先儒謂桀猶在上，未當稱王，此言「王曰」者，史氏之追稱也。愚見不然。湯奉行天罰，誅一獨夫耳。若謂桀猶在上，未當稱王，則是猶有君臣之大分，如天地之不可易置也，今日之師豈宜輕舉乎。湯之革命，固定于誓師之日也。湯雖不自王，而當時固已王之矣。此書「王曰」，正是史官實録，夫復何疑。不然，則仲虺之誥實作于大坰，湯返未及國，而曰「錫王」、曰「惟王」、曰「王懋昭」者，不一而足，亦謂之追稱，可乎？

「今爾有衆，汝曰：『我后不恤我衆，舍我穡事而割正夏。』予惟聞汝衆言，夏氏有罪。予畏上帝，不敢不正。今汝其曰：『夏罪，其如台？』夏王率遏衆力，率割夏邑。有衆率怠弗協，曰：『時日曷喪？予及汝皆亡！』夏德若兹，今朕必往。

正夏，言正統也。今汝其曰，猶言今汝何不曰也。今汝何不曰夏之有罪，一如我之有罪乎？時日曷喪，言有日在上，何時得汝喪亡乎。

「爾尚輔予一人，致天之罰，予其大賚汝。爾無不信，朕不食言。爾不從誓言，予則孥戮汝，罔有攸赦。」

予其大賚汝，史記作「大理汝」，分明有舉理其事意思。孟子所云「勞之來之」，「來」字亦是撫徠安集之也。先儒以賜訓賚，恐未盡。

湯既勝夏，欲遷其社，不可，作夏社、疑至、臣扈。

湯既勝夏，嘗欲遷其社于商矣，已而又不忍使夏之社竟廢，故「不可」。不可者，非欲之而不可得之謂也，所以見湯忠厚之意也。夏社、臣扈三書雖亡，要無非陳述其始之欲遷，與夫所以不可之旨耳。喪國之社屋之，先儒謂此制恐始于湯，容有此理。使湯之前已有此制，則必無欲遷之議，三書亦不必作也。疑至未詳，或謂同臣扈爲遷社之議者，然經傳無考，難遽信也。臣扈，湯臣，逮事太戊。

夏師既敗，湯遂從之，遂伐三朡，俘厥寶玉。誼伯、仲伯作典寶。

遂從之者，遂從而追之也。誼伯、仲伯，湯之二臣也。典，常也，明此寶乃有國之常寶，世代相傳所不可無，藏之祖廟所不可失者。桀不能守，而湯得之，必當有以寓其警戒之意矣。若非有國之常寶，是乃桀之所亡者，湯必不取也。且一舉兵而首利其寶玉，雖張良、蕭何亦所不屑，而謂弔民伐罪、順天應人者爲之乎？

仲虺之誥

湯歸自夏，至于大坰，仲虺作誥。

仲虺一書，一反一覆，極言竭論，所以相規相勉者不一而足，殆非徒爲湯開釋而已也。史氏既具言慙德之事，而夫子序書不復再及，止書「歸自夏」以著作誥之時，書「至大坰」以志作誥之地，極有味。于此備見返末及國便作此書，正是因其慙而急投之。嗚呼，是仲虺之心也，惟吾夫子知之。

成湯放桀于南巢，惟有慙德，曰：「予恐來世以台爲口實。」

舉師之初，而有稱亂之嫌；卒伐之後，而有慙德之語。嗚呼，吾是以深悲聖人之不幸也。口實者，借之以實其口，猶云藉口。

仲虺乃作誥，曰：「嗚呼！惟天生民有欲，無主乃亂。惟天生聰明時乂。有夏昏德，民墜塗炭。天乃錫王勇智，表正萬邦，纘禹舊服。兹率厥典，奉若天命。

此仲虺作誥第一節也。禹數苗罪，只是個昏迷。仲虺數桀罪，亦只是個昏德。自古聖人所以兢兢業業、不敢少懈者，無他，恐少懈即昏耳。吁，可畏哉！惟其昏，是以民罹凶虐。勇智即聰明也，聰無不聞，明無不見，靈明無體，妙用無方。以其自剛健而不屈謂之勇，勇非血氣也；以其自睿照而不惑謂之智，智非思慮也。

「夏王有罪，矯誣上天，以布命于下。帝用不臧，式商受命，用爽厥師。簡賢附勢，寔繁有徒。肇我邦于有夏，若苗之有莠，若粟之有秕。小大戰戰，罔不懼于非辜，矧予之德言足聽聞？

此第二節，是申言桀之所以亡者，極形容得桀之情狀。嗚呼，聞善言而拜之，夏之所以王；聞德言而欲害之，夏之所以亡，斯可鑒矣。

「惟王不邇聲色，不殖貨利。德懋懋官，功懋懋賞。用人惟己，改過不吝。克寬克仁，彰信兆民。乃葛伯仇餉，初征自葛，東征西夷怨，南征北狄怨，曰：『奚獨後予？』攸徂之民，室家相慶，曰：『徯予后，后來其蘇。』民之戴商，厥惟舊哉。

此第三節，是申言湯之所以宜王者。「惟王」二字是承上文數桀之罪而言。惟猶獨也。勉于德者勉之以官，勉于功者勉之以賞。惟己者，一斷之于己也。寬與仁非二事，然亦不無輕重，仁則未嘗不寬，寬則未必盡仁。乃葛伯仇餉，「乃」字正承上文。

「佑賢輔德，顯忠遂良，兼弱攻昧，取亂侮亡，推亡固存，邦乃其昌。德日新，萬邦惟懷；志自滿，九族乃離。王懋昭大德，建中于民，以義制事，以禮制心，垂裕後昆。予聞曰：『能自得師者王，謂人莫己若者亡。』好問則裕，自用則小。嗚呼！慎厥終，惟其始。殖有禮，覆昏暴。欽崇天道，永保天命。」

仲虺因湯慙德而作誥，上三節具言桀之罪、湯之德，與夫天之厭夏而與商，人之所以苦夏而歸商，以見弔伐之師乃是理所當然，湯所不得辭其責者。到此却都不明言湯不必慙，亦不答其「來世口實」之語，但極陳存亡之道，規警而諷切之。此乃乘湯方慙之時，不待返國，急急納忠，此正仲虺作誥之本旨也。自「佑賢輔德」以至篇終，語凡數轉，大概只是一節意，無非推明推亡固存之道。賢者人佑之，德者人輔之，忠者顯揚之，良者伸遂之，此天下之常理也。柔弱而不立者，人兼并之；暗昧而不明者，人攻伐之。亂者人取之，亡者人侮之，此亦理之所必至也。是故弱、昧、亂、亡，皆亡之道，桀之所以亡也；賢、德、忠、良，皆存之道，湯之所以王也。凡亡之道，吾推而去之，使無有；凡存之道，吾固而守之，使勿失。夫如是，則有佑輔，無兼攻；有顯遂，無取侮，而邦國乃始昌明矣。此仲虺承上文夏、商之明效，而推極此兩端，進戒于湯。終篇衮衮，一反一覆，無非此旨，最爲深切。

湯誥

湯既黜夏命，復歸于亳，作湯誥。

黜，廢黜也。湯既放桀，不復纘承其後，而夏之統絶矣，故曰「黜夏命」，所謂革命也。不居夏邑而返都于亳，明告天下以革命之意而作是書也，故曰「復歸」。史氏止云「湯歸自克夏，至于亳」，夫子序書，特曰「湯既黜夏命，復歸于亳」，便見得已承大統，而與天下更始，其義昭昭矣。

王歸自克夏，至于亳，誕告萬方。

首曰「王歸自克夏，至于亳，誕告萬方」，見得勝夏而歸，纔至亳都，便作此語。

王曰：「嗟爾萬方有衆，明聽予一人誥。惟皇上帝降衷于下民。若有恒性，克綏厥猷惟后。

民有恒性，民皆可以爲善也。聖人視民如一體，只是見得其性相近耳。降衷之義，先師論之備矣。

「夏王滅德作威，以敷虐于爾萬方百姓。爾萬方百姓罹其凶害，弗忍荼毒，并告無辜于上下神祇。天道福善禍淫，降災于夏，以彰厥罪。肆台小子將天命明威，不敢赦，敢用玄牡，敢昭告于上天神后，請罪有夏。聿求元聖，與之戮力，以與爾有衆請命。上天孚佑下民，罪人黜伏。天命弗僭，賁若草木，兆民允殖。俾予一人輯寧爾邦家，兹朕未知獲戾于上下。慄慄危懼，若將隕于深淵。凡我造邦，無從匪彝，無即慆淫。各守爾典，以承天休。爾有善，朕弗敢蔽；罪當朕躬，弗敢自赦。惟簡在上帝之心。其爾萬方有罪，在予一人；予一人有罪，無以爾萬方。嗚呼！尚克時忱，乃亦有終。」

簡，別也。有善有罪，萬方之衆群仰矚于一人，而實定于一人之心。一人心與上帝相貫通，則上帝之心即一人之心也。上通帝心，下協民性，方是上下同流。（案：此解祇釋「爾有善」至「無以爾萬方」一節，不應前後皆無訓釋，疑原本有闕文。）

咎單作明居。

先儒謂咎單爲湯司空，作明居一篇，明居民之法也，不知何所據。書自明白無可叙者，故直書曰「咎單作明居」，與「伊尹作咸有一德」之類同。

伊訓

成湯既没，太甲元年，伊尹作伊訓、肆命、徂后。

此伊訓、肆命、徂后三書之序也。唐虞曰載，夏曰歲，商曰祀，周曰年。孔子周人也，故序以「年」書。孟子亦周人也，故亦曰「湯崩，太丁未立，外丙二年，仲壬四年，太甲顛覆湯之典刑」，蓋謂湯既崩，太丁未立而卒，又其弟外丙方二歲，仲壬方四歲，故以太甲嫡孫嗣立耳。謂之「太丁未立」，則是已爲儲貳，況書謂「太甲既立不明」，則是未立之先亦不爲不明矣，伊尹安得舍嫡長而立一孩孺乎？太史不悟年齒，遂謂外丙在位三年，仲壬在位四年，然則太甲嗣位當在湯崩七年之後，何故孔子序不曰「仲壬既没」，而曰「成湯既没，太甲元年」乎？先儒因是未免異同之論，是不信先聖之經，而徇後世記傳之謬也，大不可。且不特先聖之經可考，而伊尹告太甲凡五書，始末亦甚明。伊訓首曰「惟元祀十有二月乙丑，伊尹祀于先王，奉嗣王祗，見厥祖」，是太甲初立，侯甸群后咸在，伊尹奉新君，見于乃祖成湯之神位而告之也。若太甲在外丙、仲壬兩君之後，則其初立時有仲壬之几筵在，安得不告于新薨之君，而獨見乃祖乎？太甲上篇「營于桐宮，密邇先王其訓，王徂桐宮居憂」，桐宮，湯之墓也。往湯之墓側而居憂位，是居湯之喪也。若喪仲壬，安得居湯之墓乎？其他如「惟我商王，布昭聖武」，即云今王嗣厥德；如「先王顧諟天之明命」，即云嗣王丕承基緒。伊尹諸書所稱「先王」，皆湯也。如此類不一而足，辭無間隔，事理甚明。若一、再傳皆短祚，又皆伊尹所親歷，安得告太甲時略無一語及之？太甲嗣湯而立，無可疑者，學者只當以聖經爲證。肆命，先儒謂：肆，陳也，伊尹陳天命以告太甲也。徂后，先儒謂：徂，往也，述往古明君以告太甲也。二書既亡，雖不可考，然訓義明白，似亦有理。

惟元祀十有二月乙丑，伊尹祠于先王，奉嗣王祗見厥祖。侯甸群后咸在。百官總己以聽冢宰。伊尹乃明言烈祖之成德，以訓于王。曰：「嗚呼！古有夏先后，方懋厥德，罔有天災。山川鬼神，亦莫不寧，暨鳥獸魚鼈咸若。于其子孫弗率，皇天降灾，假手于我有命。造攻自鳴條，朕哉自亳。惟我商王，布昭聖武，代虐以寬，兆民允懷。今王嗣厥德，罔不在初。立愛惟親，立敬惟長，始于家邦，終于四海。嗚呼！先王肇脩人紀，從諫弗咈，先民時若。居上克明，爲下克忠。與人不求備，檢身若不及，以至于有萬邦，兹惟艱哉！敷求哲人，俾輔于爾後嗣。制官刑，儆于有位。曰：『敢有恒舞于宫、酣歌于室，時謂巫風；敢有殉于貨色、恒于遊畋，時謂淫風；敢有侮聖言、逆忠直、遠耆德、比頑童，時謂亂風。惟兹三風十愆，卿士有一于身，家必喪；邦君有一于身，國必亡。臣下不匡，其刑墨，具訓于蒙士。』嗚呼！嗣王祗厥身，念哉！聖謨洋洋，嘉言孔彰。惟上帝不常，作善，降之百祥；作不善，降之百殃。爾惟德罔小，萬邦惟慶；爾惟不德罔大，墜厥宗。」（案：伊訓解永樂大典原闕。）

融堂書解卷六

宋　錢時　撰

太甲上

太甲既立不明，伊尹放諸桐，復歸于亳，思庸。伊尹作太甲三篇。

太甲三篇始末，此序數語提盡。太甲之先未有敗度敗禮等事，既立之後，病證方出。故孔子序書，特曰「太甲既立不明，伊尹放諸桐」。若未立而已不明，則伊尹當别有處，安得苟然立之，而後放之也。「不明」二字，乃太甲自叙實語，故孔子亦只拈出此二字以斷之。放，廢也。書但云「王徂桐宫居憂」，而孔子特書曰「放」，與南巢同例，何也？先儒謂不知朝政曰放。凡天子亮陰，則冢宰居攝朝政，固未嘗與也，何獨一太甲也哉？蓋太甲居喪，敗度敗禮，全然繆妄，故使之闃然屏處于外，與常人無異，是放也。不謂之放，則當何以名之？吾夫子直書曰「放」，未可與權者，未足與議也。雖然，必若伊尹者而後可也。思庸，自思前日之昏庸也。三篇皆作書以告太甲，是太甲一事之首尾。史氏類聚，總以「太甲」名篇。首篇云「伊尹作書」，次篇又云「作書」，若第三篇却只是伊尹全書。

惟嗣王不惠于阿衡。伊尹作書，曰：「先王顧諟天之明命，以承上下神祇。社稷宗廟，罔不祗肅。天監厥德，用集大命，撫綏萬方。惟尹躬克左右厥辟宅師，肆嗣王丕承基緒。惟尹躬先見于西邑夏，自周有終，相亦惟終。其後嗣王，罔克有終，相亦罔終。嗣王戒哉，祗爾厥辟。辟不辟，忝厥祖。」王惟庸，罔念聞。

首言「天之明命」，直將成湯「聖敬日躋」學問全行提出。「相亦惟終」、「相亦罔終」，方見休戚相關之至。

伊尹乃言曰：「先王昧爽丕顯，坐以待旦，旁求俊彦，啟迪後人。無越厥命以自覆。

丕顯，先儒以爲大顯其德，未安。聖人純德孔明，無時不顯，何晝何夜，何蚤何莫。必日出而大顯其德，豈昧爽之先有不大顯乎。丕顯，天大明也。旦，日出也。言湯自天未明以至大明，常坐待日出，急急求賢，以啟迪其後人也。

「慎乃儉德，惟懷永圖。若虞機張，往省括于度，則釋。欽厥止，率乃祖攸行。惟朕以懌，萬世有辭。」王未克變。

率乃祖攸行，須知能顧明命，方是率祖。湯之急于求賢，皆是天命所當然。惟懷永圖，直爲太甲作通盤計較，是何等懇至。

伊尹曰：「茲乃不義，習與性成。予弗狎于弗順，營于桐宮，密邇先王其訓，無俾世迷。」王徂桐宮居憂，克終允德。

「茲乃不義」以至「無俾世迷」，是與在廷議桐宮時語也。

太甲中

惟三祀十有二月朔，伊尹以冕服奉嗣王歸于亳，

奉嗣王歸亳，始克盡人臣之職，故曰「有伊尹之志則可」，以伊尹卒能奉歸也。

作書曰：「民非后，罔克胥匡以生；后非民，罔以辟四方。皇天眷佑有商，俾嗣王克終厥德，實萬世無疆之休。」

伊尹作書，獨首發君民相須之義。前此許多訓語，都只就太甲身上攻他病，却未暇及此。正如蕩子不務職業，一旦悔過而歸，其長上方以家事語之，此伊尹至喜至幸之情也。

王拜手稽首曰：「予小子不明于德，自底不類。欲敗度，縱敗禮，以速戾于厥躬。天作

孽，猶可違；自作孽，不可逭。既往背師保之訓，弗克于厥初；尚賴匡救之德，圖惟厥終。」

此正太甲「思庸」之實語也。伊尹告太甲，所存者五篇，而太甲止數語。嗚呼，非真實有見，透脱病根，改過明白，無所疑貳，安能傾倒吐露如此其的哉。自「昔者不惠于阿衡」，以至「惟庸，罔念聞」，以至「王未克變」，太甲必煞多言語爲史氏所略。至「克終允德」，正是善端方萌，何故亦略不記録一二？大率人初有見，故習乍脱，雖知自怨自艾，意態安能頓除。剖白罪狀，敷陳情款，未必十分特達痛切。史氏略之于允德之初，而獨表彰其數語，見得前日所言未必如今日之特達痛切者。「不明于德」一語，不是德上有見，如何道得出，如何知得下面許多病都在「不明于德」上？

伊尹拜手稽首，曰：「脩厥身，允德協于下，惟明后。先王子惠困窮，民服厥命，罔有不悦，并其有邦厥鄰，乃曰：『徯我後，後來無罰。』王懋乃德，視乃厥祖，無時豫怠。奉先思孝，接下思恭，視遠惟明，聽德惟聰。朕承王之休無斁。」

允德，實德也。千失萬過，皆從不實上起。一毫不實，虚僞百端。「豫怠」二字，正是截太甲將來病根。縱欲之事今雖無有，而宫庭舊觀依然在前，故態惡習，處處皆是熟路，少有逸豫懈怠，即縱欲矣。奉先則當思孝。凡履尊居正，繼志述事，少有愧于心，非孝也，非獨有事宗廟而謂之「奉先」也。接下則當思恭。凡深宮廣殿，侍御僕從，少有乖于禮，非恭也，非獨體貌臣鄰而謂之「接下」也。（案：此下疑有闕文。）

太甲下

伊尹申誥于王曰：「嗚呼！惟天無親，克敬惟親。民罔常懷，懷于有仁。鬼神無常享，享于克誠。天位艱哉！

至此重複致誥，言天位之艱。太甲向來只緣以位爲樂，所以縱欲而不自檢，安知此位之不易也。

「德惟治，否德亂。與治同道，罔不興；與亂同事，罔不亡。終始慎厥與，惟明明后。先王惟時懋敬厥德，克配上帝。今王嗣有令緒，尚監兹哉。若升高，必自下；若陟遐，必自邇。無輕民事，惟難；無安厥位，惟危。慎終于始。

無輕民事，見得民事之重，便知天位之艱。懋勤厥德，是慎位以安民，終始如一。

「有言逆于汝心，必求諸道；有言遜于汝志，必求諸非道。

伊尹前面專説進德，此却教之以聽言。舜告禹「惟精惟一，允執厥中」，即繼之以「無稽之言勿聽」，正是此意。逆心遜志之言，慮太甲就逆順上把捉未定，桐宮一悔，安可恃哉。伊尹此言，正是防有變動。兩個「求」字提得極緊，兩〔二〕「必」字斬然截然。

「嗚呼！弗慮胡獲，弗爲胡成。一人元良，萬邦以貞。君罔以辯言亂舊政，臣罔以寵利居成功，邦其永孚于休！」

伊尹于此復發「嗚呼」之歎，埋頭説起，都不言所慮所爲者何事，而其指歸乃在元良。至哉斯言，正所以啟太甲致知力行之機，而使之知所用力之地也。見有未明，識有未達，一觸而悟，思之功也。爲即力行，所以成也。思而得之，不力行之，則是知及之仁不能守之，雖得之必失之，何貴于得也。伊尹前面主德之一路，但説不可不謹其所與；及論敬德功夫，亦不過明「自下」「自邇」之訓、「惟艱」「惟危」之訓、「求諸道」「求諸非道」之訓，都只從頭鞭辟，向此一路，却未曾親切提他如何用工。曰慮、曰爲，方是發蹤指示的的之要旨也。伊尹至此，辭旨已盡，無復他説，但只要爲君者循守舊政，不使辯言亂之；爲臣者雖已成功，不可以寵利居之。先儒謂此是伊尹告歸張本，其實不然。此所謂「罔以寵利居成功」者，非必功成〔三〕即去之謂也。皋、夔、稷、契，豈必皆奉身而退，而後爲不居乎？蓋微以成功爲功，即是「居成功」。

〔二〕「兩」下文淵閣本有「個」字。
〔三〕「功成」文淵閣本作「成功」。

咸有一德

伊尹作咸有一德。

伊尹復辟告歸而作是書，義已明白。故孔子止曰「伊尹作咸有一德」，不復詳序也。「一德」二字，方自伊尹拈出。

伊尹既復政厥辟，將告歸，乃陳戒于德。曰：「嗚呼！天難諶，命靡常。常厥德，保厥位。厥德匪常，九有以亡。

敘謂「既復政厥辟」，書又謂「嗣王新服厥命」，則是太甲歸亳未幾即告歸也。夫太甲既立不明，伊尹費許多訓戒，費許多區處。今幸悔過，所以倚賴于師保者方深，何求去之亟哉。易之小畜，以臣而畜君也。「上九：既雨既處，尚德載，月幾望，君子征凶。」上九者，畜之極，小畜之道成也。故既雨，陰陽和也；既處，畜之而已安也。是太甲悔過復辟之時也。月幾望，則將與日敵矣，君子于此猶進而不止則凶。況桐宮之放，自古所未有，聖人者，知進退存亡而不失其正。此伊尹所以急歸歟。雖然，不能不深慮也。乍還宮庭，遽離師保，立德未固，舊習易生，不是君臣之間皆有一德，則轉移摇奪在反掌閒耳。故將告歸之日，專發咸有一德之旨，極言天命人心之向背與夫國祚之存亡全係乎此德，所以陳戒也。

「夏王弗克庸德，慢神虐民，皇天弗保，監于萬方，啟迪有命。眷求一德，俾作神主。惟尹躬暨湯，咸有一德，克享天心，受天明命，以有九有之師，爰革夏正。

有命即有德者。既曰「有命」，又曰「一德」，何也？有命者，固是其德爲天所命，然亦有有德而天不命之，不得以有天下，孔子是也。必也曆數當在躬，方謂之有命。眷求一德，所以兼舉而并言也，非天諄諄然有言以啟迪之也。陰相默佑，使之足以有爲，若推之使出而不容已者，無非天之所以啟迪之也。然論「咸有一德」、「受天明命」，直自謂「尹躬暨湯」，將己與湯并説，略無遜避，何耶？先儒以伊尹自任天下之重者如此，殊不知湯之于伊尹，學焉而後臣之，與他人事體不同。「聿求元聖，與之戮力」，固湯之言也。順天應人，實是此二人共成其事。況于太甲，分爲君臣，義實父師。今將告歸，恨不罄竭，安得不以實告，而事世俗形迹之嫌哉。

「非天私我有商，惟天佑于一德；非商求于下民，惟民歸于一德。德惟一，動罔不吉；德二三，動罔不凶。惟吉凶不僭在人，惟天降灾祥在德。

德本一也。二三者，非德也，意也。不動乎意，純明渾融，雖應酬交錯，萬變萬化，未嘗不一也。

「今嗣王新服厥命，惟新厥德，終始惟一，時乃日新。任官惟賢材，左右惟其人。臣爲上爲德，爲下爲民，其難其慎，惟和惟一。德無常師，主善爲師；善無常主，協于克一。俾萬姓咸曰：『大哉，王言！』又曰：『一哉，王心！』克綏先王之禄，永底烝民之生。

此段當作五截看。「新服厥命」而下，是欲太甲以德自勉也。「任官」而下，是欲太甲擇一德以自輔也。「德無常師」而下，是教之以師資一德之法也。「俾萬姓」而下，是教之以證驗一德之實也。「克綏」而下，是極言一德之效也。太甲即位幾年矣，如何謂之「新服厥命」？蓋桐宫之放，今始復辟，是「新服厥命」也。左右大臣爲師保，則必惟其人。斷斷曰「其人」，正是指言一德。若伊尹者，真其人也。何也？大臣之事，上則輔成君德，下則澤潤生民。致君澤民，甚重甚大，可易用乎，可不謹乎，必惟和惟一者而後可也。和，融和也。日用純一，融融怡怡，所謂和也。和即一，一即和也。觀伊尹所論，獨言「尹躬暨湯」，其他諸臣皆不得而與，則是非純德孔明，優入聖域，豈易當一德之名哉。雖然，有臣而不知所師，師而不知所擇，猶無益也。大凡進德，初無常師，惟主其善者以爲師。善亦初無常主，惟合于能一者乃爲盡善。陳良悦周公、仲尼之道，而其徒乃見許行而大悦，謂之主善，可乎？孔子問禮于老聃，問樂于萇弘，問官于郯子，至若文王既没，斯文在兹，的的傳心，所謂符節之合者，則斷不容泛及，其「協于克一」之謂乎？雖然，自以合一而未至于大同，亦未善也。直是萬姓之衆莫不皆曰「大哉，王言」，庶乎其可也。然徒王言之大，而未信王心之一，抑猶未也。既曰「大哉，王言」，又曰「一哉，王心」，方是心口相應，方是表裏如一，而後一德之在我者非偏見也，非曲學也，四海九州，大同之心不可誣也。夫如是，始能安先王之禄，而永致衆民之生矣。嗚呼，伊尹爲太甲講明一德，其精密如此哉！

「嗚呼！七世之廟，可以觀德；萬夫之長，可以觀政。后非民罔使，民非后罔事。無自廣以狹人，匹夫匹婦不獲自盡，民主罔與成厥功。」

伊尹上文無非教太甲勉進一德，可謂備至矣。然或有自廣之心，則非所以一德也。于是復發嘆而言，拳拳如此。

沃丁既葬伊尹于亳，咎單遂訓伊尹事，作沃丁。

沃丁，太甲子。伊尹既告老，死于家，而沃丁葬之于亳，以三公之禮葬也。序曰「既葬」、曰「遂訓」，蓋伊尹元老，雖已致仕，所謂「天子欲有問焉，則就其室」者。及既葬，亡矣，不可復見矣，咎單遂訓沃丁以伊尹之事而作是，故名沃丁。非特明謨大訓，使沃丁知所守，而咎單亦守之以爲鵠的也。既葬、遂訓，若不容少緩者，亦是乘沃丁尊禮、感慕方新而急投之。咎單，湯舊臣，作明居時已爲司空。太甲没而沃丁立，其居輔遺託孤之任者歟？伊尹論咸有一德，惟曰「尹躬暨湯」。及其身後，雖同列故老，猶不忘取法。自言之而無所嫌，人法之而無所忌。嗚呼，盛哉！

伊陟相太戊，亳有祥桑穀共生于朝。伊陟贊于巫咸，作咸乂四篇。

伊陟，尹之子。太戊，沃丁弟之子。祥，妖也。史記云：「亳有祥桑穀共生于朝，一日莫，大拱。帝太戊懼，問伊陟。伊陟曰：『臣聞妖不勝德，帝之政其有闕歟？帝其脩德。』太戊從之，而祥桑枯死。伊陟贊言于巫咸，巫咸治王家有成，作咸乂。」是此書作于治王家有成之後也。序不言太戊問伊陟一節，而徑言「伊陟贊于巫咸」，蓋此序專爲咸乂四篇而作。巫咸因伊陟之贊而治王家有成，故史氏追述始末而成書也。大抵妖祥隨感而生。禾異畝同穎，所以彰周公之德。桑、楮合生于外朝，豈居燮理之任者，于協贊之義有虧歟。君奭云：「在太戊，時則有若伊陟、臣扈，格于上帝，巫咸乂王家。」巫咸必是專總理王家庶務者，伊陟所以特贊之也。史記曰陟對太戊之言云云，而孔子特書曰「伊陟相太戊」，則其責殆有歸矣。

太戊贊于伊陟，作伊陟、原命。

此伊陟、原命二書之序也。太戊贊于伊陟，豈懼而有問，卒從脩德之説而有是歟。原，臣名。既贊伊陟，而遂命原，故有曰伊陟、曰原命。二書皆因贊伊陟而作也。書雖不存，要無非君臣問答、脩德弭變之言耳。桑穀有祥，伊陟贊巫咸，太戊贊伊陟，君臣上下戒謹恐懼如此。此太戊所以爲賢而伊陟承家法。先儒因書之先後，遂謂伊陟先告巫咸而後告太戊，殆未必然。諸書雖皆桑穀一事，而二序乃因書之篇次而作，史記所言，次第可考。況書之作又各有首尾，正不必泥也。禹宅帝位，已載之大禹謨，而皋陶謨、益稷所記，往往皆未宅帝位前與同列問答之語，豈可以篇次定事之先後乎。

仲丁遷于囂，作仲丁。

仲丁，太戊子。湯始遷亳，至仲丁乃自亳遷囂，陳遷都之義而作是書也。

河亶甲居相，作河亶甲。

史記云：「仲丁崩，弟外壬立。外壬崩，弟河亶甲立。」是仲丁遷囂，再世而復遷也。

祖乙圮于耿，作祖乙。

祖乙，河亶甲之子。自仲丁再傳而河亶遷相，自河亶一傳而祖乙遷耿，雖曰有因而遷，然河亶甲時，殷道復衰矣，衰世之君豈能爲可久規模。宅都定卜必不甚審，隄防捍禦必不甚周，所以數數不定如此。祖乙賢王，又有巫賢爲輔，遷耿之後，雖圮壞于水，但只脩德，不復議遷。直至盤庚，七世而後，始治亳殷也。愚謂遷都之疏數，固係人君之賢否、國體之盛衰。湯遷亳，祖乙遷耿，皆數世，亦必是規模可久，非偶然也。因感圮耿不遷，有堅忍特立之見，與泛泛挈挈者不同，故發斯義。（案：此本鄭康成之説。）惜書不存，不得見其所以不遷之舉措耳。耿地在河東皮氏縣耿鄉。

融堂書解卷七

宋 錢時 撰

盤庚上

盤庚五遷，將治亳殷，民咨胥怨，作盤庚三篇。

湯遷亳，仲丁遷囂，河亶甲遷相，祖乙遷耿，并盤庚今復遷亳爲五。經言「于今五邦」，是自湯至盤庚凡五遷也。殷者，亳之别名，遷都之書不一，而此序獨首書「盤庚五遷」，何也？曰：此爲遷亳而書也。亳乃先王舊都，凡五遷而後復返于亳，故特書之，亦猶帝告、釐沃之書「湯始居亳，從先王居」也，故首序云「自契至于成湯八遷」。他書皆不著幾遷，而獨書于此二序，善之也。此孔氏之書法也。然商自有天下以來四遷，書雖不存，而序皆無怨咨之事，何獨盤庚乃爾鄭重耶？曰：耿地饒益，人皆利之。亳依山，其民勤苦，出産必不如耿。故雖分離蕩析，而依依戀戀，終無去志，所以浮言得而摇之。

盤庚遷于殷，民不適有居，率籲衆慼出矢言。曰：「我王來，既爰宅于茲，重我民，無盡劉。不能胥匡以生，卜稽曰『其如台』。先王有服，恪謹天命，茲猶不常寧。不常厥邑，于今五邦。今不承于古，罔知天之斷命，矧曰其克從先王之烈？若顛木之有由蘖，天其永我命于茲新邑，紹復先王之大業，底綏四方。」

有居，指亳也。民蕩析離居，故指新邑爲有居也。于茲，指亳殷也。史氏〔一〕首書遷于殷，與此「于茲」正相應，兼下有「于茲新邑」之文，則此「于茲」指亳甚明。盡，子忍切，儘也，謂我成湯以來既爰宅于亳矣，非我今日創爲此也，爲重我民命，無使儘沈淪于死地，而不能相正救以全其生。斷命，斷然一定之命也。亳，先王故都，實開基立國之地，故曰「先王之大業」也。

盤庚斅于民，由乃在位，以常舊服，正法度。曰：「無或敢伏小人之攸箴！」王命衆，悉至于庭。王若曰：「格汝衆。予告汝訓汝，猷黜乃心，無傲從康。古我先王，亦惟圖任舊人共政。王播告之脩，不匿厥指，王用丕欽；罔有逸言，民用丕變。今汝聒聒，起信險膚，予弗知乃所訟。非予自荒茲德，惟汝含德，不惕予一人。予若觀火，予亦拙謀，作

〔一〕「氏」字文淵閣本作「記」。

乃逸。

播告之脩，其所以敷播告諭乎民者也。厥指者，其諭民之指也。凡播告之脩，能宣達上之德意志慮，使所欲爲之指昭然顯白，無所藏匿。故先王亦知言之所播，指無不達，是用大敬其事，不敢輕舉妄動，無有過逸之言，而民亦用是莫不翕然大變，惟上之從矣。今汝等共起而信險阻膚淺之言，我不知汝所訟果何爲者也。非我自荒此德，不能進脩，以至乎是，正爲汝等含茹我寬容之德，不畏懼我一人之故。

「若網在綱，有條而不紊；若農服田力穡，乃亦有秋。汝克黜乃心，施實德于民，至于婚友，丕乃敢大言汝有積德。乃不畏戎毒于遠邇，惰農自安，不昏作勞，不服田畝，越其罔有黍稷。

當時在位諸臣，不但不爲國家計久遠之計，乃不畏戎毒于遠邇，直是播惡于衆，乃自謂有德，可以自安，亦愚矣。

「汝不和吉言于百姓，惟汝自生毒，乃敗禍姦宄，以自災于厥身。乃既先惡于民，乃奉其恫，汝悔身何及。相時憸民，猶胥顧于箴言。其發有逸口，矧予制乃短長之命？汝曷弗告朕，而胥動以浮言，恐沈于衆？若火之燎于原，不可嚮邇，其猶可撲滅。則惟汝衆自作弗靖，非予有咎。

上文言「不畏戎毒于遠邇」，止是説有位不恤民之被禍。此言「惟汝自生毒」，却專言有位之自取禍。今使之吉言，則知當時浮言胥動，起信險膚，必是動之以可畏不祥之語也。民情摇摇，方被有位鼓扇，是信其言也，仍須得有位以善言調和之，庶幾聽從。乃奉其恫，乃是捧持其痛慘之禍在手。盤庚之言一節緊一節。

「遲任有言曰：『人惟求舊；器非求舊，惟新。』古我先王暨乃祖乃父，胥及逸勤，予敢動用非罰？世選爾勞，予不掩爾善。兹予大享于先王，爾祖其從與享之。作福作災，予亦不敢動用非德。

上節既言當正典憲以聳懼之矣，然而不輕用也，于是復論乃祖乃父之勳舊，兼言非罰非德之不敢，此最見得盤庚包蓄嚴密處。非罰，言非罰而妄罰也。非德，猶言姑息以爲德也。盤庚謂古我先王至于爾祖配享，無非不忘舊人之故。雖然，有善蒙賞，是之謂福，有罪蒙罰，是之謂災，其福其災係其所作。我雖不用非罰，若真有罪，則不容不罰，我亦斷不用姑息以爲德也。觀敢大言有積德之情狀，則知所以敢于傲上從康者，正以憑恃勳舊之故。三復非罰非德之言，正破其的。

「予告汝于難，若射之有志。汝無侮老成人，無弱孤有幼。各長于厥居，勉出乃力，聽予一人之作猷。無有遠邇，用罪伐厥死，用德彰厥善。邦之臧，惟汝衆；邦之不臧，惟予一人有佚罰。凡爾衆，其惟致告：自今至于後日，各恭爾事，齊乃位，度乃口。罰及爾身，弗可悔。」

上文數節警告已悉矣，于此乃示之以斷然一定之説，復兼言賞罰以示必罰之意也。老成人，是同爲遷都之謀者，今傲上從康，則必以老成之謀爲不然矣，是侮之也。孤是無所依者，幼是童稺未能自立者。遷之則孤幼亦隨以獲安。今不遷而使之不免于水患，是困弱之也。先王圖任舊人，故民用丕變。今老成人之謀，而有位者侮之，何其異哉。觀此一輩輕進少年，正在老成孤幼之間，其無知情狀，歷歷具見。于是復承上文非罰非德之旨，兼賞罰而申警之，用罪而不當，則非罰也；用德而不當，則非德也。死謂不從遷者。此書首言「重我民，無盡劉」，則不遷而沈溺于水者固死之道。盤庚于此斷斷以死爲説，所以痛言之，謂我今用賞罰，無有遠近之閒，不遷而行死道者，我用罪以伐之；相從而行善道者，我用德以彰之。遷都則安寧無患，是爲邦之臧；不遷則杌陧不安，是爲邦之不臧。其惟致告，欲在廷之臣轉致告于民，所謂「敩于民，由乃在位」也。恭爾事者，敬守其職事，無廢慢也。齊乃位者，整肅其職位，無僭亂也。度乃口者，無起信險膚，胥動浮言也。想見遷都之議一興，衆口呶呶，失職曠位，全無紀律。盤庚猶反覆警告，雖曰明正法度，而終無忿疾之心，終能委曲以濟事。嗚呼，三代王者之氣象，所以終非後世所可及歟！

盤庚中

盤庚作，惟涉河以民遷，乃話民之弗率，誕告用亶。其有衆咸造，勿褻在王庭。盤庚乃登進厥民。曰：「明聽朕言，無荒失朕命。

此書其殆告之于臨河將渡之時歟。王庭，行宫之常次也。

「嗚呼！古我前后，罔不惟民之承，保后胥感，鮮以不浮于天時。殷降大虐，先王不懷，厥攸作，視民利用遷。汝曷弗念我古后之聞？承汝俾汝，惟喜康共，非汝有咎比于罰。

此節首言先王能承民，故民亦皆保君。承，順承也。浮，如物之浮于水。天時猶水也，君之舉事猶物也，水至即物浮，時至即事舉，消息盈虚，與時偕行，略無差失，故謂之浮也。殷，指亳殷也。殷乃亳之别名，盤庚以前未聞有殷之號，此號乃因地而著，是知殷指亳無疑。虐，灾也。懷，懷居也。商有天下以來，本都亳殷，爲是天降大災，先王不敢懷居此土，有所作爲，遂徙而之他，亦是見得民所利便而用之以遷耳。此先王是指仲丁，下文復曰「汝曷不念我古后之聞」，則概舉有商遷都諸賢君矣。盤庚意謂亳有大虐，故先王視民利而遷都；今耿有水患，故我復視民利遷亳，隱然可見。

「予若籲懷兹新邑，亦惟汝故，以丕從厥志。今予將試以汝遷，安定厥邦。汝不憂朕心之攸困，乃咸大不宣乃心，欽念以忱，動予一人。爾惟自鞠自苦，若乘舟，汝弗濟，臭厥載。爾忱不屬，惟胥以沈。不其或稽，自怒曷瘳？

上節既言古我先后惟民之承，而民皆保后胥慼，故盤庚于此乃自言我亦惟民之承，而民不能保后胥慼也。「亦惟汝故」而下，是言惟民之承處。「汝不憂朕心之攸困」而下，是言民之不能保后胥慼處。此書諭民，凡兩言「將試以汝遷」，道一「試」字，見盤庚委曲樂易處。不屬，猶不及也，言爾之信我若有不及，但有水患相沈溺耳。

「汝不謀長，以思乃災，汝誕勸憂。今其有今罔後，汝何生在上？今予命汝一，無起穢以自臭，恐人倚乃身，迂乃心。予迓續乃命于天，予豈汝威，用奉畜汝衆。

上節但言民不〔二〕憂君之憂，于此却言民無遠慮，是自動〔三〕其憂。極言民命所係在此一舉，尤緊切也。

「予念我先神后之勞爾先。予丕克羞爾，用懷爾然。失于政，陳于兹，高后丕乃崇降罪疾，曰：『曷虐朕民！』汝萬民乃不生生，暨予一人猷同心，先后丕降與汝罪疾，曰：『曷不暨朕幼孫有比！』故有爽德，自上其罰汝，汝罔能迪。

〔二〕「不」下永樂大典卷七六七七有「能」字。
〔三〕「動」字永樂大典卷七六七七作「勸」。

此節又告以祖考之神靈昭格，切近于身也。曰「曷虐朕民」，祖考之心以保民爲心，今視民之蕩析離居，而祇圖自安，何得不降罪戾。〔一〕

「古我先后既勞乃祖乃父，汝共作我畜民。汝有戕則在乃心，我先后綏乃祖乃父。乃祖乃父乃斷棄汝，不救乃死。兹予有亂政同位，具乃貝玉。乃祖乃父丕乃告我高后曰：『作丕刑于朕孫。』迪高后丕乃崇降弗祥。

上節言汝民不生其生而與我同心，則先后大降罪疾。〔二〕此復謂汝等若包藏禍心，不特得罪于我高后，雖汝祖父之靈亦不救汝之死，又所以攻其隱慝〔三〕，破其姦謀也。上言「勞爾先」，此又言「勞乃祖乃父」，蓋爲〔四〕遷都定邑而勞之，與今日人情正相反，所以數首提此「勞」字以爲諭。則者，物則之則，人之本心皆具此則，順之則爲善爲良，戕之則爲凶爲暴。傳曰：「毁則爲賊。」毁則即戕則也。此專指其在心之事。雖然，我或得罪于汝衆，汝祖父亦不我恕也。于此我有亂政之臣，與之同位，黷貨無厭，盡有汝之貝玉，汝祖父必大告我后曰：「吾君之臣奪我孫之寶貨，是吾君大刑罰我孫也，必導我高后，使大重降不祥于我

〔一〕永樂大典卷七六七七録此節之注曰：「上節既言予豈能威用奉畜汝衆，恐小人無所忌憚，於此乃以鬼神罪疾之説恐懼之。」

〔二〕「此」上永樂大典卷七六七七有「於」字。

〔三〕「慝」字文淵閣本作「匿」。

〔四〕「爲」字永樂大典卷七六七七作「謂」。

矣。」上節言高后大降罪疾，將自己與民對説；及此節言民之祖父之靈，復將民與自己對説。盤庚曉諭頑愚而言之至此，亦可謂懇切矣哉。

「嗚呼！今予告汝不易，永敬大恤，無胥絶遠。汝分猷念以相從，各設中于乃心。乃有不吉不迪，顛越不恭，暫遇姦宄，我乃劓殄滅之，無遺育，無俾易種于茲新邑。往哉生生！今予將試以汝遷，永建乃家。」

不迪，不行我之言也。上言「將試以汝遷」，則曰「安定厥邦」；此言「將試以汝遷」，則曰「永建乃家」。上舉邦國大體而言，此則切斯民之家而言，語脈相承而意益緊切。

盤庚下

盤庚既遷，奠厥攸居，乃正厥位，綏爰有衆，曰：「無戲怠，懋建大命。今予其敷心腹腎腸，歷告爾百姓于朕志。罔罪爾衆，爾無共怒，協比讒言予一人。

方正厥位，正南面之位也。或曰：南面之位未嘗不正，何必于此而復正之？曰：此新邑視朝之始也。其啟行，越在道塗，常次暫寓，非巖廊比，亦固略勢分而與之親接矣。既即新邑，事體一新，正厥位而撫綏之，所以明尊卑之分也。懋建大命，今日遷都，脱之沈溺而與之生生，此天之命也，所謂大命也。

「古我先王，將多于前功，適于山，用降我凶德，嘉績于朕邦。今我民用蕩析離居，罔有定極。爾謂朕：『曷震動萬民以遷？』肆上帝將復我高祖之德，亂越我家。朕及篤敬，恭承民命，用永地于新邑。肆予沖人，非廢厥謀，弔由靈各。非敢違卜，用宏兹賁。嗚呼！邦伯、師長、百執事之人，尚皆隱哉。予其懋簡相爾，念敬我衆。朕不肩好貨，敢恭生生，鞠人謀人之保居，叙欽。今我既羞告爾于朕志，若否，罔有弗欽。無總于貨寶，生生自庸。式敷民德，永肩一心。」

上文既開釋之，使之無疑、無怒、無讒言矣，此方告之以遷都之本志也。此節先看兩個「將」字，方得其旨。大抵災變之來，天之所以開聖人，先王將多于前功，而天降凶德。今上帝將復我高祖德而亂越我家，見得禍之于彼，所以開之于此，非偶然也。此專以成湯遷亳之事爲今遷亳之證，甚明切。多，猶增廣也。前功，指亳乃前人之舊都也。凶德，災異也。朕邦即亳，盤庚以今日所都而言也。復高祖之德，謂復湯故都。上篇謂「紹復先王之大業」，而此言「復高祖之德」者，有盛德即有大業，德即業也。及者，及事之及，言我及得以篤敬其事而恭承爾民之命。弔，至也，極也。由，從也。靈，神靈也，極欲從神之靈各，非敢違卜。此時所言，則見成湯之遷亳以災異而遷；中篇所言，則見仲丁之去亳以災異而去。意各有所指，而亳之事體互見矣。敢恭生生，不暴慢民，而能鞠養之，又謀畫區處之，而使之咸保其居，我則次序而加敬也。復諭之曰：汝無聚斂于貨寶，此乃生生之所自用，不可奪也。

融堂書解卷八

宋　錢時　撰

説命上

高宗夢得説，使百工營求諸野，得諸傅巖，作説命三篇。

營求者，經營而求也。

王宅憂，亮陰三祀。既免喪，其惟弗言。群臣咸諫于王，曰：「嗚呼！知之曰明哲，明哲實作則。天子惟君萬邦，百官承式。王言惟作命，不言，臣下罔攸稟令。」

宅憂，居喪也。亮，信也。陰，默也。亮陰，猶云真不言也。首即言「明哲實作則」，觀此語只從頭説起〔一〕，

〔一〕「起」字文淵閣本作「此」。

不言所知者何事，見得古人論學，此乃平常日用，更無他岐。故當時在廷諸臣亦皆知有此，但未爲深知高宗，未識得高宗深淺耳。古聖教人千言萬語，只以知爲的，知即覺也。雖然，明哲即知也，明即哲也，哲即明也。洪範則曰「明作哲」，詩則曰「既明且哲」，若有二義，何哉？曰：無蔽于心之謂明，無蔽于物之謂哲。故大禹以知人爲哲。但明己心，不明外物，是知之猶未盡也，猶有偏也。曰明曰哲，兩無所虧，方是洞覺宏通，縱横無礙。則，即天則，即秉彝自然之則。

王庸作書以誥曰：「以台正于四方，台恐德弗類，兹故弗言。恭默思道，夢帝賚予良弼，其代予言。」

夢帝賚予良弼，非今日矣。高宗不言，含蓄未發，及群臣咸諫，乃用是作書以誥之，故曰「王庸作書」。作書者，但書而示之于簡，猶未與群臣接語也。夫良弼之夢雖不知何時，詳其語脈，當在免喪之後，出而言之，有何不可，必待群臣進諫而後始告，何耶？嗚呼，使夕而夢，晨而語，侈然輕出，喧動播告，而無以重斯人之聽，不知者未必不以爲怪，寧肯遽信耶。必待群臣諫而後語，止示之以書而復不接之以語，此其審于所發，非後世淺知小識所可窺也。

乃審厥象，俾以形旁求于天下。説築傅巖之野，惟肖，爰立作相。王置諸其左右。

偃蹇山林之夫，代刑徒爲役以苟活，非有平生之素、譽望之重、薦揚之力。其形容狀貌適與夢合，而遂躋之朝廷之上，置諸左右而師資，亦異矣，而高宗不以爲異，在朝不以爲疑，而傅説亦偃然居之，不以爲非分，何也？曰：此非後世俗見所可窺也。以爲異、以爲疑、以爲非分者，皆俗見也。巍巍宇宙，此道獨尊，形迹兩忘，道心默照，安有許多事哉。以是觀之，耕夫釣叟即日命相，自是古人常事。雖然，非有志于道，如何感得上帝，又如何感得傅説？高宗之識，不可及也，而甘盤舊學之功亦大矣，可爲[一]萬世法。

命之曰：「朝夕納誨，以輔台德。若金，用汝作礪；若濟巨川，用汝作舟楫；若歲大旱，用汝作霖雨。啟乃心，沃朕心。若藥弗瞑眩，厥疾弗瘳；若跣弗視地，厥足用傷。惟暨乃僚，罔不同心，以匡乃辟。俾率先王，迪我高后，以康兆民。嗚呼！欽予時命，其惟有終。」

金成利器，必假磨礪。然猶未也。今我學道，如涉大川，倘非舟楫之利，終何由濟也？抑猶未也，止于一身而已，未及于四海之利害也。必如大旱之得霖雨，而後高宗所以倚賴傅説成德之功者備焉。同列之間一或不和，朝廷議論自有不合，有乖匡君之義多矣。況傅説自匹夫躋之父兄百官之上，而同列有一人之不同心，却計利害，此高宗之深慮，又所以廣傅説輔德之途也。高后，先儒謂成湯謂之「我高后」，則上云

[一]「爲」字文淵閣本作「謂」。

「先王」當是言古之先王矣。然此三書屢稱先王，皆指湯，不應此獨言古先王，是高后亦不可作湯說也。

說復于王曰：「惟木從繩則正，后從諫則聖。后克聖，臣不命其承，疇敢不祗若王之休命！」

高宗方以痛諫望傅說，而傅說乃首以從諫望高宗，嗚呼，旨哉！

說命中

惟說命總百官，乃進于王，曰：「嗚呼！明王奉若天道，建邦設都，樹后王君公，承以大夫師長。不惟逸豫，惟以亂民。惟天聰明，惟聖時憲，惟臣欽若，惟民從乂。惟口起羞，惟甲冑起戎，惟衣裳在笥，惟干戈省厥躬。王惟戒兹，允兹克明，乃罔不休。

所謂治民者如何？法天之聰明而已。雖然，不可不知所戒也；不知所戒，即是不知所憲也。

「惟治亂在庶官。官不及私昵，惟其能。爵罔及惡德，惟其賢。慮善以動，動惟厥時。有其善，喪厥善；矜其能，喪厥功。惟事事乃其有備，有備無患。無啟寵納侮，無耻過作非。惟厥攸居，政事惟醇。黷于祭祀，時謂弗欽。禮煩則亂，事神則難。」

承上文省躬之戒，復汎舉十餘條以進，疑若雜然而無所統紀者；細玩繹之，條理井井，而其歸宿乃在

「惟厥攸居，政事惟醇」。嗚呼，至哉！無非憲天聰明之妙。傅説進諫，必非汎爲此論，必是識得高宗受病之處。其他雖不得而知，易言「高宗伐鬼方，三年克之」，而孔子以爲憊，則于甲冑干戈必有可言者矣。細玩「王惟戒兹」之語，辭氣截截，殆非汎論也。

王曰：「旨哉！説乃言惟服。乃不良于言，予罔聞于行。」説拜稽首，曰：「非知之艱，行之惟艱。王忱不艱，允協于先王成德。惟説不言，有厥咎。」

高宗深許以能行矣。説宜其以諫行言聽爲喜，洋洋稱贊之不暇也。而説方且起敬起恭以告曰：非知之艱，行之惟艱。夫高宗方以欲行爲言，而傅説乃以行爲難，此其語意正與上篇從諫之對相似。舒徐詳練，持重雍容，不以彼之欣欣而輕許，不以彼之方鋭而苟焉放過也。嗚呼，至哉！

説命下

王曰：「來！汝説。台小子舊學于甘盤，既乃遯于荒野，入宅于河。自河徂亳，暨厥終罔顯。爾惟訓于朕志。若作酒醴，爾惟麴糵；若作和羹，爾惟鹽梅。爾交修予，罔予棄，予惟克邁乃訓。」

高宗謂舊嘗學于甘盤，既乃遁去，遠在荒野。迹其所往，又居于河。求之于河，則又往亳。及其終也，莫知所之，蹤跡泯没，竟以不顯。是言學未究而甘盤遯，而我遂無所師，所以致知工夫尚爾有欠，訓我之志正有賴于爾説也。此語正對「非知之艱」而發。不言其他，獨言訓志，與沃心之命不同。甘盤脩之于前，傅説脩之于後，交致其力，以成其功，是謂交脩。言爾當交脩我，無若甘盤之棄我而去也。味此語，則甘盤遯後，其皇皇窘切之狀可想而知。汝訓我志，使我開明，我能行汝之訓，不苟于知也，故復曰「惟克邁訓」。此語正對「行之惟艱」而發。或曰：甘盤舊學方有端緒，曷爲不究竟而遽遯耶？曰：此甘盤所以深有力于高宗。方爲王子而篤志就學，天資英敏，不患其不好進，而患其太鋭太迫耳。若只相守，專倚師資，終不甚力。一旦遠遯，使之皇皇有求而弗獲，庶其思之深，念之切，而有脱然感悟之路耳。此甘盤造化之妙用也。

説曰：「王！人求多聞，時惟建事。學于古訓，乃有獲。事不師古，以克永世，匪説攸聞。惟學遜志，務時敏，厥脩乃來。允懷于兹，道積于厥躬。惟斆學半，念終始典于學，厥德脩罔覺。監于先王成憲，其永無愆。惟説式克欽承，旁招俊乂，列于庶位。」王曰：「嗚呼，説！四海之内，咸仰朕德，時乃風。股肱惟人，良臣惟聖。昔先正保衡，作我先王，乃曰：『予弗克俾厥后惟堯、舜，其心愧恥，若撻于市。』一夫不獲，則曰：『時予之辜。』佑我烈祖，格于皇天。爾尚明保予，罔俾阿衡，專美有商。惟后非賢不乂，惟賢非后不食。其爾克紹乃辟于先王，永綏民。」説拜稽首，曰：「敢對揚天子之休命！」

（案：此節之解永樂大典原闕。）

高宗肜日

高宗祭成湯，有飛雉升鼎耳而雊，祖己訓諸王，作高宗肜日、高宗之訓。

經止言「高宗肜日」，而孔子序云「高宗祭成湯」，明此乃宗廟之肜祭也。經止言「越有雊雉」，而序云「飛雉升鼎耳而雊」，明其自野飛入廟中，升鼎耳而鳴，所以識異也。夫宗廟之祭，始而溉鼎，已而陳鼎于廟門之外，已而迎鼎入于東方，然後設俎〔二〕以載焉，亦重矣。況都邑非山林之比，宫室非曠野之地，賓侑工祝百職事又方環列在庭，而雉自野飛來，升鼎耳而鳴，殆不偶然也。先儒謂「典祀無豐于昵」爲厚于近廟而薄于成湯，故有此異。愚謂未安。夫昵者，昵近也。考諸古語，如昵比，如私昵，大抵皆不正大、有阿私之意。觀高宗尊慕烈祖，直欲以之自期，必非薄于成湯者。宗廟之肜而獨祭之，豈尊慕之過，故特異其禮以私之歟？此正所謂「豐于昵」也。豐于昵以邀福，恐非所以尊成湯，雉升鼎耳而雊，其殆不聰之

〔二〕「俎」字文淵閣本作「鼎」。

異歟？「黷于祭祀，時謂弗欽，禮煩則亂，事神則難」，傅説戒之切矣，豈其聽之而略于餘祭，而又未免有「豐于昵」之過歟？嗚呼，習氣之難除如此，行之惟艱，信乎其不易也。高宗肜日之書後，又繼之以高宗之訓，其訓辭必更深切，惜其書之不存也。

高宗肜日，越有雊雉。祖己曰：「惟先格王，正厥事。」乃訓于王曰：「惟天監下民，典厥義。降年有永有不永，非天夭民，民中絶命。民有不若德，不聽罪；天既孚命正厥德，乃曰：『其如台？』

天之監視下民，惟主于義而已。孚命者，天降壽夭之命，一定而不易也。大抵人君有過，若正攻之，雖力争抗辯，未必有益。不正言其事，而獨與之論理，未及「豐于昵」之非，而獨汎論天道民命大公至正之不可誣，所以攻高宗之病力矣。此所以格王正厥事歟。

「嗚呼！王司敬民，罔非天胤，典祀無豐于昵。」

祖己又言天之所主者在義，而王之所主者在敬民。民皆天之所生，是天嗣也。王誠敬民而使之不陷于失德，則有以合乎天矣，安有宗廟常祀特祭成湯而豐于所昵也。

西伯戡黎

殷始咎周，周人乘黎。祖伊恐，奔告于受，作西伯戡黎。

序云殷始咎周，今讀此書，初無咎周之文，曷爲而有此書法耶？曰：首著此語，所以明西伯之心也，非乘黎而後咎周也。殷始咎周，西伯始不得已而有乘黎之事也。何者？乘，襲也。夫方伯連率，討罰不義之諸侯，固宜上告于天子矣，安有既戡黎而殷始知哉？西伯既戡黎，而祖伊恐，是戡之時殷不知也，是襲也。襲近甸之諸侯，而天子不知，豈西伯之得已也。周之德化日盛，而天下之心日歸，方是時，殷人忌之，始咎周矣。殷方咎周，而不義之諸侯日殘民以逞，在西伯又不容坐視，吾是以知有不得已之心焉。孔子定戡爲乘，而首發「殷始咎周」之義，所以明西伯之心也。

西伯既戡黎，祖伊恐，奔告于王。曰：「天子！天既訖我殷命，格人元龜，罔敢知吉。非先王不相我後人，惟王淫戲用自絕。故天棄我，不有康食，不虞天性，不迪率典。今我民罔弗欲喪，曰：『天曷不降威？』大命不摯，今王其如台？」

康，安也。虞，亦安也。迪，導也。不導之，使率乎典常也。摯，韻書云握持也。大命已去，不得而握持矣。祖伊只論天命人心，全不就利害上商量，不就事勢上計較。祖伊此一段，主本在淫戲自絕。

王曰：「嗚呼！我生不有命在天？」祖伊反曰：「嗚呼！乃罪多參在上，乃能責命于天？殷之即喪，指乃功，不無戮于爾邦。」

「乃功」却是暗説西伯，觀再提「殷」字發語，而下文以「爾邦」對説，意脈可見，言殷之喪亡在即日矣。今指西伯之功烈而觀之，安能無戮于邦，言殷必爲周所滅也。

微子

殷既錯天命，微子作誥父師、少師。

微，圻内國。微子啟，帝乙元子，紂同母兄也。呂氏春秋謂紂母生微子及仲衍時尚爲妾，改爲妻而生紂，父欲立微子，太史曰「有妻之子，不可立妾子」，乃立紂。故此書稱「王子」，而微子之命稱「殷王元子」，至孟子書乃云「以紂爲兄之子，而有微子啟」，是微子爲紂叔父也。此殆失考。若紂叔父，則是非帝乙子矣，安得謂之「殷王元子」乎。錯，亂也。君之所爲莫非天命，紂荒迷舛繆，不一端也，而孔子獨以「錯天命」斷之，的哉。然熟觀此書問答，但歷陳商家將亡之證，而各謀所以自處，略無一語爲紂謀者，二子豈忘君而自私者耶？孔子曰「殷有三仁焉」，正是此書斷案。若有一毫私意，何以謂之仁？蓋紂至此，如人將絶，雖扁鵲、倉公無所用之。宗臣大賢知其已不可救藥，只得各謀自處，爲自獻先王之計。序書「錯天命」而首提一「既」字，深得此書大旨，所以明三仁之心也。不知其仁，斷不可觀微子一書。

微子若曰：「父師、少師，殷其弗或亂正四方，我祖底遂陳于上。我用沈酗于酒，用亂敗厥德于下。殷罔不小大，好草竊姦宄，卿士師師非度。凡有辜罪，乃罔恒獲。小民方興，相爲敵讎。今殷其淪喪，若涉大水，其無津涯。殷遂喪，越至于今。」曰：「父師、少師，我其發出狂，吾家耄，遜于荒。今爾無指告予，顛隮若之何其？」

草竊，乘亂而爲盗也。草有撩亂不齊之狀。紂之無道，不可殫述，而微子獨斷之以「沈酗于酒」之一語。禹惡旨酒，曰：「後世必有酒亡國者。」聖人知幾見微，豈虚言哉。古人言飲而名詩爲皃，製杯而取義于舟，皆所以戒。沈溺其中，不可拯拔，德之亂敗，孰甚于斯。「沈酗」「敗亂」四字道盡，他不必言矣。六卿分職，各率其屬，正是布列朝廷，當用事之地，相與以維持法度者，與三公、三孤不同。公、孤無職事，惟輔成君德耳。紂亂敗厥德，既背而馳，反所用事以倡亂于天下者，無非小人，而公、孤之任爲虚設也。吾家是言殷家，微子言我憂悶無可奈何，其殆發出狂疾。吾家既已耄亂，無所容其身，惟將遜遯于荒野耳。今二師若無説以教我，則我顛隕隮墜〔二〕，如之何？

父師若曰：「王子！天毒降災荒殷邦，方興沈酗于酒，乃罔畏畏，咈其耇長、舊有位人。今殷民乃攘竊神祇之犧牷牲用以容，將食無災。降監殷民，用乂讎斂，召敵讎不怠。罪合于一，多瘠罔詔。商今其有災，我興受其敗。商其淪喪，我罔爲臣僕。詔王子出迪，我舊

〔二〕「墜」下文淵閣本有「將」字。

云刻子，王子弗出，我乃顛隮。自靖，人自獻于先王，我不顧行遯。」

毒者，甚之之辭。言上天毒降灾禍，以荒亂我殷邦，此正是譴告人主，使之知悔也。方且興起，沈酗于酒，乃于所可畏而略不知畏。犧牷牲用，器實曰用。（案：此下疑尚有解，舊脱去。）

融堂書解卷九

宋 錢時 撰

周書

泰誓上

惟十有一年，武王伐殷，一月戊午，師渡孟津，作泰誓三篇。

序云「十有一年」，經云「十有三年」，當是序誤。一月即十三年正月，商之正朔已絶，而周之正朔未頒，故但云「一月」也。

惟十有三年，春，大會于孟津。王曰：「嗟我友邦冢君，越我御事庶士，明聽誓。惟天地，萬物父母；惟人，萬物之靈。亶聰明，作元后，元后作民父母。

經書「十有三年春」，而序以「一月」書之，明其爲周之春正月也。序不書「春」，而特書曰「一月」，抑亦行夏時之本旨歟。

「今商王受，弗敬上天，降災下民。沈湎冒色，敢行暴虐。罪人以族，官人以世。惟宫室、臺榭、陂池、侈服，以殘害于爾萬姓。焚炙忠良，刳剔孕婦。皇天震怒，命我文考，肅將天威，大勳未集。

「沈湎冒色」而下，皆降災之事。

「肆予小子發，以爾友邦冢君，觀政于商，惟受罔有悛心，乃夷居，弗事上帝神祇，遺厥先宗廟弗祀。犧牲粢盛，既于凶盜。乃曰：『吾有民有命，罔懲其侮。』天佑下民，作之君，作之師。惟其克相上帝，寵綏四方。有罪無罪，予曷敢有越厥志？

此下申明「元后作民父母」之事。

「同力度德，同德度義。受有臣億萬，惟億萬心。予有臣三千，惟一心。商罪貫盈，天命誅之，予弗順天，厥罪惟鈞。予小子夙夜祗懼，受命文考，類于上帝，宜于冢土，以爾有衆，底天之罰。天矜于民，民之所欲，天必從之。爾尚弼予一人，永清四海。時哉，弗可失。」

紂之罪如繩之穿物，其貫已滿，不可復加。

泰誓中

惟戊午，王次于河朔。群后以師畢會。王乃徇師而誓，曰：「嗚呼！西土有衆，咸聽朕言。我聞吉人爲善，惟日不足；凶人爲不善，亦惟日不足。今商王受，力行無度，播棄犂老，昵比罪人。淫酗肆虐，臣下化之。朋家作仇，脅權相滅，無辜籲天，穢德彰聞。

書序云「一月戊午，師渡孟津」，而此篇首記「惟戊午，王次于河朔」，蓋以是日作誓而後渡河，既渡，遂次于河北，諸侯之師于是畢會，王乃徇師而誓。是上、中二篇同日作也。「吉人爲善」句，此古語也，故曰「我聞」。大抵常人之爲善惡，與吉人、凶人大不同。吉人者，純于爲善之名；凶人者，純于爲不善之名也。庸常之徒，豈全無好善者，往往一出一入，泛泛悠悠，暫作遽輟，未必有力。惟善人則念念皆善，日進無疆，惟恐不逮，故日見其不足。一念之差，無非惡習，然在常人，亦或知所畏忌。惟凶人則念念皆惡，故亦日見其不足。一「肆」字正是紂力行之效。

「惟天惠民，惟辟奉天。有夏桀，弗克若天，流毒下國，天乃佑命成湯，降黜夏命。惟受罪浮于桀，剥喪元良，賊虐諫輔，謂己有天命，謂敬不足行，謂祭無益，謂暴無傷，厥監惟不遠，在彼夏王。

上文既甚言紂之罪矣，于此復舉桀爲證，且申言紂之罪又有過于桀者，以見天必亡之，而弔伐之師斷不容後于湯也。四個「謂」字，是舉紂平時無忌憚之言。雖是四節，而其病根却只在「謂己有天命」上。

「天其以予乂民，朕夢協朕卜，襲于休祥，戎商必克。受有億兆夷人，離心離德；予有亂臣十人，同心同德。雖有周親，不如仁人。天視自我民視，天聽自我民聽。百姓有過，在予一人。

夷，傷也。紂作威殺戮，毒痛四海，雖有億兆之衆，大抵皆傷夷之人耳。

「今朕必往，我武惟揚，侵于之疆，取彼凶殘，我伐用張，于湯有光。勗哉夫子，罔或無畏，寧執非敵。百姓懍懍，若崩厥角。嗚呼！乃一德一心，立定厥功，惟克永世。」

此篇大概專把湯伐桀事爲例反覆啟告。自「有夏桀弗克若天」至「于湯有光」，辭旨方足，却是與衆士言，不可不明以諭之，可謂深切矣。上文説「戎商必克」，此又説「今朕必往」，兩個「必」字，斬斬截截，略無疑辭，雖勵衆心，然非武王明斷，不如是也。湯伐桀，有慙德焉，今略無口實之嫌，反以爲有光于湯，何也？噫，弔民伐罪，古所未有，而湯創行之。湯之所以慙者，誠懼亂臣賊子爲簒爲逆，而以我藉口也。若夫武王之心是乃湯之心，湯之所創行者，至武王而發揚之。前日之慙，今日之光也，非聖人孰能與于此哉。上文辭氣勇決，無非言紂之不足畏，以激昂衆心。然兵凶戰危，萬一聞此誓言，有輕敵心，則大不可。于是申言儆告，而使之知所畏焉。言汝等立定我弔民之功，乃能各保天年，永久其世耳。

泰誓下

時厥明，王乃大巡六師，明誓衆士。王曰：「嗚呼！我西土君子，天有顯道，厥類惟彰。今商王受，狎侮五常，荒怠弗敬。自絶于天，結怨于民。斮朝涉之脛，剖賢人之心。作威殺戮，毒痡四海。崇信姦回，放黜師保。屏棄典刑，囚奴正士。郊社不脩，宗廟不享。作奇技淫巧以悦婦人。上帝弗順，祝降時喪。爾其孜孜奉予一人，恭行天罰。

大巡者，親行軍而整肅之。渡河之後，既已徇師而誓，如何明日又誓？蓋三令五申，所以重其事也。中篇止是渡河後言商可必克，我今必往，不容但已之意。若此篇，則又將自河北啓行矣，遂直言紂汝世讎，又明示厚賞顯戮，與前書立言大不同。至于數紂之罪，則又益詳于前書，其誓辭淺深固自有次第也。然愚于此重有感焉。伐桀之時只湯誓一篇，所以罪桀，不過「率遏」、「率割」二語，而湯誥所言乃作于黜夏之後。今武王作誓，至三至四，而所以數紂之罪，極言殫述，不一而足，此非武王之德有歉于湯，蓋亦世變至此，不容不爾，可爲重歎也哉。中下二篇，皆誓西土之將士也，如何稱之曰「夫子」，又稱之曰「君子」？此深有以見古者上下相敬之意。後世如驅犬豕就鋒鏑，安得有此氣象。

「古人有言曰：『撫我則后，虐我則讎。』獨夫受，洪惟作威，乃汝世讎。樹德務滋，除惡務本。肆予小子誕以爾衆士，殄殲乃讎。爾衆士其尚迪果毅，以登乃辟。功多有厚賞，不迪有顯戮。

上節止是概舉紂衆惡，以見其得罪于天，至此復提出「作威」一事切衆士之心，而言「洪惟作威」，與「作威殺戮」正相應。此節專主一「讎」字。武王前面都不及賞罰，至此將臨敵，不可不知所勸戒，方正賞罰以示之。

「嗚呼！惟我文考，若日月之照臨，光于四方，顯于西土。惟我有周，誕受多方。予克受，非予武，惟朕文考無罪。受克予，非朕文考有罪，惟予小子無良。」

上文言賞罰，辭旨已盡，于是復原文王盛德所以得天下之由。蓋三分天下有其二，實文王以之，我有周誕受多方，非今日之故也。推此一節最有力。言「光于四方」，固無不在此照臨中矣，如何又説「顯于西土」？西土，岐周也，西伯職分所得爲者，獨西土耳，故其政教又特顯于西土也。惟文王盛德如此，故我有周爲天命人心所歸，大受多方焉。我今日特因文王見成事體，卒其成功耳，專就文王事體上説，數語之閒，反覆抑揚，不惟足以感動人心，抑見周有天下已定于文王之日，非我今日創爲此舉。聖人辭氣包蓄，極有意味，豈徒推功于父、引咎歸己而已哉。

牧誓

武王戎車三百兩，虎賁三千人，與受戰于牧野，作牧誓。

牧在紂近郊三十里。武王戎車三百兩，虎賁三千人，所以紀王者之師以德而不以力也。

時甲子昧爽，王朝至于商郊牧野，乃誓。王左杖黄鉞，右秉白旄以麾，曰：「逖矣，西土之人。」王曰：「嗟！我友邦冢君，御事、司徒、司馬、司空，亞旅、師氏，千夫長、百夫長，及庸、蜀、羌、髳、微、盧、彭、濮人，稱爾戈，比爾干，立爾矛，予其誓。」

泰誓中下二篇，所以誓西土者詳矣，何故武王又費辭如是？每疑焉。今觀「逖矣，西土之人」與「弗迓克奔，以役西土」二語，乃知此書專爲誓諸侯及外夷之衆而作。夫西土之人熟于武王之節制，固不待臨時諄諭，況上二篇誓戒之已詳乎。況當時諸侯外夷乃厭紂之惡，慕義向化，翕然來歸者，一時臨戰，未必皆如聖人之節制也，至此豈可不警飭而明告之。又況泰誓上篇告友邦冢君等，則自稱曰「予小子發」，此篇下文亦自稱曰「今予發」。至中下二篇告西土，則皆不名矣。此義坦然甚明。左杖黄鉞，特軍旅之容，非親用以戰也。右手秉白旄而麾之，曰「逖矣，西土之人」，麾之使遠，所以進友邦諸夷之衆而誓之也，故下文特書「王曰」以別之。自「嗟我友邦」以至「微、盧、彭、濮人」，直是逐一指名頭項，各使之整搊器械，悚然齋肅，而始申之曰「予其誓」，則其非誓西土也明矣。先儒往往謂「逖矣，西土之人」爲慰勞其征行之遠、跋涉之勞，此大不然。安有八百諸侯及外夷君長咸在，而武王獨首私一語于其屬以示恩？聖人必不如此。細觀上下文意及「白旄以麾」情狀，灼知其非慰勞西土也。

王曰：「古人有言曰：『牝雞無晨。牝雞之晨，惟家之索。』今商王受，惟婦言是用。昏棄厥肆祀，弗答。昏棄厥遺王父母弟，不迪。乃惟四方之多罪逋逃，是崇是長，是信是使，是以爲大夫卿士，俾暴虐于百姓，以姦宄于商邑。

上文既言「予其誓」，于是復書「王曰」以明此下之爲誓辭也。武王此誓，專以「用婦言」數紂之罪，故首舉此古語以爲證。王父，祖也。王父弟者，同祖之弟也。母弟者，同母之弟也。遺，猶孤遺也，蓋父母亡而幼弱未能自立者也。不迪，不知所以訓迪也。禹數苗只是個「昏迷」，湯數桀只是個「昏德」，武王數紂亦是個「昏棄」。既昏之後，事事顛倒，何所不有。吁，可畏哉！

「今予發，惟恭行天之罰。今日之事，不愆于六步、七步，乃止，齊焉。夫子勗哉！不愆于四伐、五伐、六伐、七伐，乃止，齊焉。勗哉夫子！尚桓桓，如虎、如貔、如熊、如羆于商郊。弗迓克奔，以役西土。勗哉夫子！爾所弗勗，其于爾躬有戮！」

上文既數紂罪，于是乃以進退擊刺之節勉之。泰誓下篇誓西土有衆，止曰「奉予一人，恭行天罰」，此則曰「今予發，惟恭行天之罰」，一一「惟」字甚嚴，謂我此舉非有一毫私意利于其閒也，惟只恭行天之罰耳。武王既示之以節制矣，然又恐繩于法度而沮其勇氣，于是復申告之：汝等庶幾奮桓桓之威，如虎貔熊羆之在商郊，期于克敵。

武成

武王伐殷，往伐歸獸，識其政事，作武成。

自「王若曰」而下，辭無閒隔，皆武王之言，所謂「識其政事」也。而先儒不察「受命于周」以前乃史官所記事節，而「王若曰」以下皆述武王所告群后之言，但見前者丁未、庚戌等日，而癸亥、甲子之事反見於後，遂疑錯簡，文不相屬，未免以意更次之，不得謂之審矣。武成者，武功成也。

惟一月壬辰，旁死魄，越翼日癸巳，王朝步自周，于征伐商。厥四月哉生明，王來自商，至于豐。乃偃武修文，歸馬于華山之陽，放牛于桃林之野，示天下弗服。丁未，祀于周廟，邦甸、侯、衛駿奔走，執豆籩。越三日庚戌，柴望，大告武成。既生魄，庶邦冢君暨百工，受命于周。

自「惟一月」至「受命于周」，乃史官撮記伐商事節，以明此書之所由作。武王以正月三日自周伐商，至四月之三日自商歸至于豐，首尾凡一百二十日也。歸來弗暇他及，且急急偃武脩文。既偃武脩文，至四月十九日丁未，乃祀于周廟，二十二日庚戌，柴望，大告武功之成，蓋祀周廟亦所以告武功。柴望之時，邦甸、侯、衛亦未嘗不在，互書之，可以互見也。諸侯方受周之命，而與之更始也。

王若曰：「嗚呼，群后！惟先王建邦啟土，公劉克篤前烈，至于大王，肇基王迹，王季其勤王家。我文考文王，克成厥勳，誕膺天命，以撫方夏。大邦畏其力，小邦懷其德。惟九年，大統未集。予小子其承厥志。

先儒謂天無二日，民無二王，豈有殷紂尚存而周稱文王，文王乃是追王。然中庸止云「追王太王、王季」，未嘗言追王文王。況武王伐商曰「惟有道曾孫周王發」，又曰「昭我周王」，則伐商之先，周已稱王，其義甚明。若謂殷紂尚存，無二王之理，則所謂「誕膺天命，以撫方夏」，豈〔一〕臣子所得爲哉。

「底商之罪，告于皇天后土，所過名山大川，曰：『惟有道曾孫周王發，將有大正于商。』

〔一〕「豈」下永樂大典卷八〇二六有「一」字。

今商王受無道，暴殄天物，害虐烝民，爲天下逋逃主，萃淵藪。予小子既獲仁人，敢祇承上帝，以遏亂略。華夏蠻貊，罔不率俾恭天成命。肆予東征，綏厥士女。惟其士女，篚厥玄黃，昭我周王。天休震動，用附我大邑周。惟爾有神，尚克相予，以濟兆民，無作神羞。」

此一節，武王告群后以伐商之時所告天地山川之辭也。

「既戊午，師逾孟津，癸亥，陳于商郊，俟天休命。甲子昧爽，受率其旅若林，會于牧野。罔有敵于我師，前徒倒戈，攻于後以北，血流漂杵。一戎衣，天下大定。

上文既述所告天地山川之辭，此節〔一〕告群后以既渡孟津會戰之事也。周至孟津一千里，孟津至朝歌四百里，武王自癸巳至戊午凡二十六日而渡孟津，一日行四十里，甚緩。自戊午至癸亥凡五日而至商郊，一日行八十里，甚速。先儒以爲此奇計也，恐未安。或者渡河之先，如告名山大川、會諸侯之類，至渡河之後，浸迫商郊，其勢又當有不容緩者。若以爲出奇掩其不備，如何却又陳于商郊而待天之休命也。孟子謂：「仁人無敵于天下，何其血之流杵也？」此乃戰國救敝之言。或者遂疑此書真有不可信者，則誣聖

〔一〕「節」下永樂大典卷八〇二六有「於是」二字。

甚矣。

「乃反商政，政由舊。釋箕子囚，封比干墓，式商容閭。散鹿臺之財，發鉅橋之粟。大賚于四海，而萬姓悦服。

此一節又告克商之後所以反商政之事也。「乃」字正承上文而言。

「列爵惟五，分土惟三。建官惟賢，位事惟能。重民五教惟食喪祭。惇信明義，崇德報功，垂拱而天下治。」

此一節却是告群后以今日施設規模，正所謂「受命于周」也。「惟食喪祭」，此一「惟」字當連上下作一句看，猶言所重者斷斷乎惟在乎民之五教與食與喪祭也。此皆武王自言今日之規模，所與群后綱維斯世者在此。夫如是，復何爲哉，恭己正南面而已，故曰「垂拱而天下治」。言規模一定，我但垂衣拱手，而聽天下之自治也。或者不察，以此末句爲武王極治之功，遂謂「乃反商政」而下皆史氏所記。且自「王若曰」以後，歷歷皆武王之言，略無間隔，安知其爲史氏所記哉。一戎衣而天下大定，則是結上文伐商之事；大賚四海而萬姓悦服，則是結上文反商政之事；垂拱而天下治，則是結上文告群后以今日施設之事。辭旨甚明，初無可疑者。若謂末句爲武王極治之功，則作武成時安得便記此語？其不然明矣。熟玩而後得之。（案：武成一篇，先儒以爲有錯簡。自劉敞、王安石、程子、朱子，各有訂正。蔡沈作傳，載考定新本，而謂「列爵惟五」之上猶有闕文。此錢時所解，仍從注疏原本，謂「受命于周」以上，史官記事之文；「王若曰」以下，述武王所告群后之言；至「垂拱而天下治」，略無間隔。盡闢闕文錯簡之疑，足補注疏所未備。）

融堂書解卷十

宋 錢時 撰

洪範

武王勝殷，殺受，立武庚，以箕子歸，作洪範。

孔子序書，直曰「武王勝殷，殺受，立武庚，以箕子歸，作洪範」，非不足于武王也，亦非不足于箕子也，正所以發明聖賢心事，使天下皆知「殺受」之心，即「以箕子歸」之心，即箕子陳洪範之心，道并行而不相悖也。不明斯義，不可與言洪範。受本自焚，書「殺」，明非弒。

惟十有三祀，王訪于箕子。王乃言曰：「嗚呼！箕子，惟天陰騭下民，相協厥居，我不知其彝倫攸叙。」

相，佑助也。王既訪箕子，于是乃言。先儒謂武王聖人，于常道非真不知，繆爲不知而發此問歟？是不然。聖人之于常道，固無不知。若夫垂世立教，所以綱維斯道之大法，則容有不盡知也。故孔子問禮、問樂、問官，苟知矣，何問之有哉。武王克商，急急奉箕子以歸，親訪其館，首問此事，最是武王定天下規模第一著。洪範九疇，自禹之後千有餘歲，未嘗顯于世。今也一問而盡得之，豈細事也哉。

箕子乃言曰：「我聞在昔，鯀陻洪水，汨陳其五行，帝乃震怒，不畀洪范九疇，彝倫攸斁。鯀則殛死，禹乃嗣興，天乃錫禹洪范九疇，彝倫攸叙。

箕子之在商，非秘此而不言也。易曰：「苟非其人，道不虛行。」不可與言而與之言，可乎哉。故至此而後乃言之。兩個「乃言」字，深足以見斯道之重。武王必訪箕子而後乃言，其不苟問如此；箕子必得武王而後乃言，其不苟授如此。或曰：羲、農、堯、舜諸大聖人，出爲天地人極之主，正斯道之所以傳也。箕子陳洪範，如何只説鯀、禹？況堯、舜在上，彝倫之叙不叙，顧何係于一鯀？曰：此以天錫洪範九疇之所以始者而言也。洪範之妙，雖先天地而存，至于九疇之書，則前此未之見也。鯀陻洪水，天不畀之；禹行其所無事，而洛書出焉。因禹之始錫，而原鯀之所以不畀，箕子之旨，豈苟云哉。伏羲得河圖而八卦畫，非易始兆于伏羲也。河圖者，八卦之始也。禹得洛書而九疇傳，非彝倫始叙于禹也。洛書者，九疇之始也。

「初一曰五行，次二曰敬用五事，次三曰農用八政，次四曰協用五紀，次五曰建用皇極，次六曰乂用三德，次七曰明用稽疑，次八曰念用庶徵，次九曰嚮用五福，威用六極。

漢儒謂此即洛書之文，雖未必盡然，當亦有據。大抵觀此一節，當看此「用」字。然亦先明其次，而後方識其用。先儒往往主皇極爲説，極居中以貫上下。然則何以言次二、次三、次四，至次五始曰「建用皇極」乎？殆不然。蓋自清濁分，而五行已流行乎天地之閒，成象成形，莫非此妙，有物之最先也。故「初一曰五行」。人君爲天地萬物之主，其大本莫先于脩身，脩身之要莫過于五事。事者，日所從事之謂也。不敬用之，則貌、言、視、聽、思皆失則矣。故「次二曰敬用五事」。身脩而後天下可治，八政者，治天下之要也。不厚用之，則政非其政矣。故「次三曰農用八政」。治天下不可以不正天時，五紀者，曆明時之法也。小大相統，如紀律然，不協用之，則五者之紀亂矣。故「次四曰協用五紀」。爲君之道宜莫先于建極，而其次却何以居九疇之五？蓋皇極一疇，專爲斂福錫民而設也。敬用五事，正是建極功夫。五事不敬，極何由建？八政不厚，五紀不合，福何以錫？皇極之次在四疇之後，其旨深矣。建，立也。人皆有此中，皆當用此中，惟不能，是以冥冥妄行，日用而不知耳。非君建極于上，人心安所適從。故「次五曰建用皇極」。皇極建矣，而動不合乎時措之宜，則執中無權，顧何足以致治。所貴乎三德之用者，以治爲的也。故「次六曰乂用三德」。三德隨時，固足以致治，然事不能無疑，非質諸鬼神不可也，于是有卜筮焉。此心清明，神本無閒，自然無所不通。不誠不信，出之昏昏，則是我不用靈矣，神安在哉。故「次七曰明用稽疑」。質諸鬼神，固可以決疑，而驗人事之得失，則又有庶徵焉。是故在君有此事，則在天有此徵。庶徵者，人君休咎之符也，豈可不念用之。念則克謹，不念則怠荒。其時其恒，其應如響，昭布森列，無非切己實事。故「次八曰念用庶徵」。皇極者，所以斂五福、錫庶民也，如何五福一疇又特于次九言之？蓋斂福錫民者，皇極大公之用也。然而有嚮有背，不能無福極之異焉。故五福則又嚮用之，使人知嚮此者有福之可慕；六極則又威之，使人知不嚮此者有極之可畏。此皇極之教，欲天下之皆歸于中也。故「次九曰嚮用五福，威用六極」。九疇妙旨，全在一「用」字。九疇如耳目鼻口手足，用則其精神也。然五行不言用。或曰：此造化自然之妙，不可以用言也。曰：不然。鯀陻之而五行汩，禹濬之而六府脩，非用乎。蓋人君裁成輔相，無非參贊化育之妙，自「敬用」而下，皆所以用五行也，兹故不言用歟。必若禹平水土，則八政中司空之職耳。學者當以心會。

「一、五行：一曰水，二曰火，三曰木，四曰金，五曰土。水曰潤下，火曰炎上，木曰曲直，金曰從革，土爰稼穡。潤下作鹹，炎上作苦，曲直作酸，從革作辛，稼穡作甘。」

土不可謂之稼穡，故不言「曰」而言「爰」。爰，于也。百物皆生于土而稼穡，受中和之正氣，爲養生之最大者。于稼穡，言土之于稼穡尤盛也。此皆五行之性自然也。一失其性，不由其道，則地不能平，天不能成，人不能以生活，彝倫不能以叙，將誰任其責哉。此五行所以不言用，而有賴于九疇之用也。

「二、五事：一曰貌，二曰言，三曰視，四曰聽，五曰思。貌曰恭，言曰從，視曰明，聽曰聰，思曰睿。恭作肅，從作乂，明作哲，聰作謀，睿作聖。

聖門論學，大抵先謹視聽，而此則先貌、言，何也？蓋人主，天下之所表儀，百官之所承式。自物之接于我者言之，莫先于貌，而言爲次。如曰「望之儼然，即之也温，聽其言也厲」，如曰「動容貌，正颜色，出辭氣」，其序也。既接物則有視有聽。若夫思，則雖暗室屋漏之中，不睹不聞之地，而妙用未嘗息也。故五曰思，非思獨後也，自接物而反觀，由枝派而探根源，而思爲之主也。孔子謂「視思明，聽思聰，貌思恭，言思忠」，貌、言、視、聽，莫非思之妙用，名五而實一，豈真有先後之不同哉。貌者，恭之謂也，不恭不足以言貌也。言者，心之聲，順理而發，從之謂也，不從不足以爲言也。視即謂之明，聽即謂之聰，思即謂之睿，皆其性之自然也。人惟不敬，意動而昏冥顛倒，五者皆繆矣，是故貴于敬用也。敬非外鑠也，非能有加于其所固有也，不失其爲貌耳，不失其爲言耳，不失其爲視、爲聽、爲思耳。敬而無失，日進無疆，則恭不特見于貌，而可以作肅。肅者，心純乎敬也。從不特發于言，而可以作乂。乂者，事無不理也。明至于作哲，而外物不能蔽也。聰至于作謀，而人言不能惑也。睿至于作聖，而六通四闢，純德孔明也。孔子曰「心之精神是謂聖」，心本自聖，本無所不通，顧何俟于作哉？此所謂「作」乃敬用工夫，由敬用而後全此心之聖，故謂之作聖也。聖即謀，即哲，即乂，即肅，即皇極。敬用五事，是建極實用力處。

「三、八政：一曰食，二曰貨，三曰祀，四曰司空，五曰司徒，六曰司寇，七曰賓，八曰師。

或曰：食與居教可厚也，刑可厚用乎？賓可厚也，師可厚用乎？曰：厚于刑，非酷法。教之所不及，而後有刑。晝之衣冠，垂之象魏，惟明克允，小懲大戒，所謂厚也。一流于薄，申、商、韓非矣。厚于師，非黷武也。賓之所不懷，而後有師。居而講閱，其勢相維，出而征討，以威不軌，所謂厚也。一流于薄，則秦皇、漢武矣。此八政所以貴于農用也。八政皆治天下不可一日缺者，事有次第，故序有先後耳。非是理會一項後，却又理會一項也。周禮六官，八政皆具。

「四、五紀：一曰歲，二曰月，三曰日，四曰星辰，五曰曆數。

堯命羲和，欽若昊天，舜亦首齊七政，其重如此。一有不協，則日月歲時皆差，紀失其紀，而萬事亂矣，豈細務也哉。

「五、皇極：皇建其有極，斂時五福，用敷錫厥庶民。惟時厥庶民于汝極，錫汝保極。

觀皇極一疇，反覆二百五十餘言，獨首提「皇建其有極」一語，略不言所以建極用功者如何。及熟復深思，而後知此疇非爲君建極而言也，爲斂福錫民而言。不然，則皇極之建乃天下國家之本，所以位天地、育萬物者在是，安得至次五而後始及之哉。敬用五事，正是建極功夫。然又八政畢張，五紀不紊，治具曆法，種種有條，而後方可言錫福。若乃治天下無其具，正天時無其法，紛紛擾擾，莫知所定，則皇極之用，安可遽施也。皇極，君極也。何君無極，在所以建用之耳。此言「皇建其有極，斂時五福，用敷錫厥庶民」，正是「建用皇極」一句注腳。書言「降衷」，詩言「秉彝」，衷即極也，彝即極也。同有此心，同有此極，感物而動，因物有遷，始昏始差，是故有賴于皇極之建用也。時，是也。錫，予也。汝者，箕子指武王而言。君建其固有之極，則五福之權斂之在君矣。斂之在君，而後用之以予民也。夫五福，即壽、富、康寧、好德、考終命是已。建極即斂福也，教之保極即錫福也。夫斂五福、錫庶民，固皇極之用心，然亦惟是其民歸向汝極，乃與汝保極耳。保，不失也。民之中即君之中，民不失其本心，即是與君保極也。于，猶於也，于汝極，歸向之謂也。汝雖錫福，而民心背馳，不向此事，安能與汝保極哉。下文具言人品教法之詳，無非反覆發揮此旨也。

「凡厥庶民，無有淫朋，人無有比德，惟皇作極。」

比德，德有偏比，如下文「作好」「作惡」「偏黨」「反側」之類是也。民與士大夫無淫朋比德之類，則自然惟皇作極矣。惟皇作極，猶言一惟其君之所爲是聽是順，不牽于氣習也。「惟皇作極」與「于汝極」正相應。然而若是者甚不易得也。「凡厥庶民，有猷有爲」而下，「人之有能有爲」而下，雖此二節各有不同，然大旨不過隨其資質教養作成，使知好德，方可錫福耳。

「凡厥庶民，有猷有爲有守，汝則念之。不協于極，不罹于咎，皇則受之。而康而色，曰『予攸好德』，汝則錫之福，時人斯其惟皇之極。

不念則無成就之理，不受則終于棄絶。念之受之，正是皇極鑪冶，涵養日至，薰蒸日熟，天機自動，天籟自鳴，當有不自知其然而然者。大抵心之飄馳者，其色必浮；心之專一者，其色必静。此最不可以僞爲。我既念之受之，一旦其閒有安和其顔色而言者，曰予所好者在德，斷斷乎其無他也，于是而予之以福，斯其爲君之極，孰能禦之。好德即是「于汝極」。

「無虐煢獨而畏高明。人之有能有爲，使羞其行，而邦其昌。凡厥正人，既富方穀，汝弗能使有好于而家，時人斯其辜。于其無好德，汝雖錫之福，其作汝用咎。

此一節所以發盡「凡厥庶民，無有淫朋，惟皇作極」之意也。若愚下之民，以其不可教而弗之恤，則非皇極矣，故曰「無虐」。不必苦而後謂之虐，纔不恤即虐也。其勢位之崇而教不復行焉，則非皇極矣，故曰「無畏」。不必恐懼而後謂之畏，纔教有所格而不行即畏也。此一語結上入下、機紐精神處。上言庶民，止曰「念之」「受之」，此下却説兩個「使」字，兼言邦、家，與夫「既富方穀」之文，所以指有位也。正人則又非有能有爲者之比。天地閒自有一種正當人物，人君既方以福禄富之，而乃不能使好于而家，則是人也斯其爲有罪矣。道不行于家，道不行于身故也。兩個「使」字，正是皇極鑪冶，所以發斯人好德之機者在是。有以使之，則有才者終于昌其國；弗能使之，則雖正人終無以善其家。好德之機全在「使」字上。若彼無好德之實，汝雖以福予之，反爲汝之過耳。詩曰：「誨爾諄諄，聽我藐藐。匪用爲教，覆用爲虐。」不以爲教而反以爲虐，其「作汝用咎」之謂歟。無好德，即是不于汝極。

「無偏無陂，遵王之義；無有作好，遵王之道；無有作惡，遵王之路。無偏無黨，王道蕩蕩；無黨無偏，王道平平；無反無側，王道正直。會其有極，歸其有極。曰皇極之敷言，是彝是訓，于帝其訓。凡厥庶民，極之敷言，是訓是行，以近天子之光。曰天子作民父母，以爲天下王。

此一節所以發盡「人無有比德，惟皇作極」之意也。愚觀皇極之教，最爲精密。淫朋比德，首論氣習。「有猷有爲有守」而下，則又極言人品資質之不同，誠有不可勉强者。聖人在上，亦是于衆民中之「有猷有爲有守」，與夫不協極、不罹咎者，士大夫之「有能有爲」，與夫「凡厥正人」，方可鑪冶，方可語上，庶幾習氣一正，本心自復。若愚下之民，昏濁已甚，所謂「可使由之，不可使知之」者，但只無虐，使同被皇極之澤而已，安能例責以上達之事。箕子發明此旨，發明教法，可謂精密矣。「無偏無陂」一節，語承「其作汝用咎」之下，所以極言「人無比德」之妙。誠能「無偏無陂」，即「遵王之義」矣，不是「無偏陂」之外他有所謂「遵王之義」也。下皆倣此。衆病脱去，一無比德之累，六通四闢，何莫非中。範圍天地，發育萬物，春秋冬夏，風雨霜露，風霆流形，庶物露生，舉目而視，縱耳而聽，昭布森羅，縱横變化，皆我中也。是無往而不與我固有之中會也。謂之「會其有極」，豈極在彼而我與之會也哉。自「皇建其有極」而下，曰「于汝極」，曰「錫汝保極」，曰「惟皇作極」，曰「時人斯其惟皇之極」，是極猶若君之物然也。此言「會其有極」，則會其所固有矣。歸者，復之義也。向也茫茫馳求于外，一旦省悟，如旅始歸，復其所固有矣，故又繼之以「歸其有極」。至是方知聖人之所以教我者，非外立一教以强我，乃喜而言曰，皇極之敷言，乃是發我性中所自有。我有是彝，故有是訓，是其訓也非他也，帝其訓也。嗚呼至哉，其樂何可量哉！然而此事又難例責之庶民也。凡厥庶民，因極之敷言，如是而訓之，能如是而行之，則亦不畔于聖人，而以近天子之光矣。曰「會」曰「歸」，非二也，曰「近」則猶有間也。此庶民之不背于皇極者也。既近天子之光，則遠離惡習，不行邪道，知恩感德，如何可忘。于是亦喜而言曰，天子其爲民之父母乎？爲民父母，所以爲天下王。箕子此旨又極教法之成，而言愈益精密矣。

「六、三德：一曰正直，二曰剛克，三曰柔克。平康正直，彊弗友剛克，燮友柔克，沈潛剛克，高明柔克。惟辟作福，惟辟作威，惟辟玉食。臣無有作福、作威、玉食。臣之有作福、作威、玉食，其害于而家，凶于而國，人用側頗僻，民用僭忒。

平康之時，無用乎剛，亦無用乎柔，而惟正直之是用。然有時乎當剛而不能剛，則偏矣，非正直矣，故彊梗而弗友，順則以剛克之也。有時乎當柔而不能柔，則偏矣，非正直矣，故燮和而相友，順則以柔克之也。剛克柔克，皆所以爲正直也。雖然，剛之勝也多失于彊暴，柔之勝也每易于暗弱。但知用剛而不能沈潛，則亦非正直矣。沈潛者，剛克之妙用，雖剛而不病于彊暴也。但知用柔而不能高明，則亦非正直矣。高明者，柔克之妙用，雖柔而不病于暗弱也。嗚呼，妙矣！玉食者，以玉爲食，禮曰「王齋則供玉食」是也。卷舒闔闢，其權實在三德。三德之用一失其宜，則威福玉食之權去矣，謂之「乂用」可乎？庶徵以乂對僭，不乂即僭也。漢之哀、平若能用三德，必無新莽之事。威福玉食一移于莽手，而天下遂大亂。莽赤族，「害于而家」也。漢亡，「凶于而國」也。揚雄劇秦美新，劉歆、甄豐獻符命稱功德，「人用側頗僻」也。緑林赤眉之徒紛然四起，「民用僭忒」也。

「七、稽疑：擇建立卜筮人，乃命卜筮，曰雨，曰霽，曰蒙，曰驛，曰克，曰貞，曰悔。凡七，卜五，占用二，衍忒。立時人作卜筮，三人占，則從二人之言。汝則有大疑，謀及乃心，謀及卿士，謀及庶人，謀及卜筮。汝則從、龜從、筮從、卿士從、庶民從，是之謂大同。身其康彊，子孫其逢：吉。汝則從、龜從、筮從、卿士逆、庶民逆：吉。卿士從、龜從、筮從、汝則逆、庶民逆：吉。庶民從、龜從、筮從、汝則逆、卿士逆：吉。汝則從、龜從、筮逆、卿士逆、庶民逆：作内，吉；作外，凶。龜筮共違于人：用靜，吉；用作，凶。

卜則雨、霽、蒙、驛、克，占則用貞、悔，此卜筮之常法也。至若有差忒、出于常法之外，則又在卜筮者推衍而推詳之。

「八、庶徵：曰雨，曰陽，曰燠，曰寒，曰風，曰時。五者來備，各以其叙，庶草蕃廡。一極備凶，一極無凶。曰休徵：曰肅，時雨若；曰乂，時暘若；曰哲，時燠若；曰謀，時寒若；曰聖，時風若。曰咎徵：曰狂，恒雨若；曰僭，恒暘若；曰豫，恒燠若；曰急，恒寒若；曰蒙，恒風若。曰王省惟歲，卿士惟月，師尹惟日。歲月日時無易，百穀用成，乂用明，俊民用章，家用平康。日月歲時既易，百穀用不成，乂用昏不明，俊民用微，家用不寧。庶民惟星，星有好風，星有好雨。日月之行，則有冬有夏。月之從星，則以風雨。」

庶徵者，人事之證驗于天者也。曰雨、曰暘、曰燠、曰寒、曰風、曰時，凡六，故謂之庶徵。自「五者來備」而下，是明雨、暘、燠、寒、風之證也。自「王省惟歲」而下，是明時之證也。先儒因「休徵」項下有「時若」之文，遂指「曰時」一條爲雨、暘、燠、寒、風之時。「王省惟歲」以論説紛紜，迄無歸宿，至有以爲五紀疇中之脱簡者。吁，亦誣矣。「時若」與「恒若」對説，乃因休、咎二徵而立言，前所謂「曰雨、曰暘、曰燠、曰寒、曰風、曰時」六者皆是舉庶徵之目，安得遂以休徵作一條，列之雨、暘、燠、寒、風之下哉？曰時者，正是説歲月日之時。上段休徵、咎徵，下段歲月日時無易與日月歲時既易，皆是一正一反，昭昭乎甚明也。前後相承，莫明其失，脱離傳注，獨見聖心，庶得其旨矣。庶草蕃廡，言庶草則他可知。然而其休其咎，非天也，君也。雖然，雨、暘、燠、寒、風，其妙固在人君，而歲月日之時，則又非五者所能盡。王與卿士、師尹，實分任其責也。箕子重下一「曰」字以明更端，謂王之所省者惟一歲之時，卿士所省者惟一月之時，師尹所省者惟一日之時。省其時者，所有驗其職業也。歲月日之時皆無易，則是王與卿士、師尹職業皆無差忒之證驗。此百穀所以用成，治道所以昭明，俊民用以彰顯不潛隱，國家用以平康無變故矣。俊民用微，爲之隱遁也。箕子于此將百穀與治道、俊民、國家連作一片説，甚妙。自常情觀之，百穀自係造化，治道、俊民自係人事，如何打作一片？蓋君臣即造化也，造化即人事也。易曰：「天地變化，草木蕃；天地閉，賢人隱。」知此則知一貫之妙，豈拘儒傳注所可解哉。若夫庶民所省，則惟星耳。有好風好雨，猶民之所好不一，治民者不可有所偏徇也。日月之行，則有冬有夏，是造化運轉，歲功所賴以有成。月若從星之好，則以風雨而已，豈月之常度也哉。省乎此，則足以驗治民偏徇之失矣。星之于月，如庶民之于師尹，民由乎治化之中，非所以運治化者，故不與歲月日同屬乎時，而別系于章末，是亦庶徵之一，皆人君所當念用也。

「九、五福：一曰壽，二曰富，三曰康寧，四曰攸好德，五曰考終命。六極：一曰凶短折，二曰疾，三曰憂，四曰貧，五曰惡，六曰弱。」

惡，不好德也。弱者，卑弱無志，受制于物，不能强爲善也。五福皆道心之正用，非從外得。知嚮皇極，由中而行，無不是福；與極背馳，務行邪道，無不是禍。然則好德乃五福之本，惡者六極之根。知嚮皇極，固宜五福，必好德方謂之福也。不嚮皇極，固宜六極，必爲惡方謂之極也。「攸好德」一條特次于壽、富、康寧之後，「惡」之一條特次于凶短折、疾、憂、貧之後，其旨深矣。若「考終命」則所謂得其正而斃焉者，斷非小人所可幸致也，故又居「攸好德」之後焉。爲惡之徒一旦感悟，奮發剛果，勇進于善，則小人化爲君子，六極轉爲五福，特一反掌閒而。惟弱而不立，不能自强，是以終無自新之路也，故「惡」之後又著一「弱」，而六極備焉。雖然，嚮用威用，此自皇極之世而言也。當是時，有五福而不知嚮，其罪在民。後世皇極不建，凡所以冥冥妄行者，無非致乖召戾之具，是驅一世入六極之中，背五福而疾馳也，其禍可勝歎哉。當是時，有五福而不能用，其罪在君。

武王既勝殷，邦諸侯，班宗彝，作分器。

武王既勝殷，而「列爵惟五，分土惟三」之制行矣。邦諸侯者，定其邦制以封諸侯。宗彝者，宗廟之彝也。邦諸侯而班宗彝，一其權之所自出，與舜受禪而班瑞于群后之意同。然彝，宗廟之器，使諸侯知所以有其宗器者，上實命之，用之祭祀，世守而不忘，亦以教子孝也。尊卑之等各有不同，所宜分明，故作分器之書焉。春秋傳曰：「諸侯之封也，皆受命〔一〕器于王室。」注云「明德之分器」是已。

〔一〕「命」字今春秋傳作「明」。

融堂書解卷十一

宋　錢時　撰

旅獒

西旅獻獒，太保作旅獒。

西旅，西方之國也。夫武王，聖人也，年且八袠矣。獒微物，顧何足道，而召公反覆開陳，不啻嚴師之訓子弟。蓋作狂作聖，在一念間，一隙之投，百邪之路也。孟子曰：「惟大人爲能格君心之非。」此正是格心幾微處。不曰召公而稱太保，所以見其責任有不容自默歟。

惟克商，遂通道于九夷八蠻。西旅底貢厥獒，太保乃作旅獒，用訓于王。曰：「嗚呼！明王慎德，四夷咸賓。無有遠邇，畢獻方物，惟服食器用。王乃昭德之致于異姓之邦，無替厥服。分寶玉于伯叔之國，時庸展親。

西旅之國貢獒，蓋其國以獒爲珍也，而聖賢法度則有憂焉。方通道蠻夷之初而貢受一獒，此其舉措亦已審矣。然因此而縱其嗜欲，則己德所由以喪，民生所由以病，遠人所由以輕中國，而國祚所由以不保者也。嗚呼，豈止一獒而已哉！太保乃作旅獒，用之以訓武王，其慮遠矣。

「人不易物，惟德其物。德盛不狎侮。狎侮君子，罔以盡人心；狎侮小人，罔以盡其力。

此節承上文，明王分方物于諸侯，而因以推明盛德之事也。然則此獒之受，以之昭德展親不可也，顧足以使人之不易乎？非所以慎德也，無乃狎侮之萌乎？聖賢議論，寬平開闊，若不相關，而實緊切。

「不役耳目，百度惟貞。玩人喪德，玩物喪志。志以道寧，言以道接。不作無益害有益，功乃成；不貴異物賤用物，民乃足。

人指嬖幸之徒而言，物指珍奇之類而言。召公大旨重在「玩物」，而兼言「玩人」，何也？此書語多對下，大率比類以發明其意，如「不作無益」與「不貴異物」，意不在上文也。故纔説「玩物喪志」，即粘説「志以道寧」。心即道也，故曰道心，虛明無體，本靜本正，惟動于物，乃始不寧耳。不寧者，意動也，心實未嘗動也。禹曰「安汝止，惟幾惟康」，此正「志以道寧」之妙。雖然，應物之際，人言尤不易聽也。舜命禹「惟精惟一，允執厥中」，即曰「無稽之言勿聽」。雖志以道寧，不保其不動，故復云「言以道接」。以道爲準，不變亂于人言，則德性純固，無患其喪矣。上既發明玩物之有害于己，于是且言不貴異物之有利于民，又推出一節去説也。

「犬馬非其土性不畜。珍禽奇獸，不育于國。不寶遠物，則遠人格；所寶惟賢，則邇人安。

上言玩物，只是泛説。次言不貴異物，雖漸切于獒，而亦未嘗分別中國外夷。此云「犬馬」、云「珍禽奇獸」、云「非其土性」、云「遠物」，則專切西旅之獒而言矣。聖賢立言淺深，固自有次第也。犬馬亦用物也，然非其土性不畜。犬馬非土性且不畜，西旅之獒，奇獸也，又非其土性也，而可育于國乎。召公于是又推出一節，而言「不寶遠物，則遠人格」，因「不寶遠物」之語，又推出一節，而言「所寶惟賢，則邇人安」，可謂展盡底藴。自「人不易物」而下凡八個「不」字，雖義各有所屬，而大旨皆謂不如此乃爲善。反反覆覆，無非欲武王不受此獒耳。

「嗚呼！夙夜罔或不勤。不矜細行，終累大德；爲山九仞，功虧一簣。允迪兹，生民保厥居，惟乃世王。」

召公敷陳旅獒利害，無所不備，至此乃復發歎，而歸宿在「夙夜罔或不勤」一句上。此正與篇首「慎德」相應。此正慎德實用力處也。自强不息，無怠無荒，斯謂之勤。意念不起，常覺常明，斯謂之勤。此最是召公喫緊提武王處，非實履到，安知此妙。一個「勤」字，截斷百邪路頭。下文即繼之曰「不矜細行」，此數語尤切武王言之。武王，聖人也。一獒，微物也。其受不受，細行也。前面開陳雖極備至，若武王于此以爲細行而不復謹，則終爲大德之累矣。是一獒之受不受，實生民安危之所繫，國命脩短之所關。嗚呼，一獒而已哉？

巢伯來朝，芮伯作旅巢命。

巢即南巢，伯爵也，爲殷諸侯。芮伯，周同姓，圻内之國，爲卿大夫。武王克商而來朝者，何啻一巢伯，曷爲獨有命歟？孟津不期而會者八百國，告武成而庶邦冢君受命于周，巢未嘗與也。已而邦諸侯、班宗彝矣，又通道于九夷八蠻，而西旅且至矣，巢，侯國也，曷爲而始來朝也？夏桀走保三朡，湯伐之，遂奔南巢。南巢要險之地，得非恃其險遠，始不服，而今來朝，故特命歟？先儒曰：旅，陳也。芮伯陳武王所以命巢者而作書，如所謂「旅天子之命」也。或曰：旅即西旅，旅、巢二國同時至，故同命之。此書與旅獒相次，似亦有理。然書既不存，亦難深考矣。

金縢

武王有疾，周公作金縢。

縢，緘也。金縢即鏁也。古者占書藏之匱中，籥以金縢。國有大事，疑即卜而啟之。武王有疾，卜而啟籥看占書，周公乃併納祝册于金縢匱中。及成王因天變，啟金縢，欲卜之，而得周公代武王之册，此乃金縢一事之始末，并叙此于後。是書雖續于史氏之手，而金縢之作實周公也，故叙曰「武王有疾，周公作金縢」。不然，則克商二年至周公東歸，相去十有餘歲，此書當在作嘉禾之後矣，曷爲次之大誥之先，而孔子斷之曰「周公」作乎？

既克商二年，王有疾，弗豫。二公曰：「我其爲王穆卜。」周公曰：「未可以戚我先王。」公乃自以爲功，爲三壇，同墠。爲壇于南方，北面，周公立焉，植璧秉珪，乃告太王、王季、文王。史乃册祝曰：「惟爾元孫某，遘厲虐疾。若爾三王，是有丕子之責于天，以旦代某之身。予仁若考，能多材多藝，能事鬼神；乃元孫不若旦多材多藝，不能事鬼神。乃命于帝庭，敷佑四方，用能定爾子孫于下地，四方之民罔不祇畏。嗚呼！無墜天之降寶命，我先王亦永有依歸。今我即命于元龜，爾之許我，我其以璧與珪，歸俟爾命；爾不許我，我乃屏璧與珪。」乃卜三龜，一習吉。啟籥見書，乃并是吉。公曰：「體，王其罔害。予小子新命于三王，惟永終是圖。兹攸俟，能念予一人。」公歸，乃納册于金縢之匱中。王翼日乃瘳。

乍看「不若旦多材多藝，不能事鬼神」之語，似可疑，然周公必非妄語以欺先王者。武王、周公，皆聖人也。聖人之德，初不計材藝之多寡。孔子曰：「君子多乎哉？不多也。」德不在材藝故也。周公以多材藝自居，而以君人之大德歸諸武王，如下文所陳，則周公豈自誇多者哉，取「能事鬼神」以代武王之死耳。周公之對三王，一一皆實語也，愚觀祝辭至此，因考武王已八十餘歲，周公豈不知死生有命？且以身代死之事，前此所未聞，何其爲辭懇到激切如此？縱武王死實命，如何便墜先王？如何便無所依歸也？是蓋有説：武王九十三歲而後崩，成王方十三，則是時成王之已生與否，固未可知耳。管叔、蔡叔，周公親兄弟也，豈不熟識其爲人。商民之未易化服，亦周公所深知也。武王尚在，四方知所敬畏，以待嗣子之壯，則庶幾其可保。國本未立，遽以疾終，群小相挺，環視而起，則周之事勢何如哉？又十餘年後武王方死，猶未免三監及淮夷叛，則周公此日代死之請，豈得已也。

武王既喪，管叔及其群弟乃流言于國，曰：「公將不利于孺子。」周公乃告二公曰：「我之弗辟，我無以告我先王。」周公居東二年，則罪人斯得。于後，公乃爲詩以貽王，名之曰鴟鴞。王亦未敢誚公。秋，大熟，未穫，天大雷電以風，禾盡偃，大木斯拔。邦人大恐，王與大夫盡弁，以啟金縢之書，乃得周公所自以爲功代武王之説。二公及王乃問諸史與百執事。對曰：「信，噫！公命，我勿敢言。」王執書以泣，曰：「其勿穆卜。昔公勤勞王家，惟予沖人弗及知。今天動威，以彰周公之德。惟朕小子其新逆，我國家禮亦宜之。」王出郊，天乃雨。反風，禾則盡起。二公命邦人，凡大木所偃，盡起而築之，歲則大熟。

辟者，法也，將刑之也。或疑管、蔡之徒一流言以中己，遂起誅伐之念，周公亦若少恩矣。曰：不然。管、蔡之徒，包藏禍心，挾外寇以危宗社，「不利孺子」乃其作亂之辭。有周之業，周公實身任之。法者，先王之法也。天下者，先王之天下也。我乃坐視其變，弗用法以討叛，是將何辭以告我先王也。然則公之東征也，非爲流言而征也，流言而四國叛，爲成王而征也，爲有周宗社而征也。（案：此下有闕文。）周公之德，我小子其重新自東迎之以歸乎。此一「新」字，有久疑未釋、焕然一新之意。周公終始一心，何新何故。此乃成王心事，故有此語。

大誥

武王崩，三監及淮夷叛。周公相成王，將黜殷，作大誥。

書稱「殷小腆，誕敢紀其叙」，而孔子叙書，獨言「三監及淮夷叛」，而不言武庚，所以明造謀者非武庚，三監實爲之耳。東征者，周公也，成王未嘗往也。序曰「相成王，將黜殷」，所以明征東之役雖決策于周公，實相成王以舉事，爲成王討叛也，非周公自爲討也。然前書「三監及淮夷叛」，而後止書「將黜殷」者，蓋殷乃作亂之根，有武庚在，故群盗挾之以起，以動商衆。此皆斷自聖心，春秋之筆也。湯既勝夏，即黜夏命，蓋桀在南巢，不復別立。武王伐商而紂死，遂立武庚爲殷後，故至此爲叛方黜之。此書乃周公奉王命大誥多邦以黜殷之故，因名篇。

王若曰：「猷，大誥爾多邦，越爾御事。弗弔，天降割于我家不少，延洪惟我幼沖人，嗣無疆大歷服。弗造哲迪民康，矧曰其有能格知天命？

篇内「王曰」，皆周公以王命誥，史述當時之語，潤色成文，故謂之「王若曰」也。此後如大誥、康誥、酒誥、梓材、召誥、洛誥、多士、君奭、多方之文，獨聱牙與盤庚無異，若謂皆周公所作，則無逸、立政、微子、蔡仲之命等篇，又何其平易也。以此知大誥諸書乃史氏所記，當時秉筆者適爲此文體，故特不同耳。本朝歐、宋二公同脩唐史，其立言斬斬不類，是烏足怪哉。周公將東征，以吉卜告于衆，當時上下未免惑于流言，庶邦御事往往反曰艱大，以爲不可征，以爲當違卜而且止，故遂大誥庶邦及御事，首呼而諭之也。

「已，予惟小子，若涉淵水，予惟往求朕攸濟。敷賁，敷前人受命，兹不忘大功，予不敢閉于天降威。用寧王遺我大寶龜，紹天明，即命曰：『有大艱于西土，西土人亦不静，越兹蠢。』殷小腆誕敢紀其叙。天降威，知我國有疵，民不康，曰：『予復。』反鄙我周邦。

上文既自謂不能格知天命，此節乃言龜卜之靈可以知之，其實證誣也。已者，已矣之辭，猶今人轉换話頭，而曰「休曰」「且住」之類也。敷者，敷闡也。閉，隱閉。「天降威」即是「天降割」，言武王死喪之威實自天降也。「寧王」及下文「寧考」「寧人」，皆謂武王，他書并未嘗有此稱謂，何獨于此書言之？蓋時方蠢動不静，故因武王有安天下之功，而特曰「寧」以寓其意也。元龜乃國家用以卜大疑者，寶而藏之，以遺其後，故曰「大寶龜」。紹，繼也。明，即「明用稽疑」之明。即命，與「今我即命于元龜」同義。承上文罪己之言，云已矣夫，我小子嗣先王無疆大數之事，如涉乎深淵之水，我但向前求我所以濟險之道耳。求濟如何？敷闡賁飾之具，以增光先業可也。敷闡前王受天之命，使之浸昌浸明可也。如此方是不忘大功。是故武王之喪也，乃天降威用，我不敢隱閉，而卜諸武王遺我之大寶，紹承天意，昭然明白，而就聽命焉。其占曰：「有大艱于西土，西土之人亦不静。」及至此日，果是蠢然騷動，與所占合。武庚餘孽，特小腆耳，輒大敢經紀其既亡之叙，皆因武王喪後，知我國内自有疵病，民心摇動不安寧，遂謂商當復興，反鄙薄我周邦，故敢肆然無忌憚也。我國有疵，正説三監、武庚小醜。彼何能爲？本使監殷，反以殷叛，視宗國如糞土，疾天屬如仇讎。武庚之反鄙我周邦也，是真可鄙也。大誥此語，正是痛説當時禍根。然終篇只以殷爲辭，而不顯言三監者，聖人之心有所不忍故也。

「今蠢，今翼日，民獻有十夫，予翼，以于敉寧武圖功。我有大事，休，朕卜并吉。肆予告我友邦君，越尹氏、庶士、御事，曰：『予得吉卜，予惟以爾庶邦，于伐殷逋播臣。』爾庶邦君，越庶士、御事，罔不反曰：『艱大，民不静，亦惟在王宫、邦君室。越予小子考翼，不可征。王害不違卜？』」

上節既言武庚之叛，龜卜可信如此，于是遂言黜殷之役，因民獻、龜卜協應而爲是舉，庶邦御事乃反以爲艱大，以爲不可征，以爲王當違卜，申述其言而喻之也。民獻，乃民中之賢、無爵位者也，故曰十夫。觀下文以爲哲、以爲迪，知上帝命周公必非輕許，邦君、御事皆以爲艱大，而兹十人于億兆流俗中毅然來輔，獨與周公合，其先見絶識賢于人遠矣。予翼者，爲我輔翼也。武圖功，用武圖謀之功也。考翼者，父敬也。謂今蠢然騷動之，明日乃有十夫來爲我輔，以撫安我欲圖之功，賢者歸之，人心可見。此將舉大事休美之證驗也。我有此大事之休，兼卜之于龜，又并得吉，故我告于有邦之君及尹氏、庶士、御事，曰我得吉卜，我用爾庶邦往伐殷逋逃播蕩之臣，爾庶邦及庶士、御事乃無不反以爲艱難重大，且謂民之所以蠢動不静者，非有他也，亦在王之宫與邦君之室耳。言王與邦君而曰「宫」「室」，正是説三監。夫流言之變，乃閨門骨肉中自有嫌隙，所以致此擾擾。于我小子則謂三監與殷皆武王所命，是父之所敬也，不可遽行征伐，王何不違其所卜而重信之乎？詳味此語，專主自反，自反未爲非也，而未免有督過王室之意。

是罪不在三監也，是惑于流言也，故反以東征爲艱大。

「肆予沖人，永思艱。曰：嗚呼！允蠢鰥寡，哀哉！予造天役，遺大投艱于朕身。越予沖人，不卬自恤。義爾邦君，越爾多士、尹氏、御事，綏予曰：『無毖于恤，不可不成乃寧考圖功。』

此節正與上節相應。上節謂我欲以爾衆伐殷逋播臣，而罔不反曰艱大，故此節謂予造天役，爾等當綏予曰「無毖于恤，不可不成乃寧考圖功」可也。兩個「曰」字正是相應說。毖，謹也，承上文而言，既聞汝等艱大之語，我亦永思此事之艱，師旅之興，誠未免騷動鰥寡，誠可哀傷。然我之爲此役也，非私意，乃天役也。此事雖大，天實遺我；此事雖艱，天實投我。我沖人雖欲自恤而不可得耳。爾邦君及爾多士、尹氏、御事，惟當斷之以大義。義者，宜也，執中無權，猶執一也。偏執一說而不達乎時措之宜，烏足與言義哉。汝等當慰安乎我，曰：無謹于憂恤，不可不成乃寧考圖功。功成庶合于義矣。「不可不成乃寧考圖功」，與上文「考翼不可征」正相應。武王克商，天下大定，武功告成，復何所圖？蓋四國之叛正王室汲汲之秋，失今弗爲，喪亡無日，是武王所圖之功終于不成也。一念及此，但憂其艱大而委之，可得乎？

「已！予惟小子，不敢替上帝命。天休于寧王，興我小邦周。寧王惟卜用，克綏受茲命。今天其相民，矧亦惟卜用。嗚呼！天明畏，弼我丕丕基。」

此節專言用卜，所以解上文「王曷不違卜」之意也。「用」與「違」正相應。大凡變故之興，天所以開聖人。四國騷動，其威固可畏也。殊不知上天明示此威，乃是輔弼我周家莫大之基業。天之所以相民者，正在乎是。汝等但曰「王曷不違卜」，何不可也？當是時而發「丕丕基」之言，信落落于衆聽矣。既黜殷，而八百年之規模遂定，然後知聖人之心即天之心，的的不誣。

王曰：「爾惟舊人，爾丕克遠省，爾知寧王若勤哉！天閟毖我成功所，予不敢不極卒寧王圖事。肆予大化誘我友邦君，天棐忱辭，其考我民，予曷其不于前寧人圖功攸終？天亦惟用勤毖我民，若有疾，予曷敢不于前寧人攸受休畢？」

上文語畢，而又再誥，故再著「王曰」以別之。然此節大旨却亦專是發明上文「不可不成乃寧王圖功」之意耳。如曰「予不敢不極卒寧王圖事」，如曰「予曷其不于前寧人圖功攸終」，如曰「予曷敢不于前寧人攸受休畢」，曰「終」、曰「極卒」，皆究竟前事之辭也。哉者，疑辭，有責問之意。毖，謹也。化誘者，訓化開導而使之聽從也。首言舊人，知武王之勤提醒衆聽。下文却以究竟武王之事誥之，言今日天之所以閉塞毖謹乎我者，正是我成功之所。忱辭，實語也，謂我化誘之辭的的誠實，故天輔之。天之輔之于何而見？其考之于民乎則可見矣。民之輔即天之輔也。以此觀之，是東征之役，民情往往皆以爲然，故大誥一書專誥邦君等衆，而無一語及民。民獻十夫予翼，即「棐忱」之實證也。且四國之變，天意亦惟用此勤勞謹飭我民，如人有疾然。傳曰疾猶生，我勤毖之者，乃生全之道也。我又何敢安視其疾，不于武王所受天之休而使之究竟乎？

王曰：「若昔朕其逝，朕言艱日思。若考作室，既底法，厥子乃弗肯堂，矧肯構？厥父菑，厥子乃弗肯播，矧肯穫？厥考翼其肯曰：『予有後，弗棄基？』肆予曷敢不越卬敉寧王大命？若兄考，乃有友伐厥子，民養其勸弗救。」

此「王曰」又是一節，然意實與上文相應。上文謂我不敢不究竟武王之事，此則又謂武王之事全在今日，斷不可不于我之身而任其責也。若昔，蓋指言初欲東征之時。考翼，父敬也。越卬，猶言于我也。「厥考翼其肯曰：『予有後，弗棄基』」者，言以其父之敬言之，安肯自謂「我有後，不棄我之基業」乎？斷曰于我，分明以身任大命之寄，的然有不容委之他人、遲之後日者。此所以結盡上文「肯堂」「肯播」之意也。民養，言爲吾民者反容養玩視也。三監之叛，動摇國本，正如朋輩來伐其子，而邦君御事反曰不可征，何異容養玩視，勸之使弗救也？此一轉語，糾責邦君尤更明切。

王曰：「嗚呼，肆哉！爾庶邦君越爾御事，爽邦由哲，亦惟十人迪知上帝命，越天棐忱。爾時罔敢易法，矧今天降戾于周邦？惟大艱人，誕鄰胥伐于厥室。爾亦不知天命不易。予永念曰：天惟喪殷。若穡夫，予曷敢不終朕畝？天亦惟休于前寧人，予曷其極卜，敢弗于從，率寧人有指疆土？矧今卜并吉。肆朕誕以爾東征。天命不僭，卜陳惟若兹。」

此書首序民獻、龜卜協從，故定東征之議，其閒反覆開曉邦君、御事者至矣。于此復申言民獻、龜卜協從，以斷之于終，以明天命之不可易，尤更深切也。肆，大也。王曰：嗚呼，大哉！歎下文所誥非細事也。于是呼爾庶邦君及爾御事而諭之。夫邦國昏亂，何由爽明？由乎哲人也。方群情惶惑之時，而十夫予翼，此正哲人之見，所以爽吾邦者在是。成王首云弗造哲，故不能格知天命；此十夫者，亦惟其明哲有以迪知上帝之命，故予翼耳。非偶然而翼也，乃上帝輔我之忱也，所謂「天棐忱辭，其考我民」是已。東征之師以十夫爲的，十夫之來以天命爲的，此定法也，天則之不可渝也，爾等豈容變易之。命之曰是無敢易，確然之辭也。況今天降乖戾于周邦，三監却大與鄰人交結，自相攻伐其室家，乖戾甚矣。有指疆土，猶言見成基業，此書專以天命爲主，而天命又專以民獻、龜卜爲決，雖累稱「王曰」，辭不相屬，而淺深次第井井有條，始終乎民獻、龜卜之兩端，而天命確乎其不可易。嗚呼，聖人舉事于危疑變故之地固如此。

融堂書解卷十二

宋　錢時　撰

微子之命

成王既黜殷命，殺武庚，命微子啓代殷後，作微子之命。

觀唐叔歸禾于東，則是時周公猶在東也。殺武庚，命微子，皆周公之所爲，而孔子序書，特曰成王，所以明周公之心也。成王雖幼，而東征之師乃有周宗社之大計。禮樂征伐自天子出，周公何心哉？周公爲周討叛，爲成王行事也。是殺武庚、命微子者，成王也，非周公也。夏書「胤后承王命徂征」，而序止曰「胤往征之」，與此書法正相反矣。

王若曰：「猷，殷王元子！惟稽古，崇德象賢。統承先王，脩其禮物。作賓于王家，與國咸休，永世無窮。

此節乃將命微子代殷後，先言稽諸古典，其故事如此也。成王首呼微子爲「殷王元子」而命之，便見得當代殷之意。不名，不臣之也。

「嗚呼！乃祖成湯，克齊聖廣淵，皇天眷佑，誕受厥命。撫民以寬，除其邪虐。功加于時，德垂後裔。爾惟踐脩厥猷，舊有令聞。恪慎克孝，肅恭神人。予嘉乃德，曰篤不忘。上帝時歆，下民祗協，庸建爾于上公，尹兹東夏。

上文既言稽諸古典者如此，于是却稱成湯之德與微子「踐脩厥猷」之實以命之，正所謂「崇德象賢」也。爲殷後得郊，故言「上帝」。君國子民，故言「下民」。

「欽哉！往敷乃訓，慎乃服命，率由典常，以蕃王室。弘乃烈祖，律乃有民，永綏厥位，毗予一人。世世享德，萬邦作式，俾我有周無斁。嗚呼！往哉惟休，無替朕命。」

此一節方是命戒之辭，至「以蕃王室」至「毗予一人」是兩段，所以命戒之也。又至「有周無斁」是一段，所以期望之也。四個「乃」字，皆指微子而言，謂爾之往也，當以敷訓爲第一事。殷民蠢動，不知有君臣上下，正爲無人訓迪之故。九命之服，朝廷之名器也，尤不可不謹，不謹即僭差。愚于此重感成王方黜殷命，殺武庚而命微子，自常情而言，宜盛陳其家之反側變故，以爲儆戒，而乃略無一語及此，寬平易直，讀之藹然，如在春風和氣中。嗚呼，是周公之言也。况微子元良，令德素著，亂臣賊子，豈容比論。

此深足以見聖人忠厚之意。雖然，命戒之辭語皆正下，若反而觀之，一一皆武庚之過也。敷訓謹服，率由典常，安得與三監倡亂？宏[一]祖律民，永綏厥位，安得以小腆叛國？嗣立未幾，遽就刑戮，其爲厭斁孰大于此乎。世世可以享德乎，萬邦可以爲法乎。聖人之言，寬平不迫，而所包蓄者廣矣。于其末也，惟曰休美而已，辭旨愈含蓄有味。

唐叔得禾，異畝同穎，獻諸天子。王命唐叔歸周公于東，作歸禾。

先儒謂歸禾在反風之後，以愚考之，殆不然。周公居東，而成王之疑未釋，遂有偃禾拔木之變。及一見代武王之説，即執書以泣，出郊以迎周公，而後乃反風起禾。是以反風起禾者，迎周公東歸之時也。此命唐叔歸周公于東，則歸禾在未迎周公之先，無可疑者矣。禾異畝而合爲一穗，乃異體同心之象。周公聖人也，大公至正，忠勤王家，與成王雖異體而實同一心。成王幼沖，乃未免動于流言。禾異畝而同穎，天所以彰周公之德以示成王歟。唐叔得之而獻于天子，王不敢有，仍命唐叔歸周公于東，而歸禾之書作，尊周公而歸美之也。當時太、召二公在王左右，必有以教之矣。

[一]「宏」字文淵閣本作「弘」。聚珍版本「弘」字出現在經文中則缺末筆，出現在注文中則改作「宏」，此後皆同，不再出校。

周公既得命禾，旅天子之命，作嘉禾。

善則稱君，固臣職所當然也。况征東之師未克，而鴟鴞之志未孚，周公此時正處危疑之地，一旦成王得異畝同穎之禾而不敢受，乃就命唐叔歸周公于東，此意非不美也，周公而可安乎？既得所命之禾，即盛陳天子之命，而作嘉禾之書。命出于天子，則此嘉禾乃天子之美瑞，而以之命我云爾。故孔子特書曰「旅天子之命」。百篇獨此二序連稱「天子」，如春秋之書「天王」，以表尊無二上之義，皆所以明周公之心也。

康誥

成王既伐管叔、蔡叔，以殷餘民封康叔，作康誥、酒誥、梓材。

此康誥、酒誥、梓材三書之序也。陳賈曰：「周公使管叔監殷，管叔以殷叛，有諸？」孟子曰：「然。」金縢書「武王既喪，管叔及其群弟乃流言于國」，大誥序「武王崩，三監及淮夷叛」，觀此則武王崩時，三叔已監殷明甚，是既立武庚，武王即命監之，非周公使之也。賈則失矣，而孟子亦有是言，遂使後世相承，皆曰周公誅管、蔡。嗟夫，以周公而誅之也，豈止于過而已。周公聖人也，惟聖人知之，故孔子序書，獨斷曰「成王既伐管叔、蔡叔」。嗚呼，的哉！三叔者謀危社稷，成王幼沖，周公居攝，當是時也，誰實任其責哉？是故征東之役，非周公誅兄弟也，爲成王而誅亂賊也。孔子此序所以明萬世之大法，故未有表而出之者。愚是以深嘉屢歎而不能已也。康，圻内國名，康叔，周公賢母弟也。「以殷餘民封康叔」者，先儒謂世家大族已遷洛邑，其存而不遷者曰餘民，固善，但謂已遷則未安。且封康叔在初基洛邑之時，頑民之遷方有定論。頑民既有所處，故以其餘民封康叔，却不是既遷後方封也。若已遷而後封，則此當在多士之後矣。微子、蔡仲之命皆一書，而此獨三書，詳重如許，何也？殷民反側，習亂難化，况誅伐後杌隉不安，所以特區處此賢母弟往君之，而命之者不得不詳重歟。康叔封衛侯，而書名康誥，序亦止云康叔，本始封之時而書也，與微子之命不言宋公同。霍叔罪微責輕，故止書伐管、蔡。

惟三月哉生魄，周公初基作新大邑于東國洛，四方民大和會。侯、甸、男邦，采、衛、百工，播民和見，士于周。周公咸勤，乃洪大誥治。

自「惟三月」至「大誥治」，先儒疑是洛誥「周公拜手」以前之文，簡編脱誤也。其説曰：周公東征二年乃克管、蔡，即以餘民封康叔，七年而復辟。營洛在復辟之歲，則封康叔時决未營洛。夫以成王既黜殷，即命微子代殷後，則既誅管、蔡，而以殷餘民封康叔，皆是東征一番區處，其事勢誠有不容緩者。况此三書諄復詳諭，備見商民難化情狀，安得商之故地數年無君，而康叔之封乃遲之營洛之日乎？脱簡之疑，誠似有理。然細考之，則殆不然。周公攝政之七年，二月定宅洛之議。三月五日戊申，太保至洛卜宅。十二日乙卯，周公朝至于洛，故洛誥亦云「惟乙卯，朝至于洛師，伻來以圖及獻卜」，是十二日即來告吉，無可疑者矣。于是十四日丁巳，用牲于郊，十五日戊午乃社。此書云「惟三月哉生魄」，是十六日己未，社之明日也。若謂此節當在「周公拜手」之前，則洛誥之書方是十二日告卜時事，不應反以十六日後事冠之首篇。且「乃洪大誥治」與下文事節全不相屬，以是而觀，是十二日遣使告卜于君，十四、十五奏告天地，十六日乃初基作邑。頑民之遷，至此已有定論，然後却以殷餘民封康叔耳。愚反覆乎此，而後知周公之處商民，誠大不易也。看得商民難化，全在世家大族，大抵叛亂不〔二〕静，皆此一種人頡頏于其間，所以一倡而衆和之。若其餘細民，只是隨群逐隊而已，却不足深慮。觀後來保釐東郊，周公、君陳聖賢相繼化之，至命畢公時猶云「餘風未殄」，則可見矣。若衛地，則自康叔後却不聞有變動也。東征二三年間，周公必不應委商地于度外，必須往來經營，有鎮守之者。但區處頑民未定，所以分封之寄特難其人。直是此一種人先有所處，方以餘民付之康叔。史氏序「周公初基」于康誥之首，正是區處商民一段事，謂之錯簡，固不可也。洛在豐鎬之東，故曰東國。周公初營洛，一「播」字極形容得當時氣象，因其和會之情而播揚鼓舞之，自有歡忻踴躍，不知其然而然者。大誥者，黜殷也，而康叔之封、三書之作，正所以洪前日大誥黜殷之治也，故命康叔不曰「命」，而謂之「誥」。或曰：康叔三書，何以先召誥？曰：召公相宅雖在封康叔之前，然出取幣錫周公，其誥之所以作者，實在二十一日甲子以後，兼康叔封

〔二〕「不」字文淵閣本作「弗」。

殷故也，與前黜殷相次，是一派。召誥至多士，乃遷殷頑民于成周，又是一派，故不相參歟。

王若曰：「孟侯，朕其弟，小子封。惟乃丕顯考文王，克明德慎罰，不敢侮鰥寡，庸庸，祗祗，威威，顯民。用肇造我區夏，越我一二邦，以修我西土。惟時怙，冒聞于上帝，帝休，天乃大命文王殪戎殷，誕受厥命越厥邦、厥民，惟時叙。乃寡兄勗，肆汝小子封，在兹東土。」

此書大要以文王爲訓，而法文王之綱領，又全在「克明德慎罰」一句上。自「王曰嗚呼」而下，皆明德慎罰之旨也。封康叔雖出于王命，其實周公在洛以王命誥之，故史氏首書「王若曰」。而下文呼康叔則云「朕其弟小子封」，稱武王則云「寡兄」，皆直述周公之言，乃實録也。周公首呼「孟侯」，所以尊之；「朕其弟」，所以親之；呼「小子封」，則又語卑幼者之體然也。玩此稱謂，藹然天屬之至情。于是乃以文王爲訓，兄舉父事以訓其弟，可謂至的切矣。「不敢侮鰥寡，庸庸，祗祗，威威，顯民」，此正明德慎罰之實用也。

王曰：「嗚呼！封，汝念哉！今民將在祗遹乃文考，紹聞衣德言。往敷求于殷先哲王，用保乂民。汝丕遠惟商耇成人，宅心知訓。别求聞由古先哲王，用康保民。弘于天，若德裕乃身，不廢在王命。」

上文語畢，而又再誥，故再著「王曰」以明更端，後皆準此。此下兩節告康叔以明德之事也。雖然，知所以明德，而不知達其明德之用，則猶未也。汝之往也，更須敷求殷先哲王之所以保乂其民者，而用以保乂之。抑猶未也。一國之民，必有一國之習俗，而一國之習俗，惟一國之老成知之。教化誘掖之方，疾徐緩急之宜，必有切中其會者。然老成之慮多若遲緩，决非徇小課近者所可與議，汝當大遠，一惟商之老成人，止宅其心，無所變亂，則知所以爲訓矣。夫治商民而求諸商先哲王，謀諸商耇成人，可謂的切，猶未盡也。自商而上，又有古先哲王，所以安民治民之道不止一端，皆可取法，又須別求聞而行之，而用以康乂商民可也。嗚呼，至哉！後世論德而不及治，論治而不及德，安知德即治也，治即德也。雖然，抑猶未也。未至與天同大，是本心猶有虧也，是明德之功猶未至也。一日而覺，豁然開明，範圍發育，乃其本心所自有，謂之宏于天，信乎其大無閒于天也。如此方是了康叔分内事，方是不廢王命。

王曰：「嗚呼，小子封！恫瘝乃身，敬哉！天畏棐忱，民情大可見，小人難保。往盡乃心，無康好逸豫，乃其乂民。我聞曰：『怨不在大，亦不在小。惠不惠，懋不懋。』已，汝惟小子，乃服惟弘王，應保殷民，亦惟助王宅天命，作新民。」

上文誥康叔以明德，而通論講求治民之法，固已備至。此節則又切民之情，併指其爲德之累者而誥之，工夫尤更精密也。怨不在大小，但順吾之不順、勉吾之不勉足矣。此正盡心要旨。應保殷民，應如醫家應病用藥之應，切中其情之謂也。

王曰：「嗚呼，封！敬明乃罰。人有小罪非眚，乃惟終，自作不典，式爾，有厥罪小，乃不可不殺。乃有大罪非終，乃惟眚災，適爾，既道極厥辜，時乃不可殺。」

按史記冉季、康叔皆有美行，于是周公舉康叔爲周司寇，冉季爲周司空，以佐成王，皆有令名于天下。左氏亦曰：「武王母弟八人，康叔爲司寇。」是康叔以王朝司寇出封衛侯也。而此書又特詳于謹罰一事。蓋殷民習惡，梗化弗順，況當叛亂之餘，人心方未帖息，犯法必衆。使任君國之寄者不閑于典憲，則輕重上下一以意爲之，而民愈無所措手足矣。出司寇而臨商民，非尚刑也，乃聖人好生之至仁，所以處商民之深旨也。「敬明」二字即謹罰之要。不敬則慢忽，不明則蔽于是非，何由能謹？然所謹罰者，則尤莫重于生殺，莫難于疑似，故首明「小罪非眚」「大罪非終」兩端以誥之。

王曰：「嗚呼，封！有叙，時乃大明服，惟民其勑懋和。若有疾，惟民其畢棄咎。若保赤子，惟民其康乂。非汝封刑人殺人，無或刑人殺人；非汝封又曰劓刵人，無或劓刵人。」

此節雖再更端，而實承上文。有叙者，言可殺不可殺之叙，輕重上下，秩然不紊也。

王曰：「外事，汝陳時臬司，師茲殷罰有倫。又曰要囚，服念五六日，至于旬、時，丕蔽要囚。」王曰：「汝陳時臬事，罰蔽殷彝，用其義刑義殺，勿庸以次汝封。乃汝盡遜，曰時叙，惟曰未有遜事。已，汝惟小子，未其有若汝封之心。朕心朕德，惟乃知。凡民自得罪，寇攘姦宄，殺越人于貨，暋不畏死，罔弗憝。」

兩著「王曰」，本合作兩節看。詳玩前面首提「外事」而曰「汝陳時臬司」，後面直曰「汝陳時臬事」，則是雖分兩節，其實皆主外事而言也。外事者，衛國之事也。臬者，射之准的，故謂法曰臬也。臬司者，主法之官也。臬事者，麗法之事也。又曰，語接上文也。要者，要約也。要囚，猶言已結正之囚。服，用也，謂罪囚雖已如殷法結正，須用審思。夫此心人人所同，何謂未有若康叔之心者？他人昏之，而康叔覺之；他人失之，而康叔全之，所以不若歟。惟無若康叔之心，故周公之心之德，惟康叔知之。嗚呼，康叔亦甚高矣！上文兩節拳拳欲用殷罰者，只爲殷民未諳周之典憲，故就以其法治之，此聖人忠厚之意，最要體認，最不可不仔細。所以最難其人，不是有康叔之心，又知得周公之心，周公亦不付託，康叔亦如何承當。若夫「罔弗憝」者，雖不用殷罰可也。舉此一例，正是提醒康叔所以用殷罰之意。

王曰：「封！元惡大憝，矧惟不孝不友。子弗祇服厥父事，大傷厥考心；于父不能字厥子，乃疾厥子。于弟弗念天顯，乃弗克恭厥兄；兄亦不念鞠子哀，大不友于弟。惟弔兹，不于我政人得罪；天惟與我民彝大泯亂。曰乃其速由文王作罰，刑兹無赦。不率大戛，矧惟外庶子訓人，惟厥正人越小臣諸節，乃别播敷，造民大譽，弗念弗庸，瘝厥君。時乃引惡，惟朕憝。已，汝乃其速由兹義率殺。亦惟君惟長，不能厥家人，越厥小臣、外正，惟威惟虐，大放王命，乃非德用乂。汝亦罔不克敬典，乃由裕民，惟文王之敬忌乃裕民，曰：『我惟有及，則予一人以懌。』」

此節專論天倫之罪，萬世大法所不赦，却不拘于殷罰，一斷之以文王之罰刑可也。明于五刑，以弼五教，聖人立罰，正爲明倫而設，所以于此發明最爲詳密。然須分作三截看方明白。自「元惡大憝」而下，是言民之泯亂天倫，康叔不可不速治。自「不率大戛」而下，是言諸臣不訓民以天倫，反違道干譽，上病其君，康叔亦不可不速治。自「亦惟君惟長」而下，是言君長不自正其天倫，反與諸臣爲惡，放棄王命，康叔則不可不反求諸己。曰「民彝」，曰「大戛」，曰「家人」，曰「敬典」，皆是言天倫一事。始訓專説民，次及臣之病君，又次及君之放王命，一節遡一節，然後却本諸風化之原，歸宿在康叔身上。次第分剖，文義曉白，聖人立言，其精密矣哉！子之初生，以帛鞠斂之，故曰鞠子。始言不孝不友，下文乃兼不慈不恭言之者，蓋總提孝、友之兩端，則慈、恭在其中矣。已而條陳之，故具言也。觀此節者須看「惟吊兹」句與「刑兹無赦」相應，方識得聖人之意。惟其罪已至此，所以無赦，此乃據所犯而言，却不是説敷教也。戛，常也。大戛，即天倫之大常也。「外庶子訓人」者，訓公族之官，以其在衛，故曰「外」；以其職在訓人，故曰「訓人」。正人，即庶官之正長。小臣諸節，謂小臣之有符節，爲官行文書者。若大若小，皆于康叔分任化民之責者也。速由兹義，蓋指言此文王作罰刑之義也。小臣外正，即上文小臣諸節與正人、外庶子也。周公謂汝康叔亦自無不能敬典矣，乃由此典以裕民可也。一「裕」字，正周公化商民之深旨。康叔敬典，固可由此以裕民，又須惟文王之敬忌可也。大凡人之不及前聖者，皆生于不敬，而敗于無所忌。敬則知勉，忌則有所畏而不敢違。敬忌二字，正是夾持康叔敬典之繩墨。乃寬裕其民，而念念自期曰：惟我欲有及于文王，如是則予一人以爲懌矣。此節專以文王爲法。速由者，所以正其罪；敬忌者，所以正其原。曰憝、曰懌之不同，曰速、曰裕之有異，陽開陰闔，秋殺春生，道并行而不相悖也。自「敬明乃罰」至此，皆謹罰之事。

王曰：「封！爽惟民迪吉康。我時其惟殷先哲王，德用康乂民作求。矧今民罔迪不適，不迪則罔政在厥邦。」

此書綱領在法文王明德謹罰。言明德謹罰，可謂明備矣，此節乃拳拳乎一「迪」字。迪者，所以導之，使知所趨也。昏愚之民，日顛倒乎凶危之境，亦惟上之人有以迪之耳。周公謂康叔，今日分明惟在迪民于吉康。迪之如何？曰德而已。我時復思念殷先哲王，專是用德安治其民，以作民之所求。况今殷民習亂梗化，又非前日之比，無以迪之，則冥然莫知所適從。若不能迪，則無以爲政矣。

王曰：「封！予惟不可不監告汝德之説于罰之行。今惟民不静，未戾厥心，迪屢未同。爽惟天其罰殛我，我其不怨。惟厥罪無在大，亦無在多，矧曰其尚顯聞于天。」

前面明德謹罰，大概都是作兩項開陳。上節論「民迪吉康」既專以殷先哲王之德爲説矣，又恐康叔將德罰分作兩事看，則大不可。皋陶爲士，實邁種德。吕刑云：「朕敬于刑，有德惟刑。」古聖憫斯人横罹凶害，以傷其生，故立之罰，以輔教化之所不逮。是故罰即所以爲德，非德自德、罰自罰也。後世德不足而罰是用，是罰而已，不復知有德矣，豈不甚可歎哉。周公于是將明德謹罰通作一事言之，最爲緊切，故曰「予不可不監告汝德之説于罰之行」。監告者，言監觀古昔，告汝以德之説，以行其罰也。且殷民不静，固是難化，然其本心實未嘗乖戾，但道迪屢屢之功未至于同，所以不静耳。若到同處，即是斯人同然之心，習惡消除，本心固自無恙，何乖戾之有。然則康叔今日行罰，無非道迪之妙，豈可非德而妄用也。且如分明上天以罰殛我，我甘受之，必無所怨。罰出于天，即〔一〕以德行罰之謂。若吾之罰如天之罰，則民安得而怨也。夫民之罪無在大與多，况曰其尚顯聞于天，則是吾之罰即所以行天之罰，又可非德而妄用乎？

〔一〕「即」字文淵閣本作「以」。

王曰：「嗚呼！封，敬哉！無作怨，勿用非謀、非彝。蔽時忱，丕則敏德，用康乃心，顧乃德，遠乃猷，裕乃以民寧，不汝瑕殄。」王曰：「嗚呼！肆汝小子封，惟命不于常，汝念哉！無我殄享，明乃服命，高乃聽，用康乂民。」王若曰：「往哉，封。勿替敬典，聽朕告，汝乃以殷民世享。」

此下乃「德之説」。前面文王明德、殷先哲王德既告之詳矣，至此方是指康叔丕則工夫實用力處，正所謂「德之説」也。上文「我其不怨」至「矧曰其尚顯聞于天」，辭旨未盡，于是遂歎曰無用非德之罰以作民之怨也。小民難保，怨最易生，怨詈咨嗟，乃其常態。然有以作之，則大不可。蔽，斷也。斷者，決定不易之辭也。本心所發，未嘗不誠，惟不能斷，是以所見不定，所守易摇。惟斷此誠，方有力量，方能丕則敏德。丕則如何？用康乃心是也。禹曰：「安汝止，惟幾惟康。」康心之功，日用融怡，蒙養冥升，非思非爲，然不可不省察也。時時省察，則觀過精微，鞭勉不懈。不康必不能顧，不顧則易于不康，此日用工夫，不可須臾偏廢者。若夫出而臨民，見之行事，其謀猷則又不可不遠。服，即孟侯之服。我所以命汝此服者，果爲何事？汝宜明我服命之本旨，高汝之聽而用以安治殷民可也。「用康乂民」與「裕乃以民寧」相應而言也。「丕則敏德」至此發揮已盡，于是復申敬典之訓。前所謂「爾亦罔不克敬典」，則敬典者乃康叔所已能也。雖然，汝之往也，勿替此敬典可也。以終一篇之意。非德之外他有所謂典也，即所以爲德也。此書以明德謹罰爲綱領，及至篇末，自敏德之外無餘説，又其末也，自敬典之外無餘德。曰「不汝瑕殄」，曰「無我殄享」，曰「乃以殷民世享」三節，語脈聯貫不斷。前面止提大放王命而不罰，至此三語方發揮盡，都只歸宿在敬典上，所以警康叔者深矣。

融堂書解卷十三

宋　錢時　撰

酒誥

王若曰：「明大命于妹邦，乃穆考文王，肇國在西土。厥誥毖庶邦庶士越少正、御事朝夕曰：祀兹酒。惟天降命，肇我民，惟元祀。天降威，我民用大亂喪德，亦罔非酒惟行，越小大邦用喪，亦罔非酒惟辜。文王誥教小子：『有正有事，無彝酒，越庶國，飲惟祀，德將無醉。』惟曰：我民迪小子，惟土物愛，厥心臧，聰聽祖考之彝訓，越小大德，小子惟一。妹土嗣爾股肱純，其藝黍稷，奔走事厥考厥長，肇牽車牛，遠服賈，用孝養厥父母。厥父母慶，自洗腆，致用酒。庶士有正越庶伯君子，其爾典聽朕教。爾大克羞耇，惟君，爾乃飲食醉飽。丕惟曰：爾克永觀省，作稽中德，爾尚克羞饋祀，爾乃自介用逸，兹乃允惟王正事之臣，兹亦惟天若元德，永不忘在王家。」

此書以德爲主，首云「用大亂喪德」，云「德將無醉」，曰「越小大德」，曰「作稽中德」，曰「天若元德」，曰「經德」，曰「助成王德」，曰「惟德馨香祀」，德字是一書之元氣。苟進德矣，百邪路斷，何獨不醉于酒哉。小子，民之子孫也。文王誥教其民之子孫，有官以糾正之，有農業以勸相勤動之，周公于是敷暢文王之旨以誥康叔。自「惟曰」而下，本「教小子，無彝酒」之旨而言也，説者因「妹土嗣爾股肱純」之語，遂謂「我民迪小子」至「小子惟一」皆文王之言，殊不知上面文王誥民與庶國兩個話頭已整整結斷，若又再説「迪小子」，不特失之重複，且只言民而不言庶國，則太偏矣。「其藝黍稷」之語，正是接連「我民迪小子」一段話，直至「自洗腆，致用酒」，旨意方足。細玩繹之，其理甚明。周公謂文王教小子「有正事，無彝酒」，我今日亦惟曰「我民迪小子，惟土物愛，厥心臧」耳。此「惟曰」與下文「丕惟曰」照應，皆周公特語。迪即教也，「惟土物愛」即有事也，民事非君上所能教，惟使我民自教其子孫服田力穡，一惟土物自愛，則其心乃善也。妹土前日亂于三監，皆吾兄弟、吾手足也。今繼之以爾康叔，乃手足之純德者，可不敬承乎。提此一語，所以警康叔之聽。其民之種藝服賈以養父母，乃致用酒。文王誥教庶國，惟因祭祀乃得飲酒。飲酒，受胙也。飲福受胙，非庶民之事，惟孝養得用酒耳。上文教小子，則責在民之祖父，若表率諸臣，則責即全在康叔以身先之，故曰「其爾典聽朕教」。典，主也。諸臣通得飲者，惟飲福受胙一事。然國君養老却不在此限，故先表出此條，然後方明祀飲之教。下文再提「丕惟曰」，所以別之也。周公謂康叔若大能行養老之禮，則惟國君得行，非諸臣所可爲者。爾乃飲之食之，至于醉飽。禮，執醬、執爵、割牲、奉俎是也。夫醉飽正是今日所忌，曷爲以此開之？蓋老者，邦之耆德。至醉至飽，乃尊事之禮當然，此外祀飲則「德將無醉」矣。介者，「介于石」之介，介然自守，不爲外物遷動之名也。先儒介訓大，謂爾乃自大用逸，深不安。此書專以用逸爲戒，如曰「不敢自暇、自逸」，如曰「自息乃逸」，如曰「罔愛于殷，惟逸」，因祀飲而用之，以爲逸豫之端，豈德將無醉之義乎。康叔自介于用逸，則爾身克正，罔敢不正，如此乃信可爲王正事之臣。爾之元德，天亦順之，使爾長享國祚，永不忘王家。始于作稽，終于天若，正聖學精的工夫。以上發明德將無醉之旨，定爲康叔君臣得飲酒者之成式也。此即始終兩個話頭皆本諸文王爲衛國之法，所謂「明大命于妹邦」者如此。

王曰：「封！我西土棐徂邦君、御事、小子尚克用文王教，不腆于酒，故我至于今克受殷之命。」

上節既專以文王作準的，使康叔明大命于妹邦矣，于此乃再把文王提醒上文之意，謂我肇國在西土，特一方伯耳。輔往日之邦君、御事，尚能用文王之教，不敢腆于酒。今我周家有天下，而可不用我家教以從文王之教乎。（按此一節解，原本錯置上節解之首，今依經文更正。）

王曰：「封！我聞惟曰：在昔殷先哲王，迪畏天顯，小民經德秉哲，自成湯咸至于帝乙，成王畏相，惟御事，厥棐有恭，不敢自暇自逸，矧曰其敢崇飲？越在外服，侯、甸、男、衛、邦伯；越在内服，百僚、庶尹、惟亞、惟服、宗工，越百姓里居，罔敢湎于酒，不惟不敢，亦不暇。惟助成王德顯，越尹人祗辟。我聞亦惟曰：在今後嗣王，酣身厥命，罔顯于民，祗保越怨不易。誕惟厥縱，淫泆于非彝，用燕喪威儀，民罔不衋傷心。惟荒腆于酒，不惟自息乃逸。厥心疾狠，不克畏死。辜在商邑，越殷國滅，無罹。弗惟德馨香祀，登聞于天。誕惟民怨，庶群自酒，腥聞在上，故天降喪于殷，罔愛于殷，惟逸。天非虐，惟民自速辜。」

上文既言西土教行，不腆于酒，故我有周克受殷命矣。于是遂歷陳殷之興亡皆嗜酒與不嗜酒之故。「我聞惟曰」者，言我之所聞惟只如此，更無他説，所以專康叔之聽也。「經德秉哲」不是兩事，此正是「迪畏」實用力處。上專言御事，而此言百僚，蓋指御事而下百官也。此書從頭皆兼臣民而言，上文自御事至百姓，此云庶群，皆兼言臣民也。前面只説紂結怨于民，如何到此却專説「民自速辜」？若沈湎止紂一身，風俗猶未敗壞，只緣淫酗肆虐，臣下化之，是妹土之俗悉化而爲紂矣，乃始降喪。周公于此只把「民自速辜」來説，正切今日酒誥化商之意，則臣在其中。

王曰：「封！予不惟若茲多誥。古人有言曰：『人無于水監，當于民監。』今惟殷墜厥命，我其可不大監撫于時？予惟曰：汝劼毖殷獻臣侯、甸、男，衛，矧太史友、内史友，越獻臣百宗工。矧惟爾事服休服采，矧惟若疇，圻父薄違，農父若保，宏父定辟。矧汝剛制于酒。厥或誥曰『群飲』，汝勿佚，盡執拘以歸于周，予其殺。又惟殷之迪，諸臣惟工乃湎于酒，勿庸殺之，姑惟教之。有斯明享，乃不用我教辭，惟我一人弗恤弗蠲，乃事時同于殺。」王曰：「封！汝典聽朕毖，勿辯乃司民湎于酒。」

先儒謂諸侯有太史而無内史，惟天子則有内史。春秋三十年稱鄭使太史命伯石爲卿，又齊太史書崔杼事，晉太史書趙盾事。齊有南史，魯有外史，楚有左史，諸國并無内史，則知此太史、内史皆殷之故臣，故康叔視之爲友也。繼言及獻臣百宗工，以此見得同是説殷賢臣無疑。若下文「爾事」「若疇」，則指康叔之臣而言矣。百宗工，百僚之尊官。此云獻臣之爲百宗工，則前云獻臣之爲諸侯又明矣。堅固戒謹賢臣之爲侯、甸、男、衛之君者，康叔任居方伯，統率諸侯，故首及之。此書首言文王在西土，誥毖庶邦庶士，正是舉此爲康叔作例子。文王云「誥毖」，而此云「劼毖」者，蓋當時沈湎之俗敗壞已甚，康叔戒謹此事，若非用力堅固，豈易轉移。然必曰「獻臣」，何也？賢者轉移，爲之表倡，則其餘可次第而化矣。殷之諸臣因紂導迪沈湎者，乃舊習使然，未必皆諸臣之罪，此勿殺，姑惟教之。教之如何？「有斯明享」是已。斯指酒而言，謂世有此物，蓋爲明潔享祀之用，非爲湎而設也，爾輩豈可縱飲乎。此正文王「祀兹酒」之訓，上文命康叔劼毖，又曰殺，明示典憲，森乎其甚嚴矣。至篇末却全責康叔典聽朕毖，令勿罪民。前言「我民迪小子」，而庶士庶伯乃命康叔典聽朕教，此則併與民湎于酒可也。風化所自，其責有歸，上行下效，其應如響。既曰我之所司矣，豈可但委其罪于民乎。此二語結盡一書大旨，備見聖人忠厚之意。

梓材

王曰：「封！以厥庶民暨厥臣達大家，以厥臣達王惟邦君。汝若恒越曰：『我有師師、司徒、司馬、司空、尹旅。』曰：『予罔厲殺人。』亦厥君先敬勞，肆徂厥敬勞。肆往，姦宄、殺人、歷人，宥；肆亦見厥君事，戕敗人，宥。王啓監，厥亂爲民，曰：『無胥戕，無胥虐，至于敬寡，至于屬婦，合由以容。』王其效邦君越御事，厥命曷以，引養引恬，自古王若兹監，罔攸辟。惟曰：『若稽田，既勤敷菑，惟其陳脩，爲厥疆畎；若作室家，既勤垣墉，惟其塗塈茨；若作梓材，既勤樸斲，惟其塗丹雘。』今王惟曰：先王既勤用明德，懷爲夾，庶邦享作，兄弟方來，亦既用明德。后式典集，庶邦丕享。皇天既付中國民越厥疆土于先王，肆王惟德用，和懌先後迷民，用懌先王受命。已，若茲監。惟曰：欲至于萬年，惟王子子孫孫永保民。」（案：梓材解永樂大典原闕。）

召誥

成王在豐，欲宅洛邑，使召公先相宅，作召誥。

此書作于甲子「庶殷丕作」以後，周公復辟定論之初也。而序獨云「使召公先相宅，作召誥」者，蓋相宅作誥實一事之始末，舉其端則可以概見矣。如洛誥一書止遣使來告卜，亦此例也

惟二月既望，越六日乙未，王朝步自周，則至于豐。惟太保先周公相宅。越若來三月，惟丙午朏。越三日戊申，太保朝至于洛，卜宅。厥既得卜，則經營。越三日庚戌，太保乃以庶殷攻位于洛汭。越五日甲寅，位成。若翼日乙卯，周公朝至于洛，則達觀于新邑營。越三日丁巳，用牲于郊，牛二。越翼日戊午，乃社于新邑，牛一、羊一、豕一。越七日甲子，周公乃朝，用書命庶殷侯、甸、男邦伯。厥既命殷庶，庶殷丕作。

自「旅王若公」以後方是誥辭。此一節乃史氏紀營洛次第，以明召誥之所由作也。洛邑乃周公建議，而序云成王，何哉？蓋宅洛非周公一己之謀，實周家一代宗祀之計，亦猶黜殷命、伐管蔡而例書成王，皆所

以明周公之心也。丙午越三日戊申，戊申越三日庚戌，庚戌越五日甲寅，乙卯越三日丁巳，戊午越七日甲子，皆連本日算，與武成書法不同。必先書「既望」者，朔、望乃一月之綱領，先書「既望」，而後月亦先書「朏」，史氏紀日之法也。用牲于郊，以告天。「牛二」者，以后稷配，故禮有郊牛、有稷牛。祭社于新邑，以告地。「牛一、羊一、豕一」者，備物禮之也。郊亦新邑，舉社則郊可知。康誥言五服，此所命止侯、甸、男之邦伯者，豈采、衛地遠，故役不及之歟。是役也，專用殷民從事，極有深意。四國作亂，殷民沈迷梗化，使之奔走服役，庶嘗視儀聽唱，調服于聖人之化，乖戾自應潛消，此最見措置之妙。

太保乃以庶邦冢君出取幣，乃復入錫周公，曰：「拜手稽首，旅王若公。誥告庶殷越自乃御事：嗚呼！皇天上帝，改厥元子，茲大國殷之命，惟王受命，無疆惟休，亦無疆惟恤。嗚呼，曷其奈何弗敬！天既遐終大邦殷之命，茲殷多先哲王在天，越厥後王後民，茲服厥命厥終，智藏瘝在。夫知保抱攜持厥婦子以哀籲天，徂厥亡，出執。嗚呼！天亦哀于四方民，其眷命用懋，王其疾敬德。

「誥告庶殷越自乃御事」，句法與「盤庚斅于民由乃在位」同。詳觀此書，專以敬德爲主，始終無非警戒成王，而云「誥告庶殷越自乃御事」，何耶？召公當庶殷丕作之後，歷陳夏、商興亡之故，與今王祈天永命之實，正將開釋群疑，慰答衆望。雖主爲成王而發，亦因以普告庶殷，使之莫不曉然、明白洞達也。知得此意，方識一書大旨。成王在豐，不聞至洛，而此書「旅王」，則又似在洛矣。先儒往往疑焉。及觀成王有謂「公不敢不敬天之休，來相宅」，周公亦曰「孺子來相宅」，正是營洛之始，若不皆在洛中，何以謂之來也？即曰「來」矣，而又有「往新邑」「汝往敬哉」之語，復將安往乎？幣者，諸侯之贄。旅者，「庭實旅百」之旅。錫猶「師錫帝曰」之錫。周公既命殷庶而庶殷丕作，此時庶邦冢君皆已入見，在王所矣。召公乃率之以出，取所贄幣，乃復入與周公曰「敢拜手稽首，旅王及公」，仍以所誥告于庶殷越自乃御事。始此數語乃召公將陳告辭，先自叙其大旨如此也。禮，諸侯朝王于廟既畢，出，復束帛加璧入享，謂之幣。既致于王，畢，復奉束帛以請覿，大夫之私相見也，亦謂之幣。周公攝政與常禮不同，故特先告之，而又與王同時并旅。然必旅王而後及公者，是則君臣之大分也。越自乃殷之御事，乃者，指殷而言，由殷御事以達殷民也。看得殷民難化，御事實倡之，乃自御事，甚得其要，故後又有「王先服殷御事」之言。「惟休」「惟恤」，此二語正是爲後面興亡之變張本，總提一書之綱領也。「天既遐終」而下，又申言天所以改殷命，與今王所不可不敬之旨。遐終即永終也。前止言「奈何弗敬」，而此言「敬德」，方是指成王實用力處。召公于此著一「疾」字，警策極有力。昔告武王，首言「慎德」，今告成王，專言「敬德」，敬既慎也。于慎德則曰「夙夜罔或不勤」，于敬德則曰「疾此」，召公平時進學，日用自得之妙，凡書二篇無非此旨，可想見其人之誠篤矣。

「相古先民有夏，天迪從子保，面稽天若，今時既墜厥命。今相有殷，天迪格保，面稽天若，今時既墜厥命。今沖子嗣，則無遺壽耇，曰其稽我古人之德。矧曰其有能稽謀自天。嗚呼！有王雖小元子哉，其丕能諴于小民。今休，王不敢後，用顧畏于民碞，王來紹上帝，自服于土中。旦曰：『其作大邑，其自時配皇天，毖祀于上下，其自時中乂。王厥有成命治民。』今休，王先服殷御事，比介于我有周御事，節性惟日其邁，王敬作所，不可不敬德。

上節既明休恤之兩端，專提殷之所以亡，以勉成王疾敬德矣。此節又兼提夏、商興亡之變，以明今曰宅洛致休之道，而復歸宿于成王之敬德也。首獨及禹者，蓋唐、虞禪，不可以世代興廢言，至禹而後傳諸其子，此世代相傳之始也，故曰「迪從子保」。「面稽天若」，面面稽考，天無不順。湯不傳子而傳孫，故不言「從子」，而但言「天迪格保」。格，至也，開迪而保佑之者甚至也。今成王更無他説，則惟在乎無遺棄老成人之言而已。蓋曰老成之人其稽考于我者實古人之德，言能以古人之德責望于我也，况曰有能稽考其謀本之于天者乎。元子，上帝之元子也，與「改厥元子」同。「其作大邑」下三個「其」字，當是將營洛時有此議，是周公定論如此，正所謂壽耇之言也，可遺棄乎。人主者，卿大夫之儀表，比介于我周御事，固甚善。而本源之地，則又在成王當敬爲之所可也。其所如何？惟不可不敬德而已。

「我不可不監于有夏，亦不可不監于有殷，我不敢知曰有夏服天命，惟有歷年。我不敢知曰不其延。惟不敬厥德，乃早墜厥命。我不敢知曰有殷受天命，惟有歷年。我不敢知曰不其延。惟不敬厥德，乃早墜厥命。今王嗣受厥命，我亦惟茲二國命，嗣若功，王乃初服。嗚呼！若生子，罔不在厥初生，自貽哲命。今天其命哲，命吉凶，命歷年。知今我初服，宅新邑，肆惟王其疾敬德。王其德之，用祈天永命。其惟王勿以小民淫用非彝，亦敢殄戮用乂民。若有功，其惟王位在德元，小民乃惟刑用于天下，越王顯。上下勤恤，其曰我受天命，丕若有夏歷年，式勿替有殷歷年。欲王以小民受天永命。」

上節止提夏、商興亡之變，却未及其所以然之故。至此方極言二代之歷年墜命，全在敬德與否，以勉成王之疾敬德，尤更深切矣。我不可不監于夏、殷，乃承上文「不可不敬德」之語，謂當觀二代，爲今日敬德之實證也。下文四言「我不敢知」，説者殊無的論。要之，須看得與四個「惟」字相應，其旨方明耳。服猶被也，亦受之謂也。召公謂二代被受天命，非我所敢知也；惟有歷年之永，此則可知也。不使二代之祚更延，非我所敢知也；惟不敬其德，乃至于早墜其命，此則可知也。觀不德之早墜厥命，則歷年之爲敬德也昭昭矣。厥者，其也，指夏、商也。言今成王嗣受其命，非徒嗣其命也，我亦惟此二國之命而嗣功耳。功者何？敬德歷年是已。伊尹告太甲于元年，而曰「嗣厥德，罔不在初」。召公告成王于復辟，亦曰「嗣若功，王乃初服」，謹始之義也。細玩初服之語，則知周公復辟是時當已有定議。洛誥首陳「朕復子明辟」，直是往反數四，而後成王方有「予小子其退，即辟于周」之言。觀此則知洛誥作于十二日乙卯告卜之時，而召誥在二十一日甲子以後，甚明。「嗚呼」而下，發明初服之意也。今天于成王其殆命之以哲矣，命之以吉凶矣，命之以歷年矣，何者？天固知我今日初服大政，宅都新邑，而上三者皆于此初而命之，如子之初生也。天命永短，全在小民身上，敬德功夫豈容緩乎。此言與「王其德之，用祈天永命」正相應，德之所以能祈天永命，正以小民之故也。一篇大旨至是發揮方盡。古惟言民，而召公專言小民，尤更有味也。

拜手稽首曰：「予小臣敢以王之讎民、百君子越友民，保受王威命明德。王末有成命，王亦顯。我非敢勤，惟恭奉幣，用供王能祈天永命。」

前云「錫周公曰拜手稽首」者，乃致敬之言也。此云「拜手稽首曰」者，方是致敬作禮也。德威爲畏，德明爲明，有是德自然有是威。脩之于身，則爲明德，用之于民，則爲威命，一也。前所謂「王厥有成命」，至是不特有之而已，且將終有此成命，而王亦與有光顯也。或曰：聖人之化一視同仁，召公曷爲分別讎友？曰：攻位賦役，則專用殷庶，則自乃御事，又王先服殷御事，所以致意殷之臣民者，正爲調其叛亂反側之情也。召公于此特拈出一「讎」字，警成王者深矣。王若敬德，則讎者可使友，不然，則若民、若百君子讎我之心終然未泯，而乘閒伺隙于下者，豈止于不友而已哉。召公此日乃因奉幣而致誥，于是復明奉幣之故，歸宿一篇之始末。謂我非敢勤勤然惟止供奉幣而已，蓋用以供之于王，欲王能祈天永命也。非謂供幣即能祈天永命，此幣乃召公合庶邦冢君之禮敬，以達其誥戒之誠，不徒在乎幣，而在乎王之疾敬德也。敬德之旨，節節已備，且此語承「威命明德」之下，故止以「祈天永命」爲言。

融堂書解卷十四

宋　錢時　撰

洛誥

召公既相宅，周公往營成周，使來告卜，作洛誥。

周公拜手稽首，曰：

義同召誥。

「朕復子明辟，王如弗敢及天基命定命，予乃胤保，大相東土，其基作民明辟。予惟乙卯，朝至于洛師。我卜河朔黎水，我乃卜澗水東，瀍水西，惟洛食；我又卜瀍水東，亦惟洛食。伻來以圖及獻卜。」

此使來告卜時，周公面告成王之語也。公與成王皆拜手稽首，其以復辟重大，故致敬盡禮而言之歟。伊尹、太甲亦是復辟時始有此禮數。夫宅洛固武王意也，四方朝聘貢賦，道里固均也，而區處商民則誠當時第一急務。商民未有所處，則周公職分猶是未了，豈可委而去之乎。卜洛既定，則康叔可封，頑民可遷，而大誥之治可究竟，所以告卜之始首言「復子明辟」，此其本志歟。復猶反也，還也，謂我當還汝明君之政，即伊尹「復政厥辟」之謂也。先儒謂有失而後有復，成王與太甲之放不同，不當言復辟，此復乃「說復于王」之復，猶言復命也。殊未安。若然，則云「復子」足矣，何以又云「明辟」也？周公之于成王止呼曰「沖子」、曰「孺子」、曰「子」，未嘗有「明辟」之稱。所謂「復」者，言昔居攝而今復于成王云耳。謂之「復命」固不可也。且復辟之義具有實證。周公首言「朕復子明辟」，後遂云「茲予其明農哉」，是欲復辟而告歸也。成王云「公明保予沖子」，又云「其退即辟于周」，「即辟」與「復辟」正相應，不欲其歸而許其復也。周公後又云「四方新辟」，非復則何以謂之新？況「復子明辟」之下曰「王如弗敢及天基命定命，予乃胤保」者，正是原當時攝政之故；曰「大相東土，其基作民明辟」者，正是述今日歸政之旨。謂之不言「復辟」，可乎？基命定命之任，成王實未足以當此。「如弗敢及」云者，言成王若有所不敢及。然周公婉其辭而言也，惟成王如不敢及，故我乃歸攝嗣其事而保安之。我指我國家而言，即「比介于我周御事」之我，非周公自謂也。召公先往相宅，而首卜河北之黎水，以其去殷爲近故也。澗水之東即瀍水之西，卜皆不吉，而龜兆惟食于洛。又卜瀍水之東，而龜兆亦食于洛。「伻來以圖及獻卜」，言今使者以地圖并卜來獻，是周公與使將神之命也。而周公則因卜宅已定，而陳復辟告歸之旨也。

觀此一書，皆周公告成王，親相往復。度其事理，則告卜之使，又決非丁巳、戊午奏告天地之後，周公與使偕來王所，復何疑哉。

王拜手稽首，曰：「公不敢不敬天之休，來相宅。其作周匹休，公既定宅，伻來，來視予卜休，恒吉。我二人共貞。公其以予萬億年敬天之休。」拜手稽首誨言。

此成王致敬盡禮以答周公之告卜也。使者來而公亦來，視我所卜之休，卜休即天休也。然既曰「來相宅」，則〔一〕自鎬至豐而來洛矣。及〔二〕言告卜則又曰「伻來」，愚是以灼知洛之近地必別有次舍爲王留行之所，所以兩個「來」字義不相妨。後又云「孺子來相宅」，則成王見在所告卜處非豐非鎬甚明。「二人共貞」正答周公復辟之語，未明言復辟可否，而暗寓留公之意也。或曰：「敬天之休」何以云「萬億年」乎？曰：成王此見正是其學問大進處。人皆知目前敬爲敬，而不知窮天地、亘古今而此敬未嘗泯也。周公一旦委之而去，使成王德義不能有終，則敬天休爲有間斷矣。斷斷曰「公其以予」，是全以此事倚在周公也。

「拜手稽首誨言」者，重致敬盡其禮，求周公誨之以言也。

周公曰：「王肇稱殷禮，祀于新邑，咸秩無文。予齊百工，伻從王于周。予惟曰：『庶有

〔一〕「則」字文淵閣本作「是」。
〔二〕「及」字文淵閣本作「又」。

事。』」今王即命曰：『記功宗，以功作元祀。』惟命曰：『汝受命篤弼，丕視功載，乃汝其悉自教工。』孺子其朋，孺子其朋。其往無若火始燄燄，厥攸灼叙，弗其絶。厥若彝及撫事如予，惟以在周工往新邑。伻嚮即有僚，明作有功，惇大成裕，汝永有辭。」

此周公承成王誨言之命而以此教之也。周指鎬京，宗伯掌祀，故曰宗。下言「惇宗將禮」，言「未定于宗禮」，皆謂宗周也。周公謂成王今日最先且當舉行盛禮，祀于新邑，雖于祀典無明文者，皆秩序而祭之。先儒謂昭假上下，報賜祈休，固是。然以愚觀之，周公之意却專主在「咸秩無文」上。蓋人臣有功，紀于太常，祭于大烝，最是聖人激勸勞績、收合人心第一急務。成王幼沖嗣立，數年之間，更罹變故，此等典俱未暇舉行。成王請誨言，而周公首勉之，以此爲遷都第一事，其意深矣。故下文即自謂予之整齊百工，使之服從王于鎬京也。予惟曰庶幾盡其職分，各有事功耳。今日成王事體却不同，宜即下命曰：記載臣功于宗伯，以其功之差次而作爲大祀可也。周公「咸秩無文」，意正在此。孺子其殆私我爲朋黨乎？爲弊有不可勝言者。成王有「二人共貞」之言，周公此語所以廣之。

公曰：「已！汝惟沖子惟終，汝其敬識百辟享，亦識其有不享。享多儀，儀不及物，惟曰不享。惟不役志于享，凡民惟曰不享，惟事其爽侮。乃惟孺子頒朕，不暇聽朕教汝于棐民彝，汝乃事不蘉，乃時惟不永哉。篤叙乃正父，罔不若，予不敢廢乃命。汝往敬哉！茲予其明農哉！彼裕我民，無遠用戾。」

周公上節既教成王以報功任官之詳矣，于是又教之以懷服諸侯之道，皆往新邑之先務也。此節先儒往往作兩截看，謂止「惟事其爽侮」是論百辟之享不享，止「無遠用戾」是論教養民，殊未安。此節乃是專言懷諸侯，須看得「惟終」與「惟不永」相應，「惟事其爽侮」與「無遠用戾」相應，方見得首尾，而其本領却主在「棐民彝」上也。若分作兩截，則是徒論百辟之享不享，至爽侮以後，竟無所歸宿，雖識之何益哉。所貴于識者，正是欲知所用力之地耳。頒，言寵錫也。蘉，勉也。諸侯叛服之機，惟享不享見之，是最要能識。惟敬則明，明則情僞無所不照。汝孺子乃惟切切寵錫于我，而不暇聽我所以教汝者棐輔民彝，乃是汝不知自勉，此豈長治久安之道也哉。汝但就民上留心，不可倚靠乎我，往彼新邑，能裕我民，則諸侯無遠而不順矣。何謂「裕」？棐彝是也。周公此兩節皆是欲復辟告歸，拳拳以此屬付成王，令其自理會之意。曰「如予」、曰「若予」，大抵使之遵守其舊也。

王若曰：「公明保予沖子。公稱丕顯德，以予小子揚文武烈。奉答天命，和恒四方民，居師。惇宗將禮，稱秩元祀，咸秩無文。惟公德明光于上下，勤施于四方，旁作穆穆，迓衡不迷，文武勤教，予沖子夙夜毖祀。」

此下「王曰」四節，節節與上文周公之言相應。此節大旨在「明保」二字，而「稱秩元祀，咸秩無文」

則專答周公「祀于新邑，咸秩無文」及「以功作元祀」之意也。「咸秩無文」一如周公所稱可也。

王曰：「公功棐迪篤，罔不若時。」

此節言其功之惇厚，而所施皆順也。

王曰：「公，予小子其退，即辟于周，命公後。四方迪亂，未定于宗禮，亦未克敉公功，迪將其後，監我士師工，誕保文武受民，亂爲四輔。」

此節方是許周公復辟，將命其後以報其功也。公之意欲成王即記功宗，以功作元祀，不可但歸美于我。成王則謂論功行封，公爲第一，宗伯所定，宜莫先焉。豈獨追報已亡，從祭于大祀而已哉。「宗禮」即宗伯所掌之理，所以答「記功宗」之語也。師工，衆官也。「監我士師工」言以工爲士大夫之監，所以答「乃汝其息〔一〕自教工」之語也。成王是時在洛之近地，故呼公而言我小子其將退還鎬京，乃即君政，而命公之後爲諸侯乎。觀「其退」二字，則洛誥不作于鎬京甚明。説者不悟其非鎬，而謂退朝即辟，甚無義也。成王所以特欲命公之後者，何也？是時四方始迪于治，尚未定宗伯之禮，所以亦未能安撫周公之功。蓋「大宗伯以九儀之命正邦國之位，一命受職，再命受服，三命受位，四命受器，五命賜則，六命賜官，七命賜國，八命作牧，九命作伯」，公爲太師，位極人臣，不可復加。是故敉公之功者無他，惟只爵命其後

〔一〕「息」字當作「悉」。

人耳。迪將其後以隆報功之典，以爲我士大夫之監觀，庶幾周公、大保安之治之，而爲我四面輔助也。

王曰：「公定，予往已。公功肅將祗歡，公無困哉。我惟無斁其康事，公勿替刑，四方其世享。」

上節既言「命公後」，此節于是力挽公留，且許其往新邑也。周公欲歸田明農，故成王首言「公定」，謂公且住，未可告歸，予亦當往新邑。已者，斷辭也，言必往也。公之功，我方肅然將奉祗敬而歡樂之，公遽求去，是困我也，故曰「公無困我」。「我惟無斁其康事」者，言我不能有所爲公致治安之功，我但一切蒙成，遵之守之，無有厭斁而已。公之典刑謹勿替墜，則四方百辟何止享于一時，其殆世世享土，與國無疆也。此所以答百辟享不享之語也。細玩成王于告周公語下每每進等發揮，極有意味，如「敬天之休」則云「公其以予萬億年敬天之休」；如「祀于新邑」，則云「予小子夙夜毖祀」；如「記功宗，以功作元祀」，則云「命公後，未定于宗禮」；如「汝其敬識百辟享」，則云「公勿替刑，四方其世享」。非其識見地步到此，烏有是言。皆周公之教也，安得不喜而爲之留？

周公拜手稽首，曰：「王命予來承保乃文祖受命民，越乃光烈考武王，弘朕恭。孺子來相宅，其大惇典殷獻民，亂爲四方新辟，作周恭先，曰：『其自時中乂，萬邦咸休，惟王有成績。』予旦以多子越御事，篤前人成烈，答其師，作周孚先。考朕昭子刑，乃單文祖德。

伻來毖殷，乃命寧予，以秬鬯二卣曰明禋，拜手稽首，休享。予不敢宿，則禋于文王、武王。惠篤叙，無有遘自疾，萬年厭于乃德。殷乃引考，王伻殷乃承叙，萬年其永觀朕子懷德。」

此周公致敬盡禮而告以許留之意也。來者，來洛也。先儒謂此書作于鎬京，愚灼知其非者，以此實證不誣故也。後又曰「孺子來相宅」，又曰「其自時中乂」，若在鎬，則何言來相宅，何以指是自中而乂乎？往往泥「往新邑」及「予往矣」之文，而不悟告卜爲洛之近地也。參召誥而觀之，事理甚明。新辟，新君也。成王即位雖久，然始復辟，故曰「新辟」也。先儒謂成王不當言復辟者，誤矣。「宏朕恭」者，言成王以承保之事留我，禮敬有加，大于我而致恭也。或謂宏大周公之恭，未安。豈周公之恭尚小，而待成王宏之耶。此「恭」與下文「恭先」正相應，周公言成王大恭于我，今孺子來此相宅，其亦大厚典禮于殷之賢人乎。成王以此出治，爲四方之新辟，作周家恭敬之先，斷斷曰：「其將自是中土而治，則惇典之誠，達乎萬邦，莫不歡欣踴躍，同此休美，而周之功績惟于王而有成矣。」周公謂成王但以承保之事望我，而不知咸休之機實在成王。以其恭于我者而恭殷之賢人，萬邦之廣，同在此恭之中，此正「篤恭而天下平」之要道也。成王既云「予往」，而周公復申之曰「其自時中乂」，所以必成王決策于遷都歟。大哉，中孚之旨乎！周公平日之所踐行，正在此上。周公以「恭先」望成王，而以「孚先」自許，恭與孚不必差别，未有恭而不孚，亦未有孚而不恭者。接下有禮，因以恭言，誠實無他，因以孚言，非君不可謂孚，而臣不可謂恭也。昭者，昭德之致同。周公于是遂謂考我所以昭子之典于天下，非我一己之私也，乃所以究竟文祖之德也。今日使來告卜爲區處殷民之計，乃是欲命之使差安我，固嘗以黑黍酒二器曰明禋，爲休美之享。我即日行事，不敢輕宿，則禋于文王、武王而告之矣。其殆至豐告廟之時歟？是時周公攝政，如丁巳、戊午奏告天地，皆周公也。後烝祭歲則成王行事矣。成王所宜順于篤叙，不可自生疵病。古聖垂教，惟只使之切己反求，如曰自彊、曰自脩、曰自成、曰自牧、曰自昭，其不然者曰自暴、曰自棄，故此亦曰自疾。順此篤叙之誠，不遇自疾之累，則雖萬年之久，人皆厭飽汝德矣。至若殷民，乃誘掖而成就之，王使殷民率皆化服，乃奉承次叙而不爽，則亦萬年之久將永觀吾子而懷德不忘矣。成王前謂公「其以予萬億年敬天之休」，宜領斯旨。此上皆告卜日往復之語也。

戊辰，王在新邑。烝祭歲，文王騂牛一，武王騂牛一。王命作册逸祝册，惟告周公其後，王賓殺禋咸格，王入太室祼。王命周公後，作册逸誥，在十有二月。惟周公誕保文武受命，惟七年。

「戊辰，王在新邑」，張横浦謂三月二十五日戊辰，愚細考之，良是。前書乙卯，乃承召誥之後，故不著月，此戊辰與乙卯正相因，則同是三月，復何疑哉。若烝祭歲却是十二月事，故繫之曰「在十有二月」

也。此節當作三截看。「戊辰」下一截是紀王在新邑之始也；「烝祭」下一截是紀命周公後之事也；「惟周公誕保」下一截是紀周公居攝之年也。烝者，冬祭之名，大司馬仲冬教大閲，遂以享烝。而此云十二月者，豈營洛之初特未定歟？抑將命周公後，于事體有宜緩者，故特遲之歟？前言「王命作册逸祝册，惟告周公其後」者，告神也；後言「王命周公後，作册逸誥」者，誥伯禽而命爲魯侯也。愚竊意烝與禋是兩祭，烝祭言歲，明此祭乃歲事之常，既先以命公後告于神矣，于再舉禋禮命伯禽于廟歟？觀「惟告周公其後」與「王命周公後」，截然分屬烝、禋之下，則可見矣。

融堂書解卷十五

宋　錢時　撰

多士

成周既成，遷殷頑民，周公以王命告，作多士。

書言「周公初于新邑洛」，而序曰「成周」，未嘗明言其爲下都也。觀此則成周爲洛邑總名，的然無疑矣。

自大誥而下，皆周公之言也，而此獨書「周公以王命告」者，蓋復辟與居攝事體不同。當居攝時，雖于「王曰」之下直言「孟侯，朕其弟」而不以爲嫌。王在新邑，則既復辟矣，政教號令皆成王之所爲矣，故此特著「周公以王命告」一語以别之也。

惟三月，周公初于新邑洛，用告商王士。王若曰：「爾殷遺多士，弗弔旻天，大降喪于殷。我有周佑命，將天明威，致王罰，勑殷命終于帝。肆爾多士，非我小國敢弋殷命，惟天不畀允罔固亂，弼我。我其敢求位？惟帝不畀，惟我下民秉爲，惟天明畏。我聞曰：『上帝引逸。』有夏不適逸，則惟帝降格。嚮于時夏，弗克庸帝，大淫泆有辭。惟時天罔念聞，厥惟廢元命，降致罰。乃命爾先祖成湯革夏，俊民甸四方。自成湯至于帝乙，罔不明德恤祀。亦惟天丕建保乂有殷，殷王亦罔敢失帝，罔不配天其澤。在今後嗣王，誕罔顯于天，矧曰其有聽念于先王勤家？誕淫厥泆，罔顧于天顯民祗。惟時，上帝不保，降若茲大喪。惟天不畀不明厥德，凡四方小大邦喪，罔非有辭于罰。」

惟三月，即營洛之三月。先儒見洛誥末書十二月事，遂謂此是次年三月，殆不然。洛誥所書「十二月」乃史氏後來紀述，以備一書之首尾，非十二月後方有多士之誥也。「用告商王士」之上乃史氏所序，「王若曰」而下方是「以王命告」也。惟帝不與爾殷，惟我下民乃秉持一心以爲我，而惟天之明威是畏耳。頑民聞斯言，寧不爲之感動也。然猶未也，于是復借夏以爲喻。革易夏正，不特湯也，自湯至于帝乙，且無不明德恤祀焉。民祗者，民情凛乎其不可忽也。此節將夏與殷對説，極有味。「大淫泆有辭」與「誕淫厥泆」相應，「罔不明德恤祀」與「不明厥德」相應。殷之後嗣王不能明德，則天命轉而歸周，固其理也。

王若曰：「爾殷多士，今惟我周王丕靈承帝事，有命曰『割殷』，告勑于帝。惟我事不貳適，惟爾王家我適。予其曰：『惟爾洪無度，我不爾動，自乃邑。』予亦念天即于殷大戾，肆不正。」

上節既言紂不明厥德，天大降喪，于是復呼多士而言我周割殷之故與今日遷民之由，以申誥之也。

王曰：「猷，告爾多士，予惟時其遷居西爾，非我一人奉德不康寧，時惟天命，無違。朕不敢有後，無我怨。〔二〕惟爾知：惟殷先人，有册有典。殷革夏命。今爾又曰：『夏迪簡在王庭，有服在百僚。』予一人惟聽用德。肆予敢求爾于天邑商，予惟率肆矜爾。非予罪，時惟天命。」

此節方是明言遷多士于洛邑，故再更端曰「猷」以發語也。天邑即京也。猶以商爲天邑，不没其舊忠厚之意也。

王曰：「多士，昔朕來自奄，予大降爾四國民命。我乃明致天罰，移爾遐逖，比事臣我，宗多遜。」

此節乃承上文發明「率肆矜爾」之旨也。武王崩，三監及淮夷、徐、奄俱叛，此云歸自奄，正東征而歸之時也。周公東征，成王實未嘗往，而曰「昔朕來自奄」者，止是以王命告，實周公自謂也。呼多士而言：

〔二〕經文自「猷，告爾多士」至「無我怨」，館臣列於上節。然據注文「故再更端曰『猷』以發語」之語，實應移至此節。

昔我東征，自奄來歸，汝輩從武庚作亂，本宜誅戮，我實大原貸爾四國之民命，言爾之命實自我降之也。我今乃明致天罰，徙爾遠去舊都，比近服事，以臣乎我，使之相習，于多遜爲宗也。辭遜之心，人皆有之，昏于私意，始不復遜。多遜者，無往無時，無一而不遜也。商民染紂之惡，慫恿相挺，傲上弗順，習亂難化，其所以敢無忌憚者，只是一個不遜而已。周家藹藹吉士，濟濟成風，鬱乎可想，轉移變化，鈞陶鑪冶，全在此一遷上。既貸其命矣，而天罰之行乃止于移近王都、使宗多遜，忠厚之意如此，汝多士可不惻然聽順，思改過自新乎？此節比上節辭旨益緊。

王曰：「告爾殷多士，今予惟不爾殺，予惟時命有申。今朕作大邑于茲洛，予惟四方罔攸賓，亦惟爾多士攸服奔走，臣我多遜。爾乃尚有爾土，爾乃尚寧幹止。爾克敬，天惟畀矜爾；爾不克敬，爾不啻不有爾土，予亦致天之罰于爾躬。今爾惟時宅爾邑，繼爾居；爾厥有幹有年于茲洛，爾小子乃興，從爾遷。」

此節大旨，示之以安養之利，開之以禍福之移，而使之爲悠久之謀，視上節益又深切也。寧幹止者，安其幹立居止之所。有幹者，有幹立也，是就「宅爾邑」上說。有年者，有年所也，是就「繼爾居」上說。

王曰：「又曰時予，乃或言，爾攸居。」

此節連著「王曰」「又曰」，說者不同。然篇内自有實證，殆不必疑也。「王曰」乃史氏所書，以明更端，

「又曰」二字却是當時啓諭之語，與上文「今爾又曰」正同。告語至此，已無所不盡，而申警之，謂爾又將曰今日之舉是我爲此，而乃或敢有言耶？我之拳拳然者無他，無過爲爾之所居爾。此二三語抑揚，玩味極有深意。

無逸

周公作無逸。

此書明白，無庸發揮，故序直曰「周公作無逸」，與咸有一德同。

周公曰：「嗚呼！君子所，其無逸。先知稼穡之艱難，乃逸，則知小人之依。相小人，厥父母勤勞稼穡，厥子乃不知稼穡之艱難，乃逸乃諺，既誕，否則侮厥父母曰：『昔之人，無聞知！』」

書凡七轉，文理次第相屬，乃周公一時所陳，每節必書「周公曰嗚呼」者，言而小止，止而復言，每言輒先發歎，所以重其聽也。下文將歷陳商、周諸君脩短之數，皆本于知稼穡之艱難與否。故此一節先將君子小人之事作例子説起，以明下文之意。方以「無逸」爲訓，遽發「乃逸」之義，此却正是聖人隨順啓諭，循循善誘之妙。成王年少，但一味律之，而不有以開之，却未必有益。終篇反覆，法度森嚴，凜乎其可畏。而于篇首急急且以「乃逸」爲言，此萬世告君之大法也。

周公曰：「嗚呼！我聞曰：昔在殷王中宗，嚴恭寅畏天命自度，治民祗懼，不敢荒寧。肆中宗之享國七十有五年。其在高宗，時舊勞于外，爰暨小人。作其即位，乃或亮陰，三年不言；其惟不言，言乃雍。不敢荒寧，嘉靖殷邦。至于小大，無時或怨。肆高宗之享國五十有九年。其在祖甲，不義惟王，舊爲小人。作其即位，爰知小人之依；能保惠于庶民，不敢侮鰥寡。肆祖甲之享國三十有三年。自時厥後立王，生則逸，生則逸，不知稼穡之艱難，不聞小人之勞，惟耽樂之從。自時厥後，亦罔或克壽，或十年，或七、八年，或五、六年，或四、三年。」

此書所稱諸君，皆曰「不敢」，「不敢」二字極宜細玩。

周公曰：「嗚呼！厥亦惟我周太王、王季，克自抑畏。文王卑服，即康功田功。徽柔懿恭，懷保小民，惠鮮鰥寡。自朝至于日中昃，不遑暇食，用咸和萬民。文王不敢盤于遊田，以庶邦惟正之供。文王受命惟中身，厥享國五十年。」

卑服者，其所服行，卑以自牧也。

周公曰：「嗚呼！繼自今嗣王，則其無淫于觀、于逸、于遊、于田，以萬民惟正之供。無皇曰：『今日耽樂。』乃非民攸訓，非天攸若，時人丕則有愆。無若殷王受之迷亂，酗于酒德哉！」

觀此一節，當看三個「無」字。前面專言稼穡之艱難與享國之脩短，于此寂無一語及之，而止曰「無淫」，曰「無皇」，曰「無若」，前面許多發明，都收拾在此三字上，而于末獨以殷王受爲訓，舉一人之尤甚者，則諸君之耽樂罔壽不必言矣。

周公曰：「嗚呼！我聞曰：古之人猶胥訓告，胥保惠，胥教誨，民無或胥譸張爲幻。此厥不聽，人乃訓之，乃變亂先王之正刑，至于小大。民否則厥心違怨，否則厥口詛祝。」

周公節節敷陳「無逸」之義，辭旨已盡，此下却專言小人之譸張爲幻。前後兩言「我聞曰」，是兩個換頭。

周公曰：「嗚呼！自殷王中宗，及高宗，及祖甲，及我周文王，兹四人迪哲。厥或告之曰：『小人怨汝詈汝。』則皇自敬德。厥愆，曰：『朕之愆，允若時。』不啻不敢含怒。此厥不聽，人乃或譸張爲幻，曰：『小人怨汝詈汝。』則信之。則若時，不永念厥辟，不寬綽厥心，亂罰無罪，殺無辜。怨有同，是叢于厥身。」

此又承上文違怨詛祝之語，發明怨詈，以盡譸張爲幻之義也。上云「古之人」，而此云「自殷王中宗，及高宗，及祖甲，及我周文王，兹四人迪哲」，以見「古之人」是概言古昔，而此所稱乃因上文無逸享國之永者言之，非謂止此四人，而餘皆不迪哲也。然上文則概言古之人，而此獨指言四人者，蓋上文之事，自非無道之世，古之人莫不皆然。若此節所言，則斷非迪哲不可。兩節皆云「此厥不聽」，而以「人乃」二字承之，一不聽後，人乃得以爲幻。周公拳拳，無非宛轉以無逸爲訓，只是欲得成王聽耳。

周公曰：「嗚呼！嗣王其監于兹！」

書雖七節，其大旨只是兩個换頭，故每以「我聞曰」更端。先所論無逸，至「酗于酒德哉」，已結上文之意。至此一語，却專是結後所論譸張爲幻兩節也。古之人如此，其不聽者如此；四人迪哲如此，其不聽者如此。是非利害，昭然如明鏡之燭物，嗣王今日其亦監于此乎！從前周公于成王曰「孺子」，曰「沖子」，今即政治稱「嗣王」。

君奭

召公爲保，周公爲師，相成王，爲左右。召公不悦，周公作君奭。

序言召公不悦，而經不明著其不悦者何事，此異論所爲紛紛也。以愚觀之，經文甚明，序亦甚明白，顧未深察耳。今觀此書，反覆勸勉，不一而足，無非挽留召公以二人共相之意。且云「予往暨汝奭，其濟小子，同未在位」，武王崩，成王幼，而周公居攝，召公實相與共濟艱危。今既復辟，周公又肯爲成王留，天下亦既泰然無事矣，召公之意，惟欲周公獨任輔相之責，而已則告老歸休耳。是不悦者非有他也，急于求退而不樂于復爲相故也。周公所以力陳難于獨任，必欲留之相與共濟，一如成王未即政之時歟。序正是明著其實也。且周、召師保有年矣，推原其不悦之由，故序述及此，非今日始爲師保也。周官曰：「立太師、太傅、太保，兹惟三公。」太師，天子所師法，視太保爲尊，而序則先保後師者，此書主爲召公而作故歟。奭，名。君者，尊之也。

周公若曰：「君奭！弗弔，天降喪于殷，殷既墜厥命。我有周既受，我不敢知曰，厥基永孚于休。若天棐忱，我亦不敢知曰，其終出于不祥。嗚呼！君已，曰：『時我。』我亦不敢寧于上帝命，弗永遠念天威，越我民罔尤違，惟人在我後嗣子孫，大弗克恭上下，遏佚前人光，在家不知，天命不易。天難諶，乃其墜命，弗克經歷。嗣前人，恭明德。在今予小子旦，非克有正，迪惟前人光，施于我沖子。」又曰：「天不可信，我道惟寧王德延，天不庸釋于文王受命。」

召公所以急于求去者，正謂天命在周，事已大定，既有周公在，則我不必留也。故周公于此首章專言天命之不可必以告之，一則曰「我不敢知」，二則曰「我亦不敢知」，又曰「我亦不敢寧于上帝命」，又曰「天難諶」，又曰「天不可信」，無非言在天者不可必，所以首破召公一定之見，以寓其不可不留之意也。若曰者，史氏所記。休與不祥皆不敢知，然則召公豈可以天命在周便欲求去乎。君已，猶云公定。

公曰：「君奭！我聞在昔，成湯既受命，時則有若伊尹，格于皇天。在太甲，時則有若保衡。在太戊，時則有若伊陟、臣扈，格于上帝，巫咸乂王家。在祖乙，時則有若巫賢。在武丁，時則有若甘盤。率惟兹有陳，保乂有殷，故殷禮陟配天，多歷年所。天惟純佑命，則商實百姓、王人，罔不秉德明恤。小臣屏侯甸，矧咸奔走。惟兹惟德稱，用乂厥辟。故一人有事于四方，若卜筮，罔不是孚。」

此節須看「既受命」三字。上文首論殷既墜命，我有周既受，遂極言天命之不可必。于其末也，又申言天不可信，以明「天不庸釋文王受命」之由矣。故此節承上文而言，昔者殷既受命之後，亦是得人輔相，乃能格天。今日召公豈可謂成王復辟，天命已定，而遽求去乎？大旨只是説受命後斷不可無格天之相。周公分明以此數臣事業責望召公，而己則欿然不敢自居也。

公曰：「君奭！天壽平格，保乂有殷，有殷嗣，天滅威。今汝永念，則有固命，厥亂明我新造邦。」

此節乃承結上文之意，繳入召公身上也。上言格皇天、格上帝，下言「矧曰其有能格」，此書專以輔相格天爲言，則此所謂「格」亦「感格」之「格」也。上文云「率惟兹有陳，保乂有殷」，于此遂申言所以保乂有殷者，乃天壽平格之故。「天壽」與上文「多歷年所」相應，及其後嗣，不平罔格，天遂滅之以威，非天不壽也。召公可不永念于此，留輔其君平格之道乎？大凡國家治則明，不治則昏擾。新造邦，指言新邑。

公曰：「君奭！在昔上帝割申勸寧王之德，其集大命于厥躬。惟文王尚克脩和我有夏，亦惟有若虢叔，有若閎夭，有若散宜生，有若泰顛，有若南宫括。又曰：無能往來，兹迪彝教，文王蔑德降于國人。亦惟純佑秉德，迪知天威，乃惟時昭文王，迪見冒聞于上帝，惟時受有殷命哉。武王惟兹四人，尚迪有禄。後暨武王，誕將天威，咸劉厥敵。惟兹四人昭武王，惟冒丕單稱德。今在予小子旦，若游大川，予往暨汝奭，其濟小子，同未在位，誕無我責，收罔勖不及，耇造德不降我，則鳴鳥不聞，矧曰其有能格？」

上節既以有殷之事勉留召公，此節遂言文、武得人輔相，亦莫不然。將歷叙文武，且先以武王集大命提起。蓋伐商以有天下，實在武王，承上文「有殷嗣，天滅威」而立言也。周公語小止而又言，最有力。純佑，即上節「天惟純佑命」。秉德，即「王人罔不秉德」。有殷既然，故于此復曰「亦惟」。

公曰：「嗚呼，君！肆其監于兹。我受命無疆惟休，亦大惟艱。告君乃猷裕我，不以後人迷。」

天下事業皆從裕中做出，裕則不迫，從容有成。一「裕」字正切不悦之病。

公曰：「前人敷乃心，乃悉命汝，作汝民極。曰：『汝明勖偶王，在亶乘兹大命。惟文王德丕承無疆之恤。』」

周禮六官，皆曰「設官分職，以爲民極」，是三百六十官，官官皆爲民作極而建也，况顧命大臣乎。召誥有曰：「惟王受命，無疆惟休，亦無疆惟恤。」周公上云「我受命無疆惟休，亦大惟艱」，此又云「丕承無疆之恤」，其殆即召公所以告成王者而還以感動之歟。

公曰：「君！告汝，朕允保奭。其汝克敬，以予監于殷喪大否，肆念我天威。予不允惟若兹誥，予惟曰：『襄我二人，汝有合哉。』言曰：『在時二人，天休滋至。』惟時二人弗戡。其汝克敬德，明我俊民在讓，後人于丕時。嗚呼！篤棐時二人，我式克至于今日休。我咸成文王功于不怠，丕冒海隅出日，罔不率俾。」

周公前面反覆啓告，所以留召公者無所不盡矣。至此一節，凡言「二人」者四，方是切己以左右輔相之義告之也。朕允者，我所信也。德則曰文王德，功則曰文王功，蓋肇造有周之天下，實自文王。凡前日所未集，後人所宜責者，皆文王之功也。

公曰：「君！予不惠若兹多誥。予惟用閔于天越民。」公曰：「嗚呼，君！惟乃知民德，亦罔不能厥初，惟其終。祇若兹，往，敬用治。」

周公至此乃總結一書之旨，謂我非樂于如此多端以誥之也，我惟用哀于天及民耳。此書首言「弗永遠念天威，越我民罔尤違」，于此篇末復言「閔于天越民」，始不永念，終于可閔，意更深切也。觀此一「閔」字，周公分明以天命之絶續、生民之休戚懸于召公之去留。且周公，聖人也，輔相之事，豈不能身任其責，而所以倚賴同列者如此。然則萬世之下，專權獨運，排塞賢路，以躋天下于亂者，可以監矣！

融堂書解卷十六

宋 錢時 撰

蔡仲之命

蔡叔既没，王命蔡仲踐諸侯位，作蔡仲之命。

鯀殛死而禹興，蔡叔没而仲命，父子兄弟罪不相及，古之道也。然叔既囚，則以罪廢矣，必待其没而後始命仲，何耶？曰：此周公之心也，不幸處人道之變，而抵兄弟于罪，此萬世之心法，宗廟社稷之大計所不容已者。若夫手足之義，則豈能一日忘哉。死者已死，而囚者猶庶幾其或改也。一日感悟，自贖前愆，聖人當必有所處，直至于没而後付之其子，此周公之心所以甚不得已歟。仁昭而義見，法行而恩不廢，聖人大公至正之道也。踐，履也。易曰：「履帝位。」

惟周公位冢宰，正百工。群叔流言，乃致辟管叔于商，囚蔡叔于郭鄰，以車七乘降霍叔于庶人，三年不齒。蔡仲克庸祗德，周公以爲卿士。叔卒，乃命諸王，邦之蔡。

此節乃史氏叙述命蔡仲來歷也。春秋：凡盟，内爲主稱及，外爲主稱會。金縢謂管叔及其群弟乃流言于國，是管叔爲主，實首惡也，故就商誅之也。蔡叔次之，故止于囚。霍叔又次之，故以車七乘，降于庶人，不得齒宗盟之列，三年後方封霍侯。先儒往往將「以車七乘」屬上文，不特文義未安，而事理亦甚易見。郭鄰之囚得不死耳，豈復資之以車？囚者車，而降庶人者反不車耶？周、召分陝，圻内諸侯，二卿治事。周官：「乃施則于都鄙，而建其長，立其兩。」兩即二卿也。先儒謂叔封圻内之蔡，仲所封在淮、汝之間，圻内之名已滅，仍取之以名新國，此説當有所據。

王若曰：「小子胡！惟爾率德改行，克慎厥猷。肆予命爾侯于東土，往即乃封。敬哉！爾尚蓋前人之愆，惟忠惟孝。爾乃邁迹自身，克勤無怠，以垂憲乃後。率乃祖文王之彝訓，無若爾考之違王命。皇天無親，惟德是輔；民心無常，惟惠之懷。爲善不同，同歸于治；爲惡不同，同歸于亂。爾其戒哉！慎厥初，惟厥終，終以不困；不惟厥終，終以困窮。懋乃攸績，睦乃四鄰，以蕃王室，以和兄弟，康濟小民。率自中，無作聰明亂舊章。詳乃視聽，罔以側言改厥度，則予一人汝嘉。」

此下命辭也。是書乃訓其家之子弟，專以乃父爲戒，辭旨深切，與微子之命不同。然當分作數截看。「惟爾率德改行」以下，是言今日受命之故也。「爾尚蓋前人之愆」以下，是欲深監往事，專勉之以忠孝也。「皇天無親」以下，是言天人懷輔之原、善惡治亂之本，使之謹終如始也。「懋乃攸績」以下，明其職業也。「率自中」以下，戒其變亂也。既專以「無若爾考之違王命」爲戒，恐仲執定此，又概言凡惡皆不可爲以包之。

王曰：「嗚呼！小子胡，汝往哉！無荒棄朕命。」

告命已畢，再發歎，呼其名而語之。汝往哉者，臨遣就國之辭也。

成王東伐淮夷，遂踐奄，作成王政。

異時東征者，周公也。成王即政，淮夷又叛，及始親政，故大誥序「周公相成王」，而此則曰「成王東伐淮夷」也。古今説者皆兼言淮夷、徐、奄，以愚考之，大誥止書「三監及淮夷叛」，而「昔朕來自奄」僅于多士見之，此成王東伐淮夷，而費誓之作與此同一時也，亦止云「徐、夷并興」，未嘗及奄。若奄與淮夷俱動干戈，則六師當首及之，何孔子序書乃爾耶？況因伐淮夷而遂踐奄，兵不主爲奄而出也明矣，然則奄非首惡，其殆助淮夷爲亂者歟。或曰：然則曷爲踐奄，又遷其君？曰：奄乃東方之國，異時助紂爲惡，武王伐之。武王崩，助淮夷，周公征之。今成王即政，可以戒矣，而又助淮夷，怙終不悛，略無尊君親上之義，特書曰「遂踐奄」，言其至此無復可恕，故決然遂踐也。踐者，親歷其國而黜奪之。成王即政之初，首爲斯舉，非得已也，乃此時王政第一著事，其成其敗繫于此，故政成而紀之以書曰成王政。

成王既踐奄，將遷其君于蒲姑，周公告召公，作將蒲姑。

既踐奄，則國非其國矣，于是欲遷其君于蒲姑。蒲姑，齊地，與鎬京東西相距爲遠，所以竄之，爲數叛故，剗鋤其根也。周、召，師保，時同在奄，可遷則遷耳，曷爲將遷而周公復告召公耶？當時周公主此義，而召公意有未合，故陳述所以不可不遷之旨。史氏紀而成書，名曰將蒲姑也。

多方

成王歸自奄，在宗周，誥庶邦，作多方。

說者謂此書是告多方諸侯，以愚觀之，殆不然。詳玩節節文義，未嘗語及諸侯。

惟五月丁亥，王來自奄，至于宗周。周公曰：「王若曰：猷，告爾四國多方，惟爾殷侯尹民，我惟大降爾命，爾罔不知。洪惟圖天之命，弗永寅念于祀。惟帝降格于夏，有夏誕厥逸，不肯感言于民，乃大淫昏，不克終日勸于帝之迪，乃爾攸聞。厥圖帝之命，不克開于民之麗，乃大降罰，崇亂有夏，因甲于内亂。不克靈承于旅，罔丕惟進之恭，洪舒于民。亦惟有夏之民叨懫日欽，劓割夏邑。天惟時求民主，乃大降顯休命于成湯，刑殄有夏。惟天不畀純，乃惟以爾多方之義民，不克永于多享。惟夏之恭多士，大不克明保享于民，乃胥惟虐于民，至于百爲，大不克開。乃惟成湯，克以爾多方，簡代夏作民主。慎厥麗，乃勸；厥民刑，用勸。以至于帝乙，罔不明德慎罰，亦克用勸。要囚，殄戮多罪，亦克用勸。開釋無辜，亦克用勸。今至于爾辟，弗克以爾多方享天之命。

猷者，發語辭。篇内兩個「猷」字是兩個换頭。殷侯者，殷之諸侯也。當時天下歸周已久，何故尚言「殷侯尹民」？蓋天下之民皆異時殷諸侯所尹之民，爲未忘殷，所以數亂。「告爾四國多方」即繼之曰「惟爾殷侯尹民」，正是原其情款以啟下文所誥也。民麗乎善則爲善，麗乎惡則爲惡，惟上之人開其昏惑而導其所趨向者何如耳。前言民之麗，後言君之麗，君之麗即民之麗也，在能謹之耳。觀此節者，當詳克與不克之義。「不克」者四，「大不克」者二，而夏之所以亡；「克」者一，「亦克」者三，而商之所以興。奈之何至于爾辟而又弗克也？然則轉商爲周，其咎果安在乎？

「嗚呼！王若曰：誥告爾多方，非天庸釋有夏，非天庸釋有殷，乃惟爾辟以爾多方，大淫圖天之命，屑有辭。乃惟有夏，圖厥政，不集于享。天降時喪，有邦閒之。乃惟爾商後王，逸厥逸，圖厥政，不蠲烝，天惟降時喪。惟聖罔念作狂，惟狂克念作聖。天惟五年須暇之子孫，誕作民主，罔可念聽。天惟求爾多方，大動以威，開厥顧天。惟爾多方罔堪顧之。惟我周王，靈承于旅，克堪用德，惟典神天。天惟式教我用休，簡畀殷命，尹爾多方。今我曷敢多誥？我惟大降爾四國民命，爾曷不忱裕之于爾多方？爾曷不夾介乂我周王，享天之命？今爾尚宅爾宅，畋爾田，爾曷不惠王熙天之命？爾乃迪屢不静，爾心未愛。爾乃不大宅天命，爾乃屑播天命。爾乃自作不典，圖忱于正。我惟時其教告之，我惟時其戰要囚之，至于再，至于三。乃有不用我降爾命，我乃其大罰殛之。非我有周秉德不康寧，乃惟爾自速辜。

此節承上文，極言商之所以亡、周之所以興，發揮「今日誥告多方」之意也。然當分作三截看。自「非天庸釋」至「天惟降時喪」，是言夏、商之末得罪天者如此，須看兩個「非」字與三個「乃惟」字相應。自「惟聖罔念」至「尹爾多方」，是言天非迫遽亡商而興周，須待子孫而罔可，求爾多方而罔堪，然後乃畀我周王者如此。須看「罔可」「罔堪」與「克」「堪」字相應。自「今我曷敢」至「自速辜」，是言爾等何不如此，而乃反如此，我今日所以誥告者如此。須看三個「爾曷不」與四個「爾乃」字相應。上節既極言桀「圖帝之命」以至放敗，此「圖天之命」却是主紂而言，語脈相承。靈承于旅，與桀「不克靈承」

正相反。我惟大降爾四國民命，爾何不自信以寬裕于爾多方乎？只爲懷疑未釋，淺深不裕，所以擾擾如此。夫以四國之民且大降其命，則多方可以信矣裕矣。斯言正指當時病根。爾乃自作不典，以謀信于正道，天下只是一個正而已，安有亂常越法而謂之正者。後世姦人亡命，謀爲不軌，而託名爲義兵，正此之謂。自「爾乃」而下，是指再叛之事也。「非」字與「乃惟」字亦相應，與前面語律同。

「王曰：『嗚呼！猷告爾有方多士暨殷多士：今爾奔走臣我，監五祀，越惟有胥伯小大多正，爾罔不克臬。自作不和，爾惟和哉。爾室不睦，爾惟和哉。爾邑克明，爾惟克勤乃事。爾尚不忌于凶德，亦則以穆穆在乃位。克閱于乃邑謀介。爾乃自時洛邑，尚永力畋爾田。天惟畀矜爾，我有周惟其大介賚爾，迪簡在王庭，尚爾事，有服在大僚。

自「王曰嗚呼猷」至于篇末，皆告有多方士及殷多士之言，而此一節則勸勉之也。然詳味「今爾奔走臣我監五祀」及「爾乃自時洛邑」之文，則是專爲多士之遷洛者而設，以此見得前面雖曰多方，其實主在四國之民，此後雖曰有多方士，其實主在殷之多士，而因以普告之耳。胥伯，相長也。小大多正者，小大衆多之士，皆所以相長者也。臬，法也。謂自周公東征以至于今，爾等奔走臣服乎我，所以監觀者五年，不爲不久。及小大多正以相長之，爾宜無不能法矣。爾尚不忌于凶德，謂爾至今日尚不以昔之凶德爲忌耶。更無他説，則亦穆穆和敬，居汝之位而已。克閱于乃邑謀介，言若能閱視爾邑，謀所以介助王室之道也。多士之書，以其不當有「夏迪簡在王庭，有服在百僚」之語而責之，今于此書，乃以「迪簡在王庭，有服在大僚」之語而許之，蓋出于多士則爲怨言，出于王則爲恩命，卷舒闔闢，聖人自有權度也。

「王曰：嗚呼，多士！爾不克勸忱我命，爾亦則惟不克享，凡民惟曰不享。爾乃惟逸惟頗，大遠王命，則惟爾多方探天之威，我則致天之罰，離逖爾土。

此節却申言其不然者，而警之以天罰也。此節亦有兩轉，始言「不克勸忱我命」，而後言「大遠王命」，則又深矣，故「爾亦則惟」與後「則惟」字相照，而辭旨輕重亦不同。凡民惟曰不享，謂凡民皆將視效，惟曰不享其上矣。上文勸勉之言專主洛邑，至此警飭之言則兼多方，所以普也。

「王曰：我不惟多誥，我惟祗告爾命。又曰：時惟爾初，不克敬于和，則無我怨。」

前告四國多方，曰「今我曷敢多誥」，此告有多方士及殷多士，亦曰「我不惟多誥」，大抵皆是欲其深體至意，勿作言語聽耳。詳玩「我惟祗告」四字，怛然懇惻，含蓄不盡。語小止，即又曰「時惟爾初」，嗚呼，至矣哉！初者，猶言與之更始也。且武王克商凡幾何年，曷爲尚發更始之義？蓋武王崩，三監及淮夷叛，今成王即政而又叛，是舊染之俗猶未純于周也。一時滌蕩，咸與惟新，是惟爾等革心易慮之方始，可不思所謂「爾惟和哉」者乎。

融堂書解卷十七

宋　錢時　撰

立政

周公作立政。

周公復辟，六官之制固已大備。雖然，政則備矣，而所以立其政者則全在人也。周公此日作書以告成王，專以得人爲立政之本，而知人又得人之本。如曰「迪知」、曰「克知」、曰「灼見」、曰「灼知」，及推原文王，則又自「克厥宅心」之外無他説。嗚呼，至矣哉！此心不明，安能知人？不能知人，安能得人？

周公若曰：「拜手稽首，告嗣天子王矣。」用咸戒于王曰：「王左右常伯、常任、準人、綴衣、虎賁。」周公曰：「嗚呼，休兹！知恤鮮哉。」

「若曰」者，史氏記述之言也。周公拜手稽首而後告，則當如洛誥「周公拜手稽首，曰『朕復子明辟』」

矣，而此云爾者，蓋致君盡禮，既躬行之，又宣言之，曰「敢拜手稽首以告」，如召誥錫周公曰「拜手稽首，旅王若公」也。「用咸戒于王」，先儒謂周公率群臣進戒，與説命「咸諫」同。然説命明言群臣咸戒諫于王，而此書未嘗有「群臣」之文。周公，叔父也。今既復辟，遂以立政之要傾倒爲王言之，非群臣所得預也。咸，皆也。咸戒者，特罄竭底藴，悉以戒王耳，與下文「咸告孺子」同。常伯、常任、準人，即「三宅」是也。看得此書後面雖舉衆官，而綱領全在三宅。節節變文不同，曰「乃牧」、曰「牧夫」、曰「司牧人」，皆謂常伯也。曰「乃事」、曰「任人」、曰「常事」、曰「立事」，皆謂常任也。曰「乃準」、曰「準夫」，皆謂準人也。先儒謂：常伯，三公百官之長。此説雖近之而未明。蓋成王時周、召分陝，爲二伯，周公既没，召、畢爲二伯，中分天下而治之。康王之誥「太保率西方諸侯入應門左，畢公率東方諸侯入應門右」，二伯即常伯也。居中以統治諸侯，故亦曰牧，三公實任之，其唐虞之四岳歟。或以爲州牧侯伯，則如之何而在王左右也。常任，六卿也。以其分掌天地四時之事，故曰常任。準人者，彈糾之官。此朝廷之繩墨，上下所取以爲準則者，故曰準人。或以爲士官者，不然。司寇固六卿之一，不應又複出此一官也。綴衣掌幄帳；虎賁，衛士：皆在王左右者也。或曰：三宅之官，任莫重焉，誠不可不知恤矣。若綴衣、虎賁，何爲而與三宅并論？嗚呼，此聖人之深慮也。蓋侍御僕從，所以旦夕承弼厥辟，有小人焉厠其閒，則出入起居無非蠹心敗德之地，尤爲人情所易忽而勿之恤者。周公之旨深矣。

「古之人迪惟有夏，乃有室大競，籲俊尊上帝，迪知忱恂于九德之行，乃敢告教厥后，曰：『拜手稽首后矣。』曰：『宅乃事，宅乃牧，宅乃準，茲惟后矣。』謀面，用丕訓德，則乃宅人，茲乃三宅無義民。桀德惟乃弗作往任，是惟暴德罔後。

上文既言知恤者鮮，于是遂歷舉夏、商、文、武之事以告之。此節却是言夏之盛衰由知恤與否也。然看得「乃敢告教厥后，曰『拜手稽首后矣』」，與上文「拜手稽首，告嗣天子王矣」，其情狀正同。此正是周公舉以爲今日告成王作例子，知此則上下文義皆明矣。謂古之人如皋陶者導迪有夏，乃當夏室大盛之時招集賢俊，不使窮厄在下，而以尊崇上帝。雖然，籲而不能知，猶不籲也。又導迪之，使知誠信于九德之行焉。誠信〔一〕者，謂有以驗其行之實然也。夫如是，乃敢告教其君曰：「拜手稽首君矣。」君道如何？曰：「宅乃事，宅乃牧，宅乃準。」三者皆得所宅，此足以爲君矣。謂既籲之，又知之，而後宅之，而君道可無媿也。然猶未也，人君方面見而詢謀之，用能大訓于德，則乃始宅其人焉。此乃三宅，非細事也，豈可無義民以居之乎。義民則俊之别稱。

「亦越成湯陟，丕釐上帝之耿命。乃用三有宅，克即宅，曰三有俊，克即俊。嚴惟丕式，克用三宅、三俊，其在商邑，用協于厥邑，其在四方，用丕式見德。嗚呼！其在受德暋，

〔一〕「信」字文淵閣本作「知」。

惟羞刑，暴德之人，同于厥邦，乃惟庶習逸德之人，同于厥政。帝欽罰之，乃伻我有夏，式商受命，奄甸萬姓。

此節是言商之盛衰由此恤與否也。耿，光也。上帝光命在命德討罪，籲俊之所以尊上帝者以此。桀不籲俊而惟暴德是任，是大亂上帝之光明也。及成湯由諸侯而升，于是大正之焉。大正如何？「乃用三有宅、克即宅，曰三有俊、克即俊」而已。克、用二字極宜細玩。天下未嘗無賢者，在于能用與不能用耳。有而不能用，賢者不屑也。先儒謂：三宅，已用之賢；三俊，未用之賢。殆未安。夏之宅乃事、宅乃牧、宅乃準，正是處所籲之俊。俊者，其人也。宅者，以其人而居其位也。觀「乃用三有宅、克即宅」，而繼以「曰三有俊、克即俊」，此一「曰」字文義甚明。蓋乃用三有宅，而能就其宅之所任，亦曰三有俊，而能就其德之所堪爾。克即宅者，克即俊故也。各稱其職者，各稱其德之謂也。如曰克用三宅三俊，而用協于厥邑，用丕式見德，謂三俊爲未用可乎？前論籲俊而申言九德之行，則俊固不止于三也。謂之俊者，因三宅而立名也。此書纔言宅，必言俊，蓋非此俊，斷不可以宅此任，此正立政之要旨，故兼言之，以深致其意。羞，進也。進刑，猶言嗜殺不已也。周公至此特曰「欽罰」，非真知天心之不得已，不能道此一字。

「亦越文王、武王克知三有宅心，灼見三有俊心，以敬事上帝，立民長伯。立政：任人、準夫、牧作三事；虎賁、綴衣、趣馬、小尹、左右攜僕、百司庶府；大都小伯、藝人表臣、百司、太史、尹伯，庶常吉士。司徒、司馬、司空、亞旅、夷微、盧烝、三亳阪尹。文王惟克厥宅心，乃克立兹常事司牧人，以克俊有德。文王罔攸兼于庶言、庶獄、庶慎，惟有司之牧夫，是訓用違，庶獄、庶慎，文王罔敢知于兹。亦越武王，率惟敉功，不敢替厥義德，率惟謀，從容德，以并受此丕丕基。

上文商不知恤，故有周受命，于是遂申言文武之所以知悉者如此也。云「克知」，又云「灼見」，大抵知心固難，而灼見其心尤不易。不是灼然見得分曉，洞徹底藴，無纖毫微蔽，則其知之亦必有不盡者。周公于「克知」下再言「灼見三有俊心」，尤更有力。三宅以官言，三俊專以德言也。古語每每只説知人，知與見本亦無異，然二字并出，則不能無輕重。見，如「見其肺肝」之見，直曰灼見，則分明如數一二，如辨黑白矣。朝廷之官莫重于三宅，此立政之綱領。夏、商則專言之，至論文武，雖雜舉衆官，而首亦止稱三宅焉。三宅得人，則其他可知。「克知」以下是總提知人之要，「立政」以下是備著得人之實。三事即三宅也。以德言之則曰三俊，以居言之則曰三宅，以職言之則曰三事，一也。讀書至此，慨想古有道之君，使人起敬起歎。内而朝廷，外而都鄙，遠而侯國，又遠而蠻夷，凡命之于上而爲王官者無一非吉士。究其指要，只在「克知三有宅心，灼見三有俊心」上。嗚呼，所以爲文武之盛歟。雖然，抑又有本也。文王之「宅心」，即禹之「安汝止」也。此心不宅，擾擾昏昏，則何以洞照三宅三俊之心。文王惟能宅其心，乃能立此常事司牧人，以能俊有德者而用之。曰「惟克」、曰「乃克」、曰「以克」，正是承上文推本而言。舉事與牧，則準在其中。前只言俊，而此特申言「俊有德」，所以明非徒俊也，必有德而後可以言俊也，故堯典亦云「克明俊德」。雖然，使文王之于衆務，未免以身兼之，則亦非所以能用也。庶言，凡朝廷議論與凡出而爲號令者皆是也。庶獄，凡獄事也。庶慎即庶事，事無一之可忽，皆當謹之，故以「庶慎」名也。朝廷衆務莫過此三者。獨舉有司之牧夫，則三宅皆包言之矣。不特無所兼也，于庶獄、庶慎且無敢知焉。一有敢知之心，即是預其事也，即是欲有所兼之根也。兼在事，知在心，庶言雖不可兼，然謀謨議論豈容不定于上。此却不可不知，故止曰「庶獄、庶慎」。聖人之心澄然如太空、如止水，未嘗纖毫微動，敬玩「罔敢」二字，真若有所畏忌然者。若武王之時，又與文王不同，故專以功言，非文王宅心、用俊德而武王不能也。武王所以伐商者，皆文王已用之俊德也。義德，用德之賢也。義與容非是有兩種。越，及也。此書屢言「亦」、「越」，皆因上文之辭。

「嗚呼！孺子王矣。繼自今我其立政。立事、準人、牧夫，我其克灼知厥若，丕乃俾亂，相我受民，和我庶獄、庶慎，時則勿有閒之。自一話一言，我則末惟成德之彦，以乂我受民。嗚呼！予旦已受人之徽言，咸告孺子王矣。繼自今文子文孫，其勿誤于庶獄、庶慎，惟正是乂之。自古商人，亦越我周文王立政，立事、牧夫、準人，則克宅之，克由繹之，茲乃俾乂。國則罔有立政用憸人，不訓于德，是罔顯在厥世。繼自今立政，其勿以憸人，其惟吉士，用勱相我國家。今文子文孫，孺子王矣，其勿誤于庶獄，惟有司之牧夫。其克詰爾戎兵，以陟禹之迹。方行天下，至于海表，罔有不服。以覲文王之耿光，以揚武王之大烈。嗚呼！繼自今後王立政，其惟克用常人。」

前既言禹、湯之所以興，即繼言桀、紂之所以亡，正是與當日作樣子。然則上文所陳文武立政者如是，成王將何以處乎？無逸説殷先王與後王之所以壽不壽，同是此例。此節言「孺子王矣」者三，言「繼自今」者四，當分作四截看。「嗚呼！孺子王矣」而下是一截，「嗚呼！予旦已受人之徽言」而下是一截，「國則罔有立政用憸人」而下是一截，「今文子文孫，孺子王矣」而下是一截。成王幼沖，周公居攝，從前實未嘗親政。今既復辟，是孺子爲天下王矣。任大責重，事體一新，非復前日之比。繼自今已往，當一如下文所告可也。頻頻提此一語，深足以警動成王之聽。小人之言嘗乘隙而入，微有疑貳，即殘賊之門也。直是自一話一言之出，我則終惟成德之彦，以治我受民。斷斷乎其無他，則無隙之可乘矣。上文既言「和我庶獄、庶慎」，此又專以「勿誤」爲戒，益緊切也。「勿誤」二字極宜細玩。後世用非其人，務行邪道，以致誤國誤天下，生民塗炭，社稷爲墟，可爲歎息者多矣。既曰「克灼知厥若」，又曰「克由繹之」，其于知人之説明矣。然不明言所順者何道，所繹者何事，則亦未爲盡也。大抵用人不過邪正之兩端，吉士則順乎德者，憸人則不順乎德者。所貴于宅而繹之者，繹此而已。詰爾戎兵，詰者，責實之名。古者井田，兵農不分，比閭族党即伍兩軍師之制。禹迹所歷，大抵皆然。詰之使治，以徧登乎禹迹之内，則四方旁行，至于海表，無有不服，足以覲文王之耿光，足以揚武王之大烈矣。言獄而及戎兵，推類言之，足以警成王宴安玩弛之漸也。周家立政用人實自文王始，所以此書推原文王者最詳。前克知灼見一節雖總論文武，至于克厥宅心，以克俊有德，以至罔兼、罔知，以至文子文孫，以至克由繹、覲耿光，皆以文王爲言。若武王則獨曰「率敉功」，而此亦獨曰「揚大烈」也。

周公若曰：「太史、司寇蘇公，式敬爾由獄，以長我王國。兹式有慎，以列用中罰。」

上文一截既言勿誤庶獄、克用常人，立政之旨已備矣。蘇忿生爲公而兼司寇，又兼太史，是時在旁，故周公語已，遂呼而勉之。周家深仁厚澤，卒綿過歷之期，而周公獨以長我王國歸之蘇公之由獄，而蘇公由獄又獨歸一「敬」字，此正勿誤庶獄之深旨，雖曰勉蘇公，而亦以示成王歟。

周官

成王既黜殷命，滅淮夷，還歸在豐，作周官。

成王之爲周王固也，史氏叙述其事，則如所謂「惟王建國」之例足矣，何必曰「周王」？且自周公居攝以至復辟，諸書不聞有此稱謂，獨揭之此書之首，此正是明周家一代設官分職之制于此而定，故書曰周官，而史氏則首提曰「周王」。惟孔子知之，于序特書曰「成王既黜殷命」，其旨深矣。

惟周王撫萬邦，巡侯甸，四征弗庭，綏厥兆民，六服群辟，罔不承德。歸于宗周，董正治官。

四征，商、奄、徐、夷之四國也。四國正在侯甸二服之内，故曰「惟周王撫萬邦，巡侯甸，四征弗庭」。先儒往往泥巡爲時巡，遂謂巡狩而獨止于侯甸二服，未免疑焉。殊不知下文「六年，五服一朝；又六年，王乃時巡，考制度于四岳」，方是定爲此制。見得前此實未講行時巡之禮，則所謂「巡侯甸」者，特出而親征二服之弗庭者耳。

王曰：「若昔大猷，制治于未亂，保邦于未危。曰唐虞稽古，建官惟百，内有百揆、四岳，外有州牧、侯、伯。庶政惟和，萬國咸寧。夏、商官倍，亦克用乂。明王立政，不惟其官，惟其人。今予小子祗勤于德，夙夜不逮，仰惟前代，時若訓，迪厥官。立太師、太傅、太保，兹惟三公，論道經邦，燮理陰陽。官不必備，惟其人。少師、少傅、少保，曰三孤，貳公弘化，寅亮天地，弼予一人。冢宰掌邦治，統百官，均四海。司徒掌邦教，敷五典，擾兆民。宗伯掌邦禮，治神人，和上下。司馬掌邦政，統六師，平邦國。司寇掌邦禁，詰姦慝，刑暴亂。司空掌邦土，居四民，時地利。六卿分職，各率其屬，以倡九牧，阜成兆民。六年，五服一朝；又六年，王乃時巡，考制度于四岳。諸侯各朝于方岳，大明黜陟。」

此下皆成王董正治官之辭也。猷，道也。愚于此有以見成王之學大進，六通四闢，無往而非道矣。使其學未至六通四闢之地，則昔之人制治于未亂，是制治而已；保邦于未危，是保邦而已，安知其爲大道也。成王既提此三語，而重著一「曰」字，正是應上文，言昔之大道所以制治保邦者如此也。百揆尤尊，蓋不常置，堯在位七十載，得舜而後始宅，舜亦得禹而後始宅。四岳，大臣，亦不止于掌四方諸侯也。堯欲治水則咨之，欲巽位則咨之，及舜欲宅百揆則咨之，事體可見。不惟其官，惟其人，如皋之刑、夔之樂、益之虞、垂之工之類，斷斷乎不容錯居而雜處，真所謂「惟其人」矣。冢宰而下，謂之六卿，則各有職掌矣。然周官六卿三百六十官而不列三公，至宰夫之職則云「正王及三公、六卿、群吏之位」，蓋三公非常職也，有其人則任之，若六卿則不可一日缺者。嘗考周公爲師而又位冢宰，顧命所稱太保奭、芮伯、彤伯、畢公、衛侯、毛公，六卿也，而太保、畢、毛實三公。以此見得三公之任未必別建其人，往往六卿之中足以任三公者則兼之耳。山頂曰冢，位居最上，故取冢義。司徒：徒，衆也。司衆之道莫大于教也。師之于弟子亦以徒目之，即此義歟。司空：空有平治墾闢之義，土不空則何以居民？大概六卿之屬各六十。冢宰者，六卿之綱也；六卿者，三百六十官之綱也。朝廷者又九州之綱，而九州之牧又天下諸侯之綱也。前言「六服群辟」，而此言「五服一朝」，何也？蓋周有九服，而夷、鎮、蕃三服在九州之外，羈縻之而已，故前止言六服。六服之中，要服最遠。舜之五服，服五百里，乃併王畿算之。周之九服，亦服五百里，乃在王畿千里之外。然則周之要服去舜五服之外且千里矣，其朝貢難于期定，故此止言侯、甸、男、采、衛，而不及要服歟。

王曰：「嗚呼！凡我有官君子，欽乃攸司，慎乃出令。令出惟行，弗惟反。以公滅私，民其允懷。學古入官，議事以制，政乃不迷。其爾典常作之師，無以利口亂厥官。蓄疑敗謀，怠忽荒政。不學牆面，蒞事惟煩。戒爾卿士，功崇惟志，業廣惟勤。惟克果斷，乃罔後艱。位不期驕，禄不期侈，恭儉惟德，無載爾僞。作德，心逸日休；作僞，心勞日拙。居寵思危，罔不惟畏，弗畏入畏。推賢讓能，庶官乃和，不和政厖。舉能其官，惟爾之能，稱匪其人，惟爾不任。」

上文陳述皆職分所當然，此下辭旨諄複，有教有戒，方是訓迪之以職分之所以能盡者如此也。觀「學古入官」「不學牆面」等語，似專爲初仕者發，而與下戒卿士之言不同。然則此殆訓迪卿士以下衆官者歟。自「欽乃攸司」至「其爾典常作之師」，一節深一節。

王曰：「嗚呼！三事暨大夫，敬爾有官，亂爾有政，以佑乃辟。永康兆民，萬邦惟無斁。」

前云「阜成兆民」，此云「永康」。永，久也。阜成乃一時事，至于永康，則源深流長，非一朝一夕之故矣。

成王既伐東夷，肅慎來賀。王俾榮伯作賄肅慎之命。

東夷即淮夷，在周爲東也。故序成王政亦曰「成王東伐淮夷」。然必變文「東夷」者，蓋肅慎乃東北遠夷，書「東」所以別之。且伐東夷而東北之遠夷來賀，成王之威德遠暢矣。既賜之以貨賄，又使榮伯作書以命之，以彰其寵錫，所以奬其來也。異時巢伯來朝，亦有命矣，止曰「芮伯作旅巢命」，而此特書曰「王俾榮伯」，以見命出成王之特意歟。榮伯，同姓諸侯，在朝爲卿大夫。賄，説文：「財也。」

周公在豐，將没，欲葬成周。公薨，成王葬于畢。告周公，作亳姑。

周公雖復辟，而實終老于豐。公羊傳曰：「周公盍爲不之魯？欲天下之一乎周也。」噫，陋矣，豈足以識聖人心哉！且洛誥所爲汲汲命公後者，正是爲留公之地。獨伯禽封魯，而周公實留輔成王，雖已致政，實未嘗舍成王而去也。故成王還歸在豐，而周公亦在豐。然既在豐矣，何故將没而欲葬成周乎？蓋營成周而遷頑民，乃周公化商規模第一急務。經營此事，實身任之。商民未純于周化，而公告老焉。今成王之學成矣，天下皆已平治，一無所慮者矣，而周公身後之所憂者獨在成周耳。觀畢命既歷三紀而猶餘風未殄，猶曰「邦之安危，惟兹殷士」，事體可見。周公且死，而分正東郊者猶未命人，然則今日如之何而可忘也。周公不能忘，而恐成王或忘之，至其將死，丁寧之言獨拳拳乎欲葬此，意深矣。公薨而成王葬于畢，何也？公之意不在葬也，成王則既領之矣。周公既没，即命君陳分正東郊成周，一則曰「懋昭周公之訓」，二則曰「爾尚式時周公之猷訓」，三則曰「爾惟弘周公丕訓」。嗚呼，是公欲葬成周之意也。雖不葬，猶葬也。且文武之墓在畢，欲葬成周者，周公憂國之心；卒葬于畢者，成王尊公之禮歟。將葬，致告，而亳姑之書作，然則亳姑者，葬畢之地名歟。

融堂書解卷十八

宋　錢時　撰

君陳

周公既没，命君陳分正東郊成周，作君陳。

君陳，猶言君奭，當有國，故曰君也。東郊，先儒謂指下都，以愚觀之，殆不然。成周者，洛邑也，王城、下都之總稱也。洛之北爲王城，洛之南爲下都。南北相對，則下都之非東明矣。此東郊正指洛也，自豐、鎬言之則爲東，故洛誥有曰「大相東土」、曰「東國洛」。及至平王，則曰「東遷」。自洛視宗周則爲西，故曰「我西土」。易小畜繇辭，文王之所作也，曰「自我西郊」，説者謂是指西土而言。然則東郊之爲洛邑，復何疑哉。雖然，言東郊足矣，何故又曰「成周」？蓋經止云「尹兹東郊」，故序特著「東郊成周」，明東郊之爲成周也。畢命以成周之衆命畢公，而又曰「保釐東郊」，與此正相合矣。周公營成周以遷頑民，雖身在王室，而此事實兼之，故曰「周公克慎厥始」。然周公復辟告老，則宜別命人矣。曷爲至此方命君陳？蓋周公雖任此事，而實留輔成王，成周必自有官屬主之，周公特兼總其大體耳，故雖告老而亦未嘗別委之人。直至既没之後，方有君陳之命也。正即尹也，謂之分正，則是君陳特分任東郊之寄，與周公兼總事體不同耳〔一〕。

王若曰：「君陳，惟爾令德孝恭，惟孝友于兄弟，克施有政。命汝尹兹東郊，敬哉！昔周公師保萬民，民懷其德。往慎乃司，兹率厥常，懋昭周公之訓，惟民其乂。我聞曰：『至治馨香，感于神明。黍稷非馨，明德惟馨。』爾尚式時周公之猷訓，惟日孜孜，無敢逸豫。凡人未見聖，若不克見；既見聖，亦不克由聖。爾其戒哉！爾惟風，下民惟草。圖厥政，莫或不艱。有廢有興，出入自爾。師虞庶言，同則繹。爾有嘉謀嘉猷，則入告爾后于内。爾乃順之于外，曰：『斯謀斯猷，惟我后之德。』嗚呼，臣人咸若時，惟良顯哉！」

禹征有苗，益獨舉「奢亦允若」之事贊之。成王命君陳尹東郊，亦止此三語。而三語之要，又獨在孝恭上。嗚呼，此風化之原歟。良知良能，普天同有，愛親敬長，發于孩提。商民雖頑，誰獨無是心哉。後世

〔一〕「耳」字文淵閣本作「矣」。

推擇此等任使，必先掄才具，必豫謀方略。成王到此，更無其他，特取斯人之有斯德者而付託之，得其旨矣。于是遂舉周公以爲法。東郊，周公之舊治也。「我聞曰」而下，皆勉以懋昭之實也。入告爾后于内，然後爾乃順而行之于外，然又須切切自謂：此謀此猷乃吾君之德，非我之事也。一或不謹，即爲吾君之失德矣，豈可忽乎。

王曰：「君陳，爾惟弘周公丕訓，無依勢作威，無倚法以削。寬而有制，從容以和。殷民在辟，予曰辟，爾惟勿辟，予曰宥，爾惟勿宥，惟厥中。有弗若于汝政，弗化于汝訓，辟以止辟，乃辟。狃于姦宄，敗常亂俗，三細不宥。爾無忿疾于頑，無求備于一夫，必有忍，其乃有濟；有容，德乃大。簡厥脩，亦簡其或不脩；進厥良，亦率其或不良。惟民生厚，因物有遷。違上所命，從厥攸好。爾克敬典在德，時乃罔不變，允升于大猷。惟予一人，膺受多福。其爾之休，終有辭于永世。」

此後方是言治商民之詳。自「無依勢作威，無倚法以削」而下，論刑也。此二病，萬古爲人上者之通患，況在頑民，則尤易于依勢倚法。先去此二者，而後方可論刑。自「爾無忿疾于頑，無求備于一夫」而下，論教也。此二病亦萬古爲人上者之通患，況在頑民，則尤易于忿疾求備。先去此二者，而後方可言教。君陳惟只恢宏周公之大訓，自然無此四病。故首提「爾惟宏周公丕訓」，然後方次第告之。有國則有勢之可依，有法之可倚，見頑民之難化，而依勢以作其威，倚法以爲剥削之具，從事一切，戕民以逞，周公之訓不如是也。寬而有制，從容以和可也。寬和正是依勢倚法之反，寬則不失于嚴迫，有制則不失于縱弛。從容優柔，養之春風和氣之中，以消其乖戾。此與康誥拳拳一「裕」字正同，周公化商之深旨也。商民惟昏迷無知，所以頑不率化，今日正當哀矜憫念，委曲以行其教，以開明其心，豈可忿疾。古人每以求備爲戒，曰「與人不求備」，曰「無求備于一人」，任賢使能且猶不可，况頑民中之一夫而可求備乎。周公之大訓不如是也。必有忍，其乃有濟，有容，德乃大耳。「必有」與「爾無」正相應。雖然，君陳又當反求諸己可也。天生烝民，未嘗不厚，因物而後遷，違上所命而從其所好，豈其本心然哉。上之所命不能回其所好，抑亦感發之者未至耳。君陳能敬此典，斷斷在德，本心感發，是乃無有不變，允升于大道矣。君陳一書，獨書于周公既没之後，最可以觀成王所學，宜詳味之。

顧命

成王將崩，命召公、畢公率諸侯相康王，作顧命。

經文自太保至御事公卿，百官莫不咸在。且憑几出命，亦初無「率諸侯」之文，而序云爾者，據康王之誥，太保率西方諸侯，畢公率東方諸侯，則知二公實受顧命，率諸侯以相康王也。陝以東本周公主之，陝以西本召公主之。今太保仍舊，而與畢、毛俱爲三公，則是周公既没，畢公繼之爲太師，以主東方之諸侯。觀畢命稱「父師」可見矣。或曰：太保何以先太師？曰：是時畢公爲司馬，而召公冢宰，無所不統。君奭，百官總己以聽之，况且武王時已爲太保，受遺託孤，任莫重焉。下文畢、毛皆止曰公，而獨首稱太保，且著名以表之，所以重其事也。愚觀堯舜遜禪，無顧命之可言。禹、湯、文、武亦未嘗有此故事。于以見世變之日下，而拳拳爲後嗣子孫慮者，益不如古矣，是可歎也。及至後世所謂顧命，則又有出成王防慮之所不及者。嗚呼，安得召、畢而命之也哉！

惟四月哉生魄，王不懌。甲子，王乃洮頮水，相被冕服，憑玉几。乃同召太保奭、芮伯、彤伯、畢公、衛侯、毛公、師氏、虎臣、百尹、御事。

周官司几筵凡大朝覲，王位設黼扆，扆前南鄉，設左右玉几。是玉几者，大朝覲之所用也。司馬居四，而畢公以太師主之，何也？蓋兵權之重，非世臣元老不以輕畀，成王顧命，屬之召、畢二公，爲慮深矣。師氏之職，凡喪紀軍旅，王舉則從，使其屬帥四夷之隸，各以其兵服守王之門外，且蹕朝。虎賁氏，王在國則守王宮，國有大故則守王門。顧命之際，尤宜警備。故六卿之下即專言師氏、虎臣，而後方及百尹、御事。愚于「同召」二字，每感成王到此不爲血氣所亂，大公至正，明白洞達，足以嚴萬世亂賊之防，讀之使人惕悚。

王曰：「嗚呼！疾大漸，惟幾，病日臻。既彌留，恐不獲誓言嗣，兹予審訓命汝。昔君文王、武王宣重光，奠麗陳教，則肄肄不違，用克達殷集大命。在後之侗，敬迓天威，嗣守文武大訓，無敢昏逾。今天降疾殆，弗興弗悟。爾尚明時朕言，用敬保元子釗，弘濟于艱難，柔遠能邇，安勸小大庶邦。思夫人自亂于威儀，爾無以釗冒貢于非幾。」

自「昔君文王、武王」而下，其要全在「宣重光」一語。「無敢昏逾」者，成王不昏逾此光也。「無以釗冒貢于非幾」者，欲諸臣無使康王自亂此光也。此乃顧命之綱領。知此，則成王之學所以繼前聖、傳後嗣者，可得而知矣。「今天降疾殆」者，今天降疾，已是危殆。威儀者，道心之正用，天則之不可踰者，惟夫一念之差，視聽皆妄，周旋動作，顛倒反常。以是思之，威儀本不亂也，夫人實自亂之耳，豈可冒進于非幾乎。春秋傳謂師能左右曰以。

兹既受命還，出綴衣于庭。越翼日乙丑，王崩。太保命仲桓、南宫毛俾爰齊侯呂伋，以二干戈、虎賁百人逆子釗于南門之外，延入翼室，恤宅宗。丁卯，命作册度。

太保命仲桓與南宫毛二臣使于齊侯呂伋處，執二干戈，取虎賁之士百人，迎子釗于南門之外。呂伋以齊侯入典宿衛，故虎賁之士屬之。若夫統六師，則畢公爲司馬焉。危疑之際，變故莫測，將逆嗣子而命虎賁，此豈細事。二臣并遣，爲慮深矣。王之崩也，臣子皆在左右，曷爲而有南門之逆？蓋天位之重，非一家之私也。既崩而出，不敢遽居于内，嫌于以繼世自處也。既出矣，即從南門之外迎入之。立嫡承統，顧命有屬，大公至正，昭示不疑也。命作册度，冢宰居攝，命皆出于太保。册，所以載顧命者，定其制度而作之，故曰「作册度」也。

越七日癸酉，伯相命士須材。狄設黼扆、綴衣。牖間南嚮，敷重篾席，黼純，華玉仍几。西序東嚮，敷重底席，綴純，文貝仍几。東序西嚮，敷重豐席，畫純，雕玉仍几。西夾南嚮，敷重筍席，玄紛純，漆仍几。越玉五重，陳寶，赤刀、大訓、弘璧、琬琰在西序，大玉、夷玉、天球、河圖在東序。胤之舞衣、大貝、鼖鼓在西房，兑之戈、和之弓、垂之竹矢在東房。大輅在賓階面，綴輅在阼階面。先輅在左塾之前，次輅在右塾之前。二人雀弁，執惠，立于畢門之内。四人綦弁，執戈上刃，夾兩階戺。一人冕，執劉，立于東堂。一人冕，執鉞，立于西堂。一人冕，執戣，立于東垂。一人冕，執瞿，立于西垂。一人冕，執鋭，立于側階。

先儒謂命士致材木，須待喪用。以愚觀之，此日奉顧命，册康王，用吉禮，下面許多節奏，無非理會此一事，如何且首命士爲喪用之須？揆之事情，大不相侔。恐須材亦只是備此日所用，然不敢臆説定也。牖間者，牕東户西，户牖之間也。豐者，莞也。筍者，竹萌，以其籜爲席也。以上皆成王平時華國之事，今日蓋爲成王陳之，以傳顧命于嗣君。鬼神上右，故皆西上也。此下叙宿衛之人，則東上矣。側階，先儒謂北下階上。路寢之北，將近内寢，豈得執兵之大夫立于南嚮黼扆之後乎？然五人者皆冕，大夫也。則執鋭而立于側階者，亦當在堂上，但不知其所，難臆説耳。凡此執兵以備非常者，嗣君之宿衛也。當時宿衛皆士大夫爲之。嗚呼，此豈武夫健卒有一旦挽强引重之技者所可輕授也哉。周公立政，特叙虎賁于三宅之下。于以見此事重大，非賢人君子真有忠赤不二之操不可，此萬世不易之龜鑑也。

王麻冕黼裳，由賓階隮。卿士、邦君麻冕蟻裳，入即位。太保、太史、太宗皆麻冕彤裳，太保承介圭，上宗奉同瑁，由阼階隮。太史秉書，由賓階隮。御王册命曰：「皇后憑玉几，道揚末命，命汝嗣訓，臨君周邦，率循大卞，燮和天下，用答揚文武之光訓。」

陳設既具，于是奉嗣王進受册命也。麻冕，按三禮圖以漆布爲殼，緇縰其上，前廣四寸，高五寸，後廣四寸，高三寸。漢制度云：冕制皆長尺六寸，廣八寸，前圓後方。其旒皆以五采絲繩貫五采玉，每旒各十二，垂于冕。禮有六冕，裘冕無旒，衮冕十二旒，鷩冕九旒，毳冕七旒，絺冕五旒，元〔一〕冕三旒。衮衣之裳四章，而獨曰黼裳者，以其章色之最著者言也。蟻，元色也。祭服皆元衣纁裳，此獨元裳者，卿士、邦君但陪位，故改其裳以示變。若太保、太史、太宗則預執事，故全用祭服。彤，赤色，即纁也。王未受

〔一〕「元」字文淵閣本作「玄」，下同。

册，則猶臣也，猶未踐阼也，故自賓階升。禮，卿西面，諸侯北面，從外而入，就此位也。太史掌册書。太宗，宗伯也。太史，宗伯之屬，而此則先焉者，今日之事册爲主也。介圭，傳曰「大圭」也。唐孔氏曰：「考工記玉人云：『鎮圭尺有二寸，天子守之。』鎮圭，圭之大者。介訓大，故知鎮圭非三尺大圭。」瑁者，傳曰：「所以冒諸侯圭，方四寸，邪刻之。」瑁在今日則爲祭耳，豈祭畢遂執之以朝諸侯耶。何以言之？觀下文「乃受同瑁，王三宿、三祭、三咤」，後止言「太保受同」而不言受瑁，且有王答拜之禮，是執瑁而祭，既受同，仍執瑁而拜也。命汝嗣訓，蓋成王拳拳以嗣守文武大訓爲顧命之深旨，今日康王非徒嗣位也，欲嗣其訓也。能守文武之訓而不墮，方是能嗣，故曰「嗣訓」。只此二字，便見召、畢諸公所以深領顧命大旨處，故于下文即言「臨君周邦，率循大卞，燮和天下」，即此便可答揚文武之光訓。所謂「嗣訓」，此之謂也。治天下無他道，惟燮和之而已。猶之身然，血氣本未始不和也，擾動乃不和。繼世之君，事更張，務改作，紛紛然求以治天下，而天下愈不治矣。是不率循即無燮和之理，不燮和即無答揚之理，何嗣訓之有哉。（案：此解永樂大典原本以「麻冕，按三禮圖」至「元冕三旒」一段，及「介圭，傳曰大圭也」至「方四寸邪刻之」一段并錯置「陳設既具，于是奉嗣王進受册命也」二句前，今依經文更正。）

王再拜，興，答曰：「眇眇予末小子，其能而亂四方，以敬忌天威？」

先儒謂使康王自以爲能，則有忽略之心，自以爲不能，則有兢業之心。有兢業之心，則念慮不敢肆，賢才不敢輕，此其所以卒能負荷，而後人以謂周云成、康，漢言文、景，盛矣。

乃受同瑁。王三宿、三祭、三咤，上宗曰：「饗。」太保受同，降，盥，以異同秉璋以酢。授宗人同，拜。王答拜。太保受同，祭、嚌、宅，授宗人同，拜，王答拜。太保降，收。諸侯出廟門，俟。

此康王受册之禮也。我微末之小子，其能而治四方，以敬忌天威乎？謙不敢當之辭也。成王言敬迓，而此言敬忌，忌者，有所畏忌，敬忌所以敬迓也。王既受同瑁，即以同酌酒而進于柩前，遂祭，遂奠爵，如是者三，蓋獻也。故曰「三宿、三祭、三咤」。此三節皆當有拜，經但總記其略耳。太保乃受同，降階，反于下篚，遂盥手，别取一同，秉璋以酢。宗人，宗伯之屬也。宗伯則相王，宗人則相太保也。太保乃以同授宗人，而拜成王柩，爲已傳顧命也。王答拜，答太保之傳命也。太保降收，有司不特徹祭物，并狄所設皆徹之矣。

康王之誥

康王既尸天子，遂誥諸侯，作康王之誥。

先儒謂「太保暨芮伯咸進，相揖」而下，是冢宰及群臣諸侯并進陳戒。不言諸侯者，以内見外也。「王若曰：庶邦、侯、甸、男、衛」而下，是康王報誥。不言群臣者，以外見内也。古今説者往往而是。然則孔子序書，何以獨曰「遂誥諸侯」耶？愚嘗以爲新天子踐阼，元老大臣宜盛陳端本澄源之論，如伊尹之告太甲嗣德在初者矣，如召公之告成王敬德歷年者矣。且成王緝熙光明之學，非無可爲嗣王言者，而太保、芮伯所稱則自「畢協賞罰，戡定厥功」之外無他辭；勉今王，則又自「張皇六師，無壞我高祖寡命」之外無餘事。成王德業顧止于戡定，而今王之所宜汲汲者，又獨在乎六師之張大也耶？抑嘗反復深思，而後知孔子所叙的的不誣。蓋自武王崩，群叔流言，四國交亂，成王征伐，凡幾何年而後定，商俗餘風今猶未殄也。册命之初，四方群辟奉圭兼幣，咸來在庭，此誠振舉權綱之時，聳動觀瞻之始。太伯、芮伯老成定慮，豈不知新天子踐阼，不當遽以六師啓之。康王亮陰不言，未宜遽有誥命也。大臣必于此時而進告，使朝廷紀綱爲之一肅；嗣王必于此時而出命，使天下耳目爲之一新。所以消姦鎮浮，達權中的，正在兹舉。則是書也，正爲誥諸侯而作也。序曰：「康王既尸天子，遂誥諸侯。」尸，主也。遂者，繼事之辭。以見即尸即誥，有不容緩者。噫，不明乎序，烏可以觀書也哉。

王出，在應門之内。太保率西方諸侯入應門左，畢公率東方諸侯入應門右，皆布乘黄朱。賓稱奉圭兼幣，曰：「一二臣衛敢執壤奠。」皆再拜稽首。王義嗣德，答拜。

此太保、畢公率諸侯入見也。外朝在雉門之内，朝士掌之；治朝在應門之内，司士掌之；燕朝在路寢，太僕掌之。時殯在路寢，故王出應門内，見諸侯于内朝也。畢公反居于東者，本其所掌之方也。然而必先言太保率西方諸侯者，爲冢宰故也。小行人：「合六幣，圭以馬，璋以皮，璧以帛，琮以錦，琥以繡，璜以黼。」説者謂五等諸侯享天子用璧，二王之後用圭璋，如此則用圭而幣以馬者，二王之後也，非諸侯皆用明矣。此云「皆布乘黄朱」者，布，陳也；乘，四馬也；黄朱乃雜言他幣，如「篚厥元黄」之類。謂黄馬朱鬛者，殆不然也。入見之時，但一人尊者致辭，二王之後作賓于王家，于諸侯爲最尊，是向前所稱舉其説者賓也，故曰「賓稱」。而獨言「奉圭」，賓自據其所贄而言也。兼幣者，用圭而兼以馬爲幣，于以驗賓之爲二王後也。曰者，賓稱之辭也。諸侯爲王藩屏，故曰臣衛。一二者，概舉以包衆也。敢執其壤地所出而奠贄，此則普言諸侯所贄之幣矣。賓稱畢，遂與諸侯皆再拜稽首。康王是時本未可受幣，義其繼先德而朝王，遂答拜而受之。「義嗣德」三字正是明禮之變。先儒議康王受幣之非，致援叔向辭諸侯之見新君者爲證。天子踐而諸侯朝，與邦交固不同也，是烏知「義嗣德」云哉。雖然，成王崩至康王受册纔數日耳，四方諸侯曷爲咸在？因來朝而遇國喪，遂同預册命而朝新天子，先儒之言是也。然則所贄皆其國中素備而來，乃朝王之禮也。夫是之謂壞奠。或者不明二王之後圭以馬，遂謂國喪之故，諸侯皆用之，此豈一旦至京師，遇國喪後所可旋備者耶。既于禮不合，又乖壞奠之義。

太保暨芮伯咸進，相揖，皆再拜稽首，曰：「敢敬告天子，皇天改大邦殷之命，惟周文武誕受，羑若，克恤西土。惟新陟王，畢協賞罰，戡定厥功，用敷遺後人休。今王敬之哉！張皇六師，無壞我高祖寡命。」

此太保、芮伯因諸侯入見而進告也。召、畢同受顧命，率諸侯以相康王，于此進告，太保乃暨芮伯，何耶？太保，冢宰；芮伯，司徒，六卿之長也。先率諸侯，則召、畢其職焉。至于立班庭陛，冢宰、司徒實爲班首，則又自有定序也。暨，及也。謂之「暨芮伯」，止是及芮伯一人甚明。禹之暨益、暨稷，是益、稷而已，豈復他及也哉。先儒以爲群臣、諸侯皆同進告，殆不然也。羑，説文：「進善也。」若，順也。謂天命本在大國之殷，天既厭殷而改之，惟周文武從而大受，蓋進善不懈，順而無違，以能憫恤西土。

王若曰：「庶邦、侯、甸、男、衛，惟予一人釗報誥。昔君文武丕平富，不務咎，底至齊信，用昭明于天下，則亦有熊羆之士、不二心之臣，保乂王家，用端命于上帝。皇天用訓厥道，付畀四方。乃命建侯樹屏，在我後之人。今予一二伯父，尚胥暨顧綏爾先公之臣，服于先王，雖爾身在外，乃心罔不在王室。用奉恤厥若，無遺鞠子羞。」群公既皆聽命，相揖，趨出。王釋冕，反喪服。

太保、芮伯止陳戡定之功而欲其張皇六師耳，康王更不他及，即呼庶邦、侯、甸、男、衛以報誥之，且推言文武建侯樹屏之由以感動之。嗚呼，非康王志慮通達，識見洞明，察于事機，熟于世故，何以及此？

與二公之告若不相合，而實相承，君臣之閒，默相應和，無非爲警聳諸侯而設。惟孔子知之，所以略無文辭，而特書曰「遂誥諸侯」也。此云庶邦、侯、甸、男、衛，可見成王之崩，適當「六年，五服一朝」之時甚明。報誥，因二公之言而遂誥諸侯以答之也。曰「予一人」而又自名者，即位之初，未敢純以君道自居也。端者，端本也，端本猶言基命也。有周之命，于焉肇端。天子之稱諸侯，于同姓則曰伯父、叔父，于異姓則曰伯舅、叔舅，此獨言伯父者，舉其尊者而告之也。

融堂書解卷十九

宋　錢時　撰

畢命

康王命作册畢分居里成周郊，作畢命。

周公始遷頑民于洛，惟曰「密邇王室，式化厥訓」，使之與我周人薰蒸而陶冶之，即召公所謂「比介于我周御事，節性，惟日其邁」是也。至命君陳時，其化漸孚，則稍加旌別矣。故曰「簡厥脩，亦簡其或不脩；進厥良，以率其或不良」，然猶未斬然分疆畫界也。既歷三紀，世變風移，而尚有未化，自非大加旌別，是非善惡，界分斬截，有以生其愧耻，如之何其可哉。看得此時大勢已化，而不化者已絶少，方用此法。若不化者尚多，而遽欲分其居里，則醜類群居，同惡相濟，有叛有亂。而今區處，特行之世變風移之後，極有深意。凡化而爲良民者，皆盎然同在春風和氣中，而頑不率化者，愲愲然別在此處。彼將曰：

「吾亦人耳，彼如是其尊榮，此如是其鄙賤。」良心善性寧不躍然爲之感發乎？分居里即表宅里。成周郊，謂命畢公于成周東郊，分其居里也。畢公四世元老，特命作册，所以重其事。

惟十有二年六月庚午朏，越三日壬申，王朝步自宗周，至于豐。以成周之衆命畢公保釐東郊。

此史氏叙册命畢公事節也。康王之十有二年六月六日清晨，自宗周遵陸至豐。豐者，文王之廟在焉。就祖廟而發册也。周官云：「歸于宗周，董正治官。」而序則云：「還歸在豐，作周官。」是豐爲宗周也。此云「步自宗周，至于豐」，則鎬京又爲宗周矣。以是而觀，宗周爲豐、鎬之通稱，的然無疑。成周之衆，即所遷之頑民。成周在宗周之東，故曰東郊。以成周之衆命畢公，蓋所以使之保釐東郊也。保之使安，釐之使正，自「旌别淑慝」而下皆保釐之事也。此二字正一書之大旨。

王若曰：「嗚呼，父師！惟文王、武王敷大德于天下，用克受殷命。惟周公左右先王，綏定厥家，毖殷頑民，遷于洛邑。密邇王室，式化厥訓。既歷三紀，世變風移。四方無虞，予一人以寧。道有升降，政由俗革。不臧厥臧，民罔攸勸。惟公懋德，克勤小物，弼亮四世，正色率下，罔不祗師言，嘉績多于先王，予小子垂拱仰成。」

自此至于篇終皆册命之辭，而此一節則首明所以命畢公之旨也。父師，太師也。同姓爲父，異姓爲舅。畢公，周之同姓，亦猶箕子在商爲太師，曰「父師」也。成王雖不居洛，而建都實在洛，故曰「密邇王室」也。殷之頑民，自後世暴虐者觀之，無非可殺可戮。周家區處直有許多委曲，無他，欲其化善耳。

王曰：「嗚呼，父師！今予祗命公以周公之事，往哉！旌别淑慝，表厥宅里，彰善癉惡，樹之風聲。弗率訓典，殊厥井疆，俾克畏慕。申畫郊圻，慎固封守，以康四海。政貴有恒，辭尚體要，不惟好異。商俗靡靡，利口惟賢，餘風未殄，公其念哉！我聞曰：『世禄之家，鮮克由禮。』以蕩陵德，實悖天道。敝化奢麗，萬世同流。兹殷庶士，席寵惟舊。怙侈滅義，服美于人。驕淫矜侉，將由惡終。雖收放心，閑之惟艱。資富能訓，惟以永年。惟德惟義，時乃大訓。不由古訓，于何其訓？」

上文既稱贊，此下方命之也。上文曰「惟周公左右先王」，不及君陳，而遂曰「惟公懋德」，特著兩個「惟」字，蓋言其德足以相配，非他人所可比隆也。故于此首稱「今予祗命公以周公之事」，而曰「往哉」。畢公，顧命大臣，四朝元老，康王勉之一出，而以周公之事望之，蓋甚不輕也。上之于下，蓋有賞之而人未必喜，罰之而人未必懼，惟風聲所傳，則莫不爲之鼓舞。是故風聲者，動化之微權也。兹殷庶士，皆殷之士大夫，正所謂「世禄之家」者。

王曰：「嗚呼，父師！邦之安危，惟兹殷士。不剛不柔，厥德允修。惟周公克慎厥始，惟君陳克和厥中，惟公克成厥終。三后協心，同底于道。道洽政治，澤潤生民。四夷左衽，罔不咸賴。予小子永膺多福。公其惟時成周，建無窮之基，亦有無窮之聞。子孫訓其成式，惟乂。嗚呼！罔曰弗克，惟既厥心，罔曰民寡，惟慎厥事。欽若先王成烈，以休于前政。」

此書凡「王曰」者三，皆首稱「嗚呼父師」，而後告所以尊榮之也。上文嚴淑慝之别，申德義之訓，亦既備矣。然偏于剛不可也，偏于柔不可也。惟此殷士，實邦之安危所繫。殷士安則天下皆安，殷士危則天下皆危。自武王崩，終武王之世，其他皆已平定，獨四國作亂，天下爲之騷然，皆殷士之故也。即是而觀，則其繫邦之安危豈輕也哉。

君牙

穆王命君牙爲周大司徒，作君牙。

周自康王以後，無復三代之盛規矣。讀書至此，往往使人慨嘆。穆王，昭王之子，康王之孫也。觀其長駕遠馭，乃流連荒亡之主。然遺書三篇，不特先王之典刑具在，而格言大訓皆古聖賢之所以命戒臣下者。嗚呼！此文、武、成、康之教法也。曰「予小子嗣守文、武、成、康遺緒」，玩其辭旨，則此書當是初年事。使穆王更知兢業自愛，以其命臣者反求諸己，則安有八駿之過也哉。雖不幸有八駿之過，而伯冏之命知悔前非，百年耄荒，且有贖刑之訓，則猶幸不至迷復，而初心固無恙也。此孔子所以有取歟。教官之屬又有小司徒，故序稱大司徒以別之。君牙，繼世有國者，故曰君也。

王若曰：「嗚呼，君牙！惟乃祖乃父，世篤忠貞，服勞王家，厥有成績，紀于太常。惟予小子，嗣守文、武、成、康遺緒，亦惟先王之臣克左右，亂四方。心之憂危，若蹈虎尾，涉于春冰。今命爾予翼，作股肱心膂，纘乃舊服，無忝祖考。弘敷五典，式和民則。爾身克正，罔敢弗正。民心罔中，惟爾之中。夏暑雨，小民惟曰怨咨；冬祁寒，小民亦惟曰怨咨。厥惟艱哉！思其艱，以圖其易，民乃寧。嗚呼！丕顯哉，文王謨！丕承哉，武王烈！啓佑我後人，咸以正罔缺。爾惟敬明乃訓，用奉若于先王，對揚文武之光命，追配于前人。」

君陳之命，則首稱其令德；畢公之命，則首稱其懋德。以至蔡仲之克庸，微子之踐脩，歷觀周書，未有無所稱述而命之者。至于君牙，略無一語，而獨首以乃祖乃父之功爲言，此殆專以其世爲先王勳舊之故而命之歟。太常，畫日月其上，司勳「凡有功者，銘書于王之太常」，所以昭其功與日月并明也。觀成王于君陳不稱予小子，康王于畢命始稱之。史謂穆王即位，春秋已五十矣，猶以小子自稱，見得君牙是周之故老無疑。獨曰文、武、成、康而不及昭王，殆諱而不忍言也。至穆王而王道衰矣，司徒之命猶拳拳以五典爲教，以和民則爲務，以爾正、爾中爲身教之本。後世教法不明，所謂曰中、曰正、曰則，漫不知其爲何事，安知「宏敷五典」之爲司徒也。姑以小民一端言之，夏而暑雨，冬而大寒，乃天道之常，而皆不免于怨咨，此其故何也？情欲之流，不明天則，作好作惡，冥冥妄行，以至于是。若只就其怨咨之情狀而爲之計，豈不難哉。惟思其艱，以圖其易，民乃安寧耳。何謂易？爾正、爾中是也。爾身克正，罔敢不正，民心罔中，惟爾之中，即感即應，捷疾如是，非易而何。夫是以五典敷而民則和，民則和而怨咨之根去矣。人道秩秩，有倫有要，烏得不安寧也。訓即五典之訓。大法具在，不勞作爲，無人明之，乃始斁壞。君牙今日惟當敬明乃訓，用以奉順于先王可也。文武受天之命，光明顯赫，亦只是扶世立教，俾人紀于不壞耳。爾能明訓奉順先王，則足以對揚文武之光命，追配祖考佐助之功而無愧矣。此正與「亦惟先王之臣克左右，亂四方」相應。

王若曰：「君牙，乃惟由先正舊典時式，民之治亂在兹。率乃祖考之攸行，昭乃辟之有乂。」

上文已悉，至是復以法先正舊典申告之。曰「先正」，又曰「乃祖考」，則先正非指君牙之祖考明矣。祖考舊服，雖爲司徒，然止是行其教者，故下文言「乃祖考之攸行」。若夫舊典，所以立一代之經制，則在先正焉。周之六典成于周公之手，此云「先正舊典」，當是言周公也。

冏命

穆王命伯冏爲周太僕正，作冏命。

愚讀穆王之書，以爲司徒，大臣也，太僕，正僕臣也。事體輕重固不待辯，如何伯冏之命亦特作書，與命君牙若相似然者？至其命辭，則首曰「弗克于德」，曰「思免厥愆」，曰「一人元良」，曰「匡其不及」，曰「繩愆糾謬，格其非心」，曰「懋乃后德，交脩不逮」，曰「無迪上以非先王之典」，曰「永弼乃后彝憲」，辭旨反覆，大抵有悔過自咎、正救前非之意，所以責望伯冏甚重甚力，與君牙反大不同，每疑焉。或者見其車轍馬跡周于天下，與此所命自相背馳，遂謂穆王有言無實，且罪伯冏身爲太僕，不能救正，反助之爲非者。若果助之，是小人之尤也，孔子作序，豈無譏辭？况虚誕不實之言，又可垂世詔後乎？嘗深思之，是殆悔過而後有伯冏之命耳。穆王得千里馬，而造父之徒奔走後先，相慫恿以成其過。及聞祭公謀父祈招之詩，方知爲臣僕所誤，因念侍御僕從旦夕承弼者所繫不細，故拳拳伯冏，特命以書，丁寧懇惻，發于懲創，不容自已。不然，則在朝之官亦多矣，何獨一太僕而切切如是耶。史記敘次穆王事節，往往多不備，當以經文爲正可也。按太僕之職，王眂治朝則正位，眂燕朝則正位而掌擯相，王出入則爲前驅，燕飲則相其法，射則贊弓矢，所謂「旦夕承弼厥辟」是也。然必曰「太僕正」者，太僕下大夫二人，當是一正一貳。太僕之書「正」，猶司徒之書「大」也。經曰「命汝作大正」。

王若曰：「伯冏，惟予弗克于德，嗣先人，宅丕后，怵惕惟厲，中夜以興，思免厥愆。昔在文武，聰明齊聖，小大之臣，咸懷忠良。其侍御僕從，罔匪正人，以旦夕承弼厥辟。出入起居，罔有不欽。發號施令，罔有不臧。下民祗若，萬邦咸休。惟予一人無良，實賴左右前後有位之士，匡其不及，繩愆糾謬，格其非心，俾克紹先烈。今予命汝作大正，正于群僕侍御之臣，懋乃后德，交脩不逮。慎簡乃僚，無以巧言令色、便辟側媚，其惟吉士。僕臣正，厥后克正，僕臣諛，厥后自聖。后德惟臣，不德惟臣。爾無昵于憸人，充耳目之官，迪上以非先王之典。非人其吉，惟貨其吉。若時瘝厥官，惟爾大弗克祗厥辟，惟予汝辜。」

玩此情狀，正是吐露實款。穆王之書，他無所見。命君牙爲大司徒，而「弗克于德」「思免厥愆」等語，寂然不聞有是，乃獨盡發其蘊于一太僕，愚是以知其爲悔過之言，命伯冏在車塵馬迹之後也。思免厥愆，更無他説。前日之事，正坐僕御者非其人。謹簡乃僚，固已甚善，然使伯冏而自有所昵，則邪正亂矣。故又曰「爾無昵于憸人，充耳目之官，迪上以非先王之典」，昵憸人固不可也。或號爲進用吉士，而非其人之吉，惟以賄賂干進者爲吉，如是則是病其官也。

王曰：「嗚呼，欽哉！永弼乃后于彝憲。」

此語與上文正相承。愚嘗歷觀微子之命，繼前代也；蔡仲之命，繼絶世也；君陳、畢公之命，往東郊化頑民也。在廷之臣不聞有命，獨説命三篇乃得諸傅巖，爰立作相，史氏序次成書，與其他事體則又不同。穆王之命君牙，已創見矣，何乃一太僕正亦作書而專命之？太僕下大夫，司馬之屬也。成王作周官，惟曰「六卿分職，各率其屬」，未嘗屑屑，而大體自無不正。是故冢宰得人則六卿皆治，六卿得人則三百六十官皆治，安有一太僕而上煩人主費辭如此哉？伯冏之命雖發于悔過，其言切實，可垂後世，亦足以驗司馬之不職、冢宰之不任，而穆王之不知大體也。孔子作序，雖他無譏辭，而直書曰「穆王命君牙爲周大司徒，作君牙」，又直書曰「穆王命伯冏爲周太僕正，作冏命」，而事體自可見矣。既稱穆王，又繫以周，其殆以此歟。

融堂書解卷二十

宋　錢時　撰

吕刑

吕命，穆王訓夏贖刑，作吕刑。

吕命，先儒所謂「穆王命吕侯爲司寇」。然則曷爲不用君牙、伯冏書法，而止首提曰「吕命」也？詳其辭旨，决非今日始命爲司寇，乃穆王始有訓夏贖刑之命耳。此雖普告四方，而實命司寇掌之。是刑也，司寇之刑也，非穆王之刑也。所以首提「吕命」二字，而特名書曰吕刑歟。訓夏贖刑者，訓飭諸夏以五贖之刑也。成康措刑之盛無復舊觀，而刑辟浸繁矣。穆王懼其流于殘忍，而殺戮無辜之法用，于是首原蚩尤之始作亂，苗民之始作五虐，而盛陳皇帝哀矜庶戮，于是始制于刑之中者，使之爲懲爲監焉。嗚呼，苗民之法，豈中國所宜用乎？駸駸不已，必至于是，此贖刑之所以訓也。孔子深有取乎此，而特曰訓夏，明此贖刑爲中國之法歟。或曰：此書所訓者不一，而贖刑乃在「有邦有土」條下，序何以概言「訓夏贖刑」？曰：度作刑以詰四方，盖主爲告有邦有土而作也。當時周道陵遲，威令寖不伸于天下，況有邦有土，各居南面，最易以自逞。有苗國于洞庭、彭蠡之閒，在唐虞時猶不免此，何況今日。首明其事，所以戒也。且前乎有邦有土而告四方司政典獄者，首以懲監兩端普告之也。次告伯父、伯兄等衆者，王之同姓也。後乎有邦有土而告官伯族姓者，諸侯之族姓也。次告嗣孫者，諸侯之嗣孫也。其辭但略舉大概，而告有邦有土獨詳。著五刑贖法，敷明反覆，無所不盡，則知前後所告雖有同姓異姓之别、已封未封之殊，其實皆諸侯事。吕刑一書主在贖刑，告有邦有土，而餘無不包矣。若此之類，皆聖心獨斷，不明此者，何以觀書。

惟吕命，王享國百年，耄荒，度作刑，以詰四方。王曰：「若古有訓，蚩尤惟始作亂，延及于平民，罔不寇賊，鴟義姦宄，奪攘矯虔。苗民弗用靈，制以刑，惟作五虐之刑曰法。殺戮無辜，爰始淫爲劓、刵、椓、黥，越兹麗刑，并制罔差有辭。民興胥漸，泯泯棼棼，罔中于信，以覆詛盟。虐威庶戮，方告無辜于上。上帝監民，罔有馨香，德刑發聞惟腥。皇帝哀矜庶戮之不辜，報虐以威，遏絶苗民，無世在下。乃命重、黎，絶地天通，罔有降格。群后之逮在下，明明棐常，鰥寡無蓋。皇帝清問下民，鰥寡有辭于苗。德威惟畏，德明惟明。乃命三后，恤功于民。伯夷降典，折民惟刑。禹平水土，主名山川。稷降播種，農殖嘉穀。三后成功，惟殷于民。士制百姓于刑之中，以教祗德。穆穆在上，明明在下，灼于四方，罔不惟德之勤。故乃明于刑之中，率乂于民棐彝。典獄非訖于威，惟訖于富。敬忌罔有擇言在身，惟克天德，自作元命，配享在下。」

王曰：「嗟，四方司政典獄，非爾惟作天牧，今爾何監？非時伯夷播刑之迪，其今爾何懲？惟時苗民匪察于獄之麗，罔擇吉人，觀于五刑之中，惟時庶威奪貨，斷制五刑，以亂無辜。上帝不蠲，降咎于苗，苗民無辭于罰，乃絕厥世。」

王曰：「嗚呼，念之哉！伯父、伯兄、仲叔、季弟、幼子、童孫，皆聽朕言，庶有格命。今爾罔不由慰日勤，爾罔或戒不勤。天齊于民，俾我一日非終，惟終在人。爾尚敬逆天命，以奉我一人，雖畏勿畏，雖休勿休。惟敬五刑，以成三德。一人有慶，兆民賴之。其寧惟永。」（案：以上書解永樂大典原闕。）

王曰：「吁，來！有邦有土，告爾祥刑。在今爾安百姓，何擇非人，何敬非刑，何度非及？兩造具備，師聽五辭。五辭簡孚，正于五刑。五刑不簡，正于五罰。五罰不服，正于五過。五過之疵：惟官、惟反、惟内、惟貨、惟來。其罪惟均，其審克之。五刑之疑有赦，五罰之疑有赦，其審克之。簡孚有衆，惟貌有稽，無簡不聽，具嚴天威。墨辟疑赦，其罰百鍰，閲實其罪。劓辟疑赦，其罰惟倍，閲實其罪。剕辟疑赦，其罰倍差，閲實其罪。宫辟疑赦，其罰六百鍰，閲實其罪。大辟疑赦，其罰千鍰，閲實其罪。墨罰之屬千，劓罰之屬千，剕罰之屬五百，宫罰之屬三百，大辟之罰，其屬二百。五刑之屬三千。上下比罪，無僭亂辭，勿用不行，惟察惟法，其審克之。上刑適輕，下服；下刑適重，上服。輕重諸罰有權，刑罰世輕世重，惟齊非齊，有倫有要。罰懲非死，人極于病。非佞折獄，惟良折獄，罔非在中。察辭于差，非從惟從。哀敬折獄，明啓刑書胥占，咸庶中正。其刑其罰，其審克之。獄成而孚，輸而孚。其刑上備，有并兩刑。」

此節凡言「其審克之」者四，然當作兩截看。上截概舉刑罰節奏與夫典獄之病，而終之以「簡孚有衆」而下四語。下截歷陳刑罰節目與夫折獄之理，而終之以「獄成而孚」而下四語。若其大綱，則全在「何擇非人，何敬非刑，何度非及」三句上也。「在今爾安百姓」，祥刑之旨，正要就「安百姓」上看，言安百姓莫重于擇人、敬刑、度所及也。擇人者，擇典獄之人。所貴于擇人者，正是欲敬刑。所貴于敬刑者，正是欲度其所及。若三事而實相承，故每每曰「其審克之」。審即度也。周禮司刑掌五刑之法，其屬各五百，共二千五百條。而此三千條，反多，何也？蓋墨、劓雖各千，而宮止三百，大辟止二百，是輕者增而重者減，其條之多，乃所以爲寬也。大抵刑貴于中而已，非上下相比，何以酌其中？故于三千條下，使之上下比罪，固欲酌中，然刑之變，則又不可以一律定也。適者，之也。適輕適重，言其情之所之有輕重也。若但以一律齊之，則非所以爲齊矣。是蓋有倫而不紊，有要而不煩也。獄成而信矣，使自輸其情款亦信矣。一人而并坐兩刑者皆奏之，以聽天子裁决焉。

王曰：「嗚呼，敬之哉！官伯族姓，朕言多懼。朕敬于刑，有德惟刑。今天相民，作配在下，明清于單辭。民之亂，罔不中聽獄之兩辭，無或私家于獄之兩辭。獄貨非寶，惟府辜功，報以庶尤，永畏惟罰。非天不中，惟人在命。天罰不極，庶民罔有令政在于天下。」

官伯，先儒謂諸侯也。族姓者，諸侯之同姓也。穆王既以贖刑訓有邦有土矣，此後遂特戒諸侯之同姓。蓋恐分國于外，各居南面之尊，爲其宗族者或依憑以亂法，此與告伯父、伯兄、仲叔、季弟、幼子、童孫之意正同。王之同姓先告之，而專警之以天命；諸侯之同姓則後告之，而專懼之以天罰。此萬世之通患、穆王之深慮也。

王曰：「嗚呼！嗣孫今往何監？非德于民之中？尚明聽之哉！哲人惟刑，無疆之辭，屬于五極，咸中有慶。受王嘉師，監于兹祥刑。」

極者，究極情理，無所不盡其至之謂。「嗣孫」承「官伯族姓」而言，蓋諸侯之嗣孫也。穆王是時年已耄荒矣，既告諸侯，又告官伯族姓，又告其嗣孫，爲深長之慮也。所以王之同姓亦及幼子、童孫。此數語雖繫嗣孫之下，其實普告有邦有土，與前祥刑相應。

文侯之命

平王錫晉文侯秬鬯圭瓚，作文侯之命。

先儒謂平王忘殺父之讎，而德文侯之立己，孔子不削此書，所以著其罪。誠著其罪，則序何以無譏辭？是殆不然。使文侯力足以討賊，誅申侯而立宜臼，固爲甚善。是時幽王無道，威信不行于諸侯，而天下之勢瓦解久矣。申侯一旦激子女之私怨，敢挾夷虜、弑君父而弗之顧，此其兇逆何所不至哉。我周東遷，晉、鄭焉依，晉之君臣猶拳拳不忘于後王，則扞王于艱，使周之宗社賴以未墜者，莫此爲大。是平王之錫、文侯之受，皆不爲過也。況其命辭曰「歸視爾師，寧爾邦」，曰「柔遠能邇，惠康小民，無荒寧」，曰「簡恤爾都，用成爾顯德」，一一皆人君之言，雖文、武、成、康所以訓諸侯者不過是。孔子特存之于三代靈王之末（案：靈字疑誤。），豈偶然之故乎。雖然，此東遷之始、平王之初年也。向使痛父讎之未復，思天下之大計，卧薪嘗膽，滌蕩振刷，與文侯之徒共起而圖事，則周之王業尚有望也。今日之命，夫何尤？魯隱元年，王崩之前二年也。在位凡五十歲矣，循循仍仍，一無足道，而乃使冢宰下賵諸侯之妾，朝廷紀綱于是掃地，是則可罪也。吁！一平王也，文侯之命得附典謨訓誥之後，春秋之作特始乎賵妾之年，其有以歟。禮曰：「賜圭瓚，然後爲鬯。未賜圭瓚，則資鬯于天子。」文侯此時九命爲伯，故得此賜。經不言圭瓚而序云爾者，錫秬鬯則必賜圭瓚故也。略弓矢與馬，舉其重者言之。

王若曰：「父義和，丕顯文武，克慎明德，昭升于上，敷聞在下。惟時上帝集厥命于文王，亦惟先正克左右昭事厥辟，越小大謀猷，罔不率從，肆先祖懷在位。嗚呼！閔予小子嗣，造天丕愆，殄資澤于下民，侵戎我國家純。即我御事，罔或耆壽，俊在厥服，予則罔克。曰：『惟祖惟父，其伊恤朕躬。』嗚呼！有績予一人，永綏在位。父義和，汝克昭乃顯祖，汝肇刑文武，用會紹乃辟，追孝于前文人。汝多修扞我于艱，若汝，予嘉。」

此節凡三轉，皆以得人輔助爲主。肆先祖懷在位，故我先祖懷其左右之助，使之世世在位而不忘也。造此大愆，固是幽王，亦是平王奔申後，方有戎夷弑逆之事。是天降此大罪咎，實我小子嗣幽王而造成之，此正自責之辭也。是以殄絶其利澤于下民，而侵傷我國家純一之體。宣王之後，周道雖已衰微，然其大體猶純一，未至雜糅。奈何稔天地之大變，使夷狄異類兵交中國，人主遭殺，舊京爲墟。平王乃始東遷，奔走避地之不暇，文、武、成、康數百年混成之天下，一朝而破碎之，是國家之純于是始侵戎也。自「即我御事」至「伊恤朕躬」，極言當時狼狽之狀，所以重文侯夾輔之功也。是故獨汝始以文武爲念，不替儀刑，用是會合諸侯，繼立其君，使之追孝于前文人。夫即申侯而立平王，雖同鄭武公，此事當是文侯建議，然後會合行之，故曰「肇刑」。蓋勤王之元勳，獨命爲伯，而不及鄭武，其以是歟。

王曰：「父義和，其歸視爾師，寧爾邦。用賚爾秬鬯一卣、彤弓一、彤矢百、盧弓一、盧矢百、馬四匹。父，往哉！柔遠能邇，惠康小民，無荒寧。簡恤爾都，用成爾顯德。」

上文既嘉文侯之功，此下方命之也。文侯之命乃歸就晉國，特使之視爾之衆，安爾之邦，乃在外爲方伯，非周、召、畢公二伯之比也。去「義和」而獨稱「父」，親之至也。

費誓

魯侯伯禽宅曲阜，徐夷并興，東郊不開，作費誓。

伯禽封魯在周公復辟之初，已而成王遂有東伐淮夷之役。此云「魯侯伯禽宅曲阜，徐夷并興」，則費誓之作正成王東伐之時也。徐戎、淮夷與魯爲鄰，異時數叛，亦大不静矣。周公復辟告老，成王留之，不容去，而特封伯禽于魯。先儒謂不擇安以遺其子，爲聖人大公無適無莫之心。使聖人果不擇安以遺其子也，則可封之國亦多矣，何乃獨處之于魯乎？若子弗克負荷，而遽投之危疑變故之地，萬一誤事，天下將不可保。聖人亦欲示大公，而以社稷安危試其子于不測，可不可也？嗚呼！伯禽之封魯，正周公慮患之深謀也。殷之頑民已營成周，殷之餘民既畀康叔，是前日之不静者一一皆有所處，而他日之可慮獨在淮、徐耳。今觀費誓嚴密如許，是伯禽此時已熟于家學，已練于世故，才謀幹略已可施爲，應卒支變已可付託，而又周公之親子，出鎮淮、徐之近地，非徒曰命公後、享封國之榮而已也。曲阜既宅，淮、徐果叛，而伯禽果有以應之，則周公之心見矣。孔子特書「魯侯伯禽宅曲阜」，以明徐夷并興在伯禽始就國之時，其有以歟。先儒謂命伯禽宅曲阜，爲方伯，費誓之師，其殆伯禽率所統之諸侯以助成王東伐歟。徐戎、淮夷并興，而獨曰「甲戌，我惟征徐戎」，王師東伐淮夷，而伯禽之師則惟征徐戎歟。然則孔子序書，何以知東郊之不開？曰：孔子，魯人也。且相去未遠，當有國史可考。然既曰「東郊」，則必有南、西、北郊。經文「峙楨榦」之類，止曰「三郊三遂」，先儒謂明東郊距守不峙，此正東郊不開之實證也。東郊當敵之衝，故距守不開，以嚴戒備，而治兵于費歟。費，魯東郊地名。

公曰：「嗟人無譁，聽命！徂兹，淮夷、徐戎并興，善敹乃甲胄，敿乃干，無敢不弔。備乃弓矢，鍛乃戈矛，礪乃鋒刃，無敢不善。今惟淫舍牿牛馬，杜乃擭，敜乃穽，無敢傷牿。牿之傷，汝則有常刑。馬牛其風，臣妾逋逃，無敢越逐。祗復之，我商賚汝。乃越逐不復，汝則有常刑。無敢寇攘，踰垣牆，竊馬牛，誘臣妾，汝則有常刑。甲戌，我惟征徐戎。峙乃糗糧，無敢不逮，汝則有大刑。魯人三郊三遂，峙乃楨榦。甲戌，我惟築，無敢不供，汝則有無餘刑，非殺。魯人三郊三遂，峙乃芻茭，無敢不多，汝則有大刑。」

後兩言「三郊三遂」，而首獨曰「嗟人」，則知此是普告所統諸侯之師，非專誓魯人明矣。徂茲者，往此也。伯禽謂我往此魯邦，而淮浦之夷、徐州之戎適相挺并起，所以有今日之誓。序特書「魯侯伯禽宅曲阜，徐夷并興」，正發此「徂茲」之旨也。此後誓戒之辭，整整具有次第。公子王孫，一旦出臨事變，而法度精明、規模嚴密如許，此可以觀古人之學矣。若伯禽者，真周公之子哉！自「善敹乃甲胄」而下，治器械也。自「今惟淫舍牿牛馬」而下，謹牧放也。自「馬牛其風」而下，嚴軍律也。自「甲戌，我惟征徐戎」而下，豫軍需也。自甘誓以後，凡誓書皆是將戰誓師，明賞罰，使用命，惟此書無一語及戰，但前期爲師行之備。蓋伯禽甫就封而遽有此變，軍旅未閑訓習，百爾器備皆非素講，故此日專作誓以警飭之，從頭逐一整頓，貴在先期豫定，此最見伯禽老成詳練處，與其他誓師決戰者不同也。說者謂徐夷寇魯，故東郊不開，而有此誓。若賊已迫我，而方敹敿干胄，鍛礪兵刃，則與渴而穿井者何異。觀此「甲戌，我惟征徐戎」，則知徐戎并興，而伯禽以方伯往征之，亦必與王師有期日方動，所以閉關嚴戒，以備非常，而治兵于費，整暇如許，非因其來而與之拒戰也。先儒謂：「周禮司徒萬二千五百家爲鄉，司馬法萬二千五百人爲軍，小司徒云：『凡起徒役，無過家一人。』是家出一人，一鄉爲一軍。天子六軍，出自六鄉，諸侯大國三軍，亦當出自三鄉也。周禮又云：『萬二千五百家爲遂。』遂人職云：『以歲時稽其人民，簡其兵器，以起徒役。』則六遂亦當出六軍，鄉爲正，遂爲副。郊即鄉也，故此云『三郊三遂』。」其説固然。然以愚觀之，國必有四郊，謂萬二千五百人爲鄉，而曰三鄉則可。今斷斷以郊爲鄉，則國止有三郊矣，而可乎？要之，只是東郊嚴戒，既專爲守備，故楨榦芻茭之峙，役之西南北三郊三遂之人耳。理甚明正，似不必他求也。築者，三郊三遂儲峙此物用也。先儒謂甲戌日當築攻敵壘距堙之屬，愚謂「甲戌，我惟征徐戎」，方以是日啓行往征之，非謂定以是日加兵也。地之遠近固不可知，然敵情叵測，事變無常，亦豈能豫定。況機事不密則害成，敵國相關，閒諜相伺，此尤不可不密，安有誓師之始，昭昭然揭之于人，而曰以某日加兵乎。必無此理。然則「甲戌，我惟築」亦非真謂以是日築也，其實只是豫使儲峙。既以是日行師，而此築具亦以是日俱發，故皆以甲戌爲期也。此事本在成王時，以侯國之誓，故附周書之末。

秦誓

秦穆公伐鄭，晉襄公帥師敗諸崤，還歸，作秦誓。

穆公雖以違蹇叔之言爲悔，而終不以孟明之用爲非，僅霸西戎，曾何足道？孔子亦何取于此書也？語曰：「君子不以人廢言。」方其悔過之初，本心呈露，矢口而發，誠實切至。惜也中懷不平，志在刷恥，竟使善端發而不遂，淪没于春秋之氣習，而吾夫子亦不暇問也。嗚呼！世降愈下，求如此書者又不可復得矣。春秋二百四十二年之中，而獨此書厠之二帝三王之末，抑亦有所感也夫！

公曰：「嗟，我士，聽無譁！予誓告汝群言之首。古人有言曰：『民訖自若，是多盤。』責人斯無難，惟受責俾如流，是惟艱哉！我心之憂，日月逾邁，若弗云來。惟古之謀人，則曰未就予忌，惟今之謀人，姑將以爲親。雖則云然，尚猷詢兹黄髮，則罔所愆。番番良士，旅力既愆，我尚有之。仡仡勇夫，射御不違，我尚不欲。惟截截善諞言，俾君子易辭，我皇多有之，昧昧我思之。如有一介臣，斷斷猗無他技，其心休休焉，其如有容。人之有技，若己有之，人之彦聖，其心好之，不啻如自其口出，是能容之，以保我子孫黎民，亦職有利哉。人之有技，冒疾以惡之，人之彦聖，而違之俾不達，是不能容，以不能保我子孫黎民，亦曰殆哉。邦之杌隉，曰由一人，邦之榮懷，亦尚一人之慶。」（案：秦誓解永樂大典原闕。）

融堂四書管見

融堂四書管見原序

時未弱冠，先君子筠坡翁授以論語及中庸、大學，且曰：「只會得『學而時習之』一句，餘書不解自通。」屬遭多難，雖崎嶇顛頓萬狀，服膺斯訓，未嘗废置，然不過尋繹先儒文義，助之演説。年踰四十，忽自警省，始大悟舊學之非。於是取三書讀之，灑然如脱纏蔓矣。間因講習，積而成編。後獲從慈湖先師遊，竟櫝藏，弗果出，迨今十有三載。春二月，兒輩請觀，迺稍稍刪潤，附以音訓，并述古文孝經二十二章，題曰四書管見。嗚呼，非敢爲它人道也，傳之家塾，庶幾先君子之志云。紹定己丑四月二十日蜀阜錢時書。

融堂四書管見卷一

宋　錢時　撰

論語

學而第一

子曰：「學而時習之，不亦説音悦乎？有朋自遠方來，不亦樂音洛乎？人不知而不愠紆問切，不亦君子乎？」子，孔子也。同門曰朋。學，説文：「覺也。」習者，習熟其所學。時習，言無時而不習也。愠，怒也。

學者，覺其所固有而已，故曰：「大學之道，在明明德。」心本無體，〔二〕虚明無所不照。爲物所誘，爲意所蔽，爲情所縱，而昭昭者昏昏矣。是故貴於覺也。不覺，則何以習？禹曰「安汝止」，習此者也。文王「不識不知，順帝之則」，習此者也。孔子「爲之不厭」，習此者也。無時而不習，即無時而不明。滿天地皆春風和氣也，其爲説何如哉。於是而有同志來自遠方，則知學者益廣矣。此其爲樂又可量哉？雖然，知學者自知，不知學者自不我知，安可强也？世之人昏昏逐逐，醉生夢死，視聖賢門户不翅若冰炭，正可憐憫耳，安得以其不知而遂愠乎？君子之心如太虛澄然，何愠之有？

有子曰：「其爲人也孝弟去聲，而好去聲犯上者，鮮上聲矣；不好犯上，而好作亂者，未之有也。君子務本，本立而道生。孝弟也者，其爲仁之本與！」有子，名若，孔子弟子。善事父母爲孝，善事兄長爲弟。犯上，陵犯長上也。鮮，少也。作亂，爲逆亂之事也。

「本立而道生」以下有疑，更待細勘。堯舜之道，孝弟而已矣。孝弟即道即仁，何本何生？

子曰：「巧言令色，鮮矣仁。」巧即機巧之巧。令，美也。仁，人心也。得其本心，斯謂之〔三〕仁。意態浮動，務説人之觀聽，此何所用心哉？故曰「鮮矣仁」。言如此等人少有仁

〔二〕「虚」上明抄本有「本」字。
〔三〕「謂之」明抄本作「之謂」。

者，深不然之之辭也。

曾子曰：「吾日三省〔二〕吾身，爲去聲人謀而不忠乎？與朋友交而不信乎？傳〔三〕不習乎？」曾子，孔子弟子，名參，字子輿。省，察也。不欺於心爲忠，不欺於言爲信。傳者，傳道也。習即「時習」之習。傳而不習，則所學者不在己，何貴於傳也？然而日用功夫往往多就交際應酬上走作，故曾子三省，以忠信爲先。記曰：「忠信大道。」易曰：「忠信，所以進德。」謀不忠，交不信，則所以傳而習之者何事哉。

子曰：「道去聲千乘之國，敬事而信，節用而愛人，使民以時。」八百家出車一乘。千乘，諸侯之國也。時者，農隙之時。

只一「道」字便非春秋戰國氣象。古註訓「治」，殆未然也。「敬事」下聯著「信」字，「節用」下聯著「愛人」字，爲國者所當深體。

子曰：「弟上聲子入則孝，出則弟去聲，謹而信，汎愛衆而親仁，行有餘力，則以學文。」汎，廣也。衆，謂衆人。親，親炙也。仁，謂仁者。餘力，猶言餘暇也。文即六藝之文。

入孝出弟，爲弟子者職分所當爾。然不謹則慢忽，不信則詐欺，不汎愛衆則偏私，汎愛而不親仁，則無所

〔二〕「省」下明抄本有小注「悉井切」。
〔三〕「傳」下明抄本有小注「平聲」。

決擇以成其德。「行有餘力」最宜玩味，見得聖門力行功夫鑿鑿精實，學文非所急也。學而一篇，多説孝、弟、忠、信四字。

子夏曰：「賢賢易色，事父母能竭其力，事君能致其身，與朋友交言而有信。雖曰未學，吾必謂之學矣。」子夏，孔子弟子，姓卜，名商。賢賢易色者，賢人之賢，而易其好色之心也。致，猶委也。「賢賢」而下，即是古人實學。吾必謂之學矣，所以極言其學之在是也。四事雖排説，獨以「賢賢易色」揭之章首，最是緊切處。使好善之誠不能勝物慾之念，率是以往，横流莫遏，事君親，交朋友，其弊有不可勝言者，安能各盡其分乎？曰賢、曰易、曰竭、曰致、曰信，不可草草看過。

子曰：「君子不重則不威，學則不固，主忠信，無友不如己者，過則勿憚改。」重，端重也。威，威嚴也。固，堅固也。無、毋通，與勿皆禁止之辭也。憚，畏難也。氣輕志浮，故不重。不重則所學易摇。「主忠信」而下，所以學也。所主者忠信，大本立矣，自然重，自然威，自然固。又須得如己者友乃有益。不如己，是與己不相似，非同志也。友同志矣，又須不憚改過。過而不改，雖友同志無益也。或曰：不如猶言不勝。

曾子曰：「慎終追遠，民德歸厚矣。」慎〔一〕終者，不怠於終也。追遠者，不忘於遠也。

〔一〕「慎」字明抄本作「謹」，避宋孝宗趙眘諱。下同。

民之秉彜，好是懿德，本未始不厚也。於所厚者薄，始無所不薄耳。能慎終，能追遠，安得不一反而歸於厚哉？

子禽問於子貢曰：「夫子至於是邦也，必聞其政，求之與平聲？抑與之與平聲，下同？」子貢曰：「夫子温、良、恭、儉、讓以得之。夫子之求之也，其諸異乎人之求之與？」子禽，姓陳，名亢。子貢，姓端木，名賜，皆孔子弟子。温，和[一]也。良，善也。恭，敬也。儉，不侈大也。讓，謙遜也。

夫子温良恭儉讓以得之，「以得之」三字當看。是得也，非我求也，非彼與也。

子曰：「父在觀其志，父没觀其行去聲，三年無改於父之道，可謂孝矣。」

父在而違、父没而倍者多矣。觀其志，觀其行，而於父之道三年無改，則終身之所守定矣，所以爲孝。有志有行之可觀，而其道可以無改，非不義之父也。如或非道，又當權宜。

有子曰：「禮之用，和爲貴，先王之道斯爲美，小大由之。有所不行，知和而和，不以禮節之，亦不可行也。」禮者，天則之自然，人文之品節也。和即中和之和。斯，指和而言。小大由之，言

[一]「和」下清抄本有「厚」字。

上下所共由也。

喜怒哀樂發而皆中節謂之和，此即禮之所以爲禮也。苟知和之爲禮，而禮之用未嘗不和，則安有不可行者哉？有子所謂「知和而和」，豈恣縱無法度之謂？而「以禮節之」者，特區區文貌之末歟？

有子曰：「信近去聲，下同於義，言可復也；恭近於禮，遠去聲恥辱也；因不失其親，亦可宗也。」

義者，宜也。復，踐行也。因，由也。宗，猶尚也。

信所以明義，恭所以行禮，非二物也，何以謂之近？若曰「其蔽也賊」「無禮則勞」，彼善於此云爾。由是而得所可親之人，乃庶幾可尚焉，故曰「亦可宗」。

子曰：「君子食無求飽，居無求安，敏於事而慎於言，就有道而正焉，可謂好去聲學也已。」

不求安飽〔一〕，能敏事慎言，非篤志力行者不爾。然須識所敏者何事。若區區末務，則何就正之有？

子貢曰：「貧而無諂，富而無驕，何如？」子曰：「可也，未若貧而樂音洛，富而好去聲禮者也。」子貢曰：「詩云：『如切如磋七多切，如琢如磨。』其斯之謂與平聲？」子曰：

〔一〕「不求安飽」明抄本作「不求飽求安」。

「賜也始可與言詩已矣！告諸往而知來者。」諂，以言媚人也。驕，矜肆也。可者，僅可而未盡之辭。詩，衛風淇澳之篇。治骨角者切而復磋，治玉石者琢而復磨。往，謂所已言者；來，謂所未言者。貧無諂，富無驕，雖愈於常人之病，然未必忘貧富也。樂與好禮，則忘矣。此君子所以無入而不自得。子貢因悟切磋琢磨之旨，知學問之無窮，是告諸往而能知來也，故夫子喜之。

子曰：「不患人之不己知，患不知人也。」苟知人，則知所向方矣；不知，從〔一〕何所決擇？子夏、子游、子張尚不知夫子，況他人乎？所以知不知者安在？

爲政第二

子曰：「爲政以德，譬如北辰，居其所而衆星共〔二〕之。」政者，正也，所以正人之不正也。德者，得也，不失其本心之謂也。北辰，北極，天之樞也。居其所，居中而不動也。拱者，衆星環向而朝之也。

〔一〕「從」字明抄本作「後」。
〔二〕「共」下明抄本有小注「音拱」。

德者，政之所出〔一〕，民之歸也。

子曰：「詩三百，一言以蔽之，曰『思無邪』。」詩三百十一篇，言「三百」者，舉大數也。蔽，斷也。思無邪，魯頌駉篇之語。

「思無邪」一語，所以示萬世讀詩之大法。不然，則鄭、衛國風〔二〕，適滋蕩者之邪心乎。

子曰：「道去聲，下同之以政，齊之以刑，民免而無恥；道之以德，齊之以禮，有恥且格。」道，導也。齊，一之也。免者，苟免於刑也。格，正也。

德、禮者，人心所同有，非律之於其外也。故有恥且格。爲民父母行政而使之苟免無恥，亦可憐矣。雖然，猶有政也，猶苟免也。後世徒刑而不及政，斯民遂至於不免且不暇免，悲矣〔三〕！

子曰：「吾十有五而志於學，三十而立，四十而不惑，五十而知天命，六十而耳順，七十而從如字心所欲不踰矩。」古者十五入大學。踰，過也。矩，所以爲方者，即天則也。

此章六節，當提起「學」與「天命」作綱領看。志者，所向之一。立者，所守之定。不惑者，所見之

〔一〕「出」字明抄本無。
〔二〕「國風」明抄本作「諸國」。
〔三〕「矣」字明抄本作「夫」。

明。由是乃進，而知天命焉。所謂「志學」，學此者也。學而至於知天命則至矣。六通四闢，徹底洞然，無所不覺，無所不照。過此以往，復何所知哉？但熟而已。曰「耳順」，是應酬上無纖毫疑礙，無一事之不熟也。曰「從心所欲不踰矩」，是隱微處無纖毫滲漏，無一念之不熟也。釋氏虎穴魔宫皆爲佛事，淫坊酒肆盡是道場，渠所謂任意縱橫，亦從心所欲矣，謂之不踰矩，可乎？不踰矩，吾聖人所以經世，所以建皇極。

孟懿子問孝。子曰：「無違。」樊遲御，子告之曰：「孟孫問孝於我，我對曰『無違』。」樊遲曰：「何謂也？」子曰：「生，事之以禮；死，葬之以禮，祭之以禮。」孟懿子，魯大夫仲孫氏，名何忌。樊遲，名須，孔子弟子。御，御車也。孟孫即懿子也。

所謂「無違」，在於「以禮」。然則非禮以順其親者，不謂之順，乃所謂「違」也。以禮者，養生喪死，種種中節，無過不及之謂。玩一「以」字，人子之責甚重。孟僖子使其子學禮，故告之以是歟？

孟武伯問孝。子曰：「父母唯其疾之憂。」武伯，懿子之子，名彘。

自疾之外，略無一事貽親之憂，亦可謂孝矣。雖然，无妄之疾乃有所以〔二〕致之，其爲毁傷一也，故曰「唯其疾」。「唯」字與「其」字不可不深體。

〔二〕「有所以」明抄本作「可有以」。

子游問孝。子曰：「今之孝者，是謂能養去聲，下同。至於犬馬，皆能有養；不敬，何以別彼列切乎？」子游，姓言，名偃，孔子弟子。養，謂口體之奉也。

孩提之童知愛其親，本未始不孝也，惟不敬，故失之。敬則私意斷絶，本心昭融，通於神明，光於四海，無所不通，於是乎在。養而不敬，與獸畜之者無異，謂之孝，可乎？雖然，指能養者而言耳。

子夏問孝。子曰：「色難。有事弟子服其勞，有酒食音嗣先生饌，曾是以爲孝乎？」食，飯也。先生，父兄也。饌，供饋之也。曾，則也。

得父母於容色之間，非先意承志者不能。然須識所以難者何在。若嘻嘻媚悦，不以其道，則非所難也。服勞具饌，亦皆人子事，但不可專以是爲孝耳。和氣浹洽，天性昭明，骨肉之間，無非大順。四子問孝，答之不同，而其人品亦自可見。游、夏，聖門高弟，違禮節、危父母之事，宜無有也，故直以「敬」與「色難」警策之，即此便是學問用力精微處。且未有不敬而能順色者也。四者皆當以敬爲主。

子曰：「吾與回言終日，不違如愚。退而省其私，亦足以發。回也不愚。」回，姓颜，字子淵，孔子弟子。省，察也。私，謂退處燕安自適之際。發，醒發也，覺也。

颜子地步已大段瑩徹，當其不違如愚之時，心融意會，非他人所能知也。然學問之士苟自得矣，目色之間便有不言而喻者。回也必待發於私而後知其不愚者，夫子之言殆喜辭也，且以詔門弟子。

子曰：「視其所以，觀其所由，察其所安。人焉於虔切廋所留切哉？人焉廋哉？」廋，匿也。所以者，趨向之大概，容可勉彊也。所由者，日用之實事，漸不可以僞爲矣。若夫所安，則出於中心之誠然，雖欲掩之，而自有不可掩者。曰「視」曰「觀」，猶在事迹；察其所安，得之心術之微也。小人閒居爲不善，見君子而後厭然，掩其不善而著其善，直〔一〕何益哉？學者於此行著習察，而反求其所安者何事焉，則當有凛然於不睹不聞之際者。

子曰：「温故而知新，可以爲師矣。」故者，舊所得也。新者，新所進也。所貴於師者，求日新之功也。温故而有以知新，可爲師矣。不温即畫，斷難語進。温故，習不已；知新，進不窮。

子曰：「君子不器。」器者，囿於形體之名。子貢之達，宜不可以器名矣，而曰「女器」，然則君子所以不器者，果安在哉？天德昭融，六通四闢。

子貢問君子。子曰：「先行其言而後從之。」大率先言者未必能行。誠力行，雖不言可也。夫子欲其從後言之，所以抑子貢，使之就實耳。

〔一〕「直」字明抄本作「真」。

子曰：「君子周而不比，小人比而不周。」周，遍也。比，偏比也。

君子之心公普，小人之見偏私。心本未始不廣大也，意我窒之耳。一日克己，何比何周？

子曰：「學而不思則罔，思而不學則殆。」學乃踐履。思者，所以致其知也。罔，無也。殆，危也。

學而不思，則無致知之功，故罔；思而不學，則無力行之實，故殆。罔者，空虛無實；殆者，䠥卼不安。

子曰：「攻乎異端，斯害也已！」攻即攻擊之攻。異端，非正道而别起一端，以誣民者也。

正道昌明，異端自然衰止，不必攻也。求以勝之，反爲害耳。須識孟子距楊、墨，闢許、告，與夫子之意不殊，方明此義。孟子亦只是正人心。或曰：攻，治也。

子曰：「由，誨女音汝知之乎？知之爲知之，不知爲不知，是知也。」由，姓仲，字子路，孔子弟子。知即覺也。

苟有真知，無非實學。以不知爲知，可乎？記曰：「忠信大道。」道只是樸實不虛僞。會此樸實之旨即知矣。夫子每每提一「知」字，只埋頭説起，不言所知者何事，最妙。

子張學干禄。子曰：「多聞闕疑，慎言其餘，則寡尤；多見闕殆，慎行其餘，則寡悔。言寡尤，行去聲寡悔，禄在其中矣。」子張，姓顓孫，名師，孔子弟子。干，求也。禄，仕者之俸也。疑，未信也。殆，未安也。闕者，空闕也。尤者，人咎。悔者，所以自咎也。

言招憂，行招辱，其禍大矣，何以禄爲？多聞闕疑，而又慎言其不疑者，自然寡尤；多見闕殆，而又慎行其不殆者，自然寡悔。寡尤寡悔，不憂不辱，即所以爲禄也。故曰「在其中」。然任官擇人，實未有言行不修而足以得禄者。子張不問學而問干禄，夫子因其病而勉之，婉而不迫矣。

哀公問曰：「何爲則民服？」孔子對曰：「舉直錯諸枉，則民服；舉枉錯諸直，則民不服。」

哀公，魯君，名蔣。舉，提拔也。錯諸枉，猶言置之枉者之上也。枉，不直也。人心是非之公，一舉錯而服不服如影響，可厚誣哉。大凡直道皆足以服人，枉道皆足以致戾，不獨人才也，舉其一端之大者耳。

季康子問：「使民敬忠以勸，如之何？」子曰：「臨之以莊則敬，孝慈則忠，舉善而教不能則勸。」

季康子，魯大夫季孫氏，名肥。臨，臨民也。莊，端莊也。孝於親，慈於衆。舉善，舉用善人也。不能，未進於善者。勸者，相勉從善也。

斯民尊君親上之心，本未始不敬，本未始不忠，本未始不勸。上之人無道以臨之，遂使民彝泯亂，不獲盡其分。季康子，魯大夫也，由是而知所以臨民則善矣。抑思敬忠以勸，所以事其君哉。

或謂孔子曰：「子奚不爲政？」子曰：「書云：『孝乎惟孝，友于兄弟，施於有政。』是亦爲政，奚其爲爲政？」定公初年，孔子不仕，故或人疑而問之。書，周書君陳篇。善兄弟曰友。

兄弟同氣也，能孝於親，自然克念同氣。故書中論孝，專説「友于兄弟」，此風俗之樞機，家之所以齊，國之所以治，天下之所以平也。政者，正也，施於有政，特由是而推之耳。然則夫子雖不仕，未始不爲政也，何者而謂之政哉？千載斯言，可爲太息。

子曰：「人而無信，不知其可也。大車無輗五兮切，小車無軏音月，其何以行之哉？」大車，牛車〔一〕。輗，轅端横木，縛以駕牛領者。小車，駟馬車也。軏，轅端上曲，鈎衡以駕兩服馬領者。

信則事事皆實，無信則事事皆虚。

子張問：「十世可知也？」子曰：「殷因於夏禮，所損益，可知也；周因於殷禮，所損益，可知也。其或繼周者，雖百世可知也。」王者易姓受命爲一世。因者，禮之大本；損益者，禮之節文也。

能繼則不失其所因，雖百世如一日，況十世乎。惜周之後無有繼之者。大本既失，而三代損益之變遂以弗嗣，如之何其可知也？

〔一〕「大車」後明抄本、清抄本皆有「也」字。

子曰：「非其鬼而祭之，諂也。見義不爲，無勇也。」非其鬼，是非禮典所得祭者。邀福於非鬼，而先王禮典輒廢不講，後世之通患也。人病無所見，見其爲義，而不能果决以進，則何貴於見乎？聖人纔説知便説勇，纔説致知便説力行。見義不能勇爲，見不義亦必不能勇改。

融堂四書管見卷二

宋　錢時　撰

八佾第三

孔子謂季氏：「八佾音逸舞於庭，是可忍也，孰不可忍也？」季氏，魯大夫季孫氏也。佾，舞列也。天子八，諸侯六，大夫四，士二，每佾八人。

不忍者，人心之大閑，禮義廉恥之守也。舞八佾於大夫之庭而忍矣，則凡力之所可爲者，何所不爲哉？夫子斯言，所以誅季氏不臣之心。

三家者以雍徹直列切。子曰：「『相去聲維辟公，天子穆穆。』奚取於三家之堂？」三家，魯大夫孟孫、叔孫、季孫之家也。雍，周頌篇名。徹，祭畢而收其俎也。相，助也。辟公，諸侯也。穆穆，和敬之容也。二語雍詩之辭。

歌雍而徹，三家但知僭魯耳，不知魯君本非所宜有也。「相維辟公，天子穆穆」，此何等語，亦且習聞而安焉？夫子斷之以「奚取」，豈獨爲三家者發哉？

子曰：「人而不仁，如禮何？人而不仁，如樂何？」

仁，人心也。禮者，履此而已。樂者，樂此而已。非徒玉帛鐘鼓之云也，不仁則何以爲禮樂？此爲前二者發。

林放問禮之本。子曰：「大哉問。禮，與其奢也，寧儉；喪，與其易也，寧戚。」林放，魯人。易，和易也。

夫子大林放之問，而以「寧儉」答之，辭旨若有未盡焉者。蓋禮之本以奢而亡，儉雖非中，質猶在也，不既庶幾乎？味「與其」及「寧」字，深見傷時之意。然必求其所謂本者，則非仁不可，故曰「克己復禮爲仁」。豈林放學未進此，姑本世俗之弊以告之歟？喪是禮中一事。

子曰：「夷狄之有君，不如諸夏之亡〔二〕也。」

夫子感傷諸夏，而羡夷狄之有君焉，可哀也已。

〔二〕「亡」下明抄本有小注「與無同」。

季氏旅於泰山。子謂冉有曰：「女音汝弗能救與[一]？」對曰：「不能。」子曰：「嗚呼，曾謂泰山不如林放乎？」旅，祭名。泰山，魯國之山。冉有，名求，孔子弟子，時爲季氏宰。救，救止也。諸侯祭封内山川，禮也。林放能問禮之本，而求也不能救季氏之僭，有媿多矣。曾謂泰山之神亦不如林放乎？所以深罪冉有也。在禮則僭，在神則瀆，將誰欺哉？

子曰：「君子無所争，必也射乎！揖讓而升，下而飲去聲，其争也君子。」揖遜而升者，大射之禮，耦進三揖而後升堂也。下而飲，謂射畢揖降，以俟衆耦皆降[二]，勝者乃揖，不勝者升，取觶立飲也。争者，血氣之事。清明無我，自然無争。射有勝有負，疑不免矣，而揖遜升降乃如許，是其争也所以爲君子也。然則君子果何所争乎？

子夏問曰：「『巧笑倩七練切兮，美目盼普莧切兮，素以爲絢呼縣切兮。』何謂也？」子曰：「繪胡對切事後素。」曰：「禮後乎？」子曰：「起予者商也！始可與言詩已矣。」所問三句，先儒謂逸詩，今衛碩人篇有上二句。倩，口輔之美也。盼，白黑分明也。絢，采色，畫之飾也。繪事，繪畫之事也。後素，後於素也。

[一] 「與」下明抄本有小注「平聲」。
[二] 「降」字明抄本作「畢」。

忠信之人可以學禮，有質而後有文也。子夏一聞「繪事後素」之語，而遽答之以「禮後」，可謂善觸類者矣，故曰「起予」。起予者，彊人意之義也。

子曰：「夏禮吾能言之，杞不足徵也；殷禮吾能言之，宋不足徵也。文獻不足故也。足則吾能徵之矣。」杞，夏之後。宋，商之後。徵，証也。文，典籍也。獻，賢也。

夫子能言二代之禮，復以文獻不足爲憾，然則所能言者，豈直文物制度之謂哉？

子曰：「禘大計切自既灌而往者，吾不欲觀之矣。」禘，王者之大祭也。王者既立始祖之廟，又推始祖所自出之帝，而以始祖配。成王賜魯重祭，故禘於周公之廟，以文王爲所出之帝，而周公配之。灌者，方祭之始，用鬱鬯灌地以降神也。

灌以降神，祭之始皆然也。既灌而往，吾不欲觀，則禘無一之足觀也明矣。「不欲觀」三字有忠厚不忍之意。

或問禘之説。子曰：「不知也。知其説者之於天下也，其如示諸斯乎！」指其掌。之於天下，猶言達之天下也。示，視也。示諸斯，即指其掌而言，蓋謂甚易曉也。

答禘之問既曰「不知」，所謂「之於天下」與所以「示諸斯」者，又何以然也？明得此義，則上下有辨，大分昭昭，而三綱五常正矣。故中庸又曰：「明乎禘嘗之禮，治國其如指諸掌乎。」謂不知者，不敢顯言國惡也。學者當就指掌處領會。

祭如在，祭神如神在。子曰：「吾不與去聲祭，如不祭。」祭，祭先祖也。祭神，祭外神也。

人且死，形質既無有矣，所謂鬼神者何物哉？知所以爲鬼神，則知人之所以爲人。「如在」之旨，可以默喻。

王孫賈問曰：「與其媚於奧，寧媚於竈，何謂也？」子曰：「不然。獲罪於天，無所禱也。」王孫賈，衛大夫。媚，悦之也。室西南隅爲奧，尊上之所居，喻君。竈者，老婦之祭，雖卑而飲食萃焉，賈自喻。諷夫子，使媚己也。

王孫賈但知事於用〔一〕衛，而不知夫子所事者天，欲以區區媚竈諷〔二〕之，可憐矣哉！「無所禱」之言，不特窒幸者之門，足以破萬世弄權〔三〕之膽。

子曰：「周監於二代，郁郁於六切乎文哉！吾從周。」監，視也。二代，夏、商也。郁郁，文盛貌。

春秋之末，諸夏無君，魯號秉周禮，而且僭亂不可言矣，何况其他？夫子所以感念先王之舊，發「從周」之歎歟。

子入大音泰廟，每事問。或曰：「孰謂鄹側留切人之子知禮乎？入大廟，每事問。」子聞之

〔一〕「事於用」明抄本、清抄本皆作「用事於」。
〔二〕「諷」字明抄本作「摟」，清抄本作「援」。
〔三〕「權」下明抄本、清抄本皆有「者」字。

曰：「是禮也。」大廟，魯周公廟。鄹，魯邑名也，孔子父叔梁紇嘗爲其邑大夫。謂講之於平時，問之於臨事，敬而無失，所謂禮也。動容周旋，皆盛德之至，豈以一物不知爲恥者哉？「鄹人之子」，必是初年入大廟之始。

子曰：「射不主皮，爲去聲力不同科，古之道也。」皮，革也。布侯而棲革於其中以爲的，所謂鵠也。科，等也。

射貴於中耳。古之道乃不主皮，其所主者何事？

子貢欲去起吕切告古篤切朔之餼許氣切羊。子曰：「賜也，爾愛其羊，我愛其禮。」古者天子常以季冬頒來歲十二月之朔於諸侯，諸侯受而藏之祖廟，月朔則以特羊告廟，請而行之。魯自文公始不視朔，而猶供羊。餼，生牲也。

魯不視朔，慢上甚矣，猶幸餼羊可髣髴也。子貢乃欲併去之，嗚呼，愛一羊也哉！

子曰：「事君盡禮，人以爲諂也。」

禮即天則之不可踰者，無纖毫欠闕，方謂之盡。到〔一〕處方是了臣子分職耳。故曰「明此以北面，舜之所以

〔一〕「到」下明抄本有「盡」字。

爲臣」。未至聖人，皆未可以言盡也。孟子自謂「齊人莫如我敬王」，氣象便不同。

定公問：「君使臣，臣事君，如之何？」孔子對曰：「君使臣以禮，臣事君以忠。」定公，魯君，名宋。

君臣之間非徒勢位，君以禮，臣以忠，各盡其分耳。此與孟子犬馬寇仇之義不同。先儒把禮與忠對説，恐於臣節有所未安。屈原遭讒，放逐至死，而此心皎皎如秋霜夏日，安可一日忘哉？

子曰：「關雎七余[一]切，樂而不淫，哀而不傷。」關雎，周南首篇。淫者，樂之過；傷者，哀之過也。

論關雎之音。

樂則易淫，哀則易傷。發乎情性之正，自然中節，所謂和也。所以不淫不傷者，誰實爲之？慈湖先師謂此

哀公問社於宰我。宰我對曰：「夏后氏以松，殷人以柏，周人以栗，曰使民戰栗。」子聞之曰：「成事不説，遂事不諫，既往不咎。」宰我，名予，孔子弟子。「以松」「以柏」「以栗」者，古者立社，各樹其土之所宜木以爲主也。戰栗，恐懼貌。

〔一〕「余」字明抄本作「餘」。

社之置，關國體，繫民命，其義重矣。宰我不能發揮，止以主木爲對，而「使民〔一〕戰栗」之説又復不能正救其謬，夫子所以深責之。

子曰：「管仲之器小哉！」或曰：「管仲儉乎？」曰：「管氏有三歸，官事不攝，焉於虔切得儉？」「然則管仲知禮乎？」曰：「邦君樹塞門，管氏亦樹塞門；邦君爲兩君之好去聲，有反坫丁念切，管氏亦有反坫。管氏而知禮，孰不知禮？」管仲，名夷吾，齊大夫，相桓〔二〕公以霸者。器即「君子不器」之器。三歸，臺名。攝，兼也。家臣不能具官，故兼攝之。不攝，侈也。宫屏謂之樹。塞，蔽也，所以蔽内外也。好謂好會。坫在兩楹之間，獻酬飲畢，則反爵於其上。皆諸侯之禮，管氏僭之。

先儒論奢與犯禮，其器之小可知。愚謂管仲以其君霸，正是器之小處。奢與犯禮，特其中一事耳。未至於道，未離於器，況假之乎？或者之問，與公孫丑「猶不足爲」之見略相似。

子語去聲魯太〔三〕師樂。曰：「樂其可知也：始作，翕如也；從音縱之，純如也，皦如也，繹如也，以成。」語，告也。太師，樂官名。翕，合也。從，放也。純，諧和不雜也。皦，明也，八音歷

〔一〕「使民」明抄本、清抄本皆作「哀公」。
〔二〕「桓」字明抄本作「威」，避宋欽宗趙桓諱。下同。
〔三〕「太」字明抄本作「大」，其下有小注「音泰」。

歷，無相奪也。繹，相續不絶也。成，樂之一終也。「樂其可知」非夫子自謂也，將以樂語魯太師，言其旨亦易曉云耳。曰始作、曰從、曰成，始終之備也；曰翕、曰純、曰皦、曰繹，音節之美也。所謂「可知」者如此。夫子自衛反魯之時乎？

儀封人請見賢遍切。曰：「君子之至於斯也，吾未嘗不得見也。」從去聲者見賢遍切之。出曰：「二三子何患於喪去聲乎？天下之無道也久矣，天將以夫子爲木鐸。」儀，衛邑。封人，掌封疆之官。君子，謂當時賢者。木鐸，金口木舌，施政教則振之。

儀封人一見夫子，便知斯文未喪，天意有在，賢於晨門、荷蕢遠矣。木鐸一振，萬古遺音。

子謂韶，盡美矣，又盡善也。謂武，盡美矣，未盡善也。韶，舜樂。武，武王樂。

武未盡善，武王之心有不得已焉。夫子非不滿於武王也。韶居聖人之盛，武處聖人之變，夫子明聖人之心，嚴萬世之大法也。

子曰：「居上不寬，爲禮不敬，臨喪不哀，吾何以觀之哉？」

不寬則猛，固無足觀。不敬、不哀，皆文具耳，

里仁第四

子曰：「里仁爲美。擇不處仁，焉於虔切得知去聲？」

心不明於是非，則視仁人若冰炭矣。雖日與之處，而對面千萬里矣，安知所擇也？苟知所擇，定不背馳。利者，知之而喜進也。

子曰：「不仁者不可以久處約，不可以長處樂音洛。仁者安仁，知去聲者利仁。」約，窮困也。熟後自然不違，故安；知後自然不已，故利。利而行之者，用力於仁也。安而行之者，無用乎力，純乎天也。

子曰：「唯仁者能好去聲人，能惡去聲人。」唯，言獨也。無一點私意，斯之謂仁。是是非非，皆天理也。

子曰：「苟志於仁矣，無惡如字也。」人之趨向，全在立志。苟志於仁，即念念在仁矣，自然無惡。

子曰：「富與貴，是人之所欲也，不以其道得之，不處也。貧與賤，是人之所惡去聲也，不以其道得之，不去也。君子去仁，惡平聲乎成名？君子無終食之間違仁，造七到切次必於是，顛沛音貝必於是。」終食者，一飯之頃也。造次，急遽也。顛沛，偃仆也。素富貴行乎富貴，素貧賤行乎貧賤。何謂「素」〔一〕？行道是也。故無入而不自得。安得苟徇欲惡而爲去處

〔一〕「素」字明抄本無。

哉？仁故謂之君子，去仁則安所名乎？終食不違，以至顛沛造次必於是，皆不去之實也。畢竟仁在何處？如何是不違？如何是「必於是」？知乎此，則知所用力，而道不可須臾離矣。

子曰：「我未見好去聲仁者，惡去聲不仁者。好仁者，無以尚之；惡不仁者，其爲仁矣，不使不仁者加乎其身。有能一日用其力於仁矣乎？我未見力不足者。蓋有之矣，我未之見也。」蓋有者，不敢謂無用力於仁之人也。我未之見，所以深歎其難得也。

仁爲己任，若甚重矣。然此事在我，非有險阻之難越也，非有荒遠之難到也，非有百鈞九鼎之難舉也。不疾而速，不行而至，安在〔二〕有力不足者哉？好仁則自然用力，惡不仁則終能用力。

子曰：「人之過也，各於其黨。觀過，斯知仁矣。」黨即偏黨之黨。

黨是人心偏私處，所以過也。仁者大公無我，何偏私之有？知所以爲過，即知所以爲仁。

子曰：「朝聞道，夕死可矣。」

到脱然無疑礙處，生亦可，死亦可。蠢蠢逐逐，醉生夢死，烏可與言哉！

子曰：「士志於道，而恥惡衣惡食者，未足與議也。」

〔二〕「在」字明抄本無。

一念外馳，便非志道。

子曰：「君子之於天下也，無適丁歷切也，無莫也，義之與比毗志切。」適，專主也。莫，不肯也。比，從也。

明得義後，自然無所適莫。不然即膠矣。故曰：「君子而時中。」

子曰：「君子懷德，小人懷土；君子懷刑，小人懷惠。」

有德有刑，則君子懷。有土有惠，則小人懷。懷者，中心不忘之謂也。君子隱遁，小人離散，誰實任其咎哉？刑罰不中，則無以懲惡，而君子病矣。

子曰：「放於利而行，多怨。」放者，放縱之放。

利欲之心，如水滔滔，窒之猶恐其弗止，况放而行之乎？利之行，怨之歸也。

子曰：「能以禮讓爲國乎，何有？不能以禮讓爲國，如禮何？」何有，言不難也。

辭遜成風，自然順治。不然則陵奪之習勝矣，如禮何？

子曰：「不患無位，患所以立；不患莫己知，求爲可知也。」

「立」與「可知」，指君子自治之實耳，非爲外也。〔一〕無位爲患，則所謂「立」者必荒；患莫己知，則所

〔一〕「無」上明抄本、清抄本皆有「以」字。

以可知者必略。立者，確乎不可拔之名，是所學實事，即所謂「可知」者也。

子曰：「參〔一〕乎，吾道一以貫之。」曾子曰：「唯上聲。」子出，門人問曰：「何謂也？」曾子曰：「夫子之道，忠恕而已矣。」「參乎」者，呼曾子名而語之也。貫，通也。唯者，默喻而深領之辭。門人者，曾子之門人也。

這個不是事事物物上鬬合得來，會得後自然光明洞徹，無所不通。本一貫也，非貫之而後一也。夫子以「一貫」語曾子，直是指得清切；曾子以「忠恕」答門人，直是斷得清切。不清切，後一「唯」字如何撰得出？後學不悟本一之旨，直向事物上逐項尋討，安得曾子者而論忠恕哉？

子曰：「君子喻於義，小人喻於利。」

喻者，深明其旨，深知其味者也。不幸志趣一差，到喻後如何住得？桑弘〔二〕羊之徒，筭析秋毫，至死不悔，可憐也已。

子曰：「見賢思齊焉，見不賢而內自省悉井切也。」

思齊則遷善，內省則改過。賢不賢，皆吾師也。

〔一〕「參」下明抄本有小注「所金切」。

〔二〕「弘」字明抄本作「洪」，避北宋太祖趙匡胤之父趙弘殷諱。下同。

子曰：「事父母幾諫。見志不從，又敬不違，勞而不怨。」幾，微也。

迎其未形，便當救止，既形則過已顯，無及矣。微察其不然，便不敢拂，纔拂則意已傷，難再進矣。既能如此委曲，又須勞而不怨。所謂怨者，非必形之辭色也，心之隱微稍有不足便不可。爲人子者所宜深體。

子曰：「父母在，不遠遊，遊必有方。」

朝往暮未還，已重倚門之望；遠遊與不知方所，父母之心何如哉？又況事親之道，種種未便。

子曰：「三年無改於父之道，可謂孝矣。」

已見首篇。

子曰：「父母之年，不可不知也。一則以喜，一則以懼。」

父母之年，安有不知？所貴於知者，欲其以喜懼爲心也。不然，則知猶不知耳。徒記得某甲某乙，濟甚事？

子曰：「古者言之不出，耻躬之不逮也。」逮，及也。

以躬行不逮爲耻，敢易言乎？玩「不出」二字，隱然有爲之關鍵者。

子曰：「以約失之者鮮上聲矣。」約，不放逸也。

約則有守，自然寡過，纔放逸便失了。

子曰：「君子欲訥於言而敏於行去聲。」

實見實履，不在言語上。

子曰：「德不孤，必有鄰。」

易曰：「敬義立而德不孤。」不孤者，此德之盛也。有鄰者，同德之應也。德不孤，則必有鄰矣。

子游曰：「事君數色角切，下同，斯辱矣；朋友數，斯疏矣。」

數者，屑屑不憚煩之謂也。朝夕訥誨方謂之忠，切切偲偲方謂之益，則何者謂之數乎？

融堂四書管見卷三

宋 錢時 撰

公冶長第五

子謂公冶長，「可妻去聲，下同也，雖在縲力追切絏息列切之中，非其罪也」。以其子妻之。子謂南容，「邦有道，不廢；邦無道，免於刑戮」。以其兄之子妻之。公冶長，孔子弟子。妻者，嫁之也。縲，黑索；絏，攣也，所以繫囚也。南容，孔子弟子，居南宮，名縚，又名适，字子容，謚敬叔，孟懿子之兄。不廢，言見用也。

聖門以爲可妻，豈易得者？非罪而縲絏，正所謂無妄之災〔一〕，疑不假辨矣。世俗未必究實，須用與他説

〔一〕「災」字明抄本、清抄本皆作「疾」。

破。有道不遺，無道獲免，三復白圭之証驗也。

子謂子賤：「君子哉若人！魯無君子者，斯焉於虔切取斯？」子賤，姓宓，孔子弟子。魯國多君子，豈中和之氣獨私於魯哉？薰蒸陶冶，有以致之耳。使子賤居非其地，將何以得此「斯」字？是所以爲君子處。取字亦見得他善學處。

子貢問曰：「賜也何如？」子曰：「女音汝器也。」曰：「何器也？」曰：「瑚音胡璉力展切也。」此因稱子賤而有問也。夏曰瑚，商曰璉，周曰簠簋，皆宗廟盛黍稷器〔一〕。君子不器，而以瑚璉目之，雖可貴重，終未離於器也。賜也勉乎哉。

或曰：「雍也仁而不佞。」子曰：「焉於虔切用佞？禦魚吕切人以口給，屢憎於人。不知其仁，焉用佞？」雍，姓冉，字仲弓，孔子弟子。佞，口才也。禦，當也。給，辨也。憎，惡也。仁與佞正相反。「口給」「屢憎」，仁者不如是也。或稱仲弓之仁，而以「不佞」少之，即此便是他「不知其仁」處。兩言「焉用佞」，宜細玩。

子使漆雕開仕。對曰：「吾斯之未能信。」子説音悦。斯，猶言這個。

〔一〕「盛黍稷器」明抄本、清抄本皆作「黍稷之器」。

「斯」字是實做工夫處。夫子以爲可仕，豈易得者？猶自謂未能信，不是實做工夫，安有此語？有學官嘗舉以難諸生，友人見問，答曰：「漆雕開直是要做徹了。」

子曰：「道不行，乘桴〔二〕浮於海。從去聲我者其由與平聲？」子路聞之喜。子曰：「由也好勇過我，無所取材。」桴，筏也。所，猶處也。材即所〔三〕以爲桴者。

夫子豈真浮海者哉？深歎道之不行耳。子路何喜之遽也？稱其好勇，而謂取材之無處，所以抑之。

孟武伯問：「子路仁乎？」子曰：「不知也。」又問。子曰：「由也，千乘去聲之國，可使治其賦也，不知其仁也。」「求也何如？」子曰：「求也，千室之邑，百乘之家，可使爲之宰也，不知其仁也。」「赤也何如？」子曰：「赤也，束帶立於朝音潮，可使與賓客言也，不知其仁也。」賦，兵也，古者以田賦出兵。千室，大邑。百乘，卿大夫之家。宰，邑長、家臣之通號也。赤，姓公西，字子華，孔子弟子。

三子者，謂之仁不可，謂之不仁亦不可，答以「不知」，備見聖人包含成就之意。雖然，治賦、爲宰、與賓客言，不仁亦不可使也。當以意逆之。

〔二〕「桴」下明抄本有小注「音孚」。
〔三〕「所」字明抄本作「用」。

子謂子貢曰：「女音汝，下同與回也孰愈？」對曰：「賜也何敢望回。回也聞一以知十，賜也聞一以知二。」子曰：「弗如也！吾與女，弗如也。」與，許也。

真知一矣，將何所不通？謂之十者，姑舉成數而言。顔子地位已不易及，子貢自知弗如，却是他所以進學處。故夫子與之。

宰予晝寢。子曰：「朽許久切木不可雕也，糞土之墻不可杇音污也，於予與平聲〔一〕何誅？」子曰：「始吾於人也，聽其言而信其行去聲〔二〕；今吾於人也，聽其言而觀其行。於予與改是。」晝寢，先儒謂居内違禮。朽，腐也。雕，刻畫也。杇，鏝也。與，語辭。誅，責也。

氣昏慾勝，安能有立？篤志而力行者，氣象自然不同。

子曰：「吾未見剛者。」或對曰：「申棖。」子曰：「棖也慾，焉於虔切得剛？」申棖，孔子弟子。慾，多嗜慾也。

剛者，天德之至健，非血氣云也。養而無害，自正自大，自直自方，故曰：「富貴不能淫，貧賤不能移，

〔一〕「平聲」下明抄本有「下同」二字。
〔二〕「去聲」下明抄本有「下同」二字。

威武不能屈。此之謂大丈夫。」若〔一〕有一毫物慾之私，則餒矣。

子貢曰：「我不欲人之加諸我也，吾亦欲無加諸人。」子曰：「賜也，非爾所及也。」

子貢之言，絜矩之道也。宜夫子喜而進之矣。乃曰：「非爾所及。」嗚呼，此〔二〕以進之也。賜也一聞斯語，惕然反求其病根之所在，則終身可行之旨，何必他日而再問乎！

子貢曰：「夫子之文章，可得而聞也；夫子之言性與天道，不可得而聞也。」文章，威儀文辭之類。性，即人之所固有；天道，即天之所以爲天者。天人一〔三〕理也。

既曰「言」，如何不可聞？此是子貢所學大進處，非實見後如何道得出？平時言語之習爲之一洗矣。但將文章與性、天道分裂，則猶未也。文章即性即天〔四〕，初無可聞不可聞之殊。

子路有聞，未之能行，唯恐有聞。

不聞則已，聞必行之，非以所聞爲切身實事者不爾也。「唯恐」二字，深得子路力行之意。曰「果」、曰「兼人」、曰「無宿諾」、曰「聞過則喜」，其氣象可以概見。

〔一〕「若」字明抄本無。
〔二〕「此」下明抄本有「所」字。
〔三〕「一」字明抄本作「非二」。
〔四〕「天」下明抄本有「道」字。

子貢問曰：「孔文子何以謂之文也？」子曰：「敏而好去聲學，不恥下問，是以謂之文也。」孔文子，名圉，衛大夫。謚法：勤學好問爲文。

「敏」有自强不息之義。不恥者，樂善不倦之誠。敏而好學，則得所敏矣；好學而不恥下問，則得所學矣。然孔圉使太叔疾出妻而妻之，其行如是，豈真若聖門之所謂「好學」者乎？先聖不言其人，而但釋謚義，殆有深旨。

子謂子產：「有君子之道四焉：其行己也恭，其事上也敬，其養民也惠，其使民也義。」子產，姓國氏，名僑，鄭大夫。

事上以敬，則知爲下之道。養民以惠，而使以義，則知居上之道。然非行己以恭者不能也。故又爲四者之首稱。

子曰：「晏平仲善與人交，久而敬之。」晏平仲，名嬰，齊大夫。

交際之道，莫善於敬，况久而不替乎？然非敬則亦不能久也。可以久交，必非苟合者。

子曰：「臧文仲居蔡，山節藻棁章悦切，何如其知去聲也？」臧文仲，魯大夫臧孫氏，名辰。居，猶藏也。蔡，大龜也。節，柱頭斗拱。藻，水草。棁，梁上短柱。刻山於節，畫藻於棁，以爲藏龜之室也。

龜以卜疑耳，何乃僭飾如此？有識者不爾也。

子張問曰：「令尹子文三仕爲令尹，無喜色；三已之，無愠色。舊令尹之政，必以告新令尹。何如？」子曰：「忠矣。」曰：「仁矣乎？」曰：「未知去聲，絶句，下同，焉於虔切，下同得仁？」「崔子弑齊君，陳文子有馬十乘去聲，棄而違之。至於他邦，則曰：『猶吾大夫崔子也。』違之。之一邦，則又曰：『猶吾大夫崔子也。』違之。何如？」子曰：「清矣。」曰：「仁矣乎？」曰：「未知，焉得仁？」令尹，官名，楚上卿執政者也。子文，姓鬭，名穀於菟。知，覺也。覺其本心而至於常覺常明者仁。崔子，齊大夫，名杼。齊君，莊公，名光。陳文子，名須無，亦齊大夫也。違，去也。之一邦，往也。

令尹子文之忠，陳文子之清，據其事兩言而盡矣。復疑其爲仁而問之，此是子張之病猶未有覺。安得謂之仁乎，故曰：「未知，焉得仁？」句法與「焉得儉」、「焉得剛」正相似，直辭以破其疑，與答孟武伯「不知其仁」不同矣。

季文子三去聲思而後行。子聞之，曰：「再，斯可矣。」季文子，名行父，魯大夫。斯，語辭。

事未有不思而得者，然須有學，明得義後方可。不然，就私意上起思，輾轉只是私意，雖百思何益[一]？宣公簒立，文子不能討，反爲之使齊而納賂，殆類全不思者。所謂「三思」，果安在乎？「再可」之言，極宜細玩。

[一]「益」字明抄本作「哉」。

子曰：「甯武子邦有道則知去聲，下同，邦無道則愚。其知可及也，其愚不可及也。」甯武子，名俞，衛大夫。按春秋傳，在文公、成公之時。

無道則愚，便是他知處。

子在陳曰：「歸與歸與！吾黨之小子狂簡，斐音匪然成章，不知所以裁之。」歸，欲歸魯也。狂者進取。斐，文貌。裁者，翦裁之也。

聖門爐冶，全在一「裁」字。斐然成章，非所多也。知所以裁，即斂華就實，無非根柢工夫。

子曰：「伯夷、叔齊不念舊惡，怨是用希。」伯夷，姓墨，名允，字公信。叔齊，名知，字公達。夷、齊，謚，孤竹君之二子也。父欲立叔齊。及父卒，叔齊讓伯夷。夷曰：「父命也。」遂逃去。叔齊亦不〔二〕立而逃之。國人立其中子。怨是用希，非念怨言，自少怨也。

怨生於念，念舊惡而不忘，即不免有所怨矣。觀兄弟遜國之事，則其人心地可知。故夫子又稱之曰：「求仁而得仁，又何怨？」或問：扣馬諫後，竟不食周粟，餓死首陽山下，則何如？曰：義所不可，雖死不與易，此所以爲夷、齊也。若不顧大義，苟且浮沉，忍恥事仇，匿怨爲友而不知恥者，天下滔滔皆是也。如此而謂之不念，豈足以識聖賢心哉？

〔二〕「不」下明抄本有「肯」字。

子曰：「孰謂微生高直？或乞醯呼西切焉，乞諸其鄰而與之。」微生，姓，名高，魯人。醯，醋也。

本心本直，微起意即失之。流俗類以回曲苟狥爲周密。乞鄰甚小，礙直甚大。

子曰：「巧言、令色、足將樹切恭，左丘明恥之，丘亦恥之。匿怨而友其人，左丘明恥之，丘亦恥之。」足恭，便僻貌。

友者，合志同方之謂。中藏怨心，外爲苟合，而謂之友，可乎？此小人之情狀，而流俗未必恥也。左丘明真所謂「惡不仁者」。

顔淵、季路侍。子曰：「盍音合各言爾志？」子路曰：「願車馬、衣去聲輕裘，與朋友共。敝之而無憾。」顔淵曰：「願無伐善，無施勞。」子路曰：「願聞子之志。」子曰：「老者安之，朋友信之，少者懷之。」衣，服之也。裘，皮服。敝，壞也。憾，恨也。伐，誇也。施者，委之於人也。安之，安我也。信、懷義同。

子路能不吝耳，顔子則有志於忠恕者也。夫子天涵地毓，無一物不在吾仁中。

子曰：「已矣乎！吾未見能見其過而内自訟者也。」訟者，辨直之名也。

是非之心，人皆有之，鮮有過而不知者。不能訟，故不改耳。發於本心，自悔自罪，痛自咎責，如抱冤屈以求伸者焉，方可謂之内自訟。念念不捨，過無由生；訟不由中，改必不力。夫子以爲未見而發「已矣」

之歎，警動學者改過之機，至深至切。

子曰：「十室之邑，必有忠信如丘者焉，不如丘之好去聲學也。」十室，小邑也。學以忠信爲主，而十室之邑必有之，以見天下之美質，可學而至於聖者固多也。惟不知好，是以不若聖人耳。學者豈可自棄？

雍也第六

子曰：「雍也可使南面。」仲弓問子桑伯子，子曰：「可也簡。」仲弓曰：「居敬而行簡，以臨其民，不亦可乎？居簡而行簡，無乃大音泰簡乎？」子曰：「雍之言然。」南面，君位，言可爲諸侯也。子桑伯子，魯人。先儒疑即莊周所稱子桑户也。可者，僅可之辭。簡，言不煩。居敬行簡，即是仲弓可使南面處。居，如「曠安宅而弗居」之居。所居者敬，則所行無非敬，自然不煩也。居簡則過矣。

哀公問：「弟子孰爲好去聲〔一〕學？」孔子對曰：「有顔回者好學，不遷怒，不貳過。不幸

〔一〕「去聲」下明抄本有「下同」二字。

短命死矣！今也則亡，未聞好學者也。」遷，延及也。貳，遲疑不決也。

不遷怒，不貳過，真用力於仁者。聖門之好學如此哉。旁遇他事，微有未平，即所謂遷；萌於隱微，斬截不果，即所謂貳。此二語工夫極精密。又曰：不遷者，此心虛明澄然，不爲怒所遷動也。

子華使去聲於齊，冉子爲去聲其母請粟。子曰：「與之釜音父。」請益。曰：「與之庾愈甫切。」冉子與之粟五秉音丙。子曰：「赤之適齊也，乘肥馬，衣去聲輕裘。吾聞之也，君子周急不繼富。」原思爲之宰，與之粟九百，辭。子曰：「毋！以與爾鄰里鄉黨乎！」子華，公西赤，孔子弟子。冉子，冉有也。釜，六斗四升。庾，十六斗。秉，十六斛。急，窮迫也。周者，補不足。繼者，續有餘。原思，名憲，孔子弟子，孔子爲魯司寇時，以思爲宰。粟，宰之禄也。九百，九百斛〔一〕。辭，辭而不受也。毋，禁止之辭。五家爲鄰，五鄰爲里，萬二千五百家爲鄉，五百家爲黨。

當受而辭，不當得而請，皆意也，非中也。聖人所以建皇極。

子謂仲弓曰：「犂利之切牛之子騂息營切且角，雖欲勿用，山川其舍上聲諸？」犂，雜文。騂，赤色。周人尚赤色〔二〕，牲用騂。角者，角周正，中犧牲也。山川，山川之神也。家語謂仲弓生於不肖之父。

〔一〕「斛」字明抄本作「㪷」。
〔二〕「色」字明抄本、清抄本皆無。

鯀殛死，禹嗣興，安得以其父而舍之？種類雖或非才，爲人子者不當甘自棄也。

子曰：「回也，其心三月不違仁，其餘則日月至焉而已矣。」三月，一時也。不違仁者，無纖毫意念蔽其本心也。其餘者，颜子以次也。至者，至於不違也。

本心虚明，純然無間者三月。三月之外，猶未免微違。此颜子所以幾於聖也。若聖人則純德孔明，無違不違之可言矣。日至，是至於不違者終日。月至，是至於不違者終月。皆覺後事。但工夫有如許次第淺深，所以諸子皆不及颜歟！

季康子問：「仲由可使從政也與平聲，下同？」子曰：「由也果，於從政乎何有？」曰：「賜也可使從政也與？」曰：「賜也達，於從政乎何有？」曰：「求也可使從政也與？」曰：「求也藝，於從政乎何有？」從政，謂爲大夫。果，决斷。達，通曉。藝，有才能。乎何有，優爲之也。

冉有、季路在政事之科，而曰果、曰藝，夫子又亟稱之。及相季氏，乃有大不然者。信道不篤而能不變於習俗者寡矣。吁，可畏哉！

季氏使閔子騫爲費音秘宰。閔子騫曰：「善爲去聲我辭焉，如有復扶又切我者，則吾必在汶音問上矣。」

不義而富且貴，於我如浮雲。閔子有定見矣。若由與求也，終何爲哉？

伯牛有疾，子問之，自牖由久切執其手，曰：「亡之，命矣夫音扶！斯人也而有斯疾也！斯人也而有斯疾也！」伯牛，姓冉，名耕，孔子弟子。疾，淮南子以爲癩。牖，南牖也。

孟子曰：「莫之致而至者，命也。」冉伯牛之賢而有斯疾乎，此可以言命矣。夫子所以重歎惜之。

子曰：「賢哉，回也！一簞食音嗣，一瓢飲，在陋巷。人不堪其憂，回也不改其樂音洛。賢哉，回也！」簞，竹器。食，飯也。瓢，瓠也。

苟樂矣，雖死生之變不與易，簞瓢陋巷而爲之遽改乎？要識所樂者何事，其不改者何。以一日克己之後，三月不違之時，三歎而三詠也。

冉求曰：「非不説音悦子之道，力不足也。」子曰：「力不足者，中道而廢。今女音汝畫。」畫，畫斷也。

知所以説，則知所以用力。知所以用力，則自彊不息，日進無疆矣，安有力不足者？畫者，斬然自棄之名也。

子謂子夏曰：「女音汝爲君子儒，無爲小人儒。」儒，學者之稱。

囿於物我，而未能行天下之大公者，皆小人儒也。爲儒而未免於小人，其禍可勝言哉。

子游爲武城宰。子曰：「女音汝得人焉耳乎？」曰：「有澹徒甘切臺滅明者，行不由徑。非公事，未嘗至於偃之室也。」武城，魯下邑。澹臺，姓。滅明，名。字子羽。徑，小路取捷者。公事，如飲射讀法之類。

夫子「得人」之問，爲宰之法也。子游「滅明」之對，觀人之法也。

子曰：「孟之反不伐，奔而殿去聲。將入門，策其馬，曰：『非敢後也，馬不進也。』」孟之反，名側，魯大夫。伐，誇也。奔，敗走也。軍後曰殿。戰敗，以殿爲功也。策，鞭也。事在哀公十一年。

有功不伐，固厚之至。必若飾辭以自掩，不幾於僞乎？戰敗而還，爲國羞辱，區區敢後，遂謂己功，有識者所不爲也。故夫子美之。

子曰：「不有祝鮀徒河切之佞而有宋朝之美，難乎免於今之世矣！」祝，宗廟之官。鮀，字子魚，衛大夫，有口才。朝，宋公子，有美色。

巧言令色，皆能悦人。諂諛之徒，尤當世所喜。故雖有宋朝之美而無祝鮀之佞，亦難乎其免也。

子曰：「誰能出不由户？何莫由斯道也？」何莫，猶云孰不也。

人之由斯道，如出之必由户也。行不著，習不察，故終身由之而不知耳。然則所以不可須臾離者，果安在哉？

子曰：「質勝文則野，文勝質則史。文質彬彬，然後君子。」野，言樸野。史，掌文書者。彬彬，文質相稱之貌。

質猶幹，文猶華〔二〕也。從根至杪，無非造化自然，如何欠得？但有先後次第耳，故曰「則以學文」。

子曰：「人之生也直，罔之生也幸而免。」罔，不直也。

本心本直，本無邪枉，此人之所以生者。失其爲直，生如無生。盜跖之徒，蠢蠢然苟活於天地間，真幸免耳。

子曰：「知之者不如好去聲之者，好之者不如樂〔三〕之者。」

曩嘗謂人患不知耳，如渴得飲，如夜行逢燭，如何不好？好後自然融悦，滿天地皆春風和氣也，如何不樂？由今觀之，乃知聖訓切中學者之病。世間亦不可謂無知者，舊習一勝，隨即昏失。間或好矣，往往力量輕薄，工夫不繼，又未免於怠荒。此知及之爲難，而仁守之尤不易也。知而不好，與不知同。好而不樂，與不好同。

子曰：「中人以上上聲，可以語去聲，下同上也。中人以下，不可以語上也。」

人皆可以爲堯舜，性無有不善也。若論資質，則大略自有三等。上知下愚，固不可移矣。中人以上之人，已不易得。中人以下，蒙蔽之深，去下愚無幾，而可與之語上也哉？使其可語，雖愚必明。

〔二〕「華」下明抄本、清抄本皆有「葉」字。
〔三〕「樂」下明抄本有小注「音洛」。

樊遲問知去聲，下同。子曰：「務民之義，敬鬼神而遠去聲之，可謂知矣。」問仁。曰：「仁者先難而後獲，可謂仁矣。」獲，得也。

乖人道，瀆鬼神，知者不爲也。仁者難在何處？往往纔打不過便放下了。直是到險絶處能勇於一進，然後爲得也。纔有計獲之心便不是。

子曰：「知去聲，下同者樂五教切，下同水，仁者樂山；知者動，仁者静；知者樂，仁者壽。」知者，知此者也。仁者，能守其所知而不失者也。

動則運而不窮，故樂水。静則寂然不動，故樂山。不滯於物，故樂。不夭其天，故壽。然仁者未嘗不動，未嘗不樂，特别而言之耳。

子曰：「齊一變，至於魯；魯一變，至於道。」齊，太公始封之國，在禹貢青州之地。魯，周公始封之國，在兗州。

齊壞於霸習，去王道愈遠。有聖人作，雖大弊極壞，便可丕變。必曰再變而至於道者，次第二國之淺深而言耳。期月而可〔二〕，三年有成，變之規模也。

〔二〕「可」字明抄本、清抄本皆作「已」。

子曰：「觚不觚音孤，觚哉！觚哉！」觚，飲器，受三升。

觚而不觚，不足以爲觚矣。爲人而不盡其分，得謂之人乎？

宰我問曰：「仁者，雖告之曰『井有仁焉』，其從之也？」子曰：「何爲其然也？君子可逝也，不可陷也；可欺也，不可罔也。」從，謂入於井也。逝，往也。陷，溺也。罔，理之所無也。

事之有無或可欺，故可逝。理之是非不可罔，故不可陷。

子曰：「君子博學於文，約之以禮，亦可以弗畔矣夫音扶！」約，要也。畔，背也。

博學於文而約以禮，非篤志勵〔一〕行者不能。雖未聞道，亦可以弗背矣。「亦可以」三字宜細玩。夫子之望學者不止於是也，要端的直須透徹乃善。

子見南子，子路不説音悦。夫子矢之曰：「予所否方九切者，天厭之！天厭之！」南子，衛靈公之夫人，有淫行。孔子至衛，使人謂孔子曰：「四方之君子，不辱欲與寡君爲兄弟者，必見寡小君，寡小君願見。」孔子辭謝，不得已而見之。矢，誓也。厭，棄絶也。

子路但知其不可，而不知所謂「無可無不可」，無怪其不説也。子路所見者人，夫子所見者天。

〔一〕「勵」字明抄本作「厲」。

子曰：「中庸之爲德也，其至矣乎！民鮮上聲久矣。」中者，無過不及之名。庸，平常也。至，極也。鮮，少也。

斯民也，三代之所以直道而行也。中庸之德，固其日用常事耳，民鮮能久而後以爲至焉。嗚呼，豈真鮮也哉？

子貢曰：「如有博施去聲於民而能濟衆，何如？可謂仁乎？」子曰：「何事於仁，必也聖乎！堯舜其猶病諸！夫音扶仁者，己欲立而立人，己欲達而達人。能近取譬，可謂仁之方也已。」博，廣也。施，惠利也。病者，患其難也。譬，喻也。方，猶指歸也。

立者，「立之斯立」之立。達者，先知先覺之名。己欲立，而欲人之皆立；己欲達，而欲人之皆達。此仁者之心也。偏私自狹，安能如是？學者誠切己而反求，庶不繆其所趨向矣。子貢用心高遠，以廣惠愛爲仁。而夫子令取譬於近，可謂端的。

融堂四書管見卷四

宋 錢時 撰

述而第七

子曰：「述而不作，信而好去聲古，竊比於我老彭。」述，述舊也。作者，己自爲之也。比，類也。老彭，商賢大夫。

世衰俗薄，不知而作者多。去先王益遠，信古者已不易得，況能好乎？夫子所以慨想老彭而竊自比之也。雖然，二事則同，而所以爲二事者異。祖述堯舜，憲章文武，豈斯人所可及哉？

子曰：「默而識之，學而不厭，誨人不倦，何有於我哉？」識者，識見之識。何有，言無所有也。

不可以探索得，不可以言語求，默而識之，妙不可思，知及之也。識後方知所用力，微厭即怠即荒，學而不厭，仁守之也。雖然，非自成己而已也，所以成物也。如是而學，如是而誨，而在我實無所有。虛明變化，何厭何倦？故夫子又自曰「空空如也」。

子曰：「德之不修，學之不講，聞義不能徙，不善不能改，是吾憂也。」德謂之「修」者，譬如原有此物，既壞而復修之也。學之講，講此而已。義之徙，徙此而已。不善之改，改其非此者而已。雖曰四事，其實一也。

子之燕居，申申如也，夭夭如也。申申，其容舒也。夭夭，其色愉也。春風和氣，盎盎無邊。

子曰：「甚矣吾衰也絕句！久矣吾不復夢見周公。」吾不復夢見周公，猶云今不復作此夢耳。聖人之心，無適也，無莫也，何夢不夢之有哉。

子曰：「志於道，據於德，依於仁，游於藝。」據，不放逸也。依，不違也。游者，非專於其事之名。通古今，貫三才，何莫非道？道者，無所不通之名也。但百姓日用而不知耳。得此謂之德，全此謂之仁。是故發軔首塗，莫先於志。志不先立，何據何依？藝曰游，「則以學文」之謂也。

子曰：「自行束脩以上，吾未嘗無誨焉。」脩，脯也。十脡爲束。束脩，贄禮之至薄者。苟以是心至，則無所不誨矣。互鄉之進，鄙夫之問，可以見聖人之用心。

子曰：「不憤房粉切不啓，不悱芳匪切不發，舉一隅不以三隅反，則不復扶又切也。」憤者，心求通而未得。啓，開導〔一〕之也。悱者，口欲言而未能。發，警悟之也。一隅，物之一角。反者，還答也。復，再也。

此章備見聖門教人之深旨。憤悱者，求而未獲，窒而未通，汲汲皇皇，願見而不可得之時也。於此一啓其機，即矢去川決矣。孟子「躍如也」，正合斯訓。然亦觸類而通，方可再叩〔二〕。不然徒瀆蒙無益。

子食於有喪者之側，未嘗飽也。子於是日哭，則不歌。

臨喪而求飽，既哭而遽歌，稍知禮者不爲也。須識夫子所以不飽於有喪者之側，與不歌於哭之日，其心爲如何，方見得聖人情性之正。

子謂顔淵曰：「用之則行，舍上聲之則藏，唯我與爾有是夫音扶！」子路曰：「子行三軍，則誰與？」子曰：「暴虎馮皮冰切河，死而無悔者，吾不與也。必也臨事而懼，好去聲謀而成者也。」

萬二千五百人爲軍，大國三軍。徒搏曰暴，徒涉曰馮。

曰「有道則見，無道則隱」，曰「危邦不入，亂邦不居」，賢人之事也。若夫用之便行，舍之便藏，則行藏係於用舍，而〔三〕係於治亂，非磨不磷、涅不緇者不能也。唯我與爾有是，夫子所以許顔淵者大矣，而子路

〔一〕「導」字明抄本作「道」。
〔二〕「叩」字明抄本作「扣」。
〔三〕「而」下明抄本、清抄本皆有「不」字。

乃以「行三軍」爲問。雖然，臨事而懼，好謀而成，是真行三軍之要旨也。因事啓諭，切實的當。子路之疾，鍼砭斯言。

子曰：「富而可求也，雖執鞭之士，吾亦爲之。如不可求，從吾所好去聲。」執鞭，賤者之事。聖人豈苟執鞭以求富貴[一]者，所以甚言無可求之理，以絶學者外誘之根耳。貪鄙之徒，不安分義，狗彘其行，穿窬其心，争錐刀，盡錙銖，孳孳營營，死而不悔，是固不足道也。有志於學，而豐約之際未能無意，已不可與入道，况求富乎？信能於聖人「所好」之旨而有味焉，則充詘[二]隕穫之病不攻而自去矣。

子之所慎：齊側皆切、戰、疾。

齊交神明，戰係安危，疾係死生。聖人固無時而不謹也，於此三事愈加謹焉，故門人特記之。

子在齊聞韶，三月，不知肉味。曰：「不圖爲樂之至於斯也！」「三月」宜自爲一句。斯，指齊也。

子在齊聞韶者三月，每感其音之盡善盡美，而忘肉食之味也。虞舜遠矣，不謂此樂乃聞於齊乎！若謂一聞韶音，歷三月之久而不知肉味，固無此理。史記「三月」上加「學之」字，學之而至於忘味，又大不然。

冉有曰：「夫子爲去聲，下同衛君乎？」子貢曰：「諾。吾將問之。」入，曰：「伯夷、叔

[一]「貴」字明抄本無。
[二]「詘」字明抄本、清抄本皆作「屈」。

齊何人也？」曰：「古之賢人也。」曰：「怨乎？」曰：「求仁而得仁，又何怨？」出，曰：「夫子不爲也。」爲，猶助也。衛君，出公輒也。靈公逐其世子蒯聵。公薨，而國人立蒯聵之子輒。於是晋納蒯聵而輒拒之。諸，應辭也。伯夷、叔齊，事見雍也篇。

衛君父子而争，夷齊兄弟而遜，即此形彼，是非自明。所謂「求仁而得仁」者，仁安在？如何求？如何得？亦曰孝友兩盡，不失其本心耳。若好名遜國，却不是仁。

子曰：「飯符晚切疏食飲水，曲肱而枕去聲之，樂音洛亦在其中矣。不義而富且貴，於我如浮雲。」飯，食之也。疏食，麄飯也。

聖人之心，無入而不自得也。故疏食飲水，曲肱而枕，樂亦在其中。味一「亦」字，豈專以貧賤爲樂者哉？雖處富貴，而此樂未嘗不在。但不義而得者，真若浮雲耳。

子曰：「加我數年，五十以學易，可以無大過矣。」

韋編三絶，用功〔一〕於易久矣，豈待五十而始學之乎？而此云爾者，蓋夫子自度其學易至五十，可無大過耳。易者，窮理盡性以至於命者也。四十雖已不惑，然猶未盡〔二〕於知天命。知天命，方是六通四闢，徹底

〔一〕「功」字明抄本、清抄本皆作「工」。
〔二〕「盡」字明抄本作「進」。

洞然，盡易道之妙，故可以無大過。此非姑爲謙辭，未至從心所欲不踰矩，微過亦未免。

子所雅言，詩、書、執禮，皆雅言也。雅，猶素也。後世每云「雅故」，故，素之謂也。禮非徒誦説，故曰「執」。

學詩學禮，家庭之訓不外乎此。至於書，又堯、舜、禹、湯、文、武諸大聖人聖學相傳之旨具在。謂之雅言，見得夫子尋常教人，大要在此三者，學者所宜盡心焉。雅言，先師謂非方言，誦詩、書及執禮之時，不用鄉談也。

葉舒涉切公問孔子於子路。子路不對。子曰：「女音汝奚不曰，其爲人也，發憤忘食，樂音洛以忘憂，不知老之將至云爾。」葉公，楚葉縣尹沈諸梁，字子高，僭稱公也。

發憤者，果決勇進之謂。至於樂則疑無發憤之可言矣。埋頭一去，無始無終，澄然虛明，和樂融融，雖死生之變，如雲氣之在太空，忘食忘憂，以至忘老。嗚呼，妙矣！豈章句文義可解釋而强通哉？

子曰：「我非生而知之者，好古，敏以求之者也。」

且要識所謂「知之」者何事，「求之」者何物。聖之爲聖，正在這裏，豈區區章句文義云哉？自昔聖人未有不學而成者。夫子雖謙辭以勉人，亦實事也。

子不語怪、力、亂、神。

異端專言神怪，縱横專言力亂。聖人設教，皇極之道也。

子曰：「三人行，必有我師焉。擇其善者而從之，其不善者而改之。」

三人與俱，其中必有善者，不然亦必有不善者。善者〔二〕吾從，不善吾改，皆吾師也，故必有我師。

子曰：「天生德於予，桓魋徒雷切其如予何？」魋，宋司馬向魋也，出於桓公，故又以爲氏。

非夫子恃天生之德，謂魋不能爲己害也。縱我可害，天之與我者可害乎？横逆之來，無非大順。

子曰：「二三子以我爲隱乎？吾無隱乎爾。吾無行而不與二三子者，是丘也。」

天何言哉？風雨霜露，無非教也，何隱之有？此最是喫緊道與人處。要就「無行而不與」上會取。

子以四教：文、行去聲、忠、信。

非文不著，非行不實，非忠信不立，名四而實一。忠信爲主，行次之，文又次之。

子曰：「聖人，吾不得而見之矣；得見君子者，斯可矣。」子曰：「善人，吾不得而見之矣；得見有恒胡登切者，斯可矣。亡讀爲無而爲有，虚而爲盈，約而爲泰，難乎有恒矣。」

善人者，無不善之名。有常者，不變之謂。惟能不變，方可進學而純於善耳。然而亦不易得也。故曰「斯

〔二〕「者」字明抄本無。

可矣」。如下文所言三者，虛誕無實，乃後學之通患，如之何其有常哉？聖門工夫只一「常」字是力行之要，所以拳拳乎此。

子釣而不綱，弋不射宿。綱，提綱繩也。弋，以生絲係矢而射者。宿，宿鳥也。

聖人愛物之仁，每於不得已而見之。此章有湯網三面之意。

子曰：「蓋有不知而作之者，我無是也。多聞，擇其善者而從之，多見而識之，知之次也。」

作者，所以發揮其所知。不知而作，何以作也？多聞能擇，以從其善，多見能識，而不繆於是非，而謂知之次焉，則所謂知者，果安在哉？豈多聞多見之謂也哉？

互鄉難與言，童子見，門人惑。子曰：「與其進也，不與其退也，唯何甚！人潔己以進，與其潔也，不保其往也。」互鄉，鄉名。唯何甚，猶云不應如此之甚也。

人患溺於流俗、不能自拔耳。有向慕之誠，固聖人所不棄，況能潔己以進哉？進則與之，甘於自退者不與也。潔則與之，自此以往者不問也。「予攸好德，汝則錫之福」，所以爲皇極歟！

子曰：「仁遠乎哉？我欲仁，斯仁至矣。」

仁，人心也，豈遠於人哉？然而舉世茫茫，不啻數千萬里之隔者，人自遠之耳。欲仁仁至，非有物自外而來也。

陳司敗問：「昭公知禮乎？」孔子曰：「知禮。」孔子退，揖巫馬期而進之，曰：「吾聞君子不黨，君子亦黨乎？君取七住切於吳爲同姓，謂之吳孟子。君而知禮，孰不知禮？」巫馬期以告。子曰：「丘也幸，苟有過，人必知之。」陳，國名。司敗即司寇也。昭公，魯君，名稠。巫馬，姓。期，字。孔子弟子，名施。揖者，司敗揖之也。相助匿非曰黨。魯與吳皆姬姓，謂之吳孟子者，諱之，使若宋女子姓然也。

居是邦，不非其大夫，況魯先君乎？正使指言同姓之事，聖人猶當有所處。泛問知禮而遽斥先君之諱，可不可也？司敗不察，輒以爲黨；夫子不辨，自以爲過，非至聖孰能與此？

子與人歌而善，必使反之，而後和去聲之。反，復也。

歌所以吟詠情性。善者，得其正者也。必使反之，紓餘以暢其旨。而後和之，從容以答其意。抑揚反復，讀之如在春風和氣中。

子曰：「文莫吾猶人也。躬行君子，則吾未之有得。」

文莫猶人，猶云莫也如人，謙辭也。未之有得，則斷不敢居之，辭愈謙也。於此可見文行事體不同，躬行君子之不易如此。

子曰：「若聖與仁，則吾豈敢？抑爲之不厭，誨人不倦，則可謂云爾已矣。」公西華曰：「正唯弟子不能學也。」爲，猶習也，言用力於仁也。

不敢以仁聖自居，而曰「爲之不厭，誨人不倦」，言方用力於此云耳。此夫子之所以仁且聖歟！

子疾病，子路請禱。子曰：「有諸？」子路對曰：「有之。誄力軌切曰：『禱爾於上下神祇。』」子曰：「丘之禱久矣。」禱，謂禱於鬼神。誄者，哀死而述其行之詞也。上下，天地也。天曰神，地曰祇。

先天而天弗違，後天而奉天時，天且弗違，而門人高弟乃有斯言乎！問曰「有諸」，警之深矣，何子路猶未喻也？知夫子之所以禱，則知夫子之所以聖。

子曰：「奢則不孫去聲，儉則固。與其不孫也，寧固。」孫，順也。固，陋也。

先王制禮，所以辨上下，定民志。儉而陋，非中道也，不猶愈於不孫乎？不孫後，何所不至？

子曰：「君子坦蕩蕩，小人長戚戚。」坦，平夷也。蕩蕩，無際畔也。

君子之心，虛明洞然，無毫髮意念。小人行險僥倖，顛冥而不自反，如坐囹圄，如落陷阱，茫茫晝夜，醉生夢死。

子溫而厲，威而不猛，恭而安。厲，嚴肅也。

温而不厲則弛，威而猛則暴，恭而不安則拘。此三句描畫聖人，宛然可想。

泰伯第八

子曰：「泰伯，其可謂至德也已矣！三以天下讓，民無得而稱焉。」泰伯，周大王之長子。知幼弟季歷之子昌有聖德，遂與次弟仲雍逃之荆蠻。於是立季歷。傳國至昌，是爲文王。三讓，先儒謂固讓也。或曰：逃荆蠻，一也；文身斷髮示不〔一〕立，二也；併仲雍而去之，三也。其迹不著，故無得而稱。

泰伯讓國，而直曰讓天下，何哉？泰伯知季歷之有子矣，殆非讓國也。民無得而稱之，此所以爲至德歟。非吾聖人，萬世無稱矣。

子曰：「恭而無禮則勞，慎而無禮則葸絲里切，勇而無禮則亂，直而無禮則絞古卯切。君子篤於親，則民興於仁；故舊不遺，則民不偷。」葸，畏懼貌。絞，急切也。君子，謂在上之人。興，起也。偷，薄也。

恭、慎、勇、直，皆德也。無禮以節之，則未免有弊。雖然，篤於親，不遺於故舊，又風俗之樞機，而禮

〔一〕「不」下明抄本有「可」字。

之所以爲禮者也。風移俗易，禮制行焉，則四者之弊去矣。

曾子有疾，召門弟子曰：「啓予足！啓予手！詩云：『戰戰兢兢，如臨深淵，如履薄冰。』而今而後，吾知免夫音扶！小子！」啓，開也。詩，小旻篇。戰戰，恐懼。兢兢，戒謹。臨深，恐墜；履冰，恐陷〔一〕也。

父母全而生之，子全而歸之，豈特身體髮膚之不敢毁傷也哉？戰戰兢兢，臨深履薄，平時所以戒謹恐懼而不敢須臾離者，其所全者大矣。啓手啓足而曰「知免」，學者毋徒曰手足云也。

曾子有疾，孟敬子問之。曾子言曰：「鳥之將死，其鳴也哀；人之將死，其言也善。君子所貴乎道者三：動容貌，斯遠去聲，下同暴慢矣；正顔色，斯近去聲信矣；出辭氣，斯遠鄙倍矣。籩豆之事，則有司存。」孟敬子，魯大夫仲孫氏，名捷。問，問疾也。將死言善，謙辭也。貴，〔二〕重也。暴，粗厲也。慢，放肆也。信，實也。辭，言語。氣，聲氣也。鄙，凡陋也。倍與背同，謂背理也。籩，竹豆。豆，木豆。

動容貌便須遠暴慢，正顔色便須近信，出辭氣便須遠鄙倍。三個「斯」字甚緊切，有不可須臾離之意。且

〔一〕「陷」字明抄本作「溺」。

〔二〕「重」上明抄本有「猶」字。

要識所以遠暴慢，所以近信，所以遠鄙倍者，其實安在。非是臨時逐項旋整頓過也。君子切身日用，在此三事。器物之末，則有攸司。

曾子曰：「以能問於不能，以多問於寡；有若無，實若虚，犯而不校，昔者吾友嘗從事於斯矣。」校，計校也。吾友，先儒謂颜淵。詳味「昔者」二字，當是追述於既亡之後也。所有者忘，不恥於問也。所得者内，不耀於外也。所樂者天，不競於物也。颜氏之子，其殆庶幾乎！

曾子曰：「可以托六尺之孤，可以寄百里之命，臨大節而不可奪也。君子人與平聲？君子人也。」與，疑辭。也，决辭。

輔遺托國，而不能不變於危疑之際者多矣。必也處大變，定大難，節操凛然不可撓奪，然後爲君子也。伊、周而下，如諸葛孔明，當得「可以」字。

曾子曰：「士不可以不弘毅，任重而道遠。仁以爲己任，不亦重乎？死而後已，不亦遠乎？」弘，寬大也。毅，剛立有守也。道，猶行也。

範圍無外，本未始不弘；剛健不息，本未始不毅。意起念動，始蔽始虧，隘矣，不弘矣；始回始撓，餒矣，不毅矣。斷斷曰「不可以不弘毅」，所以勉學者用力於仁也。「任重道遠」而下，特發揮其旨，以明不可不勉者如此耳。樂以忘憂，何重何輕？老將至而不知，何遠何近？

子曰：「興於詩，立於禮，成於樂。」

三百篇「無邪」之旨，抑揚諷詠，足以感發人心，油然興起，故興於詩。禮者，人心之大閑，天則之不可踰者，故立於禮。樂所以養人心之和，使無非僻之侵，故成於樂。

子曰：「民可使由之，不可使知之。」

百姓日用而不知，聖人豈不欲使知哉？蠢蠢群愚，其蔽已甚，雖欲使知之而不可得耳。斯言所以歎惜之也。

子曰：「好去聲勇疾貧，亂也。人而不仁，疾之已甚，亂也。」

尚勇而惡貧，必自爲亂。疾惡而已甚，必致其亂。安分有容，則無二者之患矣。

子曰：「如有周公之才之美，使驕且吝，其餘不足觀也已。」驕，矜夸。吝，鄙嗇也。

驕則易於自滿，吝則梏於自私，二者拒善之藩籬也。才愈美，病愈深，其〔一〕他何足觀哉！

子曰：「三年學，不至於穀，不易〔二〕得也。」穀，禾之實。

苗而不秀者有矣夫，秀而不實者有矣夫。穀，學之成實時也。斯道無窮，夫子豈責成於三年者哉？所以甚言其不易得，以勉進後學耳。得後方實，未得皆虛。

〔一〕「其」字明抄本作「耳」，屬上讀。
〔二〕「易」下明抄本有小注「去聲」。

子曰：「篤信好去聲學，守死善道。危邦不入，亂邦不居。天下有道則見賢遍切，無道則隱。邦有道，貧且賤焉，恥也；邦無道，富且貴焉，恥也。」

乾初九文言曰：「不易乎世，不成乎名，遯世無悶，不見是而無悶，樂則行之，憂則違之，確乎其不可拔，潛龍也。」不是確乎不可拔，如何做得上面許多事？好學而信之篤，守道而死不變，確乎不可拔之謂也。

子曰：「不在其位，不謀其政。」

出位而思，只是不安分。與畔官離次者，其失均也。

子曰：「師摯音至之始，關雎七余切之亂，洋洋乎，盈耳哉！」師摯，魯樂師，名摯也。

師摯之始，豈雅頌未得其所之時乎？何獨關雎之洋洋也？不然，則因摯之適齊，追感疇昔而歎耳。

子曰：「狂而不直，侗音通而不愿，悾悾而不信，吾不知之矣。」侗，無知貌。愿，謹厚也。悾悾，無能貌。

書稱九德，交〔一〕濟其偏，聖人所以施教也。既狂而又不直，既無知而又不愿，既無能而又多詐，聖人且奈

〔一〕「交」字明抄本作「各」。

何哉？故曰「吾不知之矣」。

子曰：「學如不及，猶恐失之。」

此知及之後仁守工夫也。學如不及，猶恐失之，况悠悠自恕者乎？玩「如不及」三字，如何斯須懈得？文王望道而未之見，正此「不及」之謂。

子曰：「巍巍乎，舜禹之有天下也，而不與去聲焉。」

微動纖毫意念便與了。純德孔明，無體無方，巍巍天下，我何與也？故舜不以爲泰，禹行其所無事。

子曰：「大哉，堯之爲君也！巍巍乎，唯天爲大，唯堯則之。蕩蕩乎，民無能名焉！巍巍乎，其有成功也！焕乎，其有文章！」

唯，猶獨也。則，法也。蕩蕩，無際畔也。焕，光明也。天之所以大者何如？堯之所以則者何在？宜乎莫得而名狀也。範圍無外，變化無方，事業文章，光輝〔一〕發越。

舜有臣五人而天下治去聲。武王曰：「予有亂臣十人。」孔子曰：「才難，不其然乎？唐虞之際，於斯爲盛。有婦人焉，九人而已。三分天下有其二，以服事殷。周之德，其可謂

〔一〕「光輝」明抄本作「輝光」。

至德也已矣。」五人，禹、稷、契、皋陶、益。亂，或作乿，古治字也。十人，周公旦、召公奭、太公望、畢公、榮公、太顛、閎夭、散宜生、南宮适。其一婦人，邑姜也。

斯指武王時也。舜有五人，武王有十人，故曰「唐虞之際，於斯爲盛」。然且邑姜預焉。此其爲才，豈易得者乎？「以服事殷」乃文王之德，而夫子特書於武王之後，其指微矣。

子曰：「禹，吾無間去聲然矣。菲音匪飲食，而致孝乎鬼神；惡衣服，而致美乎黻音弗冕；卑宮室，而盡力乎溝洫呼域切。禹，吾無間然矣。」菲，薄也。黻，蔽膝也，以韋爲之；冕，冠也，皆祭服。溝洫，田間水道也。

間，如「連得間矣」之間。無間者，無罅之可議也。纔有一毫之私，便有一毫之間。

融堂四書管見卷五

宋　錢時　撰

子罕第九

子罕言利與命與仁。罕，少也。利非世俗之所謂利。若世俗之利，豈特罕言而已哉？曰命曰仁，非可以口耳傳也，故不易語。雖然，「吾無行而不與二三子」，則固有不言而言者耳。

達巷黨人曰：「大哉孔子！博學而無所成名。」子聞之，謂門弟子曰：「吾何執？執御乎？執射乎？吾執御矣。」達巷者，黨名也。執，偏執也。黨人能以「大哉」贊夫子，在當時豈易得者？但以博學無所成名爲大，則又未知聖人之所以大耳。有所執即有所名。夫子發「吾何執」之義，其爲大便自可見。「執御乎？執射乎？吾執御矣。」深言其不然也，所以曉門弟子。

子曰：「麻冕，禮也；今也純，儉。吾從衆。拜下，禮也；今拜乎上，泰也。雖違衆，吾從下。」麻冕，緇布冠也。純，絲也。儉謂省約。緇布冠，以三十升布爲之，升八十縷，則其經二千四百縷矣，細而難成。臣與君行禮，當拜於堂下。君辭之，乃升成拜。泰，驕慢也。

從衆違衆，或古或今，惟其可而已。繼周損益規模可以略見。或曰：何以又云「服周之冕」？曰：周之衰也，俗壞文浮，侈然狥欲以逞，無復先王之舊矣。而有純儉者焉，所以特取之救時弊也。此正「與其奢也寧儉」之意。若夫子得時行道，定一代之制作，〔二〕必若答「爲邦」之問而後可。

子絶四：毋意，毋必，毋固，毋我。

意、必、固、我皆私也。大抵都從意上起，一節深一節。本心澄然虚明，如何著得此四字？絶者，去之。

毋者，所以絶也。

子畏於匡。曰：「文王既没，文不在兹乎？天之將喪去聲，下同斯文也，後死者不得與去聲於斯文也；天之未喪斯文也，匡人其如予何？」匡，地名。陽虎曾暴於匡，夫子貌似陽虎，故匡人

〔二〕「必」上明抄本有「則」字。

圍之。文即道也。玆，此也，夫子自謂也。後死，後我而死者，據遇難之時而言也。

斯文之喪未喪在天，則夫子之死生，固不在夫子也，匡人且奈何哉。

大音泰宰問於子貢曰：「夫子聖者與平聲？何其多能也？」子貢曰：「固天縱之將聖，又多能也。」子聞之，曰：「大宰知我乎！吾少也賤，故多能鄙事。君子多乎哉？不多也。」牢曰：「子云：『吾不試，故藝。』」太宰，官名。與，疑辭也。固者，固是也。縱，猶使也。縱之將聖，言將使之爲聖人也。牢，姓琴，字子開，一字子張，孔子弟子。試，用也。

大宰稱夫子之聖而曰多能，子貢答以天縱之聖而又多能。大宰未足與議也，而子貢之見乃復支離如此，夫子一掃其固陋，而直以「不多」諭之。道一而已，果在於多乎？知所以不多，則知所以聖。此語正切子貢之病。不試故藝，賤故多能，琴牢因舉夫子舊語助明之。

子曰：「吾有知乎哉？無知也。有鄙夫問於我，空空如也，我叩音扣其兩端而竭焉。」空空者，空之又空，徹底洞然，一無所有也。叩，擊也。問，難之也。兩端，猶言兩項也。竭，盡也。

有意則有知，無意則無知。所貴於覺者，覺此無知之妙耳。聖人之心如太虛然，故曰：「不識不知，順帝之則。」學者往往以多能多識爲務。聖人恐起意億度之害道也，特發無知之旨以示之。無知如何？下文所以證也。鄙夫之問，若易答矣。我實空空無有，止扣其兩端而已竭焉。明乎此，則知。雖言未嘗言，雖思未嘗思，而舜禹之所以不與，所以無爲，可默喻矣。

子曰：「鳳鳥不至，河不出圖，吾已矣夫平聲！」鳳，靈鳥，文王時鳴於岐山。河中龍馬負圖，伏羲時出。

河圖、鳳鳥，瑞世之符，非必皆然也。夫子特假此以歎時之不可爲耳。春秋之作而絶筆於獲麟，何哉？

子見齊衰者、冕衣裳者與瞽者，見之，雖少必作；過之，必趨。齊衰，喪服。冕，冠也。衣，上服。裳，下服。冕而衣裳，貴者之盛服也。瞽，無目者。

作者，斂然而起。趨者，翼然而疾。皆敬之容也。於此三者，雖少必爾，誠心所形，無間長幼也。

颜淵喟苦位切然歎曰：「仰之彌高，鑽〔一〕之彌堅；瞻之在前，忽焉在後。夫子循循然善誘人，博我以文，約我以禮。欲罷不能，既竭吾才，如有所立卓爾。雖欲從之，末由也已。」喟然〔二〕，歎聲。彌者，愈也。循循，從容不迫之貌。誘，引進也。卓，立也。末，無也。

高而不可及，堅而不可入，忽前忽後而不可定，此正汲汲皇皇，憤悱之時也。人情到此，多不能勇進。夫子却循循善誘，博以文，約以禮，使之欲罷而不能，欲見不得見，欲已不得已，引而不發，惟此時爲然。

〔一〕「鑽」下明抄本有小注「祖官切」。
〔二〕「然」字明抄本無。

「既竭吾才，如有所立卓爾」，雖比瞻忽不同，亦只是若有所見耳。至於欲從末由，則所謂「高」與「堅」者，由是也，本非高與堅也[一]。一旦洞然，六通四闢[二]，故又作[三]卓爾之見。此章深見得夫子善教、颜子善學處。先儒論喟然之歎，當在問仁之前，足以破千古之惑[四]矣。

子疾病，子路使門人爲臣。病間如字，曰：「久矣哉，由之行詐也。無臣而爲有臣。吾誰欺？欺天乎？且予與其死於臣之手也，無寧死於二三子之手乎？且予縱不得大葬，予死於道路乎？」夫子時已去位，無家臣。病間，少差也。大葬，謂君臣禮。葬道路，棄於道路也。於本分上有纖毫不安穩處，便是欺天，況詐爲臣乎？觀「死於二三子之手」與「死於道路」之語，只據本分，氣象自然正大。

子貢曰：「有美玉於斯，韞匵而藏諸？求善賈音嫁而沽諸？」子曰：「沽之哉？沽之哉？我待賈者也。」韞，藏也。匵，匱也。沽，賣也。憂則違之，未嘗韞藏。樂則行之，未嘗求沽。子貢殆失問矣。兩言「沽之哉」，不然之辭也。待賈，猶言

[一]「本非高與堅也」明抄本、清抄本皆作「本非高也，本非堅也」。

[二]「六通四闢」下明抄本有「此」字。

[三]「作」下清抄本有「惟未有覺，故作是見」八字。

[四]「惑」字明抄本作「迷」。

待時。

子欲居九夷。或曰：「陋，如之何！」子曰：「君子居之，何陋之有？」東方之夷有九種。欲居者，深歎諸夏之無君，非真欲〔一〕往居之也。

雖蠻貊之邦行矣，何陋之有乎？故君子無入而不自得。

子曰：「吾自衛反魯，然後樂正，雅頌各得其所。」魯哀公十一年冬，孔子自衛反魯。

未正之先，雅頌必多失所。雍，頌也，而歌於三家之堂，他可概見。斯道不行於天下，晚歲而歸，拳拳一魯。吁，真不幸矣哉！

子曰：「出則事公卿，入則事父兄，喪事不敢不勉，不爲酒困，何有於我哉？」

純德孔明，無非妙用。不勉而中，不思而得，雖應酬交錯，而我一無所有，非謙辭也。虛明洞洞，如水鏡中象，實未嘗有也。流俗於此數者，多不盡其分，故特揭以警之歟？然其大旨惟不起意乃善耳。有意即有，無意本無，「何有」之言，學者宜聽。

子在川上，曰：「逝者如斯夫音扶！不舍上聲晝夜。」

〔一〕「欲」字明抄本無。

愚嘗作竹泉贊云：「源源而來，涓涓而滴，不晝而出，不夜而息，與天地而始終，惟〔一〕吾之一。」

子曰：「吾未見好去聲，下同德如好色者也。」

民之秉彝，固好是懿德也，梏之反復，欲蔽情昏，則去禽獸不遠矣，安得以其好色之心而好德哉？易猶轉樞，難於登天。

子曰：「譬如爲山，未成一簣求位切，止，吾止也；譬如平地，雖覆芳服切一簣，進，吾往也。」簣，土籠也。

止則止於此矣，而方進者不可量也。或止或往，誰實爲之？

子曰：「語去聲之而不惰者，其回也與平聲！」惰，懈怠也。

個中人聞個中語，句句皆實事也。無所不悦，所以不惰。不然只是空言耳，如何彊得。

子謂颜淵曰：「惜乎！吾見其進也，未見其止也。」

此道無窮，豈有止哉？見其進，未見其止，所以歎颜子之能自彊不息而惜之耳。

子曰：「苗而不秀者有矣夫音扶，下同！秀而不實者有矣夫！」穀之始生曰苗，吐華曰秀，成穀

〔一〕「惟」字明抄本作「耶」。

曰實。

苗而秀，秀而實，生理之自然也。有以夭閼之，則不盡其天矣。人皆有是四端，其苗之謂歟。是故不可以無學。

子曰：「後生可畏，焉於虔切知來者之不如今也？四十、五十而無聞焉，斯亦不足畏也已。」來，後來。今，今日也。

後生之所以可畏者，以方來者之未易量也。可畏之年不知所勉，至不足畏，則何及哉？古人之於四十每每致意，如曰「不惑」、曰「彊仕」、曰「不動心」之類。蓋自幼而學，成德達才，此其時也，故又曰：「年四十而見惡焉，其終也已。」可不重歟？可不懼歟？聞言聞道，非謂有聞於人也。

子曰：「法語之言，能無從乎？改之爲貴。巽與之言，能無説乎？繹之爲貴。説而不繹，從而不改，吾末如之何也已矣。」法語者，有法度之語。巽與者，巽順而與之言。繹，思繹也。

正大之論，不能不從。婉入之辭，不能不悦。悦而繹，方有味。從而改，方有益。不然則詭隨苟狥之徒耳，何足與之言哉？

子曰：「主忠信，毋友不如己者，過則勿憚改。」

人之心固各有所主也。惟主於忠信，方是立德之本。一失所主，横流奔放，其禍有不可勝言者。聖人所以再提此語爲一章之首而申言歟。

子曰：「三軍可奪帥也，匹夫不可奪志也。」帥，主將也。

匹夫有志，尚不可奪，况志學者乎？此是力行第一個字。

子曰：「衣去聲，下同敝緼紵粉切袍，與衣狐貉胡各切者立，而不恥者，其由也與平聲？『不忮之跂切不求，何用不臧？』」子路終身誦之。子曰：「是道也，何足以臧？」敝，壞也。緼，枲著也。袍，衣有著者，衣之賤也。狐貉，以狐貉之皮爲裘，衣之貴也。忮，害。求，貪。臧，善也。二句衛風雄雉篇中語。

恥衣之不若人，則其人可知矣。觀子路車馬輕裘，氣象不如是也。纔恥於此，不忮則求。能不忮求，何所用而不善乎？夫子所以善〔一〕之。雖然，不以外物爲心害，而後可進於道耳。苟進於道，忮求殆不足言也，果可以此爲盡善而遂終身乎？夫子所以抑之。

子曰：「歲寒，然後知松柏之後彫也。」

易曰：「困，德之辨也。」平居無事，如何辨得？直到打不過處，方見力量淺深。

〔一〕「善」字明抄本作「喜」。

子曰：「知者不惑，仁者不憂，勇者不懼。」

無疑故不惑，無累故不憂，無餒故不懼。知，所以致知也。勇，所以力行也。知則仁矣，仁則勇矣。三者只一事。

子曰：「可與共學，未可與適道；可與適道，未可與立；可與立，未可與權。」適，之也。適道，猶言造道也。權，稱錘，衡所取平者。

有志於道，決定不回，方可與之共學。悠悠泛泛，一出一入，何足與語也哉？然道非智探力索所可强也。一旦感悟，心通内明，乃自得耳。是謂適道，是謂知及之。「知及之，仁不能守之，雖得之，必失之。」是故貴於立也。此立非力，此立非思，常覺常明，不昏不滯，則萬變交錯，自然不動矣。此仁守之功也。若夫達權，則非聖人不可。桀紂可伐也，管蔡可誅也，蒲盟可背也，南子可見也，此仕止久速，所以爲聖之時也。四節功夫，斷斷乎曰「可與」、曰「未可與」，具有科級次第。後世纔説學便説權，可謂無忌憚。

「唐棣之華，偏其反而。豈不爾思？室是遠而。」子曰：「未之思也，夫何遠之有？」首四句，逸詩也。唐棣，郁李也。偏反者，言華之或偏或反也。而，語助也。詩云：室邇人遠。則此室亦當是言人之居室。然夫子特借此以發「何遠」之旨耳，不謂人也。

詩曰：「豈不爾思，室是遠而。」夫子則曰：「未之思也，夫何遠之有？」嗟夫，思則得，不勞瞬息；不思則不得，風馬牛之不相及。思與不思者誰？遠與不遠者何物哉？

鄉黨第十

孔子於鄉黨，恂恂相倫切如也，似不能言者。其在宗廟朝直遥切，下同廷，便便旁連切言，唯謹爾。恂恂，信實貌。便便，辨也。

入里必式固，自不當以頰舌多尚人，况吾夫子也耶。然愚三復斯旨，深悟處鄉黨之道，恂恂似不能言，宜優游涵泳而得之。若宗廟朝廷，則有不可不明辨者，但謹而不放耳。或言或不言，雖各有宜，無往而非忠信篤敬也。他人纔多言便佞給，必不謹。纔不言便緘嘿，必不能恂恂。聖人於樞機甚重。記言行者，特冠一篇之首。

朝，與下大夫言，侃侃苦旦切如也；與上大夫言，誾誾魚巾切如也。君在，踧子六切踖子亦切如也，與與如也。侃侃，和樂貌。誾誾，中正貌。踧踖，不敢自安也。與與，不忘向君也。

下大夫則侃侃，上大夫則誾誾，君在則踧踖與與。等級高下，無適不宜，變化虚明，自然中節。

君召使擯必刃切，色勃如也，足躩驅若切如也。揖所與立，左右手。衣前後，襜赤占切如也。

趨進，翼如也。賓退，必復命曰：「賓不顧矣。」擯，主國之君所使出接賓者。勃，變色貌。躩，盤辟貌。所與立，同爲擯者。擯用命數之半，如上公九命，則用五人。揖左人則左其手，揖右人則右其手也。襜，整貌。翼，如鳥舒翼也。

此一節記擯相之容。色勃足躩，重君命之始也。賓退必告，謹君命之終也。

入公門，鞠躬如也，如不容。立不中門，行不履閾〔一〕。過位，色勃如也，足躩如也，其言似不足者。攝齊〔二〕升堂，鞠躬如也，屏氣似不息者。出，降一等，逞顔色，怡怡如也。没階趨進，翼如也。復其位，踧踖如也。〔三〕

入公門，如不容；過位，言似不足；升堂，屏氣似不息：君愈近而愈肅也。出，降一等，逞顔色：君漸遠而漸舒也。没階言「趨進」者，進復於位也。復位言「踧踖」者，不敢自安也。

執圭，鞠躬如也，如不勝平聲。上如揖，下如授。勃如戰色，足縮縮色六切，如有循。享

〔一〕「閾」下明抄本有小注「于逼切」。
〔二〕「齊」下明抄本有小注「音咨」。
〔三〕「如也」下明抄本有雙行小注：「鞠躬，曲身也。位，君之虚位。言似不足，不敢肆也。攝，摳也。齊，衣下縫也。禮，將升堂，兩手摳衣，使去地尺，恐躡之而傾跌失容也。屏，藏也。息，鼻息也。等，階級也。逞，放也。怡怡，和悦也。没階，下盡階也。」

禮，有容色。私覿直歷切，愉愉羊朱切如也。圭，諸侯命圭。聘問鄰國，則使大夫執以通信。如不勝者，如力不能堪也。上堂則如揖，下堂則如授圭於人，皆恭也。戰色，戰而色懼也。縮縮，舉足促狹也。如有循，言行不離地，如緣物也。享，獻也。既聘而享，用圭璧，有庭實。私覿，以私禮見也。愉愉，色和也。

執圭者，通信之始，故如戰色，謹之至也。享禮者，交際之時，故有容色，氣之和也。私覿者，燕見之暇，故愉愉，情之親也。陽開陰闔，無非造化自然。

君子不以紺古暗切緅側由切飾。紅紫不以爲褻服。當暑，袗絺綌，必表而出之。緇衣羔裘，素衣麑研奚切裘，黄衣狐裘。褻裘長，短右袂。必有寢衣，長去聲一身有半。狐貉之厚以居。去上聲喪，無所不佩。非帷裳，必殺去聲之。羔裘玄冠不以弔。吉月，必朝服而朝。君子，言大凡也。紺，深青揚赤色，齊服也。緅，絳色，三年之喪以飾練服者。飾，領緣也。紅紫，間色也〔二〕。褻服，私居服也。褻服猶不用，其它可知。袗，單〔三〕。葛之精者曰絺，麤者曰綌。表，外也，出必加外衣也。

〔二〕「間色也」明抄本作「間色不正」。
〔三〕「單」下明抄本有「也」字。

緇，黑色。羔裘，用黑羊皮。麑，鹿子，色白。狐，色黄。以衣〔一〕裼裘，欲相稱也。褻裘長，欲其温。短右袂，便用事也。寢衣，衾也。長一身有半，舒縮自便，覆足不露也。狐貉，毛深温厚，私居適體也。君子常佩，惟居喪則否。朝祭之服，裳用正幅如帷，要有襞績，而旁無殺縫。其餘若深衣，要半下，齊倍要，則無襞績而有殺縫矣。喪主素，吉主玄，弔必易素也。吉月，月朔也。

服者，身之章也。其色有宜，其製有度，其用有節，皆所以防非僻之心而養之以正也。先聖垂訓如此，故概以君子言之。

齊側皆切，下同，必有明衣，布。齊，必變食，居必遷坐。齊則沐浴而著明衣，所以明潔其體也。變食者，變其常日之饌。遷坐者，遷其常居之所。皆所以嚴祀事也。

食音嗣不厭精，膾不厭細。食音嗣饐於逸〔二〕切而餲追邁切，魚餒而肉敗，不食。色惡，不食。臭惡，不食。失飪而甚切，不食。不時，不食。割不正，不食。不得其醬，不食。肉雖多，不使勝食音嗣氣。唯酒無量去聲，不及亂。沽酒市脯不食。不撤薑食。不多食。祭於公，不

〔一〕「以衣」明抄本作「衣以」。
〔二〕「逸」字明抄本作「冀」。

宿肉。祭肉不出三日。出三日，不食之矣。食不語，寢不言。雖疏食音士〔二〕菜羹，瓜祭，必齊如也。食，飯也。精，鑿也。饐，飯傷熱〔三〕濕也。餲，味變也。魚臭爛曰餒，肉傷曰敗〔三〕。色惡、臭惡，味〔四〕敗而色臭變也。臭，氣也。失飪，烹調失生熟之節〔五〕。不時，非時之物也。割不正，謂割牲之不以禮者。食以穀爲主，不可使肉氣勝之〔六〕。無量，言不足爲盃之限〔七〕，惟以不及亂爲度也。沽、市，皆買也，恐不〔八〕潔。薑助胃，不多，恐傷胃也。祭於公，助祭公家。不宿，不經宿也。出三日，供之者遲，慢神失禮也。

滋味所以養血氣，一失其宜則傷生矣。聖人於此纖悉不苟，非爲口腹也。凡十餘條，皆節飲食之道。食不語，寢不言，不特嚴於自防，亦且周於養生。祭肉不慢，雖薄必齊，所以事鬼神也。

席不正，不坐。

〔一〕「士」字明抄本作「嗣」。
〔二〕「熱」字明抄本無。
〔三〕「魚臭爛曰餒，肉傷曰敗」明抄本、清抄本皆無「臭」字，「傷」作「腐」。
〔四〕「味」字明抄本作「未」。
〔五〕「節」下明抄本、清抄本皆有「也」字。
〔六〕「不可使肉氣勝之」朱熹論語集注作「故不使肉勝食氣」。
〔七〕「言不足爲盃之限」明抄本「足」作「定」，「盃」下有「酌」字。
〔八〕「不」下明抄本有「精」字。

聖人之心，無時而非正，起居飲食，皆行其所安也。後世亂倫失次，人道泯泯，有弗暇恤，而暇一席之計乎？

鄉人飲酒，杖者出，斯出矣。鄉人儺乃多切，朝服而立於阼階。杖者，老人也。六十杖於鄉。儺，所以驅疫。阼階，東階也。

不敢先杖者而出，所以尊鄉老。朝服，非特安室神，且與鄉人共敬其事也。

問人於他邦，再拜而送之。康子饋藥，拜而受之。曰：「丘未達，不敢嘗。」

再拜送之，重而有情也。辭曰「未達」，恭〔一〕而不詭也。

厩焚。子退朝，曰：「傷人乎？」不問馬。

聖人之仁有義行焉。若人與馬雜問便不可。愛無差等，墨子之學也。記者特書「不問馬」三字，深見聖人之心。

君賜食，必正席先嘗之；君賜腥，必熟而薦之；君賜生，必畜之。侍食於君，君祭，先飯扶晚切。疾，君視之，東首去聲，加朝服，拖徒我切紳。君命召，不俟駕行矣。食或餕餘，故

〔一〕「恭」字明抄本、清抄本皆作「直」。

不薦。正席先嘗，如對君也。腥，生肉也。先飯，爲君嘗食也。君視疾，則遷之南牖，首東而面北，加朝服於身，引大帶於上也。不俟駕，急趨徒行，不敢留君命也。

食則先嘗，腥則熟而薦，生則畜，重君賜也。

入太廟，每事問。

朋友死，無所歸。曰：「於我殯。」朋友之饋，雖車馬，非祭肉，不拜。於我殯，殯於其家也。

死無所歸，朋友之責也。夫子以身任之。獨拜祭肉，所以重先祖。

寢不尸，居不容。見齊衰者，雖狎，必變。見冕者與瞽者，雖褻，必以貌。凶服者式之。式負版者。有盛饌，必變色而作。迅雷風烈，必變。尸，仰臥如死也。容，容儀。式，車前横木。有所敬，則俯而憑之。負版，持邦國圖籍者。

寢不尸，雖寢而未嘗肆也。居不容，非惰也，申申夭夭是也。前言「雖少必作」，而此又以褻、狎言之，聖人於人其有褻狎者哉？猶至親且密云耳，甚言其不敢慢也。凶服不必齊衰，故變與式亦異。盛饌與迅雷風烈必變，重主禮，敬天威也。

升車，必正立執綏。車中，不内顧，不疾言，不親指。綏，挽以登車者。内顧，回視也。

正立而執，不特威儀有度，稍不正且傾攲矣。不内顧，不疾言，不親指，皆車中安重之容也。正大氣象，可以想見。

色斯舉矣，翔而後集。曰：「山梁雌雉，時哉！時哉！」子路共九用切之，三嗅許又切而作。

雉，文禽。色者，指雉而言也。共，供之也。嗅者，嗅其氣也。作者，起而不顧也。

「色斯舉」與「翬斯飛」之類語法正同。始也但見有色之飛舉，中也翔，終也集於山梁，而後知其爲雌雉焉。夫子連發「時哉」之歎，其義大矣，其旨遠矣。子路取而共之，〔一〕何爲者哉？三嗅而作，不與之言而示之意。

〔一〕「何」字上明抄本有「此」字。

融堂四書管見卷六

宋　錢時　撰

先進第十一

子曰：「先進於禮樂，野人也；後進於禮樂，君子也。如用之，則吾從先進。」先進後進，猶言前輩晚輩也。此非文質彬彬之「君子」，乃後生晚輩之浮於文者以君子自命，而反謂前輩爲野耳。前輩，指先王盛時人物也。

夫子既從周之文矣，曷爲而又從先進乎？從先進即所以從周也。曰「從周」，樂其文之盛；曰「從先進」，反其文之弊。

子曰：「從去聲我於陳、蔡者，皆不及門也。」德行去聲：顔淵、閔子騫、冉伯牛、仲弓。言語：宰我、子貢。政事：冉有、季路。文學：子游、子夏。不及門，言此時皆不在門也。

或謂夫子因材教人，於此可見。愚謂不然。一元之氣，渾浩流轉，萬物之形色於其間者，自各隨材而成就。四科之目，聖門初未嘗有如許分別也。

子曰：「回也非助我者也，於吾言無所不説音悦。」

有所疑難，則因有所發明。心通内融，言無不説，何疑難之有？曰「非助我」，深喜之辭也。

子曰：「孝哉，閔子騫！人不間去聲於其父母昆弟之言。」間，隙也。

父母兄弟無一毫之間[一]，人言何自而可間也？非誠孝所積，深信不疑，未易至是[二]。不然，浮言一入，天屬爲仇矣。

南容三去聲復白圭，孔子以其兄之子妻去聲之。詩大雅抑之篇曰：「白圭之玷，尚可磨也；斯言之玷，不可爲也。」三復者，一日三復斯言，事見家語。

斯言之玷尚知其不可爲，則出處進退必不苟然者[三]矣。此章與公冶長篇之言正相表裏。聖門之擇婿以此哉！

[一]「父母兄弟無一毫之間」，明抄本「兄」作「昆」，「一」作「壹」。
[二]「是」字明抄本作「此」。
[三]「者」字明抄本無。

季康子問：「弟子孰爲好去聲學？」孔子對曰：「有颜回者好學，不幸短命死矣！今也則亡。」

夫子兩稱颜回之好學，而歎其短命以死。使之得年，則所到豈易量哉。當時門弟子非盡游惰，必若斯人，而後謂之好學耳。哀公君也，對之特詳。

颜淵死，颜路請子之車以爲之椁。子曰：「才不才，亦各言其子也。鯉也死，有棺而無椁。吾不徒行以爲之椁。以吾從大夫之後，不可徒行也。」颜路，淵之父，名無繇，少孔子六歲，亦受學焉。椁，外棺也，請賣車以爲之。鯉，孔子之子，字伯魚。時孔子已致仕，尚從大夫之列。

易曰：「舍車而徒，義弗乘也。」苟義不可以不乘，安可舍之而徒行哉？椁之有無，車之用舍，定於鯉死之日矣，非於回而有吝也。

颜淵死。子曰：「噫！天喪去聲予！天喪予！」噫，傷痛聲。

斯道有傳，雖千載之下，猶夫子之未喪也。道在颜子，而颜子死矣，非天喪夫子乎？傷哉斯言，可謂痛切。

颜淵死。子哭之慟，從去聲者曰：「子慟矣。」曰：「有慟乎？非夫音扶人之爲去聲，下同慟而誰爲！」慟，哀甚也。夫人，謂颜淵。

夫子之慟，不爲他人發也，何獨私於颜子哉？從者怪其慟，而夫子特未以爲慟，夫子殆非私也。

颜淵死。門人欲厚葬之。子曰：「不可。」門人厚葬之。子曰：「回也視予猶父也，予不得視猶子也。非我也，夫音扶二三子也。」

死葬以禮，謂之無違。宜厚而薄，宜薄而厚，皆非禮也。孰謂颜子之死而不以禮葬乎？二三子襲世俗之陋，重違師訓，而納友於非禮。夫子所以歎悼而深責之。

季路問事鬼神。子曰：「未能事人，焉於虔切，下同能事鬼？」敢問死。曰：「未知生，焉知死？」

名有人鬼之異，道無人鬼之異。身有生死之殊，道無生死之殊。人鬼死生，實一非二。能事人，則能事鬼矣。知所以生，則知所以死矣。

閔子侍側，誾誾魚巾切如也；子路，行行胡浪切如也；冉有、子貢，侃侃若但〔一〕切如也。子樂音洛。先儒謂此有「曰」字。「若由也，不得其死然。」

誾誾、侃侃，釋見前篇。行行，剛强貌。曰誾誾、曰行行、曰侃侃，皆其情性自然也。夫子所以樂之。由也好勇，逆知其不免，示戒深矣，而卒死

〔一〕「但」字明抄本作「旦」。

孔悝之難，悲矣[一]。

魯人爲長如字府。閔子騫曰：「仍舊貫，如之何？何必改作？」子曰：「夫音扶人不言，言必有中去聲。」長府，藏名，所以藏貨財。爲者，改作之也。仍，因也。貫，事也。

從事府藏，聚斂之門也。問之以「仍舊貫，如之何」，又難之以「何必改作」，閔子之意深矣。言必有中，如射中的。

子曰：「由之瑟奚爲於丘之門？」門人不敬子路。子曰：「由也升堂矣，未入於室也。」

家語謂：「子路鼓瑟，有北鄙殺伐之聲。」

觀子路行行氣象，於和平之音必有不足。「奚爲於丘之門」，非絶之也，抑而進之也。門人便不加敬，則不知子路甚矣。夫子之墻數仞，得其門者蓋寡。由也升堂，豈易得哉？復指其所到之次第言之，非特破門人之惑也。何謂堂，何謂室，何以升，何以入？

子貢問：「師與商也孰賢？」子曰：「師也過，商也不及。」曰：「然則師愈與？」子曰：「過猶不及。」

[一]「矣」字明抄本作「夫」。

聖人之道至於中而止，過與不及皆非也。觀「問交」一章，二子氣象可見。

季氏富於周公，而求也爲去聲之聚斂而附益之。子曰：「非吾徒也。小子鳴鼓而攻之，可也。」周公以叔父位冢宰。若〔一〕季氏，諸侯之卿耳，而富過之。鳴鼓者，聲其罪也。冉有，門人高弟，所以佐季氏者如此哉。「聚斂」二字，豈聖門所宜有？「與其有聚斂之臣，寧有盜臣」，況富於周公而又附益之耶？勢利汩汩〔二〕於外，得失亂其中，波蕩從之，恬不知恥，殆不容於誅矣。鳴鼓而攻，何益於事？謂之「可」者，斥絶之辭。

柴也愚，參也魯，師也辟婢亦切，由也喭五旦切。柴，姓高，字子羔，孔子弟子。家語言其足不履影，啓蟄不殺，方長不折；執親之喪，泣血三年，未嘗見齒；避難而行，不逕不竇。蓋質實愿慤之人也。魯，鈍也。辟，偏執也。喭，粗俗也。

曾子一唯，正是以魯得之。往往此事多就聰明上走作，惟其魯，所以其志篤，其守固，而有一旦脱然之悟也。偏執、粗俗，工夫如何得到這上。

子曰：「回也其庶乎，屢空。賜不受命，而貨殖焉，億則屢中去聲。」庶，庶幾也。惟覺故空。

〔一〕「若」字明抄本無，清抄本作「至」。
〔二〕「汩汩」明抄本、清抄本皆作「汩」。

屢空者，其覺不一也。命，天命也。貨殖，貨財生殖也。億，意度也。

空則心本[一]洞然，萬里[二]昭徹，無纖毫凝滯也。方屢空，所以「庶幾」，至於聖則「空空」矣。命即此道也。逆此曰方命，復此曰即命，達此曰知命。有意理財，務植己私，安能受命乎？私意揣度，縱或屢中，非明睿所照也。空則自明睿。

子張問善人之道。子曰：「不踐迹，亦不入於室。」踐迹，實履也。入於室者，入善人之室也。

堂堂乎張，未必實履，徒問之何益？所謂「善人」者，念念無惡之人耳。然非實履，則亦不能自[三]造其奧也。「踐迹」二字，正切子張之病箴之。

子曰：「論篤是與如字，君子者乎？色莊者乎？」與，許也。色莊者，外貌莊嚴[四]也。

聞人言論篤實而遂許之，安知其爲君子乎？爲色之莊者乎？君子表裏如一，辭氣之出，固無不善。而言論之可喜者，恐未必皆君子耳。

子路問：「聞斯行諸？」子曰：「有父兄在，如之何其聞斯行之？」冉有問：「聞斯行

[一]「本」字明抄本作「體」。
[二]「里」字明抄本、清抄本皆作「理」。
[三]「自」字明抄本無。
[四]「嚴」字明抄本作「敬」。

諸？」子曰：「聞斯行之。」公西華曰：「由也問聞斯行諸，子曰『有父兄在』；求也問聞斯行諸，子曰『聞斯行之』。赤也惑，敢問。」子曰：「求也退，故進之；由也兼人，故退之。」

本心本中，本無偏也。抑其過、勉其不及則中。我自有，豈待外求？雖然，聞斯行之，見義勇爲之謂耳。若從季氏而所行如此，豈夫子之所謂聞哉？

子畏於匡，顔淵後。子曰：「吾以女音汝爲死矣。」曰：「子在，回何敢死？」後，謂相失在後。敢死者，奮身當難也。

不幸遇難，回必爲夫子死矣。子在，如之何而敢死乎？玩一「敢」字，則回之死不死，係夫子之在不在。義甚重，一死甚輕。

季子然問：「仲由、冉求可謂大臣與平聲？」子曰：「吾以子爲異之問，曾由與求之問。所謂大臣者，以道事君，不可則止。今由與求也，可謂具臣矣。」曰：「然則從之者與平聲？」子曰：「弑父與君，亦不從也。」子然，季氏子弟。異，非常也。曾，乃也。

以道事君者，合則留，不合則去。不然，苟備位耳，故曰具臣。夫子發明大臣之義，所以深罪二子。季氏不道，隱然可見。子然因「具臣」之説，遂有「從之」之問。夫子直以「弑父與君，亦不從也」答之，不特切中斯人之隱微，具〔一〕見二子於他事無不從，所以罪之者愈深矣。有識聞之，可以愧死。

子路使子羔爲費宰。子曰：「賊夫音扶，下同人之子。」子路曰：「有民人焉，有社稷焉，何必讀書，然後爲學？」子曰：「是故惡去聲夫佞者。」

日用常行，無不是學，何必讀書而謂之學乎？子路之對，未爲非也。子羔質美，學未優而遽仕，且陷之季氏之門，則賊之甚矣。子路不悟，但飾詞以對，故夫子惡之。味一「賊」字，爲之太息。

子路、曾晳星歷切、冉有、公西華侍坐才臥切。子曰：「以吾一日長去〔二〕聲乎爾，毋吾以也。居則曰：『不吾知也！』如或知爾，則何以哉？」子路率爾而對曰：「千乘去聲之國，攝乎大國之間，加之以師旅，因之以饑音機饉音僅；由也爲之，比必二切，下同及三年，可使有勇，且知方也。」夫子哂詩忍切之。「求！爾何如？」對曰：「方六七十，如五六十，求也爲之，比及三年，可使足民。如其禮樂，以俟君子。」「赤！爾何如？」對曰：「非曰能之，願學焉。宗廟之事，如會同，端章甫，願爲小相去聲焉。」「點！爾何如？」鼓瑟

〔一〕「具」字明抄本、清抄本皆作「且」。
〔二〕「去」字明抄本、清抄本皆作「上」。

希，鏗苦耕切爾，舍上聲瑟而作。對曰：「異乎三子者之撰士免切。」子曰：「何傷乎？亦各言其志也。」曰：「莫去聲春者，春服既成。冠去聲者五六人，童子六七人，浴乎沂魚依切，風乎舞雩音于，詠而歸。」夫子喟然歎曰：「吾與點也！」三子者出，曾皙後。曾皙曰：「夫音扶三子者之言何如？」子曰：「亦各言其志也已矣。」曰：「夫子何哂由也？」曰：「爲國以禮，其言不讓，是故哂之。」「唯求則非邦也與平聲？」「安見方六七十如五六十而非邦也者？」「唯赤則非邦也與？」「宗廟會同，非諸侯而何？赤也爲之小，孰能爲之大？」皙，曾參父，名點。毋吾以，言勿以我年長而難言。不曰德而曰長，謙辭也。何以，何用也。率爾，輕遽之貌。攝，管束也。二千五百人爲師，五百人爲旅。因，仍也。穀不熟曰饑。菜不熟曰饉。知方，知所向方也。哂，微笑也。方六七十里，小國也。如，猶或也。五六十里，又小。足，富足也。俟君子，謙不敢自任也。宗廟之事，祭祀也。諸侯時見曰會，殷見曰同。端，玄端服。章甫，禮冠。相，贊君之禮者。曰願學、曰小，皆謙辭。皙方鼓瑟，故末問及〔一〕之。希者，將對而音希也。鏗者，忽舍瑟起而其聲鏗然也。撰，具也。春服，單袷之衣。浴，盥濯也。沂，水名，在魯城南，地志以爲有溫泉。風，乘凉也。舞雩，祭天禱雨之處。

〔一〕「問及」明抄本作「始問」，清抄本作「問始」。

詠，歌也。「唯求」「唯赤」而下，又皙問而夫子答之也。能以禮讓，爲國乎何有？子路率爾而對，非爲國之道也，是以哂之。求、赤辭雖謙退，要皆志在有國耳。點也不然，觀其「鼓瑟希，鏗爾，舍瑟而作」，倏然遠韻，迥出流俗之表。青陽遲遲，少長春衣，浴沂風雩，詠歌而歸。非實見天地萬物在吾變化鼓舞中，安得有此氣象？夫子之曲肱、颜子之陋巷者也。夫如此而後可以優爲。三子之事區區，三子者之志趣總〔一〕不脱季氏之綱而已。喟然與點，安得不爲之喜也哉！

颜淵第十二

颜淵問仁。子曰：「克己復禮爲仁。一日克己復禮，天下歸仁焉。爲仁由己，而由人乎哉？」颜淵曰：「請問其目。」子曰：「非禮勿視，非禮勿聽，非禮勿言，非禮勿動。」颜淵曰：「回雖不敏，請事斯語矣。」克，猶除也。己，我也。復，反也。禮即天則之不可踰者。由己，自己之己。目，條目也。勿者，禁止〔二〕辭。事斯者，從事於此也。

仁即人之本心。心本虛明，無方無體，範圍天地，其大無外。只爲有我，始昏始虧，放逸乎天則之外，而

〔一〕「總」字明抄本作「中」。

〔二〕「止」下明抄本、清抄本皆有「之」字。

本心蝕矣。大凡意念，雖各不同，未有不從我上起。有我則百邪交叢〔一〕，無我則百念皆空，是故貴於克也。己克則心本無恙，天則不踰，所謂「復禮」也。非復禮之外又有仁也，復禮即所以爲仁也，故曰「克己復禮爲仁」。誠能一日克己復禮，霾霧披掃，清明洞然，而天下皆歸吾仁矣。非今日而始歸也，天下本在吾仁中，昔蔽而今悟也。雖然，用工切實，則誠在我，豈他人所能致其力哉？下文視聽言動之目，即爲人由己之事也。且如視時，是雖欲視，動于一念，隱然未露，知其非禮，隨即滅〔二〕然，是之謂克。以至曰聽、曰言、曰動，未有不息〔三〕念慮之微而致其力者。非制之於口耳、制之於事爲，而後謂之勿也。愚嘗作四箴，附於後。

炯炯而昧〔四〕，有不見焉。冥冥而居，交眩我前。於戲戒哉，弗此之求，而瞳子之尤哉。視箴

萬籟寂然，聽本無聲。無聲之聽，不震而驚，寂然爾矣，耳乎晚矣。聽箴

噤爾口，卷爾舌，不知嘿嘿之滕説。言箴

騄駬交蹄，寰海長驅，爾處爾室，人誰爾知。動箴

〔一〕「叢」字明抄本作「崇」。
〔二〕「滅」字明抄本作「泯」。
〔三〕「息」字明抄本作「自」。
〔四〕「昧」字明抄本作「眎」（「視」之異體）。下文「視箴」之「視」明抄本亦作「眎」。

仲弓問仁。子曰：「出門如見大賓，使民如承大祭。己所不欲，勿施於人。在邦無怨，在家無怨。」仲弓曰：「雍雖不敏，請事斯語矣。」

出門使民，易於放失，如見大賓、承大祭，則顛沛造次必於是矣。不欲勿施，無間於人己也。邦家無怨，無間於窮達也。非克己者不能。

司馬牛問仁。子曰：「仁者其言也訒音刃。」曰：「其言也訒，斯謂之仁已乎？」子曰：「爲之難，言之得無訒乎？」

司馬牛，名犂，向魋之弟，孔子弟子。訒，忍也，難也。難即「先難後獲」之難。方孳孳焉，但見其不易，敢輕有言乎？爲仁則必訒，非訒之爲仁也。雖然，告司馬牛者如此耳。一日克己，天下歸仁，初亦何難之有？

司馬牛問君子。子曰：「君子不憂不懼。」曰：「不憂不懼，斯謂之君子已乎？」子曰：「内省不疚，夫音扶何憂何懼？」

易曰：「履帝位而不疚，光明也。」不疚者，此心澄然，無纖毫疵病之謂。素其位而行，無入而不自得，何所憂懼乎？司馬牛處同氣之變，故告之以此。君子自然不憂不懼，非不憂懼之爲君子也。「内省」二字是用力處。

司馬牛憂曰：「人皆有兄弟，我獨亡。」子夏曰：「商聞之矣：死生有命，富貴在天。君子敬而無失，與人恭而有禮。四海之内，皆兄弟也。君子何患乎無兄弟也？」

曰命曰天，一定而不可易。死生富貴皆然也，况兄弟之有無乎？君子所可致力者，盡其在我而已。敬以直内而無失，恭以與人而有禮，則四海之内均氣同體，何往而非兄弟也？此語雖弘，未能無過，明立愛之義而後得之。

子張問明。子曰：「浸潤之譖莊陰切，膚受之愬蘇路切，不行焉，可謂明也已矣。浸潤之譖，膚受之愬，不行焉，可謂遠也已矣。」浸潤者，如水之漸漬。譖，毁人也。膚受者，近傍〔二〕肌體而漸入之，不遽爲深切之言也。愬，訴其陰私也。

急遽者人易疑，深切者人必察。惟夫漸漬而入，近傍而言，是以衷姦而不虞，柔行而不露，稍無定見，鮮不惑矣。夫子謂〔三〕未足以盡之，而又歎之曰遠。苟人言之來，的然見得分曉後，雖四方萬里如在几上。不然，則於近而蔽，安能遠也？故中庸亦曰：「舜好問而好察邇言。」「明」字下申一「遠」字，極有味。

雖然，大公無我，而後可以語此。

子貢問政。子曰：「足食，足兵，民信之矣。」子貢曰：「必不得已而去上聲，下同，於斯

〔二〕「傍」字明抄本、清抄本皆作「旁」，下文「近傍而言」之「傍」字亦作「旁」。
〔三〕「謂」下明抄本有「明」字。

三者何先？」曰：「去兵。」子貢曰：「必不得已而去，於斯二者何先？」曰：「去食。自古皆有死，民無信不立。」

人之所信，如木有根。其根一撥，隨即僵仆。是故父子無信，則無以親。君臣無信，則無以義。夫婦無信，則無以別。長幼無信，則無以序。綱淪法斁，人道泯滅矣，何自而能立哉？夫子始論爲政，謂斯民不得其養，不安其生，則非空言所可孚耳。非謂信在兵食之後也，兵食即所以信也。子貢直就三者反復問難，究見根底，此聖門之所以善學歟。論食則兵爲輕，論信則死爲輕。

棘子成曰：「君子質而已矣，何以文爲？」子貢曰：「惜乎，夫子之説君子也，駟不及舌。文猶質也，質猶文也，虎豹之鞹其郭切猶犬羊之鞹。」棘子成，衛大夫也。夫子，指棘子成。子成謂君子質而已矣，[一]子貢歎惜其説謂[二]君子之不然也。駟，四馬也。不及舌，謂其言已出於舌，四馬追不及也。鞹，皮去毛者。

子曰「繪事後素」，又曰「文質彬彬」，二者雖有先後本末，然不可以相無也。若使文亦如質，質亦如文，渾然無所區別，則虎豹之皮既去其毛矣，何異於犬羊之皮乎？言文不可無，以鍼子成之失。

[一]「子貢」上明抄本有「故」字，清抄本有「而」字。
[二]「謂」字明抄本、清抄本皆無。

哀公問於有若曰：「年饑，用不足，如之何？」有若對曰：「盍徹乎？」曰：「二，吾猶不足，如之何其徹也？」對曰：「百姓足，君孰與不足？百姓不足，君孰與足？」用，國之用度也。徹，通也。周制，一夫受田百畝，而與同溝共井之人通力合作，計畝均收。大率民得其九，公取其一，故謂之徹。二者，十取其二也。

君子厚下安宅，非曰厲民以自養也。魯初稅畝，而此意無復存矣。時君但知責不足於民，而不知求足於己，又烏知足民乃所以足國哉？「盍徹」之言，雖落落於一時，實萬世經邦之大法也。

子張問崇德、辨惑。子曰：「主忠信，徙義，崇德也。愛之欲其生，惡去聲之欲其死。既欲其生，又欲其死，是惑也。『誠不以富，亦祇以異。』」末二句，小雅我行其野之言，謂縱使不以富故，亦適爲異耳。證「愛欲其生，惡欲其死」者之爲異也。

「主忠信」凡三出，示人立德之本，至深切矣。徙義即改過。義不能徙，德安能崇？洪範曰：「無有作好，遵王之道；無有作惡，遵王之路。」愛惡皆私意也。死生有命，豈他人私意所能爲哉？此惑之大者。

纔主忠信，自無此事。

齊景公問政於孔子。孔子對曰：「君君，臣臣，父父，子子。」公曰：「善哉！信如君不君，臣不臣，父不父，子不子，雖有粟，吾得而食諸？」齊景公，名杵臼。魯昭公末年，孔子適齊。是時，景公失政，而大夫陳氏厚施於國。以家量貸，而以公量收之。景公又多内嬖，而不立太子。景公君臣父子皆失其道，故孔子告之以是。政者，三綱九法之所係也。綱淪法斁，人道絶矣，豈直爲吾粟而已哉？景公之言，亦是他所見如此。

子曰：「片言可以折之舌切獄者，其由也與平聲？」子路無宿諾。片言，一言也。折，剖斷也。宿，隔一宿也。

獄者兩詞，情僞亦難决矣。一言折之，非剛明者不能。無宿諾，果於踐言也。

子曰：「聽訟，吾猶人也，必也使無訟乎！」

聽訟者，能决是非於一時耳。使民無訟，則非道洽政治不能。是故聖人不貴聽訟貴無訟。

子張問政。子曰：「居之無倦，行之以忠。」

無倦則不息，以忠則不欺，爲政之本也。一言以蔽之，曰誠而已矣。夫子之告子張大抵如此。居是心之所安處。

子曰：「博學於文，約之以禮，亦可以弗畔矣夫！」

重出。

子曰：「君子成人之美，不成人之惡。小人反是。」

凡事不問善惡，必有人焉成之而後成其事。且如初陷，惡習未甚彰著，亦自畏忌，不敢恣縱。淫朋比德，復〔一〕從臾相挺，其惡乃濟，所謂成者如此。君子唯恐人之不爲善，惡則救正〔二〕之。小人唯恐人之不爲惡，善則沮毀之。

季康子問政於孔子。孔子對曰：「政者，正也。子帥以正，孰敢不正？」

其身正，不令而行。同然之機，其應如響。「孰敢」二字，自有不容不然者。敢不正矣，如政何哉？

季康子患盜，問於孔子。孔子對曰：「苟子之不欲，雖賞之不竊。」

羞惡之心，人皆有之。所以甘心爲盜而不知恥者，上之人實啓之耳。子苟〔三〕不欲，雖賞不竊。竊豈本心也哉？

季康子問政於孔子曰：「如殺無道，以就有道，何如？」孔子對曰：「子爲政，焉於虔切用殺？子欲善，而民善矣。君子之德風，小人之德草。草上之風必偃。」偃，仆也。

君子小人雖不同，而良心善性未始有異。此以德感，彼以德應，其機疾捷，如草從風。是故爲人上者，不

〔一〕「復」字明抄本無。
〔二〕「正」字明抄本作「止」。
〔三〕「子苟」明抄本作「苟子」。

可不謹所欲也。所欲在善，皆從而善矣。奈何欲殺人而使之就道也哉？答康子問者三，壹是皆以脩身爲本。

子張問：「士何如斯可謂之達矣？」子曰：「何哉，爾所謂達者？」子張對曰：「在邦必聞，在家必聞。」子曰：「是聞也，非達也。夫音扶，下同達也者，質直而好去聲義，察言而觀色，慮以下人。在邦必達，在家必達。夫聞也者，色取仁而行去聲違，居之不疑。在邦必聞，在家必聞。」慮以下人，致思詳〔一〕審，非苟相取下也。居之不疑者，自以爲是而安爲之也。

達者，其實孚也。聞者，其名聞也。内不失己，外不失人，自〔二〕無往而不孚矣。色莊行僞，儼然自詭，苟譽於人，終何爲哉？子張真所謂求聞者。

樊遲從遊於舞雩之下，曰：「敢問崇德、脩慝吐得切、辨惑。」子曰：「善哉問！先事後得，非崇德與平聲，下同？攻其惡，無攻人之惡，非修慝與？一朝之忿，忘其身，以及其親，非惑與？」脩者，治而去之也。慝，惡念也。事者，「必有事焉」之事。

〔一〕「詳」字明抄本作「精」。

〔二〕「自」字明抄本作「固」。

急於計效者，志必餒，德安能崇？厚於責人者，己必恕，慝安能修？忿而不能思難者，見必昏，惑安能辨？三者爲學切問，故夫子善之。雖然，未有惑不辨而能脩慝，慝不脩而能崇德者也。

樊遲問仁。子曰：「愛人。」問知去聲。子曰：「知人。」樊遲未達。子曰：「舉直錯諸枉，能使枉者直。」樊遲退，見子夏。曰：「鄉去聲也吾見於夫子而問知去聲，子曰『舉直錯諸枉，能使枉者直』，何謂也？」子夏曰：「富哉，言乎！舜有天下，選於衆，舉皋陶音遥，不仁者遠矣。湯有天下，選於衆，舉伊尹，不仁者遠矣。」

愛人知人，仁知之事也。觀「向也問知」之言，是樊遲獨於知人之説而有未達耳。嗟夫！直枉不辨，天下固混混如也。舉錯一明，是非昭揭，則凡枉者亦將脱然自失，爲直之歸。知人之功孰大於此？樊遲猶有未喻，何哉？子夏「富哉」之歎，所以深贊而明辨之也。選所以舉，錯所以遠。雖然，仁知未始相離也，不仁者遠，所以愛人。

子貢問友。子曰：「忠告工毒切而善道去聲之，不可則止，無自辱焉。」忠告者，有道〔一〕相規。善道者，道之以善也。

〔一〕「道」字明抄本作「過」。

忠告善道，友之義也。須識「不可則止」之意方善。不然，非特無益於人，自辱多矣。或者告之未必忠，道之未必善，及其不可，則又尤人之不我聽也，何取於友哉？

曾子曰：「君子以文會友，以友輔仁。」

用力於仁者，本非他人能致其力也[一]。無同志之助，無規警夾持之功，倏焉違之而不自覺矣。是故貴於有輔也。然而無文亦不足以會友。會有粲然相接之意。

[一]「也」字明抄本無。

融堂四書管見卷七

宋　錢時　撰

子路第十三

子路問政。子曰：「先之，勞去聲之。」請益。曰：「無倦。」先者，以身先之也。勞即勞民勸相之勞。

有以先之，不令而行；有以勞之，雖勞不怨。爲政之道莫要於此，而子路猶請益，何哉？答曰：無倦，則不必外此二者而求益矣。天下事那一件不是倦後放下了。

仲弓爲季氏宰，問政。子曰：「先有司，赦小過，舉賢才。」曰：「焉於虔切知賢才而舉之？」曰：「舉爾所知。爾所不知，人其舍上聲諸？」

宰爲有司之長。先者，率先之也。能率先，則或苛於責人，或偏於任己，又須赦小過、舉賢才方盡善。賢才固難知，舉其所知是[二]矣，而不知者他人自應不遺也。知其賢而不與立却不可。

子路曰：「衛君待子而爲政，子將奚先？」子曰：「必也正名乎！」子路曰：「有是哉，子之迂音于也！奚其正？」子曰：「野哉，由也！君子於其所不知，蓋闕如也。名不正，則言不順；言不順，則事不成；事不成，則禮樂不興；禮樂不興，則刑罰不中去聲，下同；刑罰不中，則民無所措手足。故君子名之必可言也，言之必可行也。君子於其言，無所苟而已矣。」衛君，出公輒也。魯哀公十年，孔子自楚反衛，出公不父其父而禰其祖，故孔子欲先正名。迂者，遠於事情。闕，謂闕所不知。

天地定位，而卑高貴賤之名已立。名者，三綱之所以張，五典之所以遜也。「正名」二字，聖人之大法，爲國之大經。春秋一書亦只是正名而已。施之於衛國[三]，固其所當然[三]也。子路以爲迂，真野矣哉！且名不正後，何如[四]說得？言自然不順。言不順[五]，何以[六]行得？事自然不成。事不成，則亂而無序，乖而不

[一]「是」字明抄本作「足」。
[二]「國」字明抄本無。
[三]「當然」二字明抄本無。
[四]「何如」明抄本作「如何」。
[五]「順」下明抄本有「後」字。
[六]「何以」明抄本作「如何」。

和，禮樂自然不興。既亂既乖，刑罰自然不中。刑罰不中，暴虐是作，民自然無所措手足。如此而謂之政，可乎？故曰：「君子名之必可言也，言之必可行也，君子於其言，無所苟而已矣。」名纔不正，只是苟道。

樊遲請學稼。子曰：「吾不如老農。」請學爲圃。曰：「吾不如老圃。」樊遲出。子曰：「小人哉，樊須也！上好禮去聲，下同，則民莫敢不敬；上好義，則民莫敢不服；上好信，則民莫敢不用情。夫音扶如是，則四方之民襁居丈切負其子而至矣，焉於虔切用稼？」種五穀曰稼，種蔬菜曰圃。用情，不欺也。襁，織縷爲之，以約小兒於背者。農圃，小人之事也；禮義信，大人之事也。上之所好者大，則在下者莫敢不承，四方之民從之如歸矣，何以稼爲哉？孟子之辟陳相，正是此意。

子曰：「誦詩三百，授之以政，不達；使去聲於四方，不能專對；雖多，亦奚以爲？」此章見得古人讀書無非切己實事。誦三百篇後，不達爲政之理，不能專對四方，雖多，何以爲哉？詩通於政，故達；詩可以言，故專對。專，獨也。

子曰：「其身正，不令去聲，下同而行；其身不正，雖令不從。」正則不令而行，不正則雖令不從。行與不從，有決然一定而不可易者，誰實使之然哉？此理在人，如何泯没得。

子曰：「魯衛之政，兄弟也。」魯，周公之後。衛，康叔之後。兄弟之國也。魯三家逐君，衛輒拒父。

魯衛固兄弟也。世衰道微，莫能相尚，其政亦相伯仲云。

子謂衛公子荆：「善居室。始有，曰：『苟合矣。』少有，曰：『苟完矣。』富有，曰：『苟美矣。』」公子荆，衛大夫。

善居室者，善處家也。始有曰苟合，言家道可以粗合，非喜其財之聚也。少有曰苟完，言家道可以粗全，非喜其財之足也。富有曰苟美，言家道可以粗美，非喜其富有之爲美也。富家大吉，隱然可見。若所美在富，聖人何以善稱哉。苟字有謙抑自牧之意。

子適衛，冉有僕。子曰：「庶矣哉！」冉有曰：「既庶矣，又何加焉？」曰：「富之。」曰：「既富矣，又何加焉？」曰：「教之。」僕，御車也。庶，衆也。

聚人曰財，庶則不可以不富也；資富能訓，富則不可以不教也。自井田廢而民不富矣，自學校廢而民不教矣。夫子此語，王政之次第也。

子曰：「苟有用我者，期月而已可也，三年有成。」期月，謂周足一月也。

春秋之民急於望治，而先王之制髣髴尚存，聖人爲之，特易爲力耳。期月已可，其感速也；三年有成，其化洽也。

子曰：「善人爲邦百年，亦可以勝平聲殘去[一]殺矣。誠哉是言也！」勝殘，殘暴之風衰也。去殺，殺戮[二]之威無用也。舊有此語，夫子稱之。

善人比聖人，功化固不侔也。然綿歷百年，亦可以勝殘去殺。後世郡縣乃有邦之寄，數遷數易如傳舍，真能有志於民者，又數十年不一遇也。勝殘去殺之效，如之何而可見也哉。

子曰：「如有王者，必世而後仁。」王者，謂聖人受命而興也。三十年爲一[三]世。

聖人功化固甚速也，然必三十年之久，而後躋民以[四]仁。蓋富而教之，非年歲間事。當時風俗大壞，須[五]是斯民生長教化之中，至於光[六]被，方成仁俗耳。然則三年何謂「有成」？曰：所以成必世之規模也。

子曰：「苟正其身矣，於從政乎何有？不能正其身，如正人何？」

夫子於正身之道數致意焉。大學所以治國平天下者，端在此耳。故曰「於從政乎何有」，言不難也。

〔一〕「去」下明抄本有小注「上聲」。
〔二〕「殺戮」明抄本作「戮殺」。
〔三〕「一」字明抄本無。
〔四〕「以」字明抄本作「於」。
〔五〕「須」字明抄本作「直」。
〔六〕「光」字明抄本作「純」，避宋太宗趙光義諱。

冉子退朝音潮。子曰：「何晏也？」對曰：「有政。」子曰：「其事也。如有政，雖不吾以，吾其與去聲聞之。」冉有爲季氏宰。朝[一]，季氏之私朝也。晏，晚也。政，國政。事，家事。以，用也。

季氏專權，不議於公庭而議於私室[二]，不議於大夫而謀[三]於家臣，其無君甚矣。冉有曰政，夫子曰事，非詭辭也，所以正季氏無君之罪也。

定公問：「一言而可以興邦，有諸？」孔子對曰：「言不可以若是其幾也。人之言曰：『爲君難，爲臣不易去聲。』如知爲君之難也，不幾乎一言而興邦乎？」曰：「一言而喪去聲，下同邦，有諸？」孔子對曰：「言不可以若是其幾也。人之言曰：『予無樂[四]乎爲君，唯其言而莫予違也。』如其善而莫之違也，不亦善乎？如不善而莫之違也，不幾乎一言而喪邦乎？」幾，近也。

[一]「朝」下明抄本有「者」字。
[二]「室」字明抄本作「朝」。
[三]「謀」字明抄本作「議」。
[四]「樂」下明抄本有小注「音洛」。

知克艱者，必無宴安鴆毒之禍，邦所以興；樂面從者，必無法家拂士之言，邦所以喪。

葉公問政。子曰：「近者説音悦，遠者來。」葉公，見述而篇。

説之義，兑卦詳矣，非有以深服乎其心，不可强也。所以近者説則遠者來矣〔一〕。

子夏爲莒居吕切父宰，問政。子曰：「無欲速，無見小利。欲速，則不達；見小利，則大事不成。」莒父，魯邑名。

欲速者，事事迫切，安能遠到？見小者，處處窒礙，安能大成？弘則無此病矣。

葉公語去聲孔子曰：「吾黨有直躬者，其父攘羊，而子證之。」孔子曰：「吾黨之直者異於是。父爲去聲，下同子隱，子爲父隱，直在其中矣。」

證父攘羊，賊恩甚矣，謂之直，可乎？知賊恩之非直，則父子之相隱乃不直之直也，故曰「在其中」。

樊遲問仁。子曰：「居處恭，執事敬，與人忠。雖之夷狄，不可棄也。」

纔不放逸，則本心本自無害〔二〕。居處恭，不放逸於暗室屋漏之地也。執事敬，與人忠，不放逸於交事應物之時也。然有須臾間斷便不可。直云夷狄，則其它之不棄可知。此言用力於仁，至爲精切。

〔一〕「所以近者説則遠者來矣」，明抄本無「所以」、「矣」三字。

〔二〕「害」字明抄本作「恙」。

子貢問曰：「何如斯可謂之士矣？」子曰：「行己有恥，使去聲於四方，不辱君命，可謂士矣。」曰：「敢問其次。」曰：「宗族稱孝焉，鄉黨稱弟去聲焉。」曰：「敢問其次。」曰：「言必信，行去聲必果，硜硜苦耕切然小人哉！抑亦可以爲次矣。」曰：「今之從政者何如？」子曰：「噫！斗筲所交切之人，何足算悉亂切也。」果，必行也。硜，小石之堅確者。噫，心不平聲。斗，量名，容十升。筲，竹器，容斗二升。算，數也。

恥之於人大矣，然有恥非其恥者焉。世之人，一切外物稍不如人，則知惡之。至於天爵良貴，天之所以予我而人之所以自別於禽獸者，乃甘心自棄，混混於蛆蠅糞壤而不知反。然則行己而有恥者，豈不甚可貴乎？行己有恥，方説得不辱君命。子貢善爲説辭，故警之以此。若夫孝弟聞於宗黨，則行己之一端，所以爲次也。言必信，行必果，非大人之事，比孝悌不同矣，所以又爲次。下是，則淺中狹量，小器易盈，真溷溷之徒耳，何足數哉。

子曰：「不得中行而與之，必也狂狷音絹乎！狂者進取，狷者有所不爲也。」

中行者，由中而行，無過不及之名也，然而豈易得哉？惟不可得，故思其次。狂者行有不掩，未免於過，却能有志，不肯苟安，故曰進取。狷者不屑不潔，未免不及，却知自好，不肯妄作，故曰有所不爲。惟進取而後可與進也，惟有所不爲而後可與有爲也。

子曰：「南人有言曰：『人而無恒胡登切，不可以作巫醫。』善夫音扶！」「不恒其德，或承之羞。」子曰：「不占而已矣。」南人，南國之人。恒，常久也。不恒其德，或承之羞，易恒卦九三爻辭也。

巫而無常，必至於慢神；醫而無常，必至於誤疾。巫醫而無常且不可，况爲德者乎？羞辱繼之也必矣，故曰不占，言此爻辭所示，不待占而知也。

子曰：「君子和而不同，小人同而不和。」

和如和羹，同如濟水。有善相告，有過相規，不爲苟異，此之謂和；詡詡取下，不擇是非，務爲苟合，此之謂同。和則不同矣，同則不和矣。

子貢問曰：「鄉人皆好去聲之，何如？」子曰：「未可也。」「鄉人皆惡去聲之，何如？」子曰：「未可也。不如鄉人之善者好之，其不善者惡之。」

鄉人皆好之，安知非愿人之徒乎？鄉人皆惡之，安知非獨行之士乎？是非特未定也。惟爲善者之所好，爲不善者之所惡，則其人不言而决矣。是故不得於君子而得於小人，有識者恥之。

子曰：「君子易去聲，下同事而難説音悦，下同也：説之不以道，不説也；及其使人也，器之。小人難事而易説也：説之雖不以道，説也；及其使人也，求備焉。」

隨材器使，故易事；側媚無所容，故難説。小人則不然，狗己之欲，而正大者必不投；責人以苛，而真才實能者未必察。公則弘，私則隘也。

子曰：「君子泰而不驕，小人驕而不泰。」

心廣體胖，自然不驕；志滿氣盈，自然不泰。

子曰：「剛毅、木訥，近仁。」木，質樸也。訥，遲鈍也。

剛毅則不回撓，木訥則不浮馳，如此等人，資質最美，略無疵〔一〕病，無世俗汙濁之過，學易爲力，非近仁乎？〔二〕

子路問曰：「何如斯可謂之士矣？」子曰：「切切偲偲，怡怡如也，可謂士矣。朋友切切偲偲，兄弟怡怡。」切切，懇到也。偲偲，詳勉也。怡怡，和説也。

子路問士，而夫子獨以朋友兄弟答之。蓋三綱五常之道由朋友而明，忠告善道，所係大矣。兄弟同氣也，惟弟不念天顯，兄亦弗念鞠子哀，則其於人道何如也。友于兄弟，乃所以孝於〔三〕父母。然則朋友兄弟之於

〔一〕「疵」字明抄本、清抄本皆作「節」。
〔二〕「非近仁乎」明抄本作「得亦能守」，清抄本作「得亦能乎」。
〔三〕「於」字明抄本作「于」。

士行，豈不甚重矣哉。曰「切切偲偲」，曰「怡怡」，與行行氣象不同，所以勉之。

子曰：「善人教民七年，亦可以即戎矣。」

善人教民，豈教之戰哉。七年之久，必有以得乎其心者，雖勝殘去殺之效尚遠，然亦可以犯難而不攜矣。

此與前「爲邦百年」皆著「亦可以」三字，備見善人事體。

子曰：「以不教民戰，是謂棄之。」

古者兵農未分，伍兩軍師之法乃其素習，不待教也，况春秋之世乎。夫子之言，爲無義戰而歎耳。知教則知親其上，死其長。

憲問第十四

憲問恥。子曰：「邦有道，穀；邦無道，穀，恥也。」憲，原思名。穀，禄也。

不知得時所以行道，不知儉德所以避難，齪齪然但志於禄，豈不甚可恥哉。雖然，知恥者不如是也。

「克、伐、怨、欲不行焉，可以爲仁矣？」子曰：「可以爲難矣，仁則吾不知也。」此亦原憲之問也。克，好勝也。伐，誇伐也。怨，忿恨也。欲，嗜欲也。

克、伐、怨、欲不行焉，特彊遏力制而不發耳。其病固在也，故曰不可以爲仁。仁者，常覺常明，空洞無體，元不費分毫力，何遏制之有哉。

子曰：「士而懷居，不足以爲士矣。」

居固人之所安也，懷之則苟安矣，有志者不然。非必役役於外而後謂之不懷也。

子曰：「邦有道，危言危行去聲，下同；邦無道，危行言孫去聲。」危，高峻也。孫，柔順也。

邦有道而不能危言，則非盡忠；邦無道而不能言孫，則非免禍。若夫堅節正操，所謂確乎不可拔者，則未始隨世而變也。

子曰：「有德者必有言，有言者不必有德。仁者必有勇，勇者不必有仁。」不必，未必也。

德非期於言也，和順積中，則自然有言；仁非期於勇也，養而無害，則自然有勇。然則言豈頰舌而勇豈血氣之謂哉。

南宮适古活切問於孔子曰：「羿音詣善射，奡五報切盪土浪切舟，俱不得其死然；禹、稷躬稼，而有天下。」夫子不答，南宮适出。子曰：「君子哉若人！尚德哉若人！」南宮适即南容也。羿，有窮之君，善射，滅夏后相而篡其位。其臣寒浞又殺羿而代之。奡，春秋傳作澆，浞之子也，力能陸地行舟，後爲夏后少康所誅。禹平水土，暨稷播種，禹受舜禪，稷後爲周。

善射、盪舟，不得其死，而躬稼者乃能有天下，德力之效何如哉。夫子不答，默領其意也；出而稱之，恐没其善也。非君子必無此見，非尚德必無此言。

子曰：「君子而不仁者有矣夫音扶，未有小人而仁者也。」

念慮之微[一]纖毫微動便是違仁，豈若小人之所謂不仁者哉。顛冥人欲[二]横流之中，醉生夢死，浮沉溷溷，

安知本心之本仁也？

子曰：「愛之，能勿勞乎？忠焉，能勿誨乎？」

勞之者所以愛也，誨之者所以忠也，不然，是禍之耳，何謂忠愛？

子曰：「爲命，裨諶之切諶時林切草創之，世叔討論之，行人子羽脩飾之，東里子産潤色之。」

爲命，爲辭命也。四人皆鄭大夫。草創，製草稾也。世叔，游吉也，春秋傳作子大叔。討論，講究也。行人，掌使之官。子羽，公孫揮也。脩飾者，脩理[三]文飾之。東里，地名，子産所居也。潤色者，潤之以華采也。

鄭國，晋、楚之間，能以弱爲强者，有人故也。一辭命之出，凡更四手，其不苟也如此，則他事可知。「涣

[一]「微」字明抄本作「間」。

[二]「欲」字明抄本作「慾」。

[三]「理」字明抄本作「改」。

汙其大號」，所以係國體者甚重。夫子特有取焉。

或問子産。子曰：「惠人也。」問子西。曰：「彼哉！彼哉！」問管仲。曰：「人也。奪伯氏駢薄田切邑三百，飯扶晚切疏食音嗣，没齒無怨言。」

子西，楚公子申，能遜楚國，立昭王，而改紀其政，然不能革〔二〕王之號，昭王欲用孔子，又沮止之。「彼哉彼哉」者，外之之辭。伯氏，齊大夫。駢邑，地名。齒，年也。没齒，猶終身也。桓公奪伯氏之邑以與管仲。

人之得名爲人者，豈徒形體之謂哉？奪邑三百，没齒無怨，非有以深服乎？其心不可彊也。夫子獨舉此事而以人許之。子産惠人，孟子又曰：「惠而不知爲政，若知爲政，則不止於惠矣。」

子曰：「貧而無怨難，富而無驕易去聲。」

素其位而行，何驕怨難易之有？此特言常人之情耳。富而無驕，未足多也；貧而無〔三〕怨，何所不至哉。

子曰：「孟公綽爲趙魏老則優，不可以爲滕薛大夫。」

公綽，魯大夫。趙魏，晉卿之家。老，家臣之長。優，有餘也。滕薛，二國名。大夫，任國政者。

或優爲，或不可爲，才各有所宜也，用違其才則失矣。公綽之不欲，夫子蓋深知其人者。

〔二〕「革」下明抄本有「其僭」二字。
〔三〕「無」字明抄本作「易」。

子路問成人。子曰：「若臧武仲之知去聲，公綽之不欲，卞莊子之勇，冉求之藝，文之以禮樂，亦可以爲成人矣。」曰：「今之成人者何必然？」「見利思義，見危授命，久要不忘平生之言，亦可以爲成人矣。」成人，成就爲人也。武仲，魯大夫，名紇。知特世俗所謂知，非知及之也。莊子，魯卞邑大夫。「曰」者，子路又問。「見利」而下，夫子答也。授命，言授其命於人。久要，舊約也。平生，平日也。凡言「亦可以」者，皆僅辭也。

兼四子之長，而又文之以禮樂，宜足以當成人之名矣。蓋未至於聖，皆未可以言至，而況乎四子者未必聞道也耶。故曰「亦可以」。夫子參錯其説，矯其偏而勉之。子路乃復以「今之成人者何必然」爲問，苟安甚矣。夫子不拒也。臨財不苟得，臨難不苟免，又不失信於平日之言，亦人之所難能。而子路之所可能者，夫子復就而與之語，亦所以進之。

子問公叔文子於公明賈曰：「信乎夫子不言、不笑、不取乎？」公明賈對曰：「以告者過也。夫子時然後言，人不厭其言；樂音洛然後笑，人不厭其笑；義然後取，人不厭其取。」子曰：「其然，豈其然乎？」公叔文子，衛大夫公孫枝也。公明姓，賈名，亦衛人。

時然後言，必無過言；樂然後笑，必無苟笑；義然後取，必無妄取。三者發而中節，非得情性之正不能也，故人皆不厭。審如是豈易得哉。「其然」者，然其言也。「豈其然乎」者，難其事而疑之也。

子曰：「臧武仲以防求爲後於魯，雖曰不要一遥切君，吾不信也。」防，地名，武仲所封邑也。要者，挾而求也。武仲得罪奔邾，自邾如防，使請立後而避邑。武仲得罪而出奔，反邑而求後，當時固未知其非也。夫子直以「要君」書之，此誅心之筆，所以懼亂賊者。武仲之知如此哉。

子曰：「晉文公譎〔一〕而不正，齊桓公正而不譎。」文公，名重耳。桓公，名小白。譎，詭也。

桓公數十年之規模，管仲之力也。只爲正而不譎，所以展拓得去，一匡〔二〕九合，翕然向附。惜其正〔三〕是才力識見到此，特假之耳。若就學上得力，豈易量哉。晉文數年成霸，事體故大不同。二霸得失，兩言而定，此春秋褒貶之綱也。

子路曰：「桓公殺公子糾居黝切，召音邵忽死之，管仲不死。」曰：「未仁乎？」子曰：「桓公九合諸侯，不以兵車，管仲之力也。如其仁！如其仁！」齊襄公無道，鮑叔牙奉公子小白奔莒。及無知弒襄公，管夷吾、召忽奉公子糾奔魯，魯人納之。未克，而小白入，是爲桓公。使魯殺子糾而請

〔一〕「譎」下明抄本有小注「古穴切」。
〔二〕「匡」字明抄本作「正」，避北宋太祖趙匡胤諱故。後同。
〔三〕「正」字明抄本作「止」。

管、召。召忽死之，管仲請囚。鮑叔牙言于桓公以爲相。九，春秋傳作「糾」，督也。管仲不死子糾之難，先儒於魏徵論之詳矣。愚謂人臣死節，當觀其終身大體之所係。三仁在殷，或去，或奴，或死，義各有歸，未可一概論也。概以死者爲是，則微、箕安所逃哉？子路疑管仲之未仁，夫子特舉其事業以明之，而不言其不死，意可見矣。「如其仁」者，其指管仲也。雖聖人之仁未易可及，就事業而論，亦管仲之仁也。

子貢曰：「管仲非仁者與平聲？桓公殺公子糾，不能死，又相去聲，下同之。」子曰：「管仲相桓公，霸諸侯，一匡天下，民到於今受其賜。微管仲，吾其被皮寄切髮左衽而審切矣。豈若匹夫匹婦之爲諒也，自經於溝瀆而莫之知也。」霸與伯同，長也。匡，正也。微，無也。衽，衣衿也。被髮左衽，夷狄之俗。諒，小信也。經，縊也。莫之知，人不知也。

諸侯知天王之尊，生民免夷狄之禍，皆管仲之賜也。不然，則大經大法泯然不存，夷狄異類横行中國，而衣冠禮樂之地淪汙於腥羶而莫之救，其視區區一死，真溝瀆自經之徒耳，又況管仲於義可以不死者乎。子貢於此復疑其非仁。夫子既大其匡天下、攘夷狄之功，直以匹夫匹婦之諒明其不當死，偉然正大，是非昭揭，而管仲之論定矣。

公叔文子之臣大夫僎士免切，與文子同升諸公。子聞之曰：「可以爲文矣。」臣，家臣。公，公朝。薦家臣與己同仕公朝也。

知臧文仲之竊位，則知公叔文子之可以爲文。文不必以謚義爲解也，特言其進不隱賢，無愧於此謚耳。

子言衛靈公之無道也。康子曰：「夫音扶，下同如是，奚而不喪去聲，下同？」孔子曰：「仲叔圉治賓客，祝鮀治宗廟，王孫賈治軍旅，夫如是，奚其喪？」喪，失位也。仲叔圉即〔一〕文子。三人皆衛臣也。

治賓客則交鄰國者有人，治宗廟則脩祭祀者有人，治軍旅則立武事者有人，此衛之所以僅存也。雖然，維持把握，偶未墜耳。君曰「無道」，終安能國者〔二〕乎。

子曰：「其言之不怍才洛切，則爲之也難。」怍，慙也。

無愧於言者，必不苟於所爲。此章與「爲之難，言之得無訒乎」正相發。

陳成子弑簡公。孔子沐浴而朝音潮，告於哀公曰：「陳恒弑其君，請討之。」公曰：「告夫音扶三子！」孔子曰：「以吾從大夫之後，不敢不告也。君曰『告夫音扶三子』者。」之三子告，不可。孔子曰：「以吾從大夫之後，不敢不告也。」成子，齊大夫，名恒。簡公，齊君，名

〔一〕「文」上明抄本有「孔」字。
〔二〕「者」字明抄本無。

壬。事在春秋哀公十四年。時孔子致仕居魯。三子，三家也。

時無方伯連帥，而討逆之議發於致仕[一]之大夫，亦可悲矣！沐浴而請，聖人所以行天罰也。公曰告夫三子，是太阿倒持，不有其柄也。之三子告，不可，是同惡相黨，惡傷其類也。再[二]言「不敢不告」者，若曰知而不言，其責在我，言而不行，其責在人，所以深罪魯之君臣也。

子路問事君。子曰：「勿欺也，而犯之。」犯，謂犯顔諫争。

不欺而犯，方是盡忠。欺而犯焉，是無君也。所以戒勇者。

子曰：「君子上達，小人下達。」

達之爲言到也，究竟其事之謂也。君子日趨於上，不究竟不止。小人日趨於下，不究竟亦不止。

子曰：「古之學者爲去聲，下同己，今之學者爲人。」

凡學不自格物致知上做工夫，皆非爲己也。逐逐文義之末，昏昏聲利之場，安知爲己者之爲何事哉。夫子之時已有此歎。

蘧其居切伯玉使去聲，下同人於孔子。孔子與之坐而問焉，曰：「夫子何爲？」對曰：「夫

[一]「仕」字明抄本作「事」。
[二]「再」字明抄本作「兩」，清抄本作「而」。

子欲寡其過而未能也。」使者出。子曰：「使乎！使乎！」蘧伯玉，名瑗，衛大夫，孔子居衛時常主於其家。

欲寡過而未能，是其所以用力處。五十而知非，六十而化，豈偶然之故哉。使者之辭雖謙而實密，夫子所以喜之。

子曰：「不在其位，不謀其政。」曾子曰：「君子思不出其位。」此艮卦象辭。

曾子因夫子之言而引艮象以證之也。知止其所，自無越思。有一毫不安分之心，即出位矣。

子曰：「君子恥其言而過其行去聲。」

與其言浮於行也，不若行浮於言也。夫子於言上著一「恥」字，於行上著一「過」字，大抵學者空言多，力行少，所以警切之。

子曰：「君子道者三，我無能焉：仁者不憂，知去聲者不惑，勇者不懼。」子貢曰：「夫子自道也。」

夫子常〔一〕言中庸不可能，非謙辭也，實不可能也。日用平常，無思無爲，何能之有？能即起意，憂矣，

〔一〕「常」字明抄本作「嘗」。

失其爲仁矣；惑矣，失其爲知矣；懼矣，失其爲勇矣。「我無能焉」，夫子所以截學者起意之病根，子貢未領，而但曰「夫子自道」，何也？

子貢方人。子曰：「賜也賢乎哉？夫音扶我則不暇。」方，比也。乎哉，疑而未然之辭。古之學者爲己，而暇方人乎？呶呶然品藻是非，篤實務内者不如是也。夫子抑揚其辭，所以鍼子貢之病。

子曰：「不患人之不己知，患其不能也。」能，言能其實事也，與上文「無能」之旨不同。智愚賢不肖之分，只是個「能」與「不能」耳。以人不知爲患，必非實能。苟實能，雖不知何害？

子曰：「不逆詐，不億不信。抑亦先覺者，是賢乎！」逆，逆料也。億，意度也。「先覺」二字肇見於此。舉世昏昏，醉生夢死，而我獨脱然如大寐之得醒，故曰「先覺」。此是聖門深造自得第一個字。大學之格物正爲此耳，豈拘文牽義所可彊通哉。學者但知以逆料爲明，億度爲知。機變之巧，荆棘其中，自謂過人甚遠〔一〕，而我之所固有者，乃茫然不知自反。此先覺之所以爲賢也。夫子此言，至明至切。

微生畝謂孔子曰：「丘何爲是栖栖者與平聲？無乃爲佞乎？」孔子曰：「非敢爲佞也，疾

〔一〕「甚遠」明抄本作「遠甚」。

固也。」微生，姓。畝，名。栖栖，猶依依也。疾，惡也。固，堅執而〔一〕不通也。

誠者，非自成己而已也，所以成物也。若偏守一隅而不通於用，則治國平天下之道，將誰任其責乎？畝以夫子爲佞，真所謂固者。異端之害往往類也。

子曰：「驥不稱其力，稱其德也。」驥，善馬之名。德，謂調良也。

驥非無力也，不稱其力而稱其德，况人乎？無德而負才，其害大矣。

或曰：「以德報怨，何如？」子曰：「何以報德？以直報怨，以德報德。」

匿怨而友且不可，况以德而報怨乎？必以德而報怨，則凡有德於我者，如何其報也？是故莫若以直報怨，以德報德。以德報德者，人所德於我，我亦以德報之也。若以直報怨，則豈彼有怨於我，而我亦以怨報之哉？横逆之來，處以大順，自反而縮，行乎大公，所謂「直報」，如斯而已。

子曰：「莫我知也夫音扶！」子貢曰：「何爲其莫知子也？」子曰：「不怨天，不尤人。下學而上達。知我者其天乎！」

聖心即天，復何所怨？行乎大順，復何所尤？不離日用之間，而上達天德之妙，非是地步洞然相照，雖

〔一〕「而」字明抄本無，清抄本作「之」。

颜子亦知未盡，况他人乎。人莫我知而天知之，此所以爲聖歟。或者謂夫子道不行於當世，故有是歎，愚以爲不然。

公伯寮愬悉路切子路於季孫。子服景伯以告，曰：「夫子固有惑志於公伯寮，吾力猶能肆諸市朝音潮。」子曰：「道之將行也與平聲，下同？命也。道之將廢也與？命也。公伯寮其如命何！」公伯寮，魯人。子服，氏。景，謚。伯，字。魯大夫子服何也。夫子，指季孫。惑志，言有疑也。肆，陳尸也。

聖賢之窮達係斯道之興廢，是有命焉，豈人所能爲哉。伯寮之愬非也，景伯之力亦非也。斷之以命，而君子小人之論定矣。

子曰：「賢者辟去聲，下同世，其次辟地，其次辟色，其次辟言。」

辟世則其時可知，辟地則其國可知，辟色辟言則其君可知。色與言亦有淺深。色方行於顔，色未有言也。若形於言，則已甚矣。知幾明微，所以免禍，此賢者之事也。若聖人則不然。仕止久速，惟義所在，無適無莫，安所辟哉。或曰：龍逢、比干，何以不辟？曰：委質爲臣，蓋有義不可得而辟者，事體各不同也。

子曰：「作者七人矣。」

此承上章而言，能如是者凡七人也，豈微子篇所謂逸民者歟？

子路宿於石門。晨門曰：「奚自？」子路曰：「自孔氏。」曰：「是知其不可而爲之者與？」

平聲？」石門，地名。晨門，掌晨啓門者。自，從也。

知其不可而不爲者，晨門之所以賢。知其不可而不可以不爲者，夫子之所以聖。晨門但知晨門，而不知夫子之爲夫子者也。

子擊磬於衛。有荷去聲蕢其位切而過孔氏之門者，曰：「有心哉！擊磬乎！」既而曰：「鄙哉！硜硜苦耕切乎！莫己音紀知也，斯己音以而已矣。深則厲，淺則揭起例切。」子曰：「果哉！末之難矣。」磬，樂器。荷，擔也。蕢，草器也。硜硜，釋見子路篇。鄙哉、硜硜，指當時之人也。斯己，於此遂止也。以衣涉水曰厲，攝衣涉水爲揭，此兩句衛風匏有苦葉之詩也。果哉，言果於忘世。末，無也。

聞擊磬而知夫子，歎鄙哉硜硜之莫己知，荷蕢之賢亦豈易得哉〔一〕。必欲於此遂止，而以爲得厲揭之宜，則是果於忘世矣。民墜塗炭，義不能一朝，安所謂「被髮纓冠而往救」者也。若果於忘世，豈聖人之所難哉。

〔一〕「哉」字明抄本、清抄本皆作「者」。

荷蕢亦晨門之流。

子張曰：「書云：『高宗諒陰，三年不言。』何謂也？」子曰：「何必高宗，古之人皆然。君薨，百官總己以聽於冢宰三年。」高宗，商王武丁也。諒，信也。陰，默也。謂居喪信默而不言也。諒陰三年不言，所以居喪〔一〕也。百官聽於冢宰，所以居攝也。歷三年之久而冢宰攝行其事，非徒不言而已。子張獨以高宗爲問，夫子獨以古人爲答，則是當世此禮已不復先王之舊矣。後世乃有創爲短喪、以日易月者，嗚呼，豈人情也哉！

子曰：「上好去聲禮，則民易去聲使也。」禮辨上下，定民志。上不好禮，如水脱防，乖争淩犯之風肆矣，可得而使哉？世衰俗壞，那一事不就不知禮上做出？率意妄作，幾無以自别於禽獸。纔知禮，便自然和。

子路問君子。子曰：「脩己以敬。」曰：「如斯而已乎？」曰：「脩己以安人。」曰：「如斯而已乎？」曰：「脩己以安百姓。脩己以安百姓，堯舜其猶病諸！」

〔一〕「居喪」明抄本作「喪居」。

脩己以敬，正大學之要旨。所謂治國之道及平天下皆本於是〔一〕。子路不能切實内省，意若未足，而再三問之。夫子既答以「安人」，又答以「安百姓」。次第推究，不離「脩己」二字。又恐其未喻也，直以堯舜猶病答之。嗚呼，敬哉！外此而求，多也哉！

原壤夷俟。子曰：「幼而不孫弟〔二〕，長上聲而無述焉，老而不死，是爲賊。」以杖叩音口其脛。

脛其定切。原壤，孔子之故人也，母死，登木而歌。夷，蹲踞也。俟，待也。述，猶稱也。脛，足骨也。賊仁者謂之賊。侈然自放，則本心亡矣，非賊而何？然其病〔三〕則自不孫弟始。方其童幼，傲然莫知有〔四〕敬事其長上之道，不孫不弟，習以〔五〕性成。及其長也，又無一善之可稱，果何貴於食天地之粟而謂是〔六〕人也？老而不死，是爲賊耳。因原壤踞肆，推明三節以諭之，復叩其脛以警之。夫子教人，未有如此章之切直者。然則童蒙之日，可不以孫弟爲先務，而使習於禮訓也哉？

〔一〕「所謂治國之道」一句，明抄本作「所謂治國，所謂平天下，皆於是乎在」。清抄本作「所謂治國之道及平天下皆於是乎在」。
〔二〕「孫」下、「弟」下明抄本皆有小注「去聲」。
〔三〕「病」下明抄本有「根」字。
〔四〕「有」字清抄本無。
〔五〕「以」字明抄本、清抄本皆作「與」。
〔六〕「是」字明抄本作「之」。

闕黨童子將命。或問之曰：「益者與平聲？」子曰：「吾見其居於位也，見其與先生并行也。非求益者也，欲速成者也。」闕黨，黨名。童子，未冠者。將命，蓋夫子使之傳命也。

欲速成必至於躐等。居位、并行皆躐等之病，真求益者不如是也。夫子使之將命，所以斂而抑之，使循其序歟。〔一〕時未欲與之言，因或者有問而答以此，童子其聞之矣。

〔一〕「時」上明抄本有「平」字。

融堂四書管見卷八

宋　錢時　撰

衛靈公第十五

衛靈公問陳去聲於孔子。孔子對曰：「俎豆之事，則嘗聞之矣；軍旅之事，未之學也。」明日遂行。在陳絶糧，從去聲者病，莫能興。子路愠紓問切見賢遍切曰：「君子亦有窮乎？」子曰：「君子固窮，小人窮斯濫矣。」陳，謂軍師行伍之列。俎豆，禮器。在陳者，自衛適陳也。興，起也。固者，堅守節行，確乎其不可拔之謂，非「毋固」「疾固」之固也。濫，泛溢。

不可則止，寧用終日？困德之辨，不失其亨。此聖人明去就之宜，處患難之道也。固者，至死不變，況窮乎。小人惟不能固，所以溢。

子曰：「賜也，女音汝以予爲多學而識如字之者與平聲，下同？」對曰：「然，非與？」曰：「非也，予一以貫之。」

參也魯，無支離浮雜之病，况又功深力到，故竟以一貫語之，言下便領。子貢聰明多知，正是他礙事處。不多之旨既嘗發之矣，於此復先提其所病，而後語以一貫之妙。惜乎，猶未領也！觀其平日號爲多言，如何到這裏却道不得一個「唯」字？此殆未悟性、天道不可聞之先歟。

子曰：「由！知德者鮮矣。」鮮，上聲。

人孰無此德？所以不知者，其病安在？鳶飛魚躍，蓋甚昭昭也。夫子呼由而語之，警策深矣。

子曰：「無爲而治者，其舜也與平聲？夫音扶何爲哉，恭己正南面而已矣。」

觀舜受堯禪，朝覲諸侯，遍歷四岳，庶事從頭多整頓過，如何却道無爲？如何又道有天下而不與？聖心虛明，變化無方，雖爲而實未嘗爲也，雖有天下而實未嘗與也。後世纔説勤政便焦勞，纔説無爲便不事事，安知所謂「恭己正南面」也哉。

子張問行。子曰：「言忠信，行去聲篤敬，雖蠻貊亡百切之邦行矣；言不忠信，行去聲不篤敬，雖州里行乎哉？立，則見其參七南切於前也；在輿，則見其倚於衡也。夫音扶然後行。」子張書諸紳。篤，厚也。蠻，南蠻。貊，北狄。二千五百家爲州。其，指忠信篤敬。參於前，參錯於用前也。衡，軶也。紳，大帶之垂者，書之，誌不忘也。

子張嘗問〔一〕干禄，嘗問達，此又問行，大抵皆務外，以求遂其所欲。夫子一使反求諸己，就言行上切實功〔二〕，正切子張之病而教之也。遠而蠻貊，近而州里，習俗雖異，本心則同，忠信篤敬，感無不通。見其參前，見其倚衡，則是無時而非忠信篤敬也，無往而非忠信篤敬也。舉天地萬物，萬變萬化，皆我忠信篤敬之妙也。行矣，雖百世以俟聖人而不惑矣，何州里蠻貊之間哉？子張書紳，惜乎未領。

子曰：「直哉史魚！邦有道，如矢；邦無道，如矢。君子哉蘧伯玉！邦有道，則仕；邦無道，則可卷而懷之。」史，官名也。魚，衛大夫，名鰌。如矢，言直也。史魚自以不能進賢退不肖，既死猶以尸諫。卷，收也。懷，藏也。

邦無道如矢，最見得他直處。有道之世，能直固難。至於所遭之時崎嶇艱棘，而不能變其守，非獨立不懼、不易乎世，未易語也。有道則仕，無道則可卷而懷之，「可」字最宜玩味。若無可卷懷，而徒爲高尚，特素隱耳，不得爲〔三〕之君子。

〔一〕「問」字清抄本作「學」。
〔二〕「功」字明抄本、清抄本皆作「工」。
〔三〕「爲」字明抄本作「謂」。

子曰：「可與言而不與之言，失人；不可與言而與之言，失言。知去聲者不失人，亦不失言。」

聖人之於語默，如是其不苟哉！自非清明洞然〔一〕，有以真知其人之可不可，必未免二者之失也。是故失人者不足以成物，失言者必至於招憂。

子曰：「志士仁人，無求生以害仁，有殺身以成仁。」

仁者，不失其本心之謂。義所當死而幸生苟免，則本心亡矣，生猶無生也。當死而死，浩然無媿，乃所以成仁。雖然，各惟其可而已，苟可以不死而勇於自殺，則與求生害仁者均一失也，豈志士仁人之所爲哉。

子貢問爲仁。子曰：「工欲善其事，必先利其器。居是邦也，事其大夫之賢者，友其士之仁者。」

入芝蘭之室，久而不聞其香。己欲爲仁，而所事〔二〕所友者或非其類，其不至於波流風靡者幾希〔三〕矣。

〔一〕「然」字明抄本作「照」。
〔二〕「事」下清抄本有「與」字。
〔三〕「希」字明抄本無。

顔淵問爲邦。子曰：「行夏之時，乘殷之輅音路，車名〔一〕，服周之冕，樂則韶舞。放鄭聲，遠去聲佞人。鄭聲淫，佞人殆。」夏時以建寅之月爲歲首。商輅，木輅也。輅者，大車之名。周冕有五，祭祀〔二〕之冠也。韶，舜樂也。放者，禁絶之。鄭聲，鄭國之音。佞人者，邪諂之人。殆，危也。

四代禮樂，經世之大法，夫子之得邦家，其規模可見矣。顔淵此問，其在「請事斯語」之後乎？克己復禮，大本既立，爲邦之道可由是而推已〔三〕。夫子既告之以四代禮樂，而復以鄭聲佞人爲慮，於此二者少不加謹，則克己之功且從而隳矣，如禮樂何。

子曰：「人無遠慮，必有近憂。」

慮不經遠，患在目前，此必然之理也。

子曰：「已矣乎！吾未見好去聲，下同德如好色者也。」

夫子再發此歎，而加「已矣乎」三字，其辭愈切，而所以警人者愈深矣。一日克己，豈易得哉。

子曰：「臧文仲其竊位者與平聲？知柳下惠之賢，而不與立也。」竊者，盗竊而私於己之謂。柳

〔一〕「車名」二字明抄本無。
〔二〕「祀」字明抄本作「服」。
〔三〕「已」字明抄本作「也」，清抄本作「矣」。

下惠，魯大夫展獲，字禽，食邑柳下，謚曰惠。與立，與之并立於朝也。賢如柳下惠，邦家之光也，豈易得哉。秉政之臣不知則已，知之而不與立，此文仲之所以竊位歟。一「竊」字，所以誅其心。若大公無我，推國之名器與賢者共之，安得有此病也？惟是若一己之私物，是以惴惴患失，常恐賢者之進爲己不利，百方而擠之，而斥遠之矣，何暇與之并也哉！

子曰：「躬自厚而薄責於人，則遠去聲怨矣。」

薄於責己，厚於責人，則人不心服，而召怨也必矣。

子曰：「不曰『如之何如之何』者，吾末如之何也已矣。」

輕慮躁發，必不能爲此丁寧戒懼之辭也，雖聖人且奈何哉。事到兢兢然若不勝其任處方有商量。

子曰：「群居終日，言不及義，好去聲行小慧，難矣哉！」小慧者，機巧小數也。所貴於群居者，相規以正，相觀而善也。爲無益之談，爲機變之巧，此其爲害有不可勝言者，故曰「難矣哉」。然〔一〕飽食終日，無所用心，則未免此弊耳。真有志者不如是也。是故學必貴〔二〕友。

子曰：「君子義以爲質，禮以行之，孫去聲以出之，信以成之。君子哉！」質，猶體也。孫，

〔一〕「然」上明抄本、清抄本皆有「雖」字。
〔二〕「貴」下明抄本有「於擇」二字。

和順也。

質是立骨子處。骨子端正，方説得禮，方説得孫，方説得信。且如老、佛之教，亦能禮其所謂禮，亦能孫，亦能信。只爲滅天倫，壞人道，從頭錯了，是以徹底皆差，爲萬世大法之罪人。一「義」字，吾聖人所以立極，所以維持三綱五常，自別於夷狄[二]禽獸者也。義以爲質，乃是制事之本[三]，不可草草放過。有此質後，却不可無禮，無禮則斷不可行。有禮矣，不孫則斷不可出。孫矣，無信則斷不可成。

子曰：「君子病無能焉，不病人之不己知也。」

苟能矣，何患人之不己知哉？以人不知爲病，其病始大。

子曰：「君子疾没世而名不稱焉。」

非疾無名也，疾其無可稱耳。

子曰：「君子求諸己，小人求諸人。」

小人求諸人，非特要譽而已。凡所以汲汲皇皇，遂私從欲而不知止者，無一而不求諸人也。君子務内，只是自反。

〔二〕「夷狄」，清抄本作「草木」。

〔三〕「乃是制事之本」一句，明抄本作「直要賭是直是」，清抄本作「直要是真是」。

子曰：「君子矜而不争，群而不黨。」矜，莊，不放逸也。

信道不回，非好勝也，故雖矜而不争。和氣接物，非偏私也，故雖群而不黨。

子曰：「君子不以言舉人，不以人廢言。」

必考其實，故不以言舉人；不狥其名，故不以人廢言。此心公明，方可語此。

子貢問曰：「有一言而可以終身行之者乎？」子曰：「其恕乎！己所不欲，勿施於人。」

子貢方人，一「恕」字正中其病。昔也謂非所及，而今之語〔一〕，其可進此矣夫！

子曰：「吾之於人也，誰毁誰譽平聲，下同？如有所譽者，其有所試矣。斯民也，三代之所以直道而行也。」毁，毁短之也。譽者，過揚人善而不以實也。三代，夏商周也。

毁則没其實，譽則過其實。夫子豈苟譽人者？有所試而後稱之耳。三代之民所以直道而行，其〔二〕故也。毁譽不實，則矯情飾僞得以欺世〔三〕，而風俗靡然矣，何由而行直道也哉。直只是樸實不回曲。心本直也，有一點私意便失其直。

〔一〕「之語」明抄本作「語之」。
〔二〕「其」上明抄本有「此」字。
〔三〕「世」字清抄本作「民」。

子曰：「吾猶及史之闕文也，有馬者借人乘之。今亡與無通矣夫音扶！」

史闕文，馬借乘，恐古人[一]有此語，故夫子舉而言曰：史之闕文，吾[二]尚可以及之，如闕疑闕殆、郭公夏五之類可見。若借乘之事，則今無有矣。蓋歎世道益薄，人情益偷，公私藩籬，形骸爾我[三]，其意非專指馬也。

子曰：「巧言亂德，小不忍則亂大謀。」忍者，「必有忍」之忍。

無定見，必爲巧言所亂；無定力，必爲小不忍所亂。自昔聖賢所貴乎致知者，只是理會個不亂耳。禹曰「安汝止」，伊尹曰「欽厥止」，不亂之謂也。亂後都差。

子曰：「衆惡去聲之，必察焉；衆好去聲之，必察焉。」

衆好衆惡，特衆人之好惡耳。或是或否，皆未可知，而流俗則未必能察也。聖人於此都[四]要契勘。孟子所謂「皆曰賢，然後察之」，正是此意。

子曰：「人能弘道，非道弘人。」弘，大也。

[一]「人」字明抄本、清抄本皆無。
[二]「吾」字明抄本作「我」。
[三]「我」字明抄本作「汝」。
[四]「都」字明抄本作「却」。

道本大也，豈人有以大之而後大哉？只爲常人意蔽欲窒，是以日用而不知其爲大耳。功深力到，一旦洞然，六通四闢，範圍無外，而後知其爲大焉。非昔小而今大也，昔迷而今悟也。故曰：「人能弘道。」若夫不學，本心晦蝕，自窘自求，如蝸在封，則是道之大雖自若也，如人何哉？故曰：「非道弘人。」

子曰：「過而不改，是謂過矣。」

人誰無過，改之爲貴。是故聖人貴乎〔一〕復也。若不能改，其過成矣，終何説哉。一「改」字是聖狂之分，學者所宜深體。

子曰：「吾嘗終日不食，終夜不寢，以思，無益，不如學也。」

思曰睿，睿作聖，豈可不思？此章特戒無益而思者耳。聖人自謂吾嘗廢食忘寢以思之，而無所益，故不如學也。托諸己以勉人。

子曰：「君子謀道不謀食。耕也，餒奴罪切在其中矣。學也，禄在其中矣。君子憂道不憂貧。」

耕所以謀食，宜可無餒也，而曰「餒在其中」，餒非飢之謂也，志於食者，道必餒，行有不慊於心之謂也。

〔一〕「乎」字明抄本作「於」。

學所以謀道，非志於禄也，而曰「禄在其中」，禄非必爵禄之謂也，道之腴者，固禄之理，「干禄豈弟」之謂也。然則君子之所憂者道耳，而憂貧乎哉。

子曰：「知去聲，下同及之，仁不能守之，雖得之，必失之。知及之，仁能守之，不莊以莅之，則民不敬。知及之，仁能守之，莊以莅之，動之不以禮，未善也。」及，言至也。莊，端莊也。莅，臨民也。動，舉措施爲也。

知及之者，覺此本心之謂〔一〕也。覺則至矣，故曰知及。大學之道，在明明德。晋之象曰：「君子以自昭明德。」明此斯謂之知，守此知而不失斯謂之仁。舊習蔽錮〔二〕，安能盡浄？意欲〔三〕念動，如雲忽興，兢業不繼，用力微懈，雖得必失，昏昏如故，甚可畏也。仁能守矣，至於臨民，則又不可不莊。莊矣，至於舉措施爲，則又不可不以禮。知及仁守，所以成己也。莊莅禮動，所以經世也。異端之教，自謂識心見性，而呵佛罵祖，果莊已乎？離倫絶類，果禮已乎？愚嘗有詩云：聖道大明備，異端何偏虧。晚學敢妄僭，因依相發揮。昏昏若〔四〕醉夢，日用不自知。一旦有先覺，涣然脱沉迷。勿忘勿助長，斯須那可

〔一〕「謂」字明抄本作「妙」。
〔二〕「錮」字明抄本作「固」。
〔三〕「欲」字明抄本作「起」。
〔四〕「若」字明抄本、清抄本皆作「落」。

違。乃若夢乍〔一〕醒，麴〔二〕車仍朵頤。偃蹇不自愛，雖得必失之。守此之謂仁，失此之謂愚。炳炳兩端揭，巍巍大訓垂。若爲莊與禮，丁寧猶費辭。嗚呼至矣哉，斯言豈予欺。此心萬古同，本無夷夏〔三〕殊。民彝大泯亂，世道誰綱維。恭惟彼陶唐，六合同光輝。睦我九族親，協彼萬邦黎。從根到枝葉，整整無漏遺。試舜第一義，二女往嬪虞。諸難乃遍歷，首事五典徽。載覲巖廊上，君臣相俞吁。欽哉不離口，此豈笑貌爲。敷教得汝契，降典咨汝夷。大禹九功成，皋陶象刑施。刑所以弼教，功所以叙彝。穆穆我文王，敬止於緝熙。江漢無犯禮，化行自關雎。金科垂玉律，如日行天衢。有志扶世道，何能易此規。去聖日以遠，禮壞俗澆漓。裔夷來用夏〔四〕，異端轉交馳。瑣碎不暇問，髡彨者爲誰。棄三綱九法，其教方得推。群居抱空寂，高談玄妙機。或推倒禪床，或拗折竹篦。溺尿與屙屎，呵佛罵祖師。先聖答問仁，諸賢請事斯。雍容洙泗上，安有此行移〔五〕。只消一不莊，坐見百度隳。況復離倫類，家國何由齊。佛者西方仙，顧敢相瑕疵。渠自用渠法，我實無用兹。吾黨有家風，所宜日孜孜。輕俊樂便捷，往往不

〔一〕「夢乍」明抄本作「醒作」。
〔二〕「麴」字明抄本作「麵」，清抄本作「麯」。
〔三〕「夷夏」清抄本作「中外」。
〔四〕「裔夷來用夏」清抄本作「楊朱與墨翟」。
〔五〕「移」字清抄本作「儀」。

自持。騣騣墮其網，氣習易轉樞。相延〔一〕無忌憚，陋視六藝書。浸淫去不反，寧顧百世非。民日化魑魅，義同救溺飢。物物皆我心，此責將安歸。於此有欠闕，恐非仁者宜。時也抑何幸，投老得所依。到此重感激，端拜聊陳詩。

子曰：「君子不可小知，而可大受也；小人不可大受，而可小知也。」

君子只就末節細故上看他不得，直是到常人所不可能處擔荷得去，方見君子。雖然，勤小物，矜細行，固無一節之不善也，特不專在這上耳。小人則不然，淺中狹量，如何大受？愚舊説如此，後聞先師云：君子而不大受則道不明，小人大受則爲無忌憚矣。君子於此可不慎歟。〔二〕

子曰：「民之於仁也，甚於水火。水火，吾見蹈而死者矣，未見蹈仁而死者也。」

民之憚於爲仁，不啻如蹈水火。水火固有焚溺之患矣，未有以仁而傷生者，然則何所憚而不爲哉？至於人欲之横流，情僞之滋熾，滔滔焰焰，自益深益熱矣〔三〕，乃反甘心而不悔，此下愚之所以不移，聖人之所以哀矜也。

〔一〕「延」字明抄本、清抄本皆作「涎」。

〔二〕「矣君子於此可不慎歟」九字，明抄本無。

〔三〕「自益深益熱矣」，明抄本作「益深益熱」，清抄本作「益深愈熱益矣」。

子曰：「當仁不讓於師。」

仁之爲道，是聖門第一工夫。進之唯恐其不亟，行之惟恐其不力，非可與人相讓而爲者也。到此地〔一〕，雖師有所不讓，豈可謂師爲之而〔二〕不敢爲哉？「不讓」非争勝之謂。

子曰：「君子貞而不諒。」

貞者，萬變而不失其正，豈若匹夫匹婦之爲諒哉。諒者，守小信而不知變，必不能正也。

子曰：「事君，敬其事而後其食。」

敬其事者，盡忠於君，夙夜匪懈之謂也。人患不能敬耳，利禄豈可〔三〕急哉。若以利禄先入，其心只是私意，安得能敬。

子曰：「有教無類。」

種類雖或不同，然同有此心，則同有此理，安有不可教者，但患不真有教耳。真有教，方不論其類。直是能轉移變化，方可言有。啓迪之不得其旨，感發之不得其道，雖諄諄其誨，謂之有，可乎？

〔一〕「地」字明抄本無。
〔二〕「而」下明抄本有「我」字。
〔三〕「可」字明抄本作「所」。

子曰：「道不同不相爲去聲謀。」

謀者，相資以取益也。功利而與之謀道，問學而與之謀利，可乎？二者不啻冰炭。

子曰：「辭達而已矣。」

古人非泛濫於文也，所以明理耳，故曰：「辭達而已矣。」雖然，敷暢厥旨，了然無疑，方謂之達。辭至於能達，豈易得哉。

師冕見賢遍切，及階，子曰：「階也。」及席，子曰：「席也。」皆坐，子告之曰：「某在斯，某在斯。」師冕出。子張問曰：「與師言之道與平聲？」子曰：「然。固相去聲師之道也。」師，樂師，瞽者。冕，名。再言「某在斯」，舉[一]在坐之人以詔之。相，助也。古者瞽必有相。

觀夫子相師之道，豈薄俗所可知哉。哀矜惻怛之意，温然見於辭旨之外。一物失所，如己隱憂，此天地之心也。

季氏第十六

季氏將伐顓音專臾音俞。冉有、季路見賢遍切於孔子曰：「季氏將有事於顓臾。」孔子曰：

[一]「舉」上明抄本有「歷」字。

「求！無乃爾是過與[一]？夫音扶顓臾，昔者先王以爲東蒙主，且在邦域之中矣，是社稷之臣也。何以伐爲？」冉有曰：「夫子欲之，吾二臣者皆不欲也。」孔子曰：「求！周任平聲有言曰：『陳力就列，不能者止。』危而不持，顛而不扶，則將焉於虔切用彼相去聲矣？且爾言過矣。虎兕徐履切出於柙戶甲切，龜玉毁於櫝音獨中，是誰之過與平聲？」冉有曰：「今夫音扶顓臾，固而近於費，今不取，後世必爲子孫憂。」孔子曰：「求！君子疾夫音扶舍上聲曰欲之而必爲之辭。丘也聞有國有家者，不患寡而患不均，不患貧而患不安。蓋均無貧，和無寡，安無傾。夫音扶如是，故遠人不服，則修文德以來之。既來之，則安之。今由與求也相夫子，遠人不服而不能來也，邦分崩離析而不能守也。而謀動干戈於邦内。吾恐季孫之憂，不在顓臾，而在蕭墻之内也。」顓臾，國名，魯附庸也。東蒙，山名。先王封顓臾於此山之下，使主其祭，在魯地之中。夫子，指季孫。周任，古之良史。陳，布也。列，位也。相，輔相也。兕，野牛也。柙，檻也。櫝，匱也。在柙而出，在櫝而毁，乃典守者之罪，所以責二子也。固，謂城郭完固。費，季氏私邑。寡，少也。貧，乏也。均，平也。安，安寧也。遠人，謂顓臾。分崩離析，謂公室四分，家臣屢叛。

[一]「與」下明抄本有小注「平聲」。

干，楯也。戈，戟也。蕭墻，屏也。

夫子始責之以「爾是過與」，則曰二臣皆不欲；及再責之以「是誰之過歟」，則曰不取必爲憂，屢遁其説而情實畢露矣。不曰欲之而必爲之辭，此君子所以疾惡之也。大抵國家先治内，後治外。「不患寡」而下，治内之道也；「夫如是」而下，治外之道也。今也遠人不服則不能來，邦分崩離析則不能守，而乃謀伐顓臾於邦内，扶顛持危，恐不如是。二子之罪，安所逃乎。憂在蕭牆，所以警懼而教之也。此章辭旨明暢，事之是非利害切中二子之隱微，昭然如數黑白於照臨之下，非聖人孰能與於此哉？

孔子曰：「天下有道，則禮樂征伐自天子出；天下無道，則禮樂征伐自諸侯出。自諸侯出，蓋十世希不失矣；自大夫出，五世希不失矣；陪臣執國命，三世希不失矣。天下有道，則政不在大夫；天下有道，則庶人不議。」先王之制，諸侯不得變禮樂，專征伐。陪臣，家臣也。

「臣無有作福作威玉食」，此一王之權所以尊無二上者也。禮樂征伐自諸侯出，則世數久遠〔一〕，固已可占，況大夫乎？又況陪臣執國命乎？此蓋爲當時而歎也。天下有道，人主之威權日行於上，諸侯有不然者則變置之，安得使大夫而竊政於其下哉？有道則自無可議。

孔子曰：「禄之去公室，五世矣。政逮於大夫，四世矣。故夫音扶三桓之子孫微矣。」魯自

〔一〕「遠」字明抄本作「近」。

文公薨，公子遂殺子赤，立宣公，而君失其政。歷成、襄、昭、定，凡五公。逮，及也。自季武子始專國政，歷悼、平、桓子，凡四世，而爲家臣陽虎所執。三桓，三家，皆桓公之後。

祿去公室，即其大夫專政之漸也。政逮大夫，即其子孫衰微之兆也。安有上失操柄，盜弄威權，而能遺子孫以無禍者哉？後世姦臣擅國，自謂得志，然而禍不旋踵，族無噍類，此可以爲鑒矣。夫子雖爲三桓而發，實萬世之大戒。

孔子曰：「益者三友，損者三友。友直，友諒，友多聞，益矣。友便平聲，下同辟婢亦切，友善柔，友便佞，損矣。」諒，信也。便者，慣於其事。善者，長於此也。

直則不回，諒則無僞，多聞則可以質疑辨惑。辟與柔佞如淫聲美色，最易入人，非早辨而痛絶之，未有不濡染於此者。世之人往往不知損之爲損，而反憚益者之難親。夫子別白兩端，開示深矣。

孔子曰：「益者三樂五教切，下不音者同，損者三樂。樂節禮樂音岳，樂道人之善，樂多賢友，益矣。樂驕樂音洛，樂佚遊，樂宴樂音洛，損矣。」道，稱道也。驕，縱也。佚遊，嬉遊也。宴，宴安也。

樂者，心之所好，向慕而不忘也。所好者善，自然爲益。所好者不善，自然爲損。則是非向背發乎一念之微〔一〕，

〔一〕「微」下明抄本有「者」字。

可不謹哉。節者，裁制而歸於中也。

孔子曰：「侍於君子有三愆：言未及之而言謂之躁，言及之而不言謂之隱，未見颜色而言謂之瞽。」愆，過也。瞽，無目也。

「言未及」者，猶云未説到此；「言及之」者，猶云正説到此。人之颜色可以占其意向，不知其意向，如何而遽言之？安知不至於失言乎？是非〔二〕要探伺颜色，爲容悦也。侍君子而言其不可苟如此。

孔子曰：「君子有三戒：少之時，血氣未定，戒之在色；及其壯也，血氣方剛，戒之在鬬；及其老也，血氣既衰，戒之在得。」得，貪得也。

人之私欲，隨其血氣各有所偏。自少壯至老，每就其偏而戒之，則始終不動於血氣矣，此克己之大旨也。

雖然，概論人生有此三節爾。若真能用力於仁，毋意毋我，後面許多節病亦自然不作。

孔子曰：「君子有三畏：畏天命，畏大人，畏聖人之言。小人不知天命而不畏也，狎大人，侮聖人之言。」

知天命則畏之矣，古之君子所以戰戰兢兢，臨深履薄，戒謹恐懼，不敢少懈者，果爲何事也哉？惟其不

〔二〕「是非」明抄本作「非是」。

知，是以不畏。大人，全天命者也。聖言，明天命者也。君子無往而不敬，小人無往而不慢。

孔子曰：「生而知之者，上也；學而知之者，次也；困而學之，又其次也；困而不學，民斯爲下矣。」

此章是聖人道與人最深切處。生知者，不假脩習，自然清明，所謂「性之」，所謂「上知」。下是，必須學而後得，所以致其知也。又下是，却又未能便學，直待間關險阻，怵迫無聊，乃〔一〕向此一路，方肯用力。此三者資質雖各不同，及其知之則一而已。若夫困後又復不學，顛倒冥迷，醉生夢死，終身由之而不知耳，可憐矣哉。嗚呼〔二〕！生而知之者〔三〕不得見矣，真能有志於學者且不易遇也，悲哉〔四〕！

孔子曰：「君子有九思：視思明，聽思聰，色思温，貌思恭，言思忠，事思敬，疑思問，忿思難去聲，見得思義。」

此一章正是行著習察精密處。人之行己，那一事不就不思上壞了？其目雖九，其本則一。何謂一？曰：由乎心。不明乎心而欲逐項正救，難矣。思明則非禮勿視，思聰則非禮勿聽，思忠則非禮勿言，此外大抵

〔一〕「乃」字明抄本作「方」。
〔二〕「嗚呼」明抄本作「於戲」。
〔三〕「者」字明抄本作「吾」。
〔四〕「哉」字明抄本作「夫」。

非禮勿動之事也。

孔子曰：「見善如不及，見不善如探吐南切湯。吾見其人矣，吾聞其語矣。隱居以求其志，行義以達其道。吾聞其語矣，未見其人也。」齊景公有馬千駟，死之日，民無得而稱焉。伯夷、叔齊餓於首陽之下，民到於今稱之。其斯之謂與平聲？駟，四馬也。首陽，山名。

如不及，惟恐不得到也。如探湯，畏之不敢近也。此事固有能行者矣。若夫隱居以求其志，行義以達其道，則非遯世無悶、確乎不拔者不能。今之世徒能言耳，吾未見其人也。必若伯夷、叔齊而後可以當此，故曰「其斯之謂歟」。餓於首陽之下，便是他求其志、達其道處。徒有千駟，何德之可稱哉？

陳亢音剛問於伯魚曰：「子亦有異聞乎？」對曰：「未也。嘗獨立，鯉趨而過庭。曰：『學詩乎？』對曰：『未也。』『不學詩，無以言。』鯉退而學詩。他日又獨立，鯉趨而過庭。曰：『學禮乎？』對曰：『未也。』『不學禮，無以立。』鯉退而學禮。聞斯二者。」陳亢退而喜曰：「問一得三，聞詩，聞禮，又聞君子之遠〔二〕其子也。」遠其子者，謂

〔二〕「遠」下明抄本有小注「去聲」。

不有其私也。〔一〕

詩、書、執禮，皆雅言也。伯魚於夫子獨立之時而所聞者不外乎此，蓋可見矣。陳亢始以「異聞」爲問，終也以「遠其子」爲喜。私意淺見，安知聖人大公無我之心哉。詩優柔而和平，人情物理靡不曲盡，故能言。禮防人情之流，秩然有度，故能立。

邦君之妻，君稱之曰夫人，夫人自稱曰小童；邦人稱之曰君夫人，稱諸異邦曰寡小君；異邦人稱之亦曰君夫人。寡，鮮少，自卑之辭。

邦君之妻，稱呼不一如此，名之所以正，分之所以嚴也。記此一端，其他可例。

〔一〕「遠其子者，謂不有其私也」，明抄本作「遠謂不私之也」。

融堂四書管見卷九

宋 錢時 撰

陽貨第十七

陽貨欲見孔子，孔子不見，歸如字，一作饋孔子豚。孔子時其亡也而往拜之，遇諸塗。謂孔子曰：「來！予與爾言。」曰：「懷其寶而迷其邦，可謂仁乎？」曰：「不可。」「好去聲從事而亟去吏反失時，可謂知乎？」曰：「不可。」「日月逝矣，歲不我與。」孔子曰：「諾。吾將仕矣。」陽貨，季氏家臣，名虎，嘗囚季桓子而專國政。禮，大夫有賜於士，不得受於其家，則往拜其門。貨瞰孔子之亡而歸豚，欲致孔子之來也。時其亡，瞰其亡之時也。懷寶，謂懷藏道德。迷其邦，謂不救邦國而迷亂之也。亟，數也。兩曰「不可」，孔子答。日月逝，又貨語也。

禮際苟善，夫子未嘗絶人。陽貨意欲見之，不召而冀其自來，又瞰亡而以物致之，不誠甚矣。設仁知兩端，且欲諷切而挽〔二〕之，夫子亦豈果於忘世，甘於失幾者？可以仕則仕，特不可〔三〕以身苟狥人耳。「吾將仕矣」之語，婉而不激〔三〕，直而不倨，聖人所以見惡人之道，辭氣含蓄如此哉！先師謂此不書陽貨瞰亡，而獨書孔子時其亡，大闕典。

子曰：「性相近也，習相遠也。」

性無所〔四〕不善，其初豈相遠哉？由所習之殊，遂若天淵之隔耳。性非人力所可爲也，「性」「習」字，學者所宜明辨而究心焉。

子曰：「唯上知去聲與下愚不移。」

習而相遠，夫人皆然也，惟上知與下愚則斷然不移。上之不移於下，下之不移於上，氣質昏明，自然而然，不因習而遠也。或曰：惟聖罔念作狂，惟狂克念作聖，謂之不移，何也？曰：既聖矣，安得狂？謂設若罔念，則亦轉而狂耳。若狂者進取，則與下愚不同。聰明過人，才識過人，惟其不得中道而處，又

〔二〕「挽」字明抄本作「摟」。
〔三〕「可」字明抄本無。
〔三〕「激」字明抄本作「詭」。
〔四〕「所」字明抄本作「有」。

不得聖賢爲之依歸，所以狂也。斯人於此能回一念，則矢去川决，功用豈易量哉。下愚之人，其氣昏塞，其[一]迷顛倒，頑然罔念，謂之不移，如此而已。雖然，性則無不善也，惟其罔念，是謂下愚。苟克念焉，亦安有不可移者？兩章言性極明備。

子之武城，聞弦歌之聲。夫子莞華板切爾而笑，曰：「割雞焉於虔切用牛刀？」子游對曰：「昔者偃也聞諸夫子曰：『君子學道則愛人，小人學道則易[二]使也。』」子曰：「二三子，偃之言是也。前言戲之耳。」弦，琴瑟也。莞，小笑貌，喜之也。君子、小人，以位言。

君子學道，則知仁民愛物之方。小人學道，則知尊君親上之義。治古之世，所以教化盛行、人人有士君子之行者，以此耳。安得以邑小而不用哉？子游宰邑，明弦歌之即道，夫子所以喜而戲以發之。

公山弗擾以費畔，召，子欲往。子路不説音悦，曰：「末之也已，何必公山氏之之也？」子曰：「夫音扶召我者而豈徒哉？如有用我者，吾其爲東周乎？」弗擾，季氏宰，與陽貨共執桓子，據邑以叛。末，無也，末之言無所往也。豈徒哉，言不徒然召我。東周，東[三]都也。

[一]「其」字明抄本、清抄本皆作「冥」。
[二]「易」下明抄本有小注「去聲」。
[三]「東」字明抄本作「洛」。

弗擾執權臣以叛，而能召夫子，殆必有説，豈徒然哉？周之東遷，王綱掃地，聖人拳拳斯世，不啻焚溺，惟恐不用耳。如有用我者，吾豈爲東周之事乎，斷不其〔二〕然。

子張問仁於孔子。孔子曰：「能行五者於天下，爲仁矣。」請問之。曰：「恭、寬、信、敏、惠。恭則不侮，寬則得衆，信則人任焉，敏則有功，惠則足以使人。」任，倚仗也。

本心上有纖毫私意，如何行得此五事？能行五者於天下，即爲仁矣。恭則誠，寬則裕，信則實，敏則不懈，惠則溥。

佛音弼肸許密切召，子欲往。子路曰：「昔者由也聞諸夫子曰：『親於其身爲不善者，君子不入也。』佛肸以中牟畔，子之往也，如之何！」子曰：「然。有是言也。不曰堅乎？磨而不磷力刃切。不曰白乎？涅乃結切而不緇。吾豈匏瓜也哉？焉能繫而不食？」佛肸，晉大夫趙氏之中牟宰也。親，猶自也。磷，薄也。涅，染皁物也。匏，瓠也。繫者，繫於一處也。不食，不飲食也。

子路恐其磨涅耳，豈知聖人有所謂「不磷」「不緇」者哉。惟其如是，是以能轉移乎物，而不爲物所轉移也。危邦可入，亂邦可居，出入無疾，縱横無礙，而不能纖毫爲己害也。子路學未進此，見南子則不悦，

〔二〕「不其」明抄本作「其不」。

弗擾召又不悦，佛肸召又以爲不可，夫子於是不得已始發堅白之義焉。且至堅莫如金，而其堅則可磨，此所謂「不磷」者何物乎？至白莫如雪，而其白則可涅，此所謂「不緇」者何物乎？惟曾子有一唯之悟，故亦曰：「江、漢以濯之，秋陽以暴之，皜皜乎其不可尚。」知其不可尚，則知所以爲堅白矣。嗚呼！是聖人之事也。

子曰：「由也，女音汝，下同聞六言六蔽矣乎？」對曰：「未也。」「居！吾語女。好去聲，下同仁不好學，其蔽也愚；好知去聲不好學，其蔽也蕩；好信不好學，其蔽也賊；好直不好學，其蔽也絞；好勇不好學，其蔽也亂；好剛不好學，其蔽也狂。」

學所以致知。徒好而不學，心有所蔽。有所蔽則所好雖善，而爲害反大矣。不知其方故愚，役志於外故蕩，諒故賊，訐故絞，不明義故亂，負氣不屈故狂。後二條正規子路。

子曰：「小子何莫學夫音扶詩？詩可以興，可以觀，可以群，可以怨。邇之事父，遠之事君。多識於鳥獸草木之名。」

令人感動，故可以興；備著得失，故可以觀；不流於邪，故可以群；不溺於私，故可以怨。以至人倫物理，靡所不該，而詩之德備於此矣。

子謂伯魚曰：「女音汝爲周南、召南矣乎？人而不爲周南、召南，其猶正牆面而立也與平聲？」周南、召南，詩首篇名。爲者，習行其事也。

正始之道，莫切於二南。治國平天下，此其樞機也。這裏有不盡分處，則觸事皆礙，如面牆而立矣，如之何而可行哉？

子曰：「禮云禮云，玉帛云乎哉？樂云樂云，鐘鼓云乎哉？」

玉帛鐘鼓，特其具耳。所謂「無體之禮」「無聲之樂」者，何物哉？子曰：「正明目而視之，不可得而見也。傾耳而聽之，不可得而聞也。」學者無徒曰玉帛鐘鼓云。

子曰：「色厲而内荏而審切，譬諸小人，其猶穿窬之盜也與平聲？」厲，威嚴也。荏，柔弱也。穿，穿壁。窬，踰墻。

内不足而僞爲於外，此穿窬者之心也。

子曰：「鄉原，德之賊也。」原，與愿同[一]。鄉原，鄉人之愿者。

鄉原賊德，孟子傳之詳矣。使過惡暴著，猶有時而改也。衆皆悦之，自以爲是，而不可以[三]入堯舜之道，非德之賊歟？

[一] 「與愿同」明抄本作「猶愬也」，清抄本作「猶愿也」。

[三] 「以」字明抄本、清抄本皆作「與」。

子曰：「道聽而塗説，德之棄也。」

學貴於自得，非自得，雖師友淵源未免有差，況道聽而塗説者乎？是自絶於德也，故曰「德之棄」。

「棄」比「賊」差緩，見得鄉原病根最深。

子曰：「鄙夫可與事君也與平聲哉？其未得之也，患得之；既得之，患失之。苟患失之，無所不至矣。」鄙者，庸陋暗淺之名。患得之，所患在於不〔二〕得也。患失之，所患在於易失也。

庸陋暗淺之徒，規規然只自爲計耳。方其患得，百方以自媒；及其患失，百方以自固。不幸而在廷皆若人也，不亦殆哉！

子曰：「古者民有三疾，今也或是之亡也。古之狂也肆，今之狂也蕩；古之矜也廉，今之矜也忿戾；古之愚也直，今之愚也詐而已矣。」疾，病也。肆謂不拘小節，蕩則全無禮度矣。廉謂棱角峭厲，忿戾則鬭於血氣矣。直謂質樸徑行，詐則内懷欺僞矣。

風氣日變，世降愈下，雖古人不好處，今亦不復有矣，況所謂賢者乎？皇極之民，好是懿德，雖不中不遠，此夫子所以歎也。古之疾乃今之賢歟。

〔二〕「不」字明抄本作「欲」。

子曰：「巧言令色，鮮矣仁。」重出。

子曰：「惡去聲，下同紫之奪朱也，惡鄭聲之亂雅樂也，惡利口之覆芳服切邦家者。」朱，正色。紫，間色。雅，正也。利口，捷給。覆，傾敗也。

利口者，變亂是非，柔佞媚悦而善惑也，自古傾覆邦家罕不由此，而世主往往甘心焉。邪之足以奪正，淫之足以亂雅有如許，豈不甚可畏哉？有虞之朝且曰：「聖讒説難壬人。」他可知矣。

子曰：「予欲無言。」子貢曰：「子如不言，則小子何述焉？」子曰：「天何言哉？四時行焉，百物生焉，天何言哉？」

夫子發「予欲無言」之旨，所以與之言者深矣。子貢平日正墮言語窟宅，一聞斯訓，乃索然無所倚仗。小子何述，幾於可笑。天何言哉，四時行焉，百物生焉，天誠〔一〕何言哉？子貢將從前伎倆一時掃下，好向「何言」處會取。

孺悲欲見孔子。孔子辭以疾。將命者出户，取瑟而歌。使之聞之。孺悲，魯人，嘗學士喪禮於孔子。

〔一〕「誠」字明抄本無。

辭以疾而不使之聞之，安知孺悲不以夫子爲果疾乎？是無益也。訪知夫子之非疾，而謬以疾稱[一]乎，是不誠也。取瑟而歌，意明而教行矣。孺悲隱心自省，必有爲之凜然者。愚舊説如此。後聞諸先師，謂孺悲親承聖訓，已幾於道。來見夫子，特不與之言，特[二]取瑟而歌，使之聞之，此正夫子妙旨。知風雨霜露無非教，則知此妙旨矣。

宰我問：「三年之喪，期音基，下同已久矣。君子三年不爲禮，禮必壞；三年不爲樂，樂必崩。舊谷既没，新穀既升，鑽祖官反燧改火，期可已矣。」子曰：「食夫音扶，下同稻，衣去聲夫錦，於女音汝，下同安乎？」曰：「安。」「女安則爲之！夫君子之居喪，食旨不甘，聞樂不樂音洛，居處不安，故不爲也。今女安，則爲之！」宰我出。子曰：「予之不仁也！子生三年，然後免於父母之懷。夫三年之喪，天下之通喪也。予也有三年之愛於其父母乎？」期，周年也。没，盡也。升，登也。燧，取火之木也。改火者，春取榆柳之火，夏取棗杏之火，夏季取桑柘之火，秋取柞楢之火，冬取槐檀之火。已，止也。旨，亦甘也。懷，抱也。

[一]「稱」字明抄本作「辭」。
[二]「特」字明抄本作「乃」。

三年之喪，天下之通喪也。宰我聖門高弟，輒謂期爲已久。嗚呼，忍哉！忍忘其親而以禮壞樂崩爲慮，何者而謂之禮樂也？「於女安乎」之問，警之深矣。曾不少省，遽答曰「安」。夫人子之居喪，食旨不甘，聞樂不樂，居處不安者，非可僞爲也，至情深痛，皇皇然若無所容於天地。雖欲不然，而自有不能不然者。予也獨無人心也耶？苟有人心，安得而遂忍於此也？曰「子生三年」，又曰「三年之愛於父母」，非謂當如此相報，所以深責宰我者耳。愚嘗觀孟子「吾宗國魯先君莫之行」一章，則三年之制廢闕已久，恐期喪之説亦非宰我創爲。

子曰：「飽食終日，無所用心，難矣哉！不有博弈者乎，爲之猶賢乎已。」博，局戲也。弈，圍棊也。已，止也。

博弈之不美甚矣，聖人豈真以爲賢哉？以博弈爲猶賢，極言無所用心者之可罪也。心之本體，與天同運，自强不息，所以配天，可無用乎？雖然，心不可以無用，又須求所以用心之地，非所當用，是真無用耳。學者謹之。

子路曰：「君子尚勇乎？」子曰：「君子義以爲上。君子有勇而無義爲亂，小人有勇而無義爲盜。」尚，上之也。君子、小人，以位言。

義以爲上，是謂大勇，不然則君子爲亂，小人爲盜矣，謂之勇，可乎？子路平生這個氣象處處發露，後來却煞做工夫。

子貢曰：「君子亦有惡去聲，下〔二〕同乎？」子曰：「有惡：惡稱人之惡如字者，惡居下流而訕所諫切上者，惡勇而無禮者，惡果敢而窒者。」曰：「賜也亦有惡乎？」「惡徼口堯切以爲知去聲者，惡不孫去聲以爲勇者，惡訐居謁切以爲直者。」訕，謗毁也。窒，不通也。「惡徼」以下，子貢之言也。徼，伺察也。訐，謂發人陰私。

不能樂善，獨好揚惡，安於下流，及〔三〕好訕上，固是可惡。所貴於勇與果敢者，以其能行義耳。勇而無禮，只是血氣，果敢而窒，愈無忌憚，此夫子之所惡也。其實則徼，乃以爲知，其實則不孫，乃以爲勇，其實則訐，乃以爲直，此子貢之所惡也。夫子之心溥，廣大無偏；子貢之見明，疑似必辨。

子曰：「唯女子與小人爲難養也，近去聲之則不孫去聲，遠去聲之則怨。」

不必專言僕妾，凡女子小人皆然也。近之既不孫，遠之則又怨，將安所處乎？夫子此語，正是欲人就其中思所以處之。「身不行道，不行於妻子。」反己而求，庶乎其可矣。

子曰：「年四十而見惡去聲焉，其終也已。」

〔二〕「下」下明抄本有「無音」二字。
〔三〕「及」字明抄本、清抄本皆作「反」。

年四十則終身之事體定矣，是故學貴於及時。

微子第十八

微子去之，箕子爲之奴，比干諫而死。孔子曰：「殷有三仁焉。」微、箕，二國名。子，爵也。微子，紂庶兄。箕子、比干，紂諸父。微子見紂無道，去之以存宗祀。箕子、比干皆諫。紂殺比干，囚箕子以爲奴。箕子因佯狂受辱。

或去或奴或死，疑各不同，而夫子斷之曰「三仁」，其論〔一〕。諫而死，非激也，不可以不諫；佯狂爲奴，非詐也，不可以不奴；抱祭器而去，非忘宗國也，不可以不去，各當其分耳。是之謂得其本心。使本心上有纖毫欠闕，所行必有不慊處，安得仁。

柳下惠爲士師，三黜。人曰：「子未可以去乎？」曰：「直道而事人，焉往而不三黜？枉道而事人，何必去父母之邦？」士師，獄官。黜，退也。

使吾枉道以求合耶，則不去可也。若直道而去，何所往不遭黜哉？風節凛凛，堅如金石，非安於義命者不

〔一〕「其論」下明抄本有「定矣」二字。

能。後世一跌而遂喪其守者，可以觀矣。

齊景公待孔子，曰：「若季氏則吾不能，以季、孟之間待之。」曰：「吾老矣，不能用也。」孔子行。魯三卿季氏最貴，孟氏爲下卿。不能用，謂景公不能用也。

如用之，雖不季、孟之間可也；待之縱厚而不能用，與所謂犬馬畜伋者無以異，况若景公之所云乎？意可見矣，孔子遂行。

齊人歸如字，或作饋女樂，季桓子受之，三日不朝音潮。孔子行。孔子由魯司寇攝相事，誅少正卯，與聞國政。齊人懼。犂鉏請先沮之，於是選齊國中女子好者八十人，皆衣文衣而舞康樂，文馬三十駟，遺魯君。陳女樂、文馬於魯城南高門外，季桓子微服往觀再三，乃語魯君爲周道游，往觀終日，怠於政事。子路曰：「夫子可以行矣。」孔子曰：「魯今且郊，如致膰於大夫，則吾猶可以止。」桓子受齊女樂，三日不聽政，郊又不致膰俎於大夫，孔子遂行。

女樂之受，是齊人之間行也，况遂三日不朝乎？不足與言也明矣。

楚狂接輿歌而過孔子曰：「鳳兮，鳳兮！何德之衰？往者不可諫，來者猶可追。已而，已而！今之從政者殆而！」孔子下，欲與之言。趨而辟去聲之，不得與之言。接輿，楚人，佯狂辟世。夫子時將適楚，故歌而過其車前也。鳳以比孔子，言不能隱爲德之衰。來者可追，言尚可隱去。已，止也。而，語助辭。殆，危也。下者，下車也。

接輿亦可謂果於忘世矣。纔説鳳德之衰，便是不知聖人。觀其辭旨，有若指迷塗然者。於戲！知幾其神，尚須接輿之言哉？欲與之言，將有教也。乃反趨辟，其自信不疑，抑又甚矣。不得與之言，聖人殆有深惜之意，記者特書之。

長沮七余切、桀溺乃歷切耦而耕，孔子過之，使子路問津焉。長沮曰：「夫音扶執輿者爲誰？」子路曰：「爲孔丘。」曰：「是魯孔丘與平聲？」曰：「是也。」曰：「是知津矣。」問於桀溺，桀溺曰：「子爲誰？」曰：「爲仲由。」曰：「是魯孔丘之徒與平聲？」對曰：「然。」曰：「滔滔吐刀切者天下皆是也，而誰以易之？且而與其從辟去聲，下同人之士也，豈若從辟世之士哉？」耰音憂而不輟。子路行以告。夫子憮音武然曰：「鳥獸不可與同群，吾非斯人之徒與而誰與？天下有道，丘不與易也。」二人，隱者。耦，并耕也。時孔子自楚反蔡。津，濟渡處。執輿，執轡在車也。子路下車問津，故夫子〔一〕執轡。滔滔，流而不反之意。以，猶與也。而，汝也。辟人，謂孔子。辟世，桀溺自謂。耰，覆種也。憮然，猶悵然。易，易亂爲治也。

〔一〕「夫子」下明抄本有「自」字。

二子蓋久聞夫子之名者。是知津矣，譏夫子熟於道塗而不知止也。誰以易之，言天下已不可爲，諷子路不若捨之而從己也。聖人豈不知天下之不可爲哉？若遇有道，則何用易？振斯世之頹綱，扶人極於已壞，故不得而辭其責耳。諉曰不可爲而遂果於忘世，則捨斯人而同鳥獸之群，可不可也？

子路從而後，遇丈人，以杖荷蓧徒吊切。子路問曰：「子見夫子乎？」丈人曰：「四體不勤，五穀不分，孰爲夫子？」植音直〔二〕其杖而芸。子路拱而立。止子路宿，殺雞爲黍而食音嗣之，見賢遍切其二子焉。明日，子路行以告。子曰：「隱者也。」使子路反見之。至則行矣。子路曰：「不仕無義。長上聲幼之節，不可廢也；君臣之義，如之何其廢之？欲潔其身，而亂大倫。君子之仕也，行其義也。道之不行，已音紀知之矣。」丈人，亦隱者。蓧，竹器。分，辨也。植，立之也。芸，去草也。倫，序也。父子有親，君臣有義，夫婦有別，長幼有序，朋友有信，人之大倫也。

接輿直言從政之殆，桀溺直欲爲辟世之徒，而丈人者辭旨含蓄，與輿、溺異矣。子路一見而起敬，夫子一聞而知其爲隱〔三〕，豈偶然哉。然其爲不知夫子則一耳。使子路反見，將以教之，至則行矣，何去之速也。

〔二〕「直」字明抄本作「值」。
〔三〕「隱」下明抄本有「者」字。

子路既不見其人，遂以「不仕無義」誚之。且彼止宿之時，長幼之節固未始廢，奈之何而欲廢君臣之義乎？是自潔其身而亂天下之大倫也。君子之仕，豈有他哉，行其義耳。道之不行，豈不知之，而不敢一朝安焉，爲是故也。子路發此數語，反覆激昂，必所得於夫子者。丈人也庶幾聞之。或謂後路下有「反子」二字。

逸民：伯夷、叔齊、虞仲、夷逸、朱張、柳下惠、少去聲，下同連。子曰：「不降其志，不辱其身，伯夷、叔齊與平聲？」謂：「柳下惠、少連，降志辱身矣。言中去聲，下同倫，行中慮，其斯而已矣。」謂：「虞仲、夷逸，隱居放言。身中清，廢中權。我則異於是，無可無不可。」逸，遺逸。民者，無位之稱。虞仲即仲雍，與泰伯同竄荆蠻者。夷逸、朱張，不見經傳。少連，東夷人。記稱「善居喪，三日不怠，三月不懈〔一〕。期悲哀，三年憂。」中清者，能潔其身也；中權者，能達其變也。然隱居放言，比之中倫、中慮則不及矣。中倫者，言與理合也；中慮者，行與志合也。然降志辱身，比之不降不辱則不及矣。志節凜然，卓絶千古，豈易可及哉？然而論聖之時則未也。故無可無不可，必吾夫子而後可。

〔一〕「懈」字明抄本作「解」。

大音泰師摯適齊，亞飯扶晚切，下同干適楚，三飯繚音了適蔡，四飯缺適秦。鼓方叔入於河。播鼗徒刀切武入於漢。少去聲師陽、擊磬襄入於海。大師，魯樂官之長，摯其名也。「亞飯」以下，以樂侑食之官。播，摇也。鼗，小鼓，兩旁有耳，持其柄而摇之，則旁耳還自擊。漢，漢中。少師，樂官之佐。干、繚、缺、武、陽、襄，皆名也。

人皆曰：「樂，賤工也。」觀魯之衰，諸人逾河蹈海而去，識高見遠，雖後世有位之士未必能爾。乃知古人於此事甚重，往往賢者居之，非後世樂工之比也。夫子學琴於師襄可見。

周公謂魯公曰：「君子不施陸本作弛，詩紙切其親，不使大臣怨乎不以。故舊無大故，則不棄也。無求備於一人。」魯公，周公子伯禽也。弛，猶懈也。宗族姻婭皆親也。以，用也。大臣與君一體，徒具位而不用則怨〔一〕大，故謂惡逆。

不施其親，齊家之道；大臣不怨，正朝廷之道；故舊非大故不棄，厚風俗之道；不求備於一人，廣人才之道。四事大抵皆忠厚，周公傳家之訓在是，而魯之子孫不能守也。果能守，安得踰河蹈海而去也哉？相次而書，殆有深旨。

〔一〕「怨」下明抄本有「也」字。

周有八士：伯達、伯适、仲突、仲忽、叔夜、叔夏、季隨、季騧烏瓜切。或曰成王時人，或曰宣王時人，蓋一母四乳而生八子也。

周之人才顯然著稱者多矣，而此八士未白於世，故特記之。

融堂四書管見卷十

宋 錢時 撰

子張第十九

子張曰：「士見危致命，見得思義，祭思敬，喪思哀，其可已矣。」

易曰：「君子以致命遂志。」致命者，順天理之自然，無幸生苟免之意耳，非謂必於死也。義者，利之和。哀敬者，喪祭之本。於此不苟，亦可以爲士矣。先師曰：祭則人心自敬，喪則人心自哀。此敬此哀，不思自生，皆道也。

子張曰：「執德不弘，信道不篤，焉於虔切，下同能爲有？焉能爲亡？」亡無同。

出入無時，莫知其鄉者，惟心之謂。這裏非卓然一定之守則，孰爲有，孰爲無哉？是故執德不可以不弘，信道不可以不篤。弘則不迫，篤則不懈，力學之要旨也。子張斯言亦是他見得。

子夏之門人問交於子張。子張曰：「子夏云何？」對曰：「子夏曰：『可者與之，其不可者拒之。』」子張曰：「異乎吾所聞：君子尊賢而容衆，嘉善而矜不能。我之大賢與平聲，下同，於人何所不容？我之不賢與，人將拒我，如之何其拒人也？」

可者與，不可〔一〕拒，擇交之道也。尊賢容衆、嘉善矜不能，大賢之事也。以是責之初學則過矣。「拒」字微峻，子張所以起論。學者雖不可不以子張之言爲心，且當以子夏之言爲法。

子夏曰：「雖小道，必有可觀者焉；致遠恐泥，是以君子不爲也。」

異端曲學亦豈無可觀？然非大經大法所以建用皇極者，安能達之天下，百世以俟聖人而不惑乎？故君子不爲。

子夏曰：「日知其所亡亡無同，月無忘其所能，可謂好去聲學也已矣。」無謂己所未有，能謂己所已能。

子言「温故而知新」，又以「不遷怒，不貳過」贊颜子之好學，與此「所亡」「所能」異矣。子夏於道有覺，爲之不厭，必不道此二字。

〔一〕「可」下明抄本、清抄本皆有「者」字。

子夏曰：「博學而篤志，切問而近思，仁在其中矣。」

學不博則狹陋；篤志者，心誠求之也。問不切則泛濫；近思者，以身體之也。先師云：子夏好論精微，而未識皜皜之妙。知及方知仁守。

子夏曰：「百工居肆以成其事，君子學以致其道。」肆，造作之所。致，如「善戰者致人」之致。「誰能出不由户？何莫由斯道也？」但百姓日用而不知耳。學之而覺，覺所固有，何以「致」爲哉？猶云「厥脩乃來」，非謂得之於外也。

子夏曰：「小人之過也必文。」

或曰：不能改過，是以文。答曰：惟其文，是以不改。

子夏曰：「君子有三變：望之儼然，即之也温，聽其言也厲。」

盛德之至，自然儼，自然温，自然厲。本未始有變也，隨所望即所聽而各不同耳。

子夏曰：「君子信而後勞其民，未信則以爲厲己也；信而後諫，未信則以爲謗己也。」厲，猶病也。

有所爲於天下，而使之盻盻然疑其上，如之何而可哉？所謂信，非空言所可結也。事實素著，人心自孚耳。後世有施信、布信之論，似非聖人氣象。盤庚登進厥民，敷心腹腎腸，亦晚矣。信而後諫，不特君臣也，凡交際之道莫不然。

子曰：「大德不踰閑，小德出入可也。」德者，得也。踰，過也。閑，所以止物者。洞明吾之所得者大，兢兢仁守，豈可踰閑？若夫通於藝文、習於度數之類，乃小有得者，此非所急，但出入乎其間可也。故夫子亦云「游於藝」，又曰「則以學文」。

子游曰：「子夏之門人小子，當灑色賣切掃、應對、進退，則可矣。抑末也，本之則無如之何。」子夏聞之曰：「噫，言游過矣！君子之道，孰先傳焉，孰後倦焉？譬諸草木，區以别彼列切矣。君子之道焉於虔切可誣也？有始有卒者，其唯聖人乎！」倦即「誨人不倦」之倦。區，猶類也。

精義入神之妙，不離日用之間，行之而著焉，習矣而察焉，自有不言而喻者，初何本末之異哉。謂可以當灑掃、應對、進退之末，而本之所在不能如之何，子游之言殆離而二之矣。君子之道，孰爲先而傳，孰爲後而倦？譬諸草木，乃可區别之耳。君子之道，則焉可厚誣也。有始有卒，是盡得此理者。其惟聖人乎，深歎子游之未曉也。

子夏曰：「仕而優則學，學而優則仕。」

仕，所以行其學者也。子夏設[一]，爲仕而優，餘力則學，抑學而優，餘功則仕乎？[二]人多不務學而急於仕，斯言所以警之。

子游曰：「喪，致乎哀而止。」

臨喪不哀固不可，而有意於致哀，抑豈情性之正哉[三]。先師謂夫子哭颜淵而慟，初無致哀而止之意。

子游曰：「吾友張也，爲難能也，然而未仁。」

子張立行，大抵過高而不務實也[四]。

曾子曰：「堂堂乎張也，難與并爲仁矣。」

堂堂則事在威儀容貌耳，必不能相規相警，向本心上做工夫。

曾子曰：「吾聞諸夫子：人未有自致者也，必也親喪乎！」

良心之動，自然而然者，莫過於親喪，是故獨有此事不待勉强也。自致，猶云自盡。推是心而爲學，則無不誠矣。

[一] 「設」下明抄本有「問」字。
[二] 「爲仕而優，餘力則學，抑學而優，餘功則仕乎」，明抄本作「謂仕而優則學，抑學而優則仕乎」。
[三] 「哉」字明抄本作「也」。
[四] 「也」字明抄本無。

曾子曰：「吾聞諸夫子：孟莊子之孝也，其他可能也；其不改父之臣與父之政，是難能也。」孟莊子，魯大夫仲孫速也，其父獻子，名蔑。

用舊人，守舊政，宜未爲難也。夫子論孟莊之孝，獨於此稱其難能，何哉？只爲作聰明、喜紛更者，鮮能念先人之舊典〔一〕，以致敗乃公事、墜乃家聲者多矣。於此二事守而不渝，非深體親〔二〕心不能爾也。夫子所以特稱之。孟獻子有賢譽，亦是可以不改者。

孟氏使陽膚爲士師，問於曾子。曾子曰：「上失其道，民散久矣。如得其情，則哀矜而勿喜。」陽膚，曾子弟子。

上失其道，無以統屬斯人之心，故輕犯法。正可憐耳，奈之何得其情而忍喜也〔三〕？一有喜心，非疾惡而峻刑，必逞威而輕殺。「哀矜」「勿喜」四字，真有視民如傷之意，治獄者之龜鑑也。

子貢曰：「紂之不善，不如是之甚也。是以君子惡〔四〕居下流，天下之惡皆歸焉。」下流，卑下之地也。

〔一〕「典」字明抄本無。

〔二〕「親」字明抄本作「至」。

〔三〕「也」字明抄本作「哉」。

〔四〕「惡」下明抄本有小注「去聲」。

紂之不善，初亦不如此之甚，只爲居於下流，而衆惡歸焉，是以至此極耳。故君子必擇所立身之地也。所立者善，人未必從；不幸而爲小人之淵藪，則以類至者如順流而下矣。吁，可畏哉！

子貢曰：「君子之過也，如日月之食焉：過也，人皆見之；更平聲也，人皆仰之。」

「君子之過，如日月之食」，最説得好。蓋觀瞻所係與庸常不同，纔有一點過失，人便指目。然則不甘心以小人自命而人以君子望之者，曷思「皆見」之可畏而嚴於自律哉。雖然，過即改之，改則君子如初，人皆仰之如初，初不以其嘗有過而遂不許之爲君子也。味「皆仰」之旨，又豈可輕自棄乎？

衛公孫朝音潮問於子貢曰：「仲尼焉於虔切學？」子貢曰：「文武之道，未墜於地，在人。賢者識如字，下同其大者，不賢者識其小者，莫不有文武之道焉。夫子焉於虔切不學？而亦何常師之有？」公孫朝，衛大夫。焉，何也。焉不學，言何所不學也。

其道甚大，百物不廢，或識其大，或識其小，莫不有文武之道焉。是故夫子於禮、於樂、於官名，以至於師襄之琴，無所不學也，何常師之有哉？子貢答「焉學」之問則辨矣，生知之聖有非學於人而得者，惜未及之。

叔孫武叔語去聲大夫於朝音潮，曰：「子貢賢於仲尼。」子服景伯以告子貢。子貢曰：「譬之宮牆，賜之牆也及肩，窺見室家之好。夫子之牆數仞，不得其門而入，不見宗廟之美，百官之富。得其門者或寡矣。夫子之云，不亦宜乎！」武叔，魯大夫，名州仇。及肩，言低。七尺爲仞，言高。夫子之云，猶言如此説夫子，非謂武叔也。

子貢爲人，大抵聰明發露，必有動人耳目者，故武叔竟〔一〕以爲賢於仲尼。宮牆之喻切矣，宗廟之美及〔二〕百官之富，自顔、曾而下，鮮能窺見者矣〔三〕，况他人乎，故曰「得其門者或寡」。此語却是子貢平時善看夫子，深知地步未到處。

叔孫武叔毁仲尼。子貢曰：「無以爲也，仲尼不可毁也。他人之賢者，丘陵也，猶可踰也；仲尼，日月也，無得而踰焉。人雖欲自絶，其何傷於日月乎？多見其不知量去聲也。」無以爲，猶言莫如此。土高曰丘，大阜曰陵。自絶，言毁夫子乃自絶耳，無傷於夫子也。量，分量也。

武叔以子貢賢於仲尼，則其毁仲尼不足怪也。真知若日月之照臨，則不毁矣。與之辨，何益哉！

陳子禽謂子貢曰：「子爲恭也，仲尼豈賢於子乎？」子貢曰：「君子一言以爲知去聲，下同，一言以爲不知，言不可不慎也。夫子之不可及也，猶天之不可階而升也。夫子之得邦

〔一〕「竟」字明抄本無。
〔二〕「及」字明抄本無。
〔三〕「者矣」二字明抄本無。「矣」字清抄本作「多」。

家者，所謂立之斯立，道去聲之斯行，綏之斯來，動之斯和。其生也榮，其死也哀，如之何其可及也。」階，砌級也。立，植立〔一〕也。道，教導也。行，聽順也。綏，安也。來，歸附也。動，鼓舞也。和，雍睦也。榮，光榮。哀，人哀之也。

子貢最善形容夫子，或曰「宫牆」，或曰「日月」，或曰「猶天之不可階而升」，而孟子獨斷之曰：「知足以知聖人汙。」豈聖人之爲聖有非形容所可盡，而所可形容者乃其所謂汙者耶？觀此一語，見孟子所到。

堯曰第二十

堯曰：「咨！爾舜！天之曆數在爾躬，允執其中。四海困窮，天禄永終。」舜亦以命禹。曰：「予小子履，敢用玄牡，敢昭告于皇皇后帝：有罪不敢赦。帝臣不蔽，簡在帝心。朕躬有罪，無以萬方；萬方有罪，罪在朕躬。」周有大賚來代切，善人是富。「雖有周親，不如仁人。百姓有過，在予一人。」謹權量，審法度，脩廢官，四方之政行焉。興滅國，繼絶世，舉逸民，天下之民歸心焉。所重：民、食、喪、祭。寬則得衆，信則民任焉，敏

〔一〕「植立」明抄本作「直立」，清抄本作「植直」。

則有功，公則説。咨，嗟歎聲。曆數，曆象更易之數，猶云世數也。本心虚明，略無偏倚，是之謂中。允執者，守而弗失之名，非真有物之可執也。舜亦以此命禹，辭見虞書。「曰予」字下，湯誥之辭。履，湯名也。玄牡，黑牡，夏所尚，未變其禮也。有罪，指桀。帝臣，言賢者乃上帝之臣。不蔽，顯揚也。簡，別也。「周有」而下武王事。賚，予也。富者，禄之也。周，至也。權，稱錘也。量，斗斛也。興滅繼絶，謂封黄帝、堯、舜、夏、商之後。舉逸民，謂釋箕子囚、復商容位也。「寬則得衆」而下，夫子之語也。寬則爲衆所歸，信則爲民所賴。敏則與天同運，故有功。公則一視同仁，故説。此四者，夫子所常言，而帝王之所以治國平天下者也。此章歷叙堯、舜、禹之相傳，夏、商、周之相代，如膺天命，順民心，用人才，以至政治之纖悉舉，不外乎「執中」之一言，而終之以夫子之四語。然則接去聖之統、壽斯道之脈而爲萬世之標準者，端在於是，此門弟子之所以識歟。

子張問於孔子曰：「何如斯可以從政矣？」子曰：「尊五美，屏四惡，斯可以從政矣。」子張曰：「何謂五美？」子曰：「君子惠而不費芳味切，勞而不怨，欲而不貪，泰而不驕，威而不猛。」子張曰：「何謂惠而不費？」子曰：「因民之所利而利之，斯不亦惠而不費乎？擇可勞而勞之，又誰怨？欲仁而得仁，又焉於虔切貪？君子無衆寡，無小大，無敢慢，斯不亦泰而不驕乎？君子正其衣冠，尊其瞻視，儼然人望而畏之，斯不亦威而不猛乎？」子張曰：「何謂四惡？」子曰：「不教而殺謂之虐；不戒視成謂之暴；慢令致期謂之賊；猶之與人也，出尺遂切納之吝謂之有司。」致期，刻期也。賊，害也。猶之，如云等是。出納之吝者，吝於出納也。

上章寬信敏公，大抵是言其存心處；此章尊美屏惡，大抵是見於行事處。所欲者仁，自然不貪；不以衆寡小大而爲之敢〔二〕慢，自然不驕。不戒則難於責成矣，慢令則難於刻期矣。虐、暴、賊，皆害人之名。有司者，吝於施與之謂。知所尊，又知所屏，則君人〔三〕之道孰外於此哉？此夫子之聖政，萬世之大法也。

子曰：「不知命，無以爲君子也；不知禮，無以立也；不知言，無以知人也。」命即天命。

首篇之首論「人不知而不愠，不亦君子乎」，終篇之終復言「不知命，無以爲君子」，以此見得到不愠處，非知命不能也。學者學爲君子耳，於此事未能無疑，則是與日用而不知者均之爲凡民也，何君子爲哉？知禮則視聽言動不妄；所以立，立其所以爲君子者也。知言則詖邪淫遁不欺；所以知人，知其所以爲君子者也。首篇自「時習」「朋來」而至於「君子」，終篇由「君子」而至於「知禮」「知言」，而學之始終備矣，君子之本末明矣。學者不能深求其旨，服膺其義，則君子之棄而小人之歸也必矣。嗚呼，其懋戒哉！

〔二〕「敢」字明抄本、清抄本皆作「敬」。
〔三〕「君人」清抄本作「人君」。